老年服务与管理专业群教学标准体系构建研究

田奇恒　苏　红　等著

中国社会出版社

国家一级出版社·全国百佳图书出版单位

图书在版编目（CIP）数据

老年服务与管理专业群教学标准体系构建研究 ／ 田奇恒等著 . -- 北京 ：中国社会出版社，2023.11
ISBN 978-7-5087-6930-1

Ⅰ.①老... Ⅱ.①田... Ⅲ.①老年人－社会服务－课程标准－研究－中国 Ⅳ.①C913.6-41

中国国家版本馆 CIP 数据核字 (2023) 第 168411 号

出 版 人：程 伟	终 审 人：郑双梅
策划编辑：孙武斌	责任编辑：李新涛
责任校对：杨春岩	封面设计：时 捷

出版发行 中国社会出版社	地 址：北京市西城区二龙路甲 33 号
邮政编码：100032	编 辑 部：(010)58124846
网 址：shcbs.mca.gov.cn	发 行 部：(010)58124864；58124845
经 销：新华书店	

印刷装订：北京虎彩文化传播有限公司	开 本：185 mm×260 mm 1/16
印 张：26.25	字 数：530 千字
版 次：2023 年 11 月第 1 版	印 次：2023 年 11 月第 1 次印刷
定 价：88.00 元	

中国社会出版社微信公众号

中国社会出版社天猫旗舰店

本书参著人员

(按姓氏拼音排序)

杜　庆：重庆城市管理职业学院智慧康养学院智慧健康养老服务与管理教研室主任

黄婷婷：重庆城市管理职业学院民政与社会治理学院民政与公共事务教研室主任

雷　雨：重庆城市管理职业学院智慧康养学院智慧健康养老服务与管理专业带头人

雷靳灿：重庆城市管理职业学院智慧康养学院副院长

李　娇：重庆城市管理职业学院民政与社会治理学院教学事务办公室主任

溥存富：重庆城市管理职业学院民政与社会治理学院社会工作与社区治理教研室主任

苏　红：重庆城市管理职业学院智慧康养学院康复治疗技术专业带头人

田奇恒：重庆城市管理职业学院智慧康养学院院长

汪　琼：重庆城市管理职业学院智慧康养学院护理专业带头人

杨小红：重庆城市管理职业学院智慧康养学院康复护理教研室副主任

叶俊竹：重庆城市管理职业学院智慧康养学院行政秘书

易　丹：重庆城市管理职业学院民政与社会治理学院民政服务与管理专业带头人

殷荣甫：重庆城市管理职业学院智慧康养学院教学事务办公室主任

张　俊：重庆城市管理职业学院智慧康养学院党总支书记

赵淑兰：重庆城市管理职业学院民政与社会治理学院社会工作专业带头人

郑　蕾：重庆城市管理职业学院智慧康养学院康复护理教研室主任

前　言

科学而完善的标准是当今世界职业教育内涵发展的核心动力，决定着现代职业教育人才培养质量和发展方向，建立健全科学的标准体系，体现了职业教育发展规律，但我国职业教育标准体系建设目前尚处于初级阶段，标准研制工作仍需加快。为此，党的十八大以来，教育部积极推进职业教育标准建设，强调标准制定注重遵循职业教育规律，注重行业企业的深度参与，在《职业教育与继续教育2015年工作要点》中明确提出"以完善制度标准为重点全面推进现代职业教育体系"，在2015年7月印发的《关于深化职业教育教学改革　全面提高人才培养质量的若干意见》中提出，要完善教学标准体系，积极开发与国际先进标准对接的专业教学标准和课程标准。2019年1月24日，国务院印发《国家职业教育改革实施方案》将构建职业教育国家标准作为重要内容，对建设职业教育标准体系提出明确的要求，开展学校层面的教学标准体系建设是职业教育国家标准落地的基础性工作，是职业教育内涵发展的必由之路。

对接国家政策所需，为推进老年服务与管理专业群建设人才培养体系研制，老年服务与管理专业群标准建设项目组采用一套系统化、标准化的专业群标准研制方法，其核心路径包括产业方向调研、岗位能力分析、课程体系构建、专业群标准编制、人才培养方案及相关标准论证，旨在出台一部规范化的老年服务与管理专业群教学系列标准。

在产业方向调研阶段，项目组通过问卷调查、访谈、文献调研、网络调查等方法对养老产业进行深度调研，调研了行业所需人才结构、各相关院校专业发展情况、毕业生就读与就职情况，得出老年服务与管理专业群毕业生的主要就业岗位及其职业生涯发展路径，为后期岗位能力分析会的召开提供参考资料。根据老年产业岗位需求调研结果，项目组组织校内专业群带头人与各专业带头人、教研室主任、骨干教师等会同职业教育专家、企业专家与院校老师召开职业能力分析会，运用"二维四步五解"岗位能力分析方法，从专业能力和职业素养两个维度，通过专业对接职业岗位，职业岗位细化出工作项目，工作项目细化出工作任务，工作任务细化出岗位能力4个步骤，从完成工作任务需要具备的技能、工具、方法、要求、知识 5 个方面出发分解岗位能力，确定典型工作任务，得出 27 项典型工作任务、6 门专业群平台课程、18 门专业群基础课、35 门专业核心课程与 6 门专业群拓展课程，形成了专业群课程体系。

随后项目组成员与专业群教师团队、课程专家、企业专家多轮商定，共同确定专业群课程体系，再根据重庆城市管理职业学院人才培养方案制订原则意见，撰写老年服务与管理专业群人才培养方案。方案形成后又历经专业群教师审阅修改、项目组讨论修改、专家组评审等阶段，最终研制出具备创新性、系统性和可行性的专业群教学标准。

基于教学标准的研制过程与结果，最终形成本书。《庄子》道"始生之物，其形必丑"，之前没有现成的可借鉴的老年服务与管理专业群标准建设的相关资料，项目组全体成员在三年"双高"建设过程中摸索前行，终成此书，望在此实现抛砖引玉之效，请全国同行批评指正。

老年服务与管理专业群标准建设项目组
2023 年 11 月

| 目　录 |

老年服务与管理专业群
标准建设项目综合研究报告

一、项目建设背景

随着我国老龄化程度加深与"银发经济"的崛起，养老产业快速发展，对养老产业人才的需求量和需求类型随之上涨，传统养老模式已无法满足日益增长的养老需求，运用信息化手段为老年人提供智慧健康养老服务已成为我国积极应对老龄化的新思路。2018年国务院机构改革，国家卫生健康委员会老龄健康司和民政部养老服务司相继成立，医疗健康在养老产业发展中的地位大大提升。在市场层面，各方资本和企业如地产、保险、医疗、康护、器械、互联网、大健康等产业链相关企业纷纷涉足。党的十九大报告指出：积极应对人口老龄化，构建养老、孝老、敬老政策体系和社会环境。重庆城市管理职业学院作为国家"双高计划"高水平专业群建设单位，积极响应国家对职业教育发展的号召，高度重视专业群内涵建设，加强产教融合、校企合作，探索人才培养模式的有效实现方式，不断提高人才培养质量，按照学校双高专业群建设方案和任务书，依托老年服务与管理专业群标准建设项目等一系列举措，引领智慧康养职业教育高质量发展。

老年服务与管理专业群（包含智慧健康养老服务与管理、康复治疗技术、护理、民政服务与管理、社会工作专业）立足于"居家养老为基础、社区养老为依托、机构养老为补充"的养老服务体系，聚焦现代养老服务业的高端"医、养、康、护、保"五位一体有效融合，通过系统化地开展企业、毕业生、大数据、院校等调研工作，以职业能力分析为依据构建专业群课程体系，深挖学生职业能力培养目标，对接学生的职业发展，构建符合智慧康养和现代养老服务业转型升级要求的校企一体化课程体系，研制标准化的专业群标准，推进学校"双高"专业群建设任务，为养老产业提供高素质复合型的技术技能人才。

目前养老服务行业从业人员的整体学历水平偏低，为了提升该行业从业人员的整体素质，设置智慧健康养老管理专业开展本科层次职业教育，加强本科层次职业教育的宏观管理，规范本科层次职业教育人才的培养质量，实施毕业生质量检测与监控，形成反馈联系机制，促进本科层次职业教育的改革与发展，特构建重庆城市管理职业学院智慧康养学院智慧健康养老管理专业本科层次职业教育人才培养体系，以有利于该行业的良性发展。

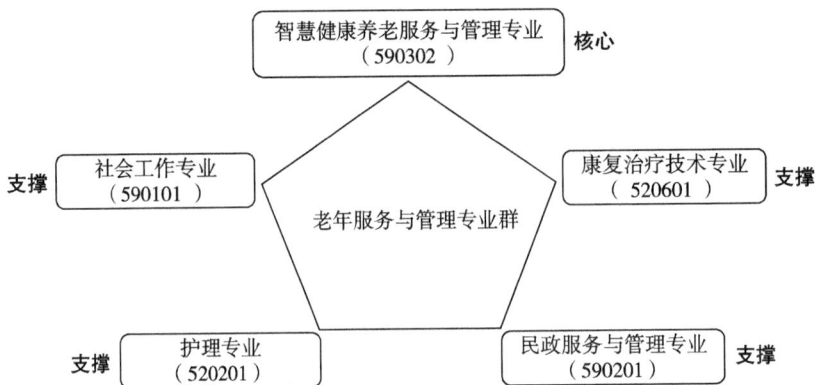

图 1-1　专业群专业组成状况

二、项目研究方法

为推进老年服务与管理专业群建设和职教本科人才培养体系研制，项目组采用一套系统化、标准化的专业群标准研制方法，其核心路径包括产业方向调研、岗位能力分析、课程体系构建、专业群标准编制、人才培养方案及相关标准论证。具体如图 1-2 所示。

图 1-2　专业群标准建设方法

在产业方向调研阶段，通过问卷调查、访谈、文献调研、网络调查等方法对养老产业进行深度调研，得出老年服务与管理专业群毕业生的主要就业岗位及职业生涯发展路径，为岗位能力分析会的召开提供了参考资料。根据确定的岗位群邀请相关专业的职业教育专家、企业专家与院校老师召开职业能力分析会，运用"二维四步五解"的分析方法，从专业能力和职业素养两个维度，通过专业对接职业岗位，职业岗位细化出工作项目，工作项目细化出工作任务，工作任务细化出岗位能力4个步骤，从完成工作任务需要具备的技能、工具、方法、要求、知识5个方面出发分解岗位能力，确定典型工作任务；继而邀请职业教育专家、课程专家、企业专家及院校老师召开课程体系构建会，经过研讨得出27项典型工作任务、6门专业群平台课程、18门专业基础课、35门专业核心课程与6门专业群拓展课程，随后专业群教师团队与课程专家、企业专家与项目组多轮商定，共同确定专业群课程体系；根据重庆城市管理职业学院人才培养方案制订原则意见、专家培训与指导、学校领导与老师审阅修改、项目组讨论修改、专家组评审等阶段，最终研制出具备创新性、系统性和可行性的专业群标准建设体系。

在重庆城市管理职业学院老年服务与管理专业群标准建设项目过程中，信息工具的使用也是本项目得以高效实施的关键，通过使用"课程开发平台"实现了过程性材料处理的智能化、规范化，显著提高项目效率。本项目主要使用该平台的两个系统：岗位能力分析系统、课程转换系统。

岗位能力分析系统：使用该系统可以在岗位能力分析研讨会上进行岗位能力的在线编辑、实时记录，以及增加、删除、插入及编号等编辑功能，操作方便，自动编号，能快速形成职业能力分析表，大大提高了记录效率。

课程转换系统：使用该系统进行课程转换、课程体系构建、课程与能力对接，可实现在线编辑、保存有效记录、自动计算学时和学分等；系统对职业能力的选择可以智能提示及动态关联，方便专家操作，提高了课程转换的效率。

图1-3 课程开发平台首页展示

三、项目研究过程

重庆城市管理职业学院老年服务与管理专业群标准建设项目包含项目启动与准备、产业方向调研、岗位能力分析、课程体系构建、专业群标准编制、人才培养方案及相关标准论证、项目成果汇编七个阶段，整个过程由学校领导与老师、职业教育专家、课程专家、企业专家共同参与，做到校企共同开发课程体系，共建高等职业教育专业群标准研制体系。

（一）项目启动与准备

1. 方案设计

根据项目大纲，设计具体项目计划，包括工作内容、时间计划、参与方、负责人等，制订《重庆城市管理职业学院老年服务与管理专业群标准建设项目实施方案》。

2. 项目启动及需求交流会

为进一步推进老年服务与管理专业群建设，提升专业群人才培养水平，2022年5月31日，重庆城市管理职业学院老年服务与管理专业群标准建设项目启动会通过线上线下相结合的方式顺利召开。智慧康养学院院长田奇恒、项目负责人苏红、"双高"专业群各专业带头人与教研室主任及深圳市智邻科技有限公司总经理李世强带领项目团队共同参与交流。

启动会上，校企双方研讨项目实施方案、计划及调查方案可行性，并达成一致意见，希望通过采用基于岗位群人才需求构建专业群课程体系的方法，深化专业群课程建设，以确保专业群人才培养质量的有效提升。根据会议讨论结果，整理专业群相关产业方向清单，最终确定了项目实施计划、校企分工及成果要求等，为接下来的项目实施工作奠定了坚实的基础。

（二）产业方向调研

为进一步推进老年服务与管理专业群建设，本次调研对象主要包括老年服务与管理专业群5个专业对应的大数据信息、毕业生、相关就业企业及部分典型高职院校，根据不同的调研对象及内容采取了不同的调研方式。

问卷调查：使用问卷系统发放毕业生、企业、院校线上调研问卷。

线上/电话访谈：包括行业专家、企业管理者、企业员工、专业骨干教师等。

文献调研：通过知网、维普网、百度学术等学术资源库对相关文献进行资料收集。

网络调查：使用数据爬虫抓取主流招聘网站招聘信息，整理并分析行业相关大数据。

多种研究方法旨在从多角度研究老年服务与管理专业群的岗位需求，获得不同的行业数据信息进行对比分析，增强研究的可行性。主要调研内容如图1-4所示。

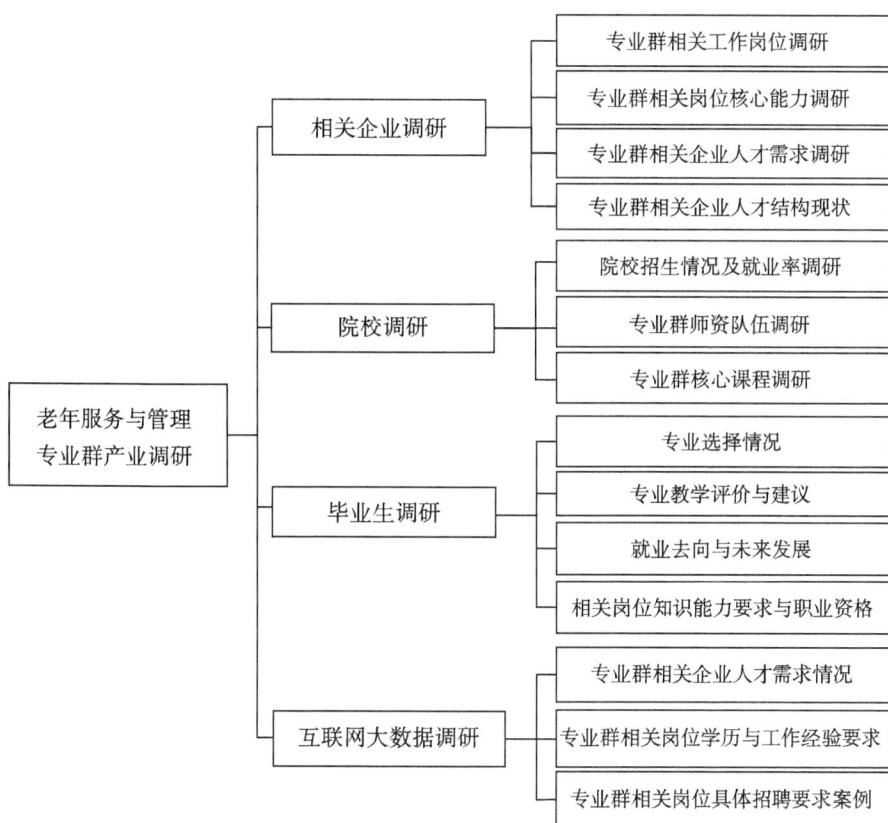

图 1-4 老年服务与管理专业群产业调研路径

1. 行业招聘大数据分析

本次大数据调查以养老涉老行业相关招聘信息为关键字，共获取企业招聘信息 30.1 万余条，其中养老服务类机构 12 万余条，养老销售类机构 9 万余条；根据行政地理区域划分，华东地区获取 10 万余条数据，华南地区获取 5.9 万余条数据，华北地区获取 3.9 万余条数据，华中地区获取 3.6 万余条数据，西南地区获取 3.6 万余条数据，东北地区获取 1.8 万余条数据，华北地区获取 1 万余条数据。大数据抓取时间为 2019 年 6 月至 2022 年 6 月。

大数据抓取企业招聘要求主要从学历层次结构、薪资区间、招聘条数以及从业年限要求等维度展开分析。由学历层次可以看出相应岗位人才需求的类型，由从业年限可以看出从业人员的稳定性和对技术的要求，由招聘条数可以看出社会人才的需求情况等。

2. 院校调研

院校调研采用一对一深度访谈和线上问卷 2 种方式进行调研。

一对一深度访谈：通过电话访谈的形式共调研 27 家老年服务与管理专业群（智慧健康养老服务与管理、康复治疗技术、护理、民政服务与管理、社会工作）相关专业的教师及学院领导，其中成渝地区 8 家，非成渝地区 19 家。通过与一线专业教师、教研主任、学科带头人以及院长等进行深度访谈，了解相关专业的课程安排、实训模式及条件、招生就业情况、学生核心竞争力等。

线上问卷：主要对成渝地区和非成渝地区开设老年服务与管理专业群相关专业的院校专业老师发放线上问卷，了解学校及专业基本情况、师资力量、人才培养状况及企业合作情况等，共回收 25 份有效问卷，涉及 20 所院校。其中，成渝地区院校 6 所，其他省份院校 14 所。

3. 毕业生调研

毕业生调研主要关注毕业生的在校学习情况、就业情况。在校学习情况具体包含院校及专业的选择、教学水平及满意度、课程的实用度及对课程内容的调整与建议等。就业情况包括就业基本情况、养老行业就业的岗位情况、就业薪资与待遇情况、毕业生在学校与专业选择上所偏重的客观因素以及毕业生对教学效果的评价等。其间向重庆城市管理职业学院智慧健康养老服务与管理专业、康复治疗技术专业、护理专业、民政服务与管理专业、社会工作专业以及清远职业技术学院护理专业（因校内护理专业为新开设专业，暂无毕业生，以校外毕业生数据作为研究样本进行数据分析，以便指导护理专业的建设）和康复治疗技术专业发放调研问卷，最终回收有效问卷 1057 份，问卷回收情况见表 1-1。

表 1-1　各专业毕业生数量汇总表　　　　　　　（单位：人）

毕业时间	智慧健康养老服务与管理专业	康复治疗技术专业	护理专业	民政服务与管理专业	社会工作专业	小计
2017 年	3	1	3	2	10	19
2018 年	13	71	81	3	8	176
2019 年	14	95	113	8	9	239
2020 年	16	51	28	22	8	125
2021 年	31	67	47	9	7	161
2022 年	9	71	41	62	42	225
其他年份	1	3	35	65	8	112
总计	87	359	348	171	92	1057

4. 企业调研

企业调研主要关注老年服务与管理专业群就业企业的基本情况、企业人才需求情况、企业人才学历层次分布与证书情况、企业对人才的岗位能力要求、企业的岗位需求情况及企业对校企合作的意愿与建议等。线上问卷调研的数量为 147 家企业，回收有效问卷 159 份，其中西南地区 52 份，华南地区 33 份，华东地区 32 份，华中地区 21 份，华北地区 21 份。同时，通过电话与在线深度访谈 21 家企业，整理出 27 份有效访谈记录，其中访谈对象主要是企业的管理者、人力资源负责人以及岗位专家。

产业方向调研分析了目前养老行业老年服务与管理专业群人才供需及发展需求，为岗位群需求调查、岗位职责分析、专业技能知识以及专业人员岗位能力的提升提供了可靠的原始资料，能够实时了解当前养老行业的用人需求标准，为岗位能力分析会的开展提供了相当有价值的资料。通过对老年服务与管理专业群的大数据行业分析，对企业、毕业生及学校的调研分析，结合重庆城市管理职业学院的培育方向，得出老年服务与管理专业群毕业生主要就业岗位及职业生涯发展路径，见表1-2。

表1-2　老年服务与管理专业群毕业生主要就业岗位及职业生涯发展路径

发展阶段	照护岗	健康咨询岗	销售岗	运营岗	后勤岗	产品岗	培训岗	社会服务岗	行政岗		康复治疗技术岗	康复治疗管理岗	发展年限	护理技术岗	护理管理岗	发展年限
VII	照护主任	健康管家总监	销售总监	运营总监	采购总监	产品总监	高级讲师	区域总监	区域总监	办公室主任	康复治疗主任技师	康复科主任	—	N6-专科护士	护理部主任	—
VI														N5-专科护士	护理部副主任	
V														N4-高级责任护士	科护士长	10年以上
IV								站长			康复治疗副主任技师	康复科副主任/治疗区组长	5~8年	N3-高级责任护士	护理组长病区护士长	8~10年
III	照护主管	健康管家经理	销售经理	运营经理	采购经理	产品经理	中级讲师	社工督导	社会中心行政主管	办公室副主任	康复治疗主管技师	物理治疗/作业治疗/言语治疗组（PT/OT/ST）组长	3~5年	N2-（初级）责任护士	—	5~8年
II		健康管家主管	销售主管	运营主管	采购主管	产品主管	初级讲师	一线社工/社工项目主管	社会中心行政专员	民政专干	康复治疗师	—	1~3年	N1-（初级）责任护士（病房护理、ICU护理、门诊护理、急诊护理、社区护理、院感等）	—	1~5年

续表

发展阶段	照护岗	健康咨询岗	销售岗	运营岗	后勤岗	产品岗	培训岗	社会服务岗	行政岗		康复治疗技术岗	康复治疗管理岗	发展年限	护理技术岗	护理管理岗	发展年限
I	照护员	健康管家/养老顾问	业务员	运营专员	采购专员	产品专员	助教	社工助理	社工中心行政助理	民政助理/政务协管员	康复治疗士（物理治疗、作业治疗、言语治疗、传统康复治疗、矫形治疗、康复教育、社区康复、产后康复）	—	0.5～1年	N0–助理护士	—	0.5～1年

（三）岗位能力分析

项目组制订了老年服务与管理专业群岗位能力分析表。该表由工作项目、工作任务、岗位能力（包括知识、技能、要求、方法、工具等）三大部分构成，除了专业能力，还包括职业素养（通用能力或关键能力）。此外，对每个工作岗位进行等级评价，对每一项岗位能力进行重要程度标识。

老年服务与管理专业群岗位能力分析表的制订分以下5个步骤进行：

第一，将岗位能力分析会上各企业专家的发言记录下来，然后项目组运用规范的职业术语对专家的发言进行整理，形成初步的分岗位能力分析表。

第二，会后与各企业专家继续丰富和完善岗位能力分析表并进行汇总，形成"老年服务与管理专业群岗位能力分析表（汇总版）"。

第三，将整理出来的"老年服务与管理专业群岗位能力分析表（汇总版）"发给与会的企业专家进行确认并咨询是否还有可完善和改进的空间。

第四，项目组开会讨论，分析各专家意见，修改完善"老年服务与管理专业群岗位能力分析表（汇总版）"。

第五，项目组对汇总的岗位能力分析表进行合并、归类和编号，最终形成完整的"老年服务与管理专业群岗位能力分析表"，并撰写岗位能力分析报告。

1. 前期准备

通过咨询专家的讲解，项目组成员理解并掌握了岗位能力分析会的流程、内容、要求、注意事项和重点难点。在专家的指导下，在会前确定分析岗位、邀请企业专家、筹备会议现场工具及设备、布置会场。

2. 召开会议

（1）会议主题

重庆城市管理职业学院老年服务与管理专业群岗位能力分析行业专家研讨会议。

（2）目标培养岗位主要归类

养老照护类岗位：照护员、照护主管。

健康咨询类岗位：健康管家／养老顾问、健康管理主管。

销售类岗位：业务员、销售主管。

运营类岗位：运营专员、运营主管。

后勤类岗位：采购专员、采购主管。

产品类岗位：产品专员、产品主管。

社工类岗位：社工助理、一线社工、社工项目主管。

行政类岗位：社工中心行政助理、社工中心行政专员、民政助理、政务协管员。

康复治疗类岗位：康复治疗士、康复治疗师。

护理类岗位：护士干事／护士（病房护理、ICU 护理、手术室护理、门诊护理、急诊护理、社区护理、院感、护理管理）、护士长。

培训类岗位：助教、初级讲师。

（3）会议召开时间

2022 年 9 月 18 日（周日）9：00—18：00。

（4）会议召开地点

重庆市沙坪坝区大学城景阳路 37 号中电重庆信创园 B3 栋三楼会议室（一）。

（5）会议流程

	时间	内容	负责人
上午	8:30—9:00	与会人员进场及签到	记录员
	9:01—9:10	开幕式及介绍参会人员	主持人
	9:11—9:20	致辞	学院领导
	9:21—9:40	分析前辅导	主持人
	9:41—9:50	合影留念	全体参会人员
	9:51—10:30	讨论职业生涯发展路径	主持人、企业专家
	10:31—12:00	确定每个岗位的工作项目及工作任务	主持人、企业专家
中午	12:01—13:00	午餐及休息	
下午	13:01—17:25	确定每个工作项目的工作任务的职业能力	各岗位主持人、企业专家
	17:26—17:30	汇总职业能力分析表	记录员
	17:31—18:00	总结、宣布闭会	全体参会人员

会议采用头脑风暴法，主持人向企业专家介绍岗位能力分析会的有关技术，包括每个岗位的工作项目、工作步骤和能力要求，并用明确规范的语言表达出来。然后按照明确工作项目、确定工作任务、确定岗位能力分析表这三个步骤进行充分研讨。

通过会议分析，最终确认了养老照护类岗位、健康咨询类岗位、销售类岗位、运营类岗位、后勤类岗位、产品类岗位、社工类岗位、行政类岗位、康复治疗类岗位、护理类岗位、培训类岗位共计 11 个岗位群的工作项目、工作任务以及具体的岗位能力。每个岗位工作任务的确定都经过了专家们热烈的讨论，凝聚了与会企业专家的智慧，文字表达清晰、准确，充分反映了企业人员对岗位的认识和分析。

3. 岗位能力分析的结论与成效

通过制订岗位能力分析表，项目组整理出老年服务与管理专业群 5 个专业的 33 个工作岗位的 149 个工作项目、476 项工作任务、1799 条岗位能力。

（1）职业生涯发展路径。项目组在开展岗位能力分析前，先对老年服务与管理专业群所包含的 5 个专业人才需求进行调研，调研结果将专业群学生就业面向的岗位分为 11 类，即养老照护类岗位、健康咨询类岗位、销售类岗位、运营类岗位、后勤类岗位、产品类岗位、社工类岗位、行政类岗位、康复治疗类岗位、护理类岗位、培训类岗位，从中分析了面向该专业群的目标培养岗位。目标培养岗位分别是：照护主管、照护员、健康管家 / 养老顾问、健康管理主管、业务员、销售主管、运营主管、运营专员、采购主管、采购专员、产品主管、产品专员、社工助理、一线社工、社工项目主管、社工中心行政助理、社工中心行政专员、民政助理、民政专干、康复治疗士、康复治疗师、护士干事、护士（病房护理、ICU 护理、手术室护理、门诊护理、急诊护理、社区护理、院感、护理管理）、护士长、助教、初级讲师。

（2）岗位能力分析的结果。通过岗位能力分析过程，制订了老年服务与管理专业群岗位能力分析表，主要取得以下成效：

① 分析了 33 个核心岗位的工作项目、工作任务、职业能力和关键能力，厘清了各岗位能力的重要程度，形成了老年服务与管理专业群岗位能力分析表。

② 学校的专业教师走到企业的第一线，更加明确企业的岗位设置，以及各岗位的工作流程、工作任务和能力要求。专业教师对人才培养的目的和所具备的能力更加清晰。

（四）课程体系构建

1. 研讨会组织与实施

为了进一步研讨老年服务与管理专业群岗位能力分析行业企业专家研讨会后总结的工作项目、工作任务、职业能力转化为课程体系，2022 年 10 月 16 日 9:00—18:00，重庆城市管理职业学院以腾讯视频会议的方式召开了"老年服务与管理专业群课程体系构建"线上研讨会。会议邀请了智慧健康养老服务与管理、康复治疗技术、护理、民政服务与管理、社会工作各专业负责人与教研室主任、企业专家和高校的课程专家，共同探讨重庆城市管理职业学院老年服务与管理专业群课程体系的构建事宜。

在课程体系构建研讨会环节，明确了根据养老服务业的核心岗位开展专业群建设。校企专家针对当前养老产业发展愈加追求复合型人才、创新型人才的背景，研讨了重庆城市管理职业学院老年服务与管理专业群人才课程设计与岗位能力如何实现良好对接的课程体系。其中，各课程专家和企业专家围绕岗位岗位能力与实施教学的对接性、学生在校学习与实际工作岗位的一致性，学生与行业、岗位、社会"零距离、真接触"的现实性以及专业群培养方向与我国"十四五"规划对智慧健康养老服务发展的新寄望的一致性等维度与内容，就学校应该开设什么样的课程、所开课程能否满足学生就业岗位的职业能力要求等问题展开了热烈的探讨，目的在于实现理实一体化，实现高职教育、行业教育和岗位教育的有机结合，并实现学生在校也能获得职业技能训练及职业素养培养等目标。

会上大家共同探讨确定了老年服务与管理专业群的培养目标，并确定了27项典型工作任务、6门专业群平台课程、18门专业群基础课、35门专业群核心课程与6门专业群拓展课程。

2.典型工作任务与岗位能力的对接

项目组在课程体系构建研讨会上，从老年服务与管理专业群的目标培养岗位出发，模拟不同岗位的工作任务情景，并最终提炼总结出27项典型工作任务。

表1-3　专业群对接的27项典型工作任务表

序号	典型工作任务	课程名称	典型工作任务对应的岗位能力（技能、工具、方法、要求、知识）	备注
1	社会工作行政与管理	（社工）社会工作行政与管理	95、96、98、97、94、93	
2	社工项目筹备与宣传	（社工）社会工作调查与研究、（社工）个案社会工作、（社工）社区社会工作、（社工）小组社会工作、（社工）社会工作项目设计与评估	88、27	
3	社工项目实施与执行	（社工）社会工作项目设计与评估、（社工）社会工作行政与管理	28、87	具体详见职业能力分析报告
4	社工项目结项与评估	（社工）社会工作项目设计与评估、（社工）社会工作调查与研究	29	
5	康复评估	（康复）康复评定技术	34-02、32、31、30、35	
6	康复治疗	（康复）言语治疗技术、（康复）传统康复治疗技术、（康复）运动治疗技术、（康复）作业治疗技术	35、33-01、33-02、33-03、34-02	
7	康复效果评价	（康复）康复评定技术	34-02、35、33-04	
8	康复指导	（康复）康复训练与指导	34-01	
9	出入院管理	（护理）健康评估	122、99、116、126	

续表

序号	典型工作任务	课程名称	典型工作任务对应的岗位能力（技能、工具、方法、要求、知识）	备注
10	患者治疗护理	（护理）用药护理、（护理）急危重症护理、（护理）社区护理、（护理）基础护理、（护理）临床综合护理	101、119、134、125、06、104、02、107、110、120、121、118、106、103、105、115、116	具体详见职业能力分析报告
11	智慧健康养老教育	健康教育	04、133、131、124、111、132	
12	感染预防与控制	传染病预防与护理	102、136、141、137、140、138、142、114、109、139	
13	应急预案与处理	（护理）急危重症护理、安全管理与应急处理	123、113、109、05、117	
14	护理设备使用与维护	（护理）基础护理、（护理）临床综合护理	108	
15	急救处置与照护	（护理）急危重症护理、安全管理与应急处理	130、128、129、05、113-04、127	
16	护理照护指导与培训	（护理）基础护理、常见老年疾病护理与照护	135、14、115、112、04、10、134	
17	社会事务管理	（民政）婚姻与收养实务、（民政）彩票管理实务	89	
18	困难群体福利服务	（民政）社会福利服务、（民政）福利机构运营与管理	90、85-01	
19	社区服务与管理	（民政）社区管理、（民政）社区服务项目策划与实施	91、85、86	
20	社会组织管理	（社工）社会工作行政与管理、（社工）社会工作调查与研究	92	
21	社会救助服务	（民政）福利机构运营与管理、（民政）社会福利服务	85-01、89	
22	慈善与社会工作服务管理	老年社会工作实务、健康教育、（养老）老年人基础照护	88、95、87、93、97、98、94、96	
23	智慧养老信息化管理	（养老）机构智慧养老运营与管理、（养老）居家智慧养老运营与管理、（养老）养老大数据技术应用、智慧养老行业认知	20、21、22	
24	智慧生活照护与管理	（养老）老年人综合能力评估、（养老）智慧健康养老管理实务、（养老）特殊老人照护、（养老）老年人基础照护、常见老年疾病护理与照护	01、02、09、11、15、13、06、14、16、24、17、23、12、25、10、18	
25	智慧养老教育与康复	老年人康复指导技术、（养老）老年活动策划与设计	03、04	
26	安宁照护与社会支持	常见老年疾病护理与照护、（护理）急危重症护理、（养老）老年人综合能力评估	07	
27	养老安全管理与应急处理	安全管理与应急处理	08、05、19	

3. 课程体系与职业能力的对接

根据智慧健康养老行业最新的发展业态与重庆城市管理职业学院老年服务与管理专业群的教学优势和教学实际，在前期产业方向调研及岗位能力分析基础上，课程体系构建研讨会由企业专家、课程专家及院校老师共同讨论，得出老年服务与管理专业群岗位能力对应的典型工作任务与对应的课程。

（五）专业群标准研制

1. 标准编制培训会

为进一步推进老年服务与管理专业群标准研制项目建设，提升人才培养水平，在前期精准分析岗位群人才需求、岗位职业岗位分析、课程体系构建的基础上，深化课程建设，特聘请专业群标准编写专家、全国现代学徒制工作专家指导委员会入库专家吴琼教授组织召开"老年服务与管理专业群人才培养方案及相关标准编写培训会"。智慧康养学院领导、专业群各专业带头人、教研室主任、各专业（教研室）骨干教师参会学习、交流。

2. 标准研制要点及流程

专业群标准研制和职教本科人才培养体系研制要重点关注教育部出台的专业标准研制政策，紧密联系老年服务与管理专业群的教学标准、各专业的人才培养方案、课程标准、教学大纲、教学计划、授课计划等，实现知识与技能的提升。同时，在整个专业群相关标准研制过程中，始终贯穿着"通用"与"专用"两个概念，即作为专业群的学生，首先要满足通用的知识、能力和素养等要求，其次是作为某个专业的学生，满足该专业所要求的专用知识、能力和素养等要求。标准编制要点及流程如图1-5所示。

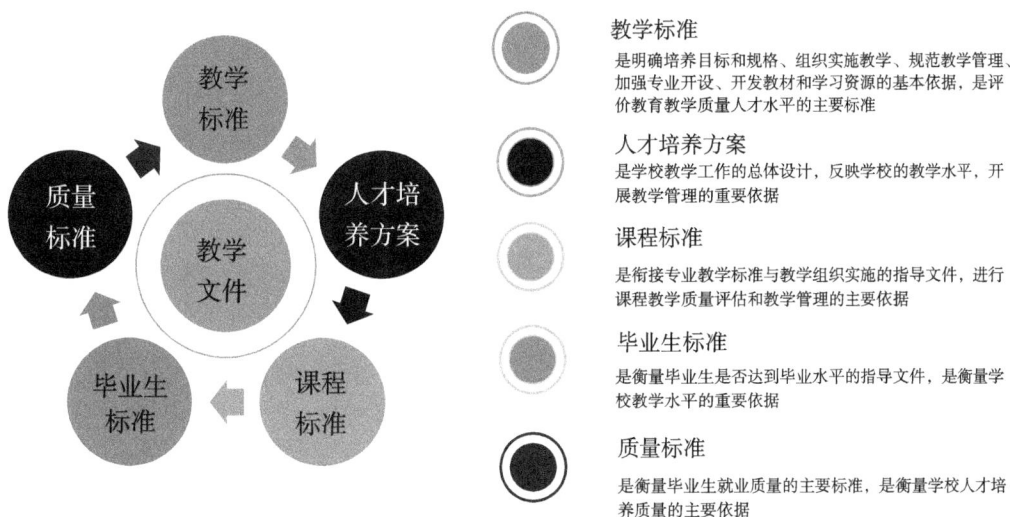

教学标准
是明确培养目标和规格、组织实施教学、规范教学管理、加强专业开设、开发教材和学习资源的基本依据，是评价教育教学质量人才水平的主要标准

人才培养方案
是学校教学工作的总体设计，反映学校的教学水平，开展教学管理的重要依据

课程标准
是衔接专业教学标准与教学组织实施的指导文件，进行课程教学质量评估和教学管理的主要依据

毕业生标准
是衡量毕业生是否达到毕业水平的指导文件，是衡量学校教学水平的重要依据

质量标准
是衡量毕业生就业质量的主要标准，是衡量学校人才培养质量的主要依据

图 1-5　标准编制要点图

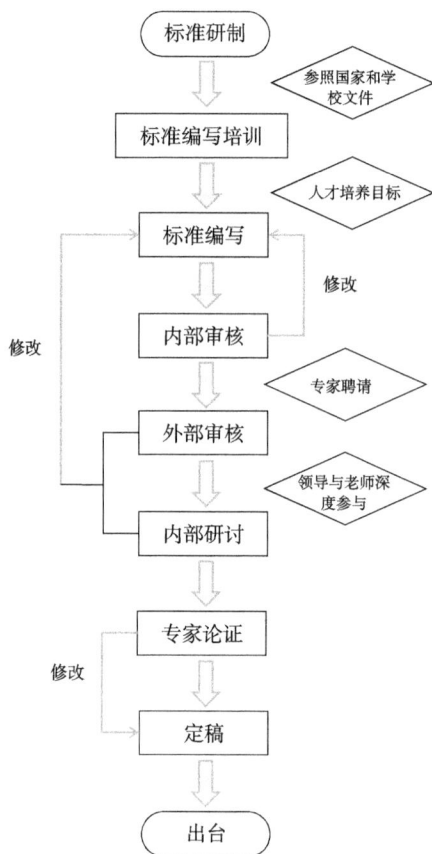

图 1-6　标准研制流程图

3. 标准研制总依据

根据《国家职业教育改革实施方案》、职业教育专业简介（2022 年修订）、高等职业学校专业教学标准、职业学校专业（类）岗位实习标准、职业院校专业实训教学条件建设标准（职业学校专业仪器设备装备规范）等职业教育国家教学标准体系、《教育部关于职业院校专业人才培养方案制订与实施工作的指导意见》、《普通高等学校本科专业类教学质量国家标准》、《本科层次职业教育专业设置管理办法（试行）》、《关于加快建设高水平本科教育　全面提高人才培养能力的意见》、重庆城市管理职业学院〔2021〕39 号文件《2021 级专业人才培养方案制订原则意见》等文件，教育部职业教育与成人教育司司长陈子季《在自信自强、守正创新中不断拓宽中国特色现代职业教育发展道路》，华东师范大学教授、博士生导师、职业教育与成人教育研究所所长徐国庆《发展职业本科教育是建设高质量职业教育体系的关键步骤》，中国教育科学研究院职业与继续教育研究所所长、研究员孙诚《本科层次职业教育专业设置需要把握好三个关键问题》等专家、学者的研究，以及其他"双高"职业院校相关资料查阅比照，确定专业群相关标准及职教本科人才培养体系应以能力本位、素质教育、可持续发展为理念，促进学生全面发展，将学校育人与企业育人相结合，增强学生实践技能、注重职业能力培养、提高毕业生职业素质。

《国家职业教育改革实施方案》对职业教育标准建设、提高人才培养质量作出了新部署。当前，职业教育国家教学标准体系框架已经形成，需进一步增强标准意识、质量意识，并通过广泛的调研工作，深入了解现实需求，更新教学内容、优化课程设置、完善人才培养过程，提高站位，以标准为基本依据推进重庆城市管理职业学院办出水平、办出特色。

4.标准研制过程

专业群标准及职教本科人才培养体系的研制、编写与制订等工作是在高等职业教育思想、教育观念、人才培养模式、教学内容与课程体系、教学方法与手段等方面改革成果的基础上，进一步明确高等职业教育的培养目标，继续坚持产教融合、校企合作的办学模式；运用信息化技术手段，大力开展智慧课堂教学改革；突出高等职业教育的特点，引入企业文化、行业文化、产业文化，营造校企文化融合育人环境，面向城市发展和公共事业管理、服务一线，对接产业，与目前我国养老产业教育相适应，为区域经济、社会发展等培养现代服务业和社会公共服务需要的高素质复合型技术技能人才。为使学校在专业群建设及职教本科发展过程中有所遵循，特进行老年服务与管理专业群标准研制及智慧健康养老管理专业职教本科人才培养体系研制，推动高质量人才培养。

（1）专业群教学标准。国家层面的专业教学标准，包含职业教育专业简介（2022年修订）及2019年发布的高等职业学校专业教学标准，是职业院校人才培养方案制订的重要依据。而院校层面的职业教育专业群教学标准开发对于职业院校人才培养体系研制更是至关重要，因为国家教学标准一方面是以专业大类为开发的基本类别，给职业院校在专业定位的选择上提供自由度；另一方面是以模块为开发的基本单元，给职业院校在课程设置上提供自由度。在这样的一个"自由度"之间，院校层面的职业教育专业群教学标准应运而生，开发的核心工作是对职业岗位的任务与能力进行分析，确立能力标准，建构学习内容。对确立职业院校面向人才市场自主办学的地位，提升人才培养的针对性，促进专业群建设的主动性具有重要意义。

① 定位培养规格。专业群教学标准培养规格是学校和专业对所培养出的人才质量标准的规定，指受教育者应达到的综合素质，它是学校和专业工作的立足点和重要依据，是学校编制教学计划和课程教学大纲，组织教学、检查和评估教育质量的依据，解决了专业人才培养的方向问题。专业人才培养规格就是按照国家级职业教育规划政策文件、地区性职业教育指导文件和人才市场导向制订符合专业教育培养目标的综合素质要求，是对专业人才培养的方向和所要达到的目标的概括性描述，也是经过规定年限的学习，专业人才在知识、能力、素养方面要达到的基本要求。不同专业、不同

层级的培养规格是有所不同的，如通过对国家职业教育公共管理与服务大类、医药卫生大类中相关专业建设标准的分析，老年服务与管理专业群的培养规格定位于面向行业发展的一线人员，注重技能性能力和专业性能力的培养，通过日常技能锻炼及专业知识的学习，使学生能够在修完学分后达到一般工作岗位的发展要求，填补行业发展的基础人才缺口。

②构建课程体系。通过职业教育相关文献研究和职业教育发展脉络剖析可知，关于专业群课程体系构建，最早也最为成熟的是"平台＋模块"的课程体系，即指在专业群规划与设置的前提下，由全校公共课程、专业群基础课程组成的"平台"课程和由专业必修课程、专业核心课程、专业选修课组成的"模块"课程构建起来的课程体系。其中"平台"是保证专业群基本规格和全面发展的共性要求，体现"厚基础、宽口径"，"模块"主要是实现不同专业人才的分流培养，体现个性。在"平台＋模块"课程体系的基础上，国内各教育部门、学者、高职院校纷纷根据具体情况进行改良，提出了不少别具特色的课程体系。根据智慧健康养老服务与管理专业群所面向的行业，通过分析群内五个专业及智慧健康养老管理职教本科专业的共性和差异性，构建出符合学校、区域和产业发展的"平台＋模块"的"底层共享、中层分立、顶层互选"课程体系。

"底层共享"构建基本素质和专业素质课程平台，老年服务与管理专业群所面对的服务对象绝大多数是老年群体，"底层共享"课程定位于帮助学生在入学之初通过阶段性实习、直接接触服务群体，逐步形成岗位发展认知。通过前期的产业调研和职业能力分析，了解到老年人常见疾病的发病原因、发病机制和病理生理过程，老年人日常生活照护技能，老年群体心理活动变化特点及规律，社会服务营销、老年服务与产品营销及相关市场营销的基础理论和专业知识，康护礼仪，人际沟通等方面的知识与技能是基础性的，更是作为专业群的学生需要共同掌握的，将其拆分、组合到不同的课程并实践于教学是打好"底层共享"课程基础的必备条件。如结合老年人常见疾病的发病原因、发病机制和病理生理过程，对老年人日常生活照护技能等方面的知识与技能进行分析，将该类知识架构纳入"老年医学基础"，作为专业群平台课程之一来丰富学生的专业基础知识。

"中层分立"构建专业基础和专业核心课程平台，如护理学的基本概念知识以及病人护理、饮食与营养、排泄护理、药疗技术、静脉输液与输血法等相关技能是在产业调研的基础上，通过职业能力分析阶段分析出来的护理专业的典型工作任务，经过课程专家、专业老师等分析研讨将上述内容构建为一门护理专业的专业核心课程，即"基础护理"，希望通过该课程的学习，锻炼学生在各种情境下熟练掌握护理技能并实施照护的能力。

"顶层互选"构建素质拓展和专业拓展课程平台。同样的课程构建逻辑，"健康教育"课程内涉及正确的个人卫生、生理、心理、常见传染病及卫生救护技能等方面的知识，均来源于我们实际的调研工作和职业能力分析研讨，作为拓展课程，该类课程在底层和中层课程基础之上提高了专业课程的延展性和全面性，满足了学生素质全面拓展的要求。

③ 总学时学分安排。学分制是以学分作为计算学生学习量的教学管理制度，以取得必要的最低学分作为学生毕业标准的完整的教学管理制度，在教学过程中，允许学生自主选课，通过选课修满毕业所规定的总学分，即可允许毕业。根据《教育部关于职业院校专业人才培养方案制订与实施工作的指导意见》等国家职业教育相关要求，三年制高职总学时数不低于 2500 学时，鼓励学生自主学习，公共基础课程学时应当不少于总学时的 1/4，实践性教学学时原则上占总学时数 50% 以上。同时，结合学校人才培养方案文件精神，调研院校的相关专业开设情况以及本校专业基础条件，充分考虑了课程教学内容与学时学分对应比例及各课程之间的内在联系，对各专业的总学时学分进行相应安排。老年服务与管理专业群各专业课程设置要求为：三年课内总学时一般为 1600～1800 学时，三年内教学总学时数安排在 2600～2800 学时，实践性教学学时原则上占总学时数的 50% 以上。总学分 135 学分（含公选课 8 学分），选修课教学时数占总学时的比例不低于 10%。实习累计时长一般为 6～9 个月，可根据实际集中或分阶段安排实习。

④ 完善师资队伍。通过对相关院校的专业师资队伍建设情况进行调研分析，在所调研的院校中，高级职称教师是主力军，硕士研究生学历是专业教师的必备条件，"双师型"专业教师是学校专业建设的主要关注点，而师资力量不足以及师资实践能力欠缺是专业群师资建设中存在的主要问题。因此，根据职教师资知识结构、教师成长规律和专业教师配置标准，高职院校的教师队伍应是以青年合格教师为基础，"双师型"专业教师为中坚，中青年骨干教师为核心，专业带头人为领军的梯形结构，在教学标准建设中也是本着这样的原则来配备相关专业的师资队伍。

以青年合格教师为基础：具有大学本科或研究生学历的青年新教师，经过 2～3 年时间的历练，已具有基本的教学能力和管理能力。他们了解职业院校的培养目标，领会人才培养模式、教学模式，熟悉课程标准和教学内容体系，掌握课程教学规律，与学校、学生建立了感情。青年教师年轻，成长性快，可塑性大，是学校教师队伍中最具活力的一个庞大群体，是教师队伍的基础。

以"双师型"专业教师为中坚：主讲教师是高等院校承担教学工作的主力军，在高等职业院校中他们是"双师型"教师。该类教师具备扎实的理论知识和较高的教学水平，有很强的专业实践能力和丰富的实践经验，而且在数量上，根据教育部办公厅《关于进一步加强全国职业院校教师教学创新团队建设的通知》要求，职业院校要着力打造一批德技双馨、创新协作、结构合理的创新团队，加快职业教育和"双师型"教师队伍高质量发展，为全面提高复合型技术技能人才培养质量提供强有力的师资支撑。其中"双师型"教师占比不低于 50%。结合老年服务与管理专业群的教学安排、师资方面的支撑关系以及预期教学效果，在专业群教师团队的构建上，"双师型"教师要达到专业教师的 70% 以上，更好地支撑教学工作。

以中青年骨干教师为核心：堪称为中青年骨干教师的教师能胜任 2 门以上专业基础课或专业主干课程的教学，教学水平高，效果好，能起示范作用，又能从事各项教学建设，诸如制订人才培养方案、编制课程标准、撰写课程教学进度计划、开展教育科研，并取得优秀教学成果。他们是专业教师团队的核心力量。

以专业带头人为领军：专业带头人学术（业务）水平高，教学质量好，教学科研成果丰硕，具有先进的职业教育理念。在一个专业教师团队中，他们能够团结、凝聚全体教师深化教学改革，组织重点专业、精品课程建设，组织实验、实训实习基地建设，开展教育科学研究，开展科技服务。专业带头人往往是学校中某个专业学术水平、教学水平的代表，是专业建设的领导力量。

⑤ 建设教学设施。教学实训室是学生技能训练的场所，是进行现场教学和实验教学的课堂，也是开展社会培训服务的基地，对于锻炼学生操作能力和提升教学质量有重大帮助。通过对重庆市第三福利院、重庆宏善养老产业有限公司、重庆市第六人民医院、重庆市渝善社会工作服务中心等单位调研访谈了解到专业群建设及各专业发展需要大量的实践工作，如护理专业，无论是学生实习工作，还是转正后的各项日常工作，一般都需要经历一个轮岗的过程，包括医院的泌尿外科、血透室、妇产科、儿科、手术室、神经疾病中心、妇产科等不同科室，各用人单位希望学生在校期间能够接受学校更大范围的实践教学，所以在建设教学设施层面上，在考虑专业群共享实训室的基础上，还针对护理专业设置基础护理实训室、内科护理实训室、外科护理实训室、妇产科护理实训室、儿科护理实训室、急救护理实训室、模拟重症监护室等不同类型的实训设施，为学生提供充足的实训空间，帮助学生在学校完成基础技能的锻炼，加强理论基础与实践能力的结合，缩短岗位适应时间。在对从事社会工作类型企业单位的调研中发现，社区治理职业技能等级证书是该类企业关注的重要证书之一，而应届生初入职场的不足主要体现在知识面不够广、专业知识不扎实、动手操作能力不强等方面，通过社区治理实训室、社会工作综合实训室的设置，学生既能实际锻炼考取社区治理职业技能等级证书等所需的相关技能，也能增强专业技能知识，提高社会工作实践能力。

从企业角度的校企合作方面的调研中得知，校企合作的核心是资源共享、提高运营效率、提高毕业生竞争力实现综合发展；从高职院校角度的校企合作方面的调研中得知，相关院校的同一专业基本都开设有基础护理实训室、外科护理实训室、模拟重症监护室、民政综合实训室、社会调查研究实训室、心理照护实训室、心理咨询实训室等实训设施，通过这些实训室能够有效地提升学生的实践能力，助力学生就业。与此同时，该类实训室不仅是合作企业、毕业生就业企业等的实际要求，更是国家职业教育政策文件所明确规定的教学设施组成部分，是职业教育教学体系中的重要一环。

根据毕业生就业调研中的相关证书、综合素质要求及专业群课程体系建设情况可知，营养与膳食实训室、智慧机构养老实训室、智慧养老产业经营与管理实训室、老年活动策划实训室等是提升学生技能必不可少的教学设施，如老年人膳食营养结构和如何搭配老年人日常膳食等技能是在前期产业调研阶段，企业表达出来的一部分员工的技能弱势，希望学生在校期间能够加强锻炼和实践，这样不仅能够符合行业企业预期，也有利于增强学生的实践能力及考取营养师等职业资格证书，增强职业核心竞争力。如智慧老年健康咨询与管理知识、老年活动策划与设计能力等是从智慧健康养老服务与管理专业调研阶段对接到人才培养目标的部分知识和能力，产业与行业对该类知识和能力的需求，不但需要学校设置相关的专业课程进行很好的理论教学，更需要通过老年活动策划等实训室的设置对学生进行实践能力的培养，进而有效锻炼学生的专业能力及组织协调能力、人际沟通能力、问题解决能力等综合素质。因此，上述教学实训设施在教育教学中必不可少。

⑥保障质量管理。教学质量管理是为保证培养规格，促使教学效果达到课程计划、教学大纲和教科书所规定的要求，对教学过程和效果进行指导、控制的活动，是教学管理的核心。一般程序是：确定教学质量的标准，主要依据教学目标，使之分解、具体化；进行教学质量管理检查和评价，通过与教学质量标准的对照比较，发现问题，改进教学；进行教学质量分析，找出解决或改进教学的路线和方法；进行教学质量控制，依据分析结果，实施改进措施。教学质量管理的主要内容包括：厘清专业群的办学定位与办学思路，制订符合老龄产业创新人才培养模式，确立专业群人才培养目标，加强专业群建设、课程建设、实习实训基地建设、教学团队建设、师资队伍建设，把控教学管理、课程设计、毕业设计、顶岗/跟岗实习、职业资格能力、毕业生质量等各个方面。构建"三位一体"教学质量监控保障体系，从质量标准、监控管理、评价实施三个方面开展制度建设和质量监控工作，以保证教学质量和人才培养质量的不断提升。

（2）专业群人才培养方案。《教育部关于职业院校专业人才培养方案制订与实施工作的指导意见》指出："专业人才培养方案应当体现专业教学标准规定的各要素和人才培养的主要环节要求，包括专业名称及代码、入学要求、修业年限、职业面向、培养目标与培养规格、课程设置、学时安排、教学进程总体安排、实施保障、毕业要求等内容，并附教学进程安排表等。"学校可在满足指导意见基本要求的前提下，根据区域经济社会发展需求、办学特色和专业实际制订专业人才培养方案。

人才培养方案是职业院校根据人才市场需求，在体现国家人才培养总体要求的前提下，依据专业群教学标准及相关文件要求，结合学校办学实际，对人才培养目标与规格、课程体系与实施方案的整体设计与确定，是职业院校实施人才培养过程的基本依据，也是提高人才培养质量的基本保障。

重庆城市管理职业学院老年服务与管理专业群人才培养方案的提出是在国家人才培养指导意见基础上，结合本校专业群特色、专业群课程体系及相关标准研制得到的毕业生培养规范，老年服务与管理专业群通过职位面向确定其职业发展方向；通过培养目标与规格确定毕业生应具备的素质、知识与技能；通过课程设置确定专业课程情况等，以实现健康养老行业对高技术技能人才需求。老年服务与管理专业群既满足了智慧健康养老服务与管理、康复治疗技术、护理、民政服务与管理、社会工作专业通用培养目标，又融合了各专业的人才培养特色，将人才培养方案与专业群建设有机匹配。整个过程由学院领导、各专业带头人、教研室主任与骨干教师、职业教育专家、课程专家、企业专家等共同参与，切实落实校企联合人才培养，共建专业群人才培养方案。

① 明确职业面向。编写专业群相关标准，需要明确就业面向的行业、主要就业单位类型、主要就业部门、从事的工作岗位以及不同岗位所需要的岗位能力，帮助学校老师清晰地掌握专业培养的方向和学生未来发展的职业道路，特别是学生毕业后的职业发展路径及岗位核心能力要求，畅通就业渠道，降低就业迷茫，增强师生职业成就感与获得感，提升人才培养质量。在职业面向的分析中，通过企业调研了解各专业对口就业的岗位类型、所在部门、人员配备、学历要求、能力素质需求以及职业发展路径等；通过各专业毕业生对自身当前择业、就业、学习等不同阶段的心理、薪资、能力认知、知识实践以及对课程学习评价、教学改进意见反馈等；通过调研其他院校的相关专业设置情况、人才培养、师资配备、办学经验等；并通过对 30 万余条相关岗位大数据的清洗、筛选、透视、比对、解析等；综合分析、研讨各就业岗位的真实需求、各专业主要就业领域和岗位、行业整体岗位分布；继而得到专业群各岗位目标培养岗位，如老年服务与管理专业群康复治疗专业岗位可以从事运动治疗、物理治疗、言语治疗、心理康复、假肢矫形器制作等工作，智慧健康养老服务与管理专业学生可从事生活照料服务、养老护理、适老化设计与改造、老年产品研发等工作，为毕业生就业方向提供了明确指导，并将职业发展贯穿人才培养全过程。

② 定位培养目标。高等职业教育人才培养目标在整个现代职业教育体系中起着重要的指导作用，是高等职业教育实践活动的出发点，也是检验高等职业教育质量高低的理论标准。重庆城市管理职业学院老年服务与管理专业群基于人才培养建设基础、调研企业对专业人才知识与能力的诉求、毕业生在实际就业中展现出来的部分优势与短板、职业能力分析与课程体系构建研讨前后岗位专家对毕业生能力的评价与期望，分析现代养老产业链、人才链、教育链、供应链与价值链，参考其他高职院校相关专

业对人才培养目标的定位，以及重庆城市管理职业学院领导与各专业负责人、教研室主任及骨干教师、职业教育专家、课程专家、企业专家等参与深度讨论，最终定位人才培养目标。

如智慧健康养老服务与管理专业，基于健康养老产业人才培养建设基础、通过对重庆宏善养老产业有限公司、九如城养老产业集团、重庆市第一社会福利院等企业调研，发现此类企业对养老照护员、健康管家/养老顾问等一线服务人才有较高的需求。与此同时，大数据分析的结果也显示，全国对养老照护、健康管家、养老顾问等相关岗位的需求高达32.6%，且川渝地区对养老类岗位的需求排名全国第二。紧接着，在岗位能力分析阶段运用专业的二维四步五解法，并结合企业调研法、专家咨询法、头脑风暴法、大数据分析法、文献研究法等多种方法重点分析智慧健康养老服务与管理专业对应的工作项目（生活照护、特殊人群照护、安宁照护等），工作任务（起居照料、健康监测、清洁维护、失智照护等）及岗位能力（照料老人的清洁与沐浴、熟悉不同功能障碍的康复知识、安全规范管理各类管道、老人烫伤的应急处理流程等），对养老照护、健康管家、养老顾问等岗位能力进行全方位的剖析、提炼与总结。最后，在课程体系构建环节，集中有关专业的教育专家召开专题会议，在主持人的引导下，教育专家根据岗位能力分析表，以及人才培养规律和学生可持续发展的需求，充分表达对课程构建的意见和建议，并集中研讨协商，以学生岗位能力形成为主线，采取专门的方法将工作项目、工作任务和工作能力要求转化为专业课程和教学内容，明确专业课程与任务能力之间的对应关系，将岗位能力分析表转化为课程，构建专业课程体系。在课程体系构建这个过程中，主要采用了直接转换、组合转换和提炼转换三种课程转化方法，课程内容与能力对接由参会专家各自独立完成，将"岗位能力标准汇总表"中的工作任务对应的能力与各门课程关联，从而实现课程内容与能力的对接。选择时尽量避免遗漏和重复，如果个别岗位能力的重复不可避免，原则上重复不超过3次，职业素养的培养贯穿人才培养全过程，可不受此限制。每位专家完成"课程与能力对接表"结果汇总后，遵循少数服从多数、高度关联、避免重复的原则，对每门课程与能力对接结果进行统计汇总，把一些与课程相关度不高、选择票数少或有重复的能力去掉，保留选择相对集中、不重复的工作任务与能力，以此方法确定课程的主要教学内容。进而得出智慧健康养老服务与管理专业的智慧老年健康咨询与管理、智慧健康养老照护、老年营养与膳食、智慧老年康复护理等课程，从而落实人才培养目标。

③ 重构组群逻辑。组群逻辑是专业群建设的起点，是发挥专业内涵，优化专业结构，提高人才质量，助推养老服务业转型升级的重要法宝。传统的养老模式实现了"养护医"的有效融合，其中养是基础、医是关键、护是核心。老年服务与管理专业群以老年人需求为基础，分析养老服务产业链，剖析产业需求，在"养护医"融合的养老模式基础上，增加了康复治疗与社会保障模式，以"居家养老为基础、社区养老为

依托、机构养老为补充"为组群逻辑,聚焦于养老服务业的高端"医、养、康、护、保""五位一体"有效融合,构建医疗、养老、康复、护理、社会保障多业态智慧医养模式,推动养老产业的多元化和精细化发展。依托智慧健康养老服务与管理这一核心专业,充分发挥康复治疗技术、护理、民政服务与管理和社会工作四个专业的特色优势。其中,康复治疗技术专业以"医"为核心,为养老服务业培养老年康复、中医理疗等专业人才;智慧健康养老服务与管理、社会工作、民政服务与管理三个专业以"养"为核心,为养老服务业培养运营管理、生活照料、社工服务、老年教育、健康养生等专业人才;护理专业以"护"为核心,为养老服务业培养老年护理、中医保健等专业人才;智慧健康养老服务与管理专业又兼以"康"为核心,为养老服务业培养健康管理师、健康宣教等专业人才;民政服务与管理、社会工作两个专业又兼以"保"为核心,为养老服务业培养社会事务管理、社会福利与救助等社会保障支持人才。专业群的组建有利于发展专业内涵,优化专业结构,提高人才质量,助推养老服务业转型升级。

④ 明确培养规格。培养规格规定了学校人才培养质量,包括受教育者应达到的综合素质、知识及能力等。遵照教学标准对培养规格的定位,对老年服务与管理专业群和智慧健康养老管理职教本科专业的培养规格进行详细分析与描述。如老年服务与管理专业群人才培养规格需要满足智慧健康养老服务与管理、康复治疗技术、护理、民政服务与管理、社会工作五个专业应具备的素质、知识与能力。素质目标确定了人才培养具备的思想道德素质、文化素质、业务素质、身心素质、创新创业素质。专业基础与平台课明确了学生应具备的英语应用、信息技术应用、语文应用、创新创业、交流沟通、政策法规、应急管理、社会服务与市场营销、社会心理等较为宽泛的、体现基础性和通用性并与专业技能相区别的知识与技能目标,如通过"老年心理学"的学习,学生掌握了会谈技术、心理学知识、心理康复技术、社会心理学、老年心理护理等知识与技能,能够对老年人进行心理指导、并制订出有针对性的治疗方案。专业目标明确了与专业群相关的知识与技能目标,专业目标的提取应能涵盖专业群各专业应具备的智慧健康养老照护、养老机构管理、老年康复保健、临床医学、康复医学、康复疗法、基础护理、言语训练、婚姻登记、社会组织管理、社区治理等知识与能力要求,如社区治理明确了社区治理的内容、方法与发展趋势,使学生毕业后能为社区群体设计、提供相应的服务项目工作,满足社区需求,优化社区秩序的过程与机制。通过人才培养应具备的素质、知识与能力确定了智慧健康养老服务与管理专业群人才培养规格。

⑤ 确定专业群课程体系。专业群课程体系的确定是人才培养方案课程设计的核心依据。根据老年服务与管理专业群所面向的行业,明确各专业的依赖关系,通过分析群内五个专业的共性和差异性,构建"平台+模块"的"底层共享、中层分立、顶层

互选"课程体系，凸显专业群的适应性。

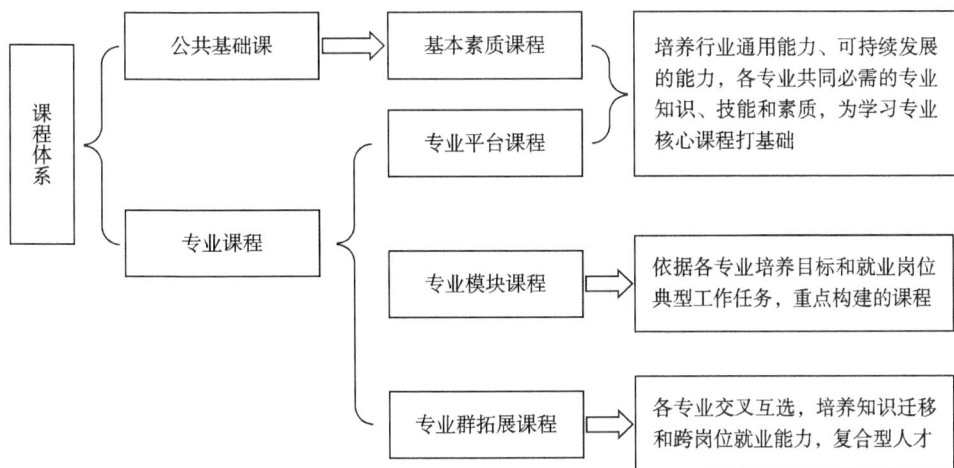

图1-7 专业群课程体系构成图

课程体系的设置是学校对开设专业群的设立和安排，主要包括课程结构、课程内容和课程计划，根据学校课程计划和选课指导教师的建议，在每学期规定修读的学分范围内，允许多修、少修、免修某些课程。老年服务与管理专业群课程体系的设置除公共基础课、专业基础课、专业核心课、实践课外，还包含拓展课程、绿色课程等，规范了学生的教学内容、学时学分分配、实践内容、绿色课程教学等。其中学时学分的确定主要参照全日制普通高等学校相应课程教学时数、所需课外作业时数和各门课程在考试计划中的位置等多方面的因素。

⑥丰富实践性教学环节。丰富的实践性教学环节能够有效配合理论教学内容，培养学生分析与解决实际问题的能力。高等职业教育非常注重学生实践技能的培养，并且通过广泛的、多维度的调研了解到，企业部分实习的学生或工作的毕业生在实际工作中深感自身实践与理论知识存在一定的差距；企业在考核员工时，也将员工的实践操作能力作为重要考核指标；同样，在调研相关专业所在院校的领导和老师时，他们纷纷表示充足的实践性教学能够最大限度地提高学生的动手能力，缩短理论与实践之间的距离。因此在课程安排上，要给学生设置丰富的实践性教学环节，提高学生的实践技能，塑造更好的职业素养。实践性教学环节是为配合理论教学，加强专业训练和锻炼学生实践能力而设置的教学环节，同时也是企业选择员工时重要的考核指标；主要包括实验、实训、实习、毕业设计、社会实践等；实验、实训可以在校内实验室、校外实训基地等完成；教学见习、跟岗实习或顶岗实习主要在老年服务机构、社会福利机构、医疗与康复机构、社会组织、城乡社区完成。社会实践由学校组织，可在公办、民办、中外合作或者独资举办的养老机构、医院、社会福利院、社工中心、康复

医疗机构、社会工作服务中心及其他校外场所完成。实践性教学鼓励应用现代化教学手段，严格执行《职业学校学生实习管理规定》和《高等职业学校普通××专业顶岗实习标准》。实习结束后，学生按要求撰写实习报告。企业指导教师和学校指导教师根据学生的实习表现进行评价。实践教学环节有助于学生了解养老行业机构运作、组织架构、规章制度和养老机构文化；掌握岗位（群）的典型工作流程、工作内容及核心技能；养成爱岗敬业、精益求精、诚实守信的职业精神，增强学生的工作经验与就业能力。

⑦ 完善绿色技能课程。绿色技能课程是指将绿色意识和绿色技能融入课程建设，形成绿色技能教学课程体系。绿色课程可以从产业发展的层面保障人才输出与绿色经济转型之间的有机承接。在实践中，职业院校的人才培养目标必须与产业的用人标准实现有效衔接与协同，才能使培养的绿色技能人才符合产业用人条件，实现产教融合协同效应最大化，提高绿色技能人才培养质量。

老年服务与管理专业群绿色技能课程的设置要体现针对性、层次性、系统性，注重理论与实践一体化教学；围绕培养高素质技术技能人才的素质、能力和知识目标，结合实际，开设安全教育、社会责任、绿色环保、管理等方面的选修课程、拓展课程或专题讲座（活动）；具备较好的基础医学知识、临床医学知识、护理、社会救助、婚姻登记、环境保护等专业知识和操作技能；并将相关知识与技能融入专业课程教学；将创新创业教育融入专业课程教学和相关实践性教学；组织开展德育活动、志愿服务活动和其他实践活动。切实培养绿色技能人才的绿色知识和实践能力，让学生获得的知识和技能跟上时代发展与绿色经济的需要。

⑧ 实施校企联合人才培养。校企联合是将高等院校与用人单位之间的资源进行交互，将企业的运营机制、岗位需求与高等院校的人才培养体系、人才培养目标深度结合。校企联合有利于发挥学校和企业的各自优势，实现优势互补、资源互用、利益共享，将教学与生产相结合，共同培养社会与市场需要的人才。

老年服务与管理专业群人才培养坚持德技并修、工学结合、知行合一，与行业紧密结合的教学制度，明确校企双方职责与分工，建立专业招生录取和企业用工一体化的招生招工制度。通过推进招生招工一体化，改革标准研制模式，从合作企业技术技能人才需求出发，由校企共同制订专业群标准配套管理制度。重庆市民政局、重庆宏善养老产业有限公司、中国社会工作教育协会、重庆市第一社会福利院、重庆市渝西医院、重庆市冬青社会工作服务中心等单位参与学校的人才培养方案设计且为毕业生提供实习场所，实现学校与企业、专业与岗位、教学过程与生产过程、课程内容与岗位要求紧密衔接，加深产教深度融合。

⑨ 做好实施保障。人才培养方案的落地需要扎实的实施保障条件，如过硬的师资队伍、完善的教学设施、丰富的教学资源、科学的教学与学习评价方法以及规范的质

量管理。师资队伍应在专业建设、课程建设、教学能力和信息化技术等方面均有一定的经验，具有扎实的本专业相关理论功底和实践能力，能够承担专业课程教学、教学改革、科学研究、实习实训指导等教学任务；配备完善的教学设施如实训室、资料室等建筑设施及各种医疗器械、实验器械及辅助设备和工具等，满足学生课内实验、课程设计、课程实习、毕业实习等环节。培养学生观察问题、分析问题及解决问题的能力；制订完善的教学规章制度、课程教学标准以及教学各主要环节质量标准，保障人才培养方案落地实施；采用科学的教学与学习评价方法包括学生评教、毕业生评价、用人单位、学校评价等，根据不同的评价准则设计打分表，对教师的教学质量以及学生的学习状况进行评价。

⑩ 实现课证融通。2019 年 1 月，《国家职业教育改革实施方案》提出在职业院校、应用型本科高校启动"学历证书 + 若干职业技能等级证书"制度试点（1+X 证书制度试点）工作，这是党中央国务院对职业教育改革作出的重要部署，是落实立德树人根本任务，完善职业教育和培训体系，深化产教融合、校企合作的一项重要的制度设计创新。"1+X"证书制度中，"1"是指学历证书，"X"为若干职业技能等级证书，该制度鼓励学生在获得学历证书的同时，取得多类职业技能等级证书。"课证融通"就是让高职专业课程设置、内容开发与"1+X"证书对应的职业领域知识技能需求相融合，实现学历教育与职业资格培训的融通。证书的选择是基于老年服务与管理专业群开设专业证书要求及前期产业调研、岗位能力分析与课程体系构建的分析和研究结果。如产业调研发现目标培养岗位中的养老照护类岗位（照护员、照护主管）是专业群培养的重要且较为核心的就业岗位，该岗位群的工作项目包括养老生活照护、养老基础照护、老年康复服务、养老心理支持、养老安全应急处置、养老失能、失智照护、养老安宁疗护、老人安全防护、养老任务分工、养老工作协调与沟通、养老工作指导及跟进、照护服务管理、照护成本管控等；通过进一步分析获得工作项目中的主要工作任务包括清洁、饮食、排泄、睡眠照护、环境清洁、生命体征观察、用药照护、风险防控与干预、功能促进、精神慰藉、突发意外事件的预防及应急处理等；在此基础上，通过二维四步五解法分析其岗位能力，包括能够按照养老护理技术操作规范协助老年人清洁口腔、能够按照养老护理技术操作规范协助老年人摘戴义齿并清洗、能够按照养老护理技术操作规范协助 / 帮助老年人洗澡（淋浴、盆浴、擦浴）、可同时运用智能化助浴床进行洗浴、能够观察老年人睡眠状况，报告并记录异常变化、能够按照养老护理技术操作规范协助老年人如厕、能够按照养老护理技术操作规范对发生噎食、误吸情况的老年人采取应急措施，报告、寻求帮助等，对接"老年照护职业技能等级证书""失智老年人照护职业技能等级证书"等，并且将考取证书所获得的知识与技能融入课程体系中。

（3）专业群人才培养质量标准。2019 年 1 月，国务院发布了《国家职业教育改革实施方案》，正式首次提出"毕业学生质量标准"的概念，以期通过建立毕业生质量标准，发挥其在提升职业教育管理水平和人才培养质量中的基础性作用。当前职业教育处于大发展阶段，用人单位、学校教师以及学生本人都十分关注毕业生质量标准的制订，毕业生质量标准作为学生在校学习期满后的评价"量尺"，是指导、规范和评价高职教育内涵建设的基础性、纲领性文件。毕业生质量标准在学校对毕业生刚性毕业要求的基础上实施编写，以人才培养方案中学生应具备的知识与能力为基准，以学校纪律、规定和社会法律为刚性原则，是建立毕业生质量等级及可执行的量化指标标准及评价毕业学生质量等级的重要依据。

① 质量标准体系。老年服务与管理专业群毕业生质量标准以学生发展为中心，通过刚性指标和柔性指标两个维度建立人才培养质量考核指标体系。

刚性指标是指学生毕业的最低要求，是评定毕业生质量的基础硬性条件，包括业务清零、成绩要求和技能证书三项指标。其中业务清零包括在校所受处分、费用缴纳及图书借阅是否清零三个细分指标。处分指的是对违反校纪校规的学生按情节轻重进行的处罚，费用指的是学校规定的学生在校学习应缴纳的费用，图书借阅是指学生在校期间在图书馆借阅的相关书籍；成绩要求是衡量学生学习质量的重要指标，包括学分要求、通识与专业课程成绩、体育课程成绩、素质拓展、创新创业和毕业考核6个细分指标；技能证书是指专业群毕业生要求或建议获得的各项证书，包括英语等级、计算机等级、1+X证书及其他相关职业资格证书三个细分指标。其中在英语等级证书方面，学生通过"高等学校英语应用能力考试"B级评级为合格，学生通过"高等学校英语应用能力考试"A级评级为优秀；在计算机等级证书方面，学生具备通过全国计算机等级考试一级的知识与能力评级为合格，学生通过全国计算机等级考试一级评级为优秀；在技能证书方面，除护理专业学生获得护士职业资格证书，每个专业的学生需具备考取至少一项老年服务与管理专业群或本专业建议证书的知识与能力，则评级为合格，除护理专业学生获得护士职业资格证书，每个专业的学生考取专业群建议证书中的一项，且通过本专业列举的任一项证书，则评级为优秀。在整个专业群毕业生质量标准研制中，还需贯穿"通用"与"专用"两个概念，即作为专业群的学生，首先要满足通用的知识、能力和素养等要求，其次是作为某个专业的学生，满足该专业所要求的专用知识、能力和素养等要求。如对于老年服务与管理专业群的证书方面，首先是建议和鼓励专业群学生获得老年照护职业技能等级证书、失智老年人照护职业技能等级证书、社会心理服务职业技能等级证书中的一项，然后作为智慧健康养老服务与管理专业的学生，建议其获得老年护理服务需求评估职业技能等级证书等；作为康复治疗技术专业学生，建议其获得健康管理师执业资格证书；作为护理专业学生，除要求其获得护士执业资格证书，建议学生获得医养个案管理职业技能等级证书等；作为民政服务与管理和社会工作专业学生，建议其获得社区治理职业技能等级证书等。

柔性指标即质量评级指标，是判定毕业生培养规格达到度、学生学习完成度的质量等级指标。质量评级指标从基本素质要求和知识与技能评级两个维度进行分类评价，其中基本素质要求包括思想道德素质和文化身心素质两个细分指标，如通过学生思想品德指标确定学生应具备的基础修养、政治表现和思想作风、职业道德与品德、工作态度及社会责任感；知识与技能评级通过对知识和能力分类分级来确定学生知识及技能的质量等级是合格还是优秀，以直观反映学生的学习质量。主要包括公共基础知识、专业技术知识、专业综合知识、公共基础能力、专业技术能力、专业综合能力六个细分指标，如外语基础规定了学生应具备的实用英语听说、阅读翻译、写作和自主学习能力。通过对专业群人才培养方案中培养目标和培养规格进行拆解，明确毕业生需要达到的不同层级的知识与能力，在满足刚性指标的基础上进一步对人才培养质量进行中级和高级的分类评价。质量评级中级能力表示学生具备扎实的专业群基础知识、基本技能，并对管理、培训及技能提升方面有一定的掌握，如养老机构管理能力，熟练掌握养老机构岗位设置与日常管理程序、养老机构营销管理、护理管理、膳食管理、养老机构信息化管理、老年政策与法规的运用；质量评级高级能力表示学生在达到中级能力等级的基础上还具备良好的管理、培训及技能提升等知识和能力，如社会救助知识，掌握各类生活救助、灾害救助、扶贫工作、各类专项救助和特殊救助等知识。学生达到中级能力评级为合格，达到高级能力评级为优秀。

② 质量评价与改进。质量评价与改进以多元评价的方式对学生课程学习效果、就业质量、学校教育教学等方面进行考核评价。通过建立毕业生学习效果评价机制，评估反馈信息表与问卷调查表，召开学生座谈会，对存在的问题及时进行沟通解决；根据通过督导听课、教学检查、网上评教、课程考核总结等途径评定的课堂教学质量考核结果，及时调整专业设置和课程体系，有针对性地改进教育教学工作，形成教学质量评价反馈的闭环循环机制，提升学校教育教学质量水平；通过重视就业质量调研过程，重视毕业生就业状况，跟踪调查用人单位需求、满意度、用人单位对毕业生综合素质的评价等，对毕业生的质量实施有效"追踪"。

（4）专业群毕业生标准。毕业生标准是一份判定毕业生是否满足毕业要求的规范性文件，应当体现学生在毕业时能够达到的基本要求、素质、知识、技能、专业实习及考评要求等内容。老年服务与管理专业群毕业生标准在人才培养规格的基础上，根据学校对专业群毕业生毕业标准的定位，制订了满足毕业标准对应的知识、能力与实习考评等内容。

① 毕业要求。毕业要求是指毕业生达到学校规定的满足毕业条件的标准要求，主要包括毕业生基本要求、素质要求、知识要求、能力要求、证书要求、实习与考评等多方面的要求，即要掌握通用和专业的素质目标，知识与能力考试能够达到合格及以上，获得专业群及各专业要求的证书条件，实习考评合格。其中，专业群基本要求确定了毕业生的思想政治素养、学业成绩、创新创业、素质拓展、职业素养、人文身心

素养等通用要求和证书方面的专业要求，如在通用要求上，要求毕业生在工作和学习过程中能够诚信合作，敬业爱岗，使学生具备写作、沟通、管理、团队合作、创新创业、文书综合表达等基本的通用知识与能力；在专业要求上，首先是作为专业群学生，鼓励其获取适用于整个专业群的相关证书，然后作为不同专业的学生需要考取不同类型的证书。而专业群知识与技能要求明确了学生应具备的养老照护、康复评定、疾病诊断、健康评估、康复护理、康复治疗、民政管理、组织管理等知识与能力，如想要具备养老照护能力与知识，就需要根据前期职业能力分析阶段所得到的逐项职业能力，进行有针对性的学习与训练，包括老年人日常生活照护技能、老年健康评估方法、老年人常见健康问题的照护技能、老年人的临终关怀等，使学生更好地掌握课程内容及要求，达到毕业标准。而在证书方面依旧是遵循课程融通的基本原则，对毕业生提出证书方面的要求。

② 专业实习与考评。专业实习与考评是判断毕业生知识掌握及运用的重要依据，是高职院校毕业生提升技能的必要步骤；通过专业实习，明确了毕业生在实习过程中需要掌握的专业技术知识和各种实践技能，确定了毕业生应该满足的实习效果；实习过程评价是通过检查相关专业群材料、实习周记，以及带教老师对学生实习过程的旁测等进行评价，重点评价学生的实习工作态度、沟通协作能力、动手操作能力等内容。实习效果考核通过各岗位群实习结束考核、顶岗/跟岗实习总结报告、实习报告、实习期间完成的各项作品等进行综合评价，各实习单位和职业院校综合实习过程评价和实习效果考核两方面成绩，综合评判学生顶岗/跟岗实习成绩。专业群实习与考评有助于毕业生积累相关工作经验，提升综合能力及职业竞争力，以期培养出符合社会发展的专业人才。

（5）专业课程标准。课程标准是课程的基本纲领性文件，是国家对基础教育课程的基本规范和质量要求，是教材编写、教学、评估和考试命题的依据，是课程管理和评价的基础。课程标准规定了课程教学的性质、目标、内容框架、考核方式，是提出教学建议和评价要求的规范性文件。高等职业教育与职教本科的课程标准是依据课程的目标，以学生职业能力和职业技能培养为重点，对教育教学应达到的指标所进行的具体描述。课程标准的制订旨在冲破传统教师培养的僵化模式，从对"教书匠"的训练走向"教育家"的成长，促使教学模式变革，培养新型教师与"双师型"教师。课程标准最直观的表现即是要有正确的教师观和相应的行为，由终身教育者转变为终身学习者。

老年服务与管理专业群课程标准根据人才培养的总体目标、人才培养方案原则意见以及具体的人才培养方案确定课程的教学内容、学时学分和目标等要求。依据行业企业、相关专业院校、行业大数据及毕业生调研确定职业发展路径，并在职业能力分析阶段得到研究确认，同时运用"二维四步五解"职业能力分析方法研讨典型工作任务，课程体系构建阶段通过参会行业企业专家、课程专家与学校专业带头人、教研室主任、相关课程骨干老师等多次研讨确定专业核心课程及课程体系，梳理构建专业群课程知识体系的结构框架，为专业课程标准的编写打下坚实的基础。课程标准由专业教研室骨干教师主笔编写，课程专家指导，专业教师团队研讨确认，然后由学院教学工作委员会组织审定，确定后定为试行性课程标准。按照试行性课程标准，配置教学资源，组织课程实施。在具体实施过程中，学院和各系部要及时收集、整理课程标准相关意见，根据反馈意见，修订试行课程标准，不断提高课程标准质量及实施成效。以"智慧健康养老照护"课程为例，在编写课程标准过程中充分考虑了课程教学内容与学时学分对应比例及各课程之间的内在联系，根据分析调研过程中获取的关于老年人智慧健康照护的工作涵盖照护评估与计划、用药照护、躯体功能障碍照护、认知功能障碍照护、应急照护、安宁照护等养老照护人员岗位需求内容，结合教学需求和人才培养要点，增加职业认知与发展的内容。在上述工作内容的基础上再细分教学任务，如用药照护可分为服药协助、雾化吸入、外用药使用三项教学任务，通过不断分析与拆解，最终讨论确定设置 64 个学时来保证教学内容的完整性和教学质量的标准性。同时，结合《学校人才培养方案制订原则意见》中以 16~18 学时计 1 学分的规定，给"智慧健康养老照护"课程赋予 4 学分。通过该课程的学习，使学生具备专业的智慧健康养老照护知识和技能，具备良好的沟通表达能力和突发情况应急处理能力，养成积极主动的服务意识、热情周到的服务态度、全心全意为老服务的精神等职业素养。

在课程评价方面，各专业整体上采用的是校企双元，或与学生自评三方共同参与的方式来开展知识、能力和素质全方位多元评价，不同的课程根据教学特色和实践方式又采取不同的课程评价方式，一方面可以有效满足行业对教师和课程的检验与评价，另一方面也能客观公正地呈现出学生的学习水平。评价标准和评价内容体现岗位能力要求，重视学习过程评价，突出职业能力和职业素养评价。如智慧健康养老服务与管理专业的"智慧健康养老照护"课程评价是围绕"爱老护老"育人目标，基于"一对接，三结合"的教学评价机制来开展，其课程成绩包含企业实习评价和学校老师评价，其中企业实习评价占比 20%，以此来直观地检验项目前期调研分析出的行业所需的职业能力是否有效地体现在课程体系中，是否培养出掌握相关知识和能力的学生与员工；学校老师评价占比 80%，包含课堂出勤 10%、书面作业 10%、课堂表现 10% 及项目测试 50%。民政服务与管理专业的"社区治理"课程评价实行多样化的过程评价，不但有自己评、教师评、专业机构评和学生互评，还要注意评价的内容及过程，构建"自我评价"体系，引导学生从学习准备、发言情况、合作状况、作业等方面进行"自我评价"。同时，建立毕业生半年后跟踪调查系统，对毕业生就业质量、专业核心课程有效性等信息进行调查反馈。通过企业、教师、学生三个维度综合评价来展现课程评价结果，客观有效。

（六）人才培养方案及相关标准论证

为推进老年服务与管理专业群标准建设及智慧健康养老管理职教本科专业人才培养，在前期产业人才需求调研、职业能力分析、课程体系构建、专业群相关标准研制、职教本科人才培养体系研制的基础上，召开老年服务与管理专业群人才培养方案暨智慧健康养老管理职教本科专业人才培养方案与相关标准评审会。评审会议程见下表。

时　间	内　容	负责人
14:00—14:05	介绍与会专家	主持人
14:06—14:20	领导致辞	学院领导
14:21—14:30	合影	全体参会人员
14:31—15:00	项目汇报	学校项目负责人
15:01—17:00	专家评审	专家组组长
17:01—17:15	中场休息（专家组集中讨论）	
17:16—17:25	宣读评审结果	专家组组长
17:26—17:30	总结、宣布闭会	主持人

专家组通过审阅相关资料，听取汇报、质询和充分讨论，形成以下论证意见。

（1）该老年服务与管理专业群人才培养方案聚焦养老产业转型升级，构建医疗、养老、康复、护理、社会保障多业态智慧医养模式，专业划分妥当，组群逻辑合理，能很好地推动养老产业的多元化和精细化发展；该专业群人才培养方案遵循了高职高专老年服务与管理专业群整体定位的培养目标、培养规格，从专业群角度构建"模块化"课程和"书证融通"的课程体系，融合专业群师资、实训等资源优势，给予学生充分的选择与发展空间，为学生的知识、素质、能力的培养提供了科学的教育体系。该专业群"德技双核，校行双驱，四平台，四阶段"的人才培养模式特色鲜明，为其他高职院校进行人才培养提供了很好的模式借鉴。

（2）该智慧健康养老管理职教本科专业人才培养方案升级人才培养目标，能够精准对接专业的目标就业岗位，适应养老行业对高层次技能型管理人才的需求，培养符合养老服务产业发展需求的、以"服务＋运营管理"为关键能力特征的高素质复合型技术技能型人才；该专业人才培养方案遵循智慧健康养老管理职教本科专业人才成长规律，升级人才培养质量标准，将新型职业人才培养质量观贯穿专业建设全过程，能更好地将智慧健康养老管理职教本科专业人才用于科研与社会服务。

（3）老年服务与管理专业群教学标准、人才培养质量标准、毕业生标准的制订是提升人才培养质量与教学质量的重要举措。教学标准优化和完善了教学过程，实现了教学过程科学化、教学评价多向化、教学设施规范化的监督与反馈改进机制；人才培养质量标准明确了毕业生应具备的知识、能力和素质的规格，以培养全面发展高素质人才为宗旨，提高了学生的社会责任感、创新精神和实践能力，实现了对学生学习质量成效的有效监测和评价。毕业生标准规范了高职院校毕业生毕业的基本要求、实习评价与改进等内容，切实提高了人才培养的目标实现度、社会适应度、条件保障度和结果满意度等。专业群标准研制体系的制订可以为学校开展教学树立标杆，指导学校健全"三全"育人机制，加强理论与实践、课内与课外等多方面结合，服务人才培养质量提升全过程。

（4）智慧健康养老管理职教本科专业教学标准、人才培养质量标准相互关联、各有侧重，从不同方面为职业院校教育教学提供了规范和依据。职教本科教学标准对于完善毕业生综合素质、课程设置、实习实践、技能提升、师资队伍建设等具有重要意义，与现有高职专业形成很好的对比，有助于开展职教本科毕业生教学过程制度建设和质量监控工作，以保证教学质量的不断提升。职教本科人才培养质量标准是评价毕业生学习量化指标体系及评价毕业生质量等级的重要依据，有利于对职教本科层级学生的学习效果、学习质量、学校教育教学等方面进行考核评价，满足社会与行业用人需求。

专家组一致同意老年服务与管理专业群人才培养方案与智慧健康养老管理职教本科专业人才培养方案及相关标准通过论证。

会后，项目组根据与会专家意见对人才培养方案及相关标准进行了修订与完善。

专业群标准和人才培养体系构建是评价教育教学质量人才水平的重要标尺，是反映学校的教学水平、课程教学质量、开展教学管理的重要依据。相关标准、方案与办法的出台与实施是将传授基础知识与培养专业能力并重，强化学生职业素养提升和专业技术积累，将专业精神、职业精神和工匠精神融入人才培养的全过程；是评价教育教学质量人才水平、反映学校的教学水平、开展教学管理的重要依据；有利于学校科学合理地设置人才培养目标、完善人才培养过程、优化课程设置、更新教学内容，切实提高人才培养体系的目标实现程度、社会需求度，构建工学结合的育人机制、德智体美劳全面发展的人才培养体系。

（七）项目成果汇编

1. 产业方向调研阶段成果

老年服务与管理专业群岗位大数据调研报告

老年服务与管理专业群企业人才需求调研报告

老年服务与管理专业群毕业生调查报告

老年服务与管理相关专业开设情况报告

老年服务与管理专业群岗位需求调研报告

2. 职业能力分析阶段成果

老年服务与管理专业群岗位能力分析报告

3. 课程体系构建阶段成果

老年服务与管理专业群课程体系构建报告

4. 专业群标准研制阶段成果

老年服务与管理专业群教学标准

老年服务与管理专业群人才培养方案

老年服务与管理专业群毕业生标准

老年服务与管理专业群毕业生质量标准

老年服务与管理专业群课程标准

5. 职教本科人才培养体系研制阶段成果

智慧健康养老管理专业设置的必要性和可行性分析报告

智慧健康养老管理专业职教本科试行办法

智慧健康养老管理专业教学标准

智慧健康养老管理专业人才培养方案

智慧健康养老管理专业职教本科层次人才培养质量标准

智慧健康养老管理专业课程标准

6. 人才培养方案及相关标准评审阶段成果

老年服务与管理专业群人才培养方案（终稿）

老年服务与管理专业群教学标准（终稿）

老年服务与管理专业群毕业生标准（终稿）

老年服务与管理专业群毕业生质量标准（终稿）

智慧健康养老管理专业人才培养方案（终稿）

智慧健康养老管理专业教学标准（终稿）

智慧健康养老管理专业职教本科层次人才培养质量标准（终稿）

老年服务与管理专业群
岗位大数据调研报告

一、大数据调查方法说明

调查方式说明：通过分析各大招聘网站的招聘数据和招聘信息，为专业群设置的必要性与可行性分析提供数据和参考信息。

本次大数据调查以养老涉老行业相关招聘信息为关键字，共获取企业招聘信息30.1万余条，其中养老服务类机构12万余条，养老销售类机构9万余条；根据行政地理区域划分，华东地区获取10万余条数据，华南地区获取5.9万余条数据，华北地区获取3.9万余条数据，华中地区获取3.6万余条数据，西南地区获取3.6万余条数据，东北地区获取1.8万余条数据，华北地区获取1万余条数据。大数据抓取时间为2019年6月至2022年6月。

在数据抓取方面，利用Python网络爬虫自动抓取58同城、智联招聘、BOSS直聘、猎聘等大型互联网招聘平台的招聘数据，抓取完成后按照预设的数据质量规则进行数据清洗，剔除不相关数据、不完整数据，确保数据准确反映最新行业发展动态、企业发展情况以及岗位发展趋势。

企业招聘要求主要从学历层次结构、薪资区间、招聘条数以及从业年限要求等维度展开分析。从学历层次可以看出相应岗位对需求人才的类型，从从业年限可以看出从业人员的稳定性和对技术的要求，从招聘条数可以看出社会人才的需求情况等。

二、整体招聘需求情况分析

对于养老涉老行业、医学康复行业及养老保障事业，适合专业群学生就业或对专业群学生就业有一定优势的岗位主要包括以下几类。

销售类岗位：在医药生产、医疗器械、康复器械、老年保健产品或服务等医药相关企业从事产品销售或市场推广工作，如区域销售、产品销售。

临床护理类岗位：在医疗卫生机构从事护理管理、临床护理等专业技术类岗位，如临床护士、门诊护士、社区护士、养老机构护士等。

行政类岗位：在养老涉老相关企业或政府公益组织、社区、基金会等机构从事文职、后勤等工作，如资料员、人事管理、前台等。

照护类岗位：在医疗卫生机构、家政公司或养老服务机构从事日常生活护理、精神慰藉、个案服务或技术服务类岗位，对住养老人进行疾病照护，老年康复保健的陪护等，如护工、护士、照护员等。

社会工作类岗位：在政府公益组织、社区、基金会进行老年人社会服务工作，如养老院管理、养老站站长、社会工作、活动组织、法律咨询、老年管理研究等。

康复治疗类岗位：在医院、康复机构、养老院、儿童福利院、社会福利院、孤独症治疗中心、社区基层管理机构、社区养老中心、社区卫生服务中心等从事康复治疗工作，包括综合康复治疗师、物理治疗师、言语治疗师、作业治疗师、运动康复师、中医理疗康复师、儿童康复治疗师、儿童感觉统合训练师、康复培训讲师、产后康复师等。

健康管理类岗位：在各类企业从事健康指导、卫生保健指导等工作，提供健康保健知识培训、膳食营养知识培训，如健康管理师、营养师、幼儿园保健医生等。

临床研究类岗位：在研究机构、医药科技开发企业等根据研究方案要求协助医生完成临床研究项目，如临床协调员/临床研究护士（CRC）、临床试验助理（CTA）、临床监查员（CRA）等。

客户服务类岗位：在医院、养老院等从事客户服务相关工作，为客户答疑解惑，如客服专员、客服主管等。

机构运营管理类岗位：在养老机构、养老企业等从事运营管理类的相关工作，如养老机构管理人员、养老机构运营主管、养老院院长等。

培训类岗位：在各类培训机构担任培训老师，开展各类职业培训，如老年照护培训师、康复培训讲师、健康管理培训师等。

策划类岗位：主要在政府公益组织、社区、基金、养老机构开展活动策划、活动管理、相关咨询服务等，如文案策划、活动策划、策划主管等。

其他相关岗位：护理学教师、养老项目研究员等岗位对专业群人才有少量需求。

从全国各省份企业的招聘数据来看，销售类岗位占 30.3%，其次是临床护理类占 16.5%、行政类占 15.2%、照护类占 11.0%、社会工作类占 5.7%、健康管理类占 5.1%、康复治疗类占 4.6%、临床研究类占 3.6%、客户服务类占 3.2%、机构运营管理类占 1.3%、培训类占 1.0%、活动策划类占 0.9%，其他相关岗位占 1.6%。整体分布情况如图 2-1 所示。

从全国各省份人才需求总量来看，广东、川渝地区、江苏、上海、北京、浙江、湖北、山东、河南、辽宁、陕西、湖南、河北对老年服务相关专业人才的需求占比在 2% 以上，其中广东的企业人才需求量最高，达到 18.4%，第二为川渝地区，其需求量为 9.6%。行业内对老年服务相关专业人才的需求以经济较为发达、社会老龄化程度较高的省份为主。整体分布情况如图 2-2 所示。

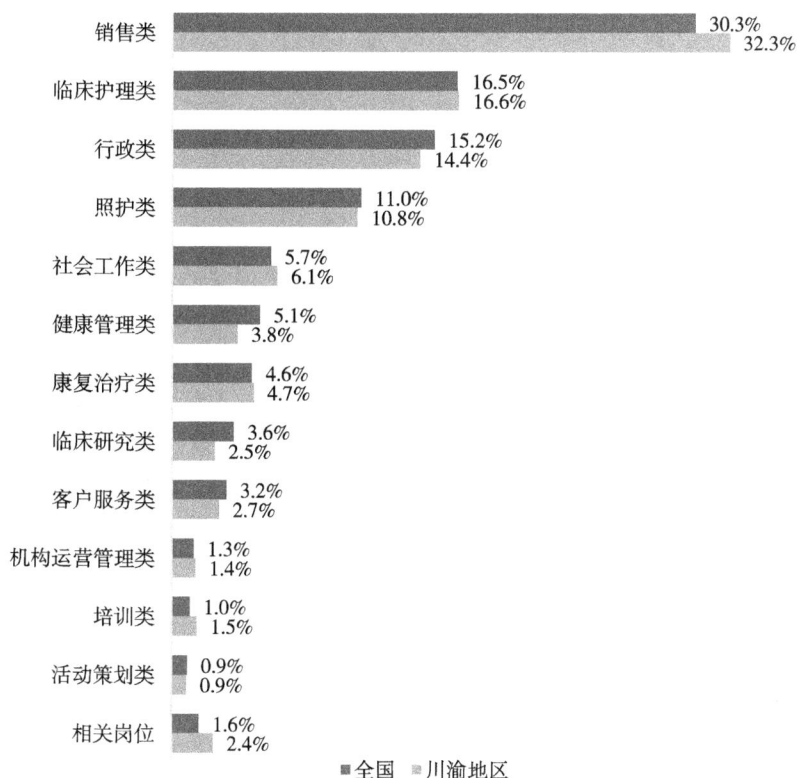

图 2-1　全国各岗位群需求情况

图 2-2　全国各省份人才需求情况

从学历分布情况来看，企业招聘时对学历的需求主要集中在大专、学历不限、中专/中技/高中，三者占比分别为51.0%、17.1%、16.1%，整体分布情况如图2-3所示。

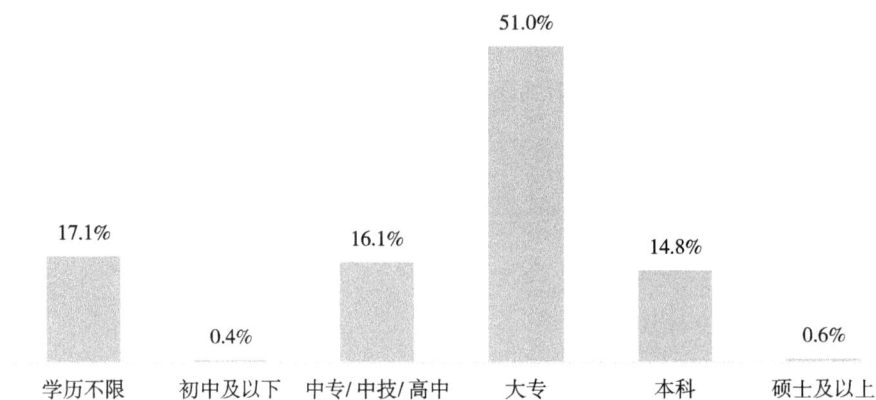

图2-3　整体学历分布

从工作年限分布情况来看，企业招聘时对工作经验的要求主要集中在1~3年或"无经验要求/经验不限"，二者占比分别为42.6%、28.8%，整体分布情况如图2-4所示。

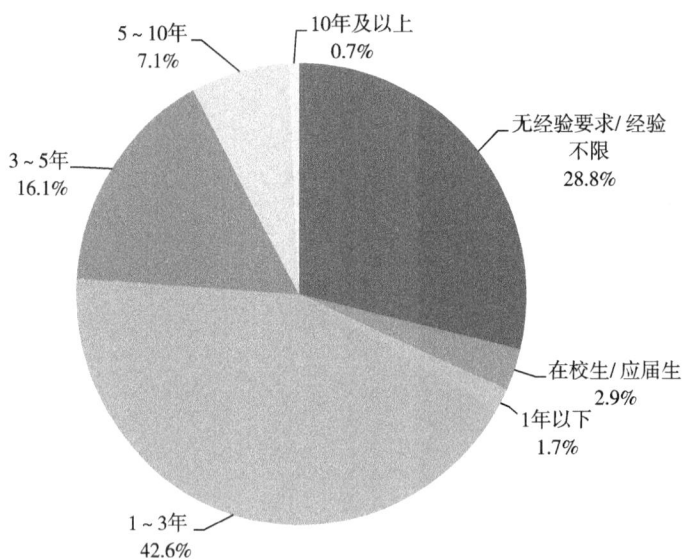

图2-4　工作年限分布

从招聘企业的企业性质及企业规模来看，全国及川渝地区呈现类似的特征，招聘企业以民营企业为主，占比超过了七成；企业规模以中小型企业为主，50~500人的企业占比较高。整体分布情况分别如图2-5、图2-6所示。

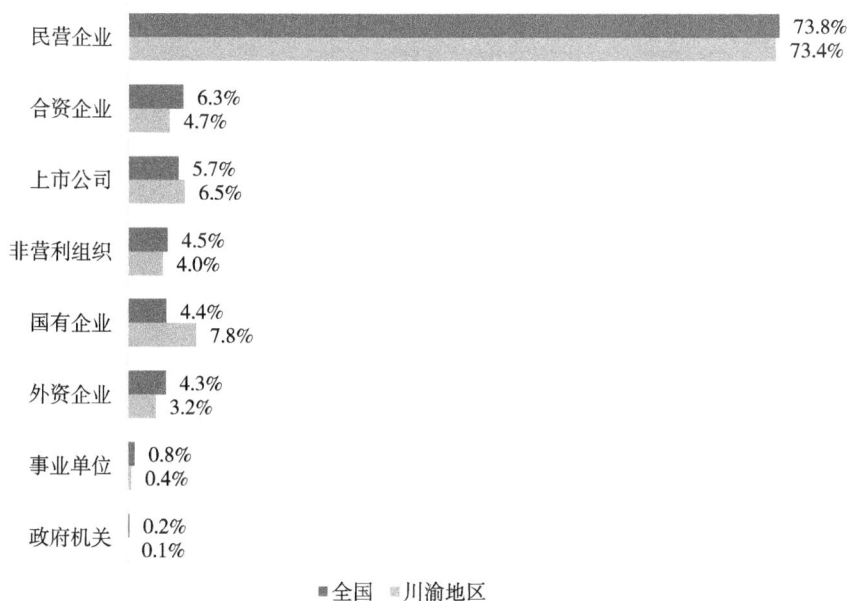

图 2-5　全国及川渝地区企业性质分布情况

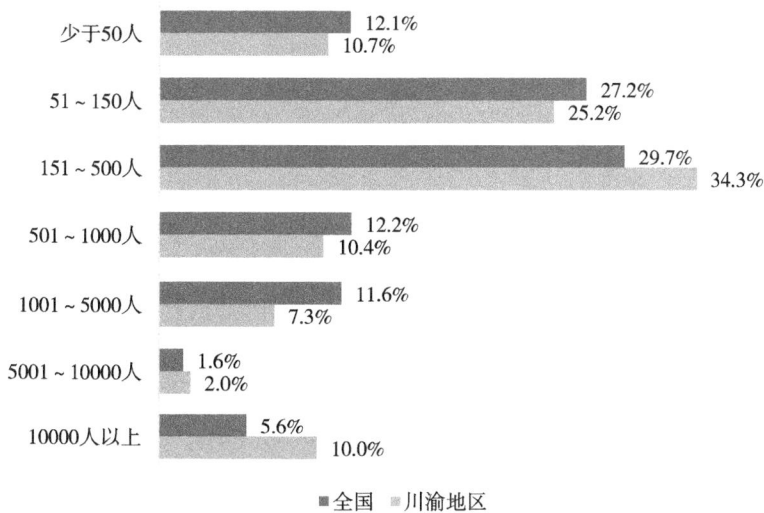

图 2-6　全国及川渝地区企业规模分布情况

三、分岗位招聘需求分析

（一）销售类岗位招聘要求情况分析

销售类岗位主要指在医药生产、医疗器械、康复器械、老年保健产品或服务等医药相关企业从事产品销售或市场推广工作，如区域销售、产品销售。专业群相关专业人才均可应聘。

学历分布方面：整体来看销售类岗位对学历的要求主要集中在大专（53.4%）、学历不限（19.0%）；管理层对学历的要求有所提高，大专、本科的比例均高于基础岗位。薪酬方面：学历提升有利于平均收入的提高。整体分布情况如表2-1、图2-7所示。

表2-1 销售类岗位学历比例一览表

岗位	学历不限	初中及以下	中专/中技/高中	大专	本科	硕士及以上
销售类整体情况	19.0%	0.2%	14.0%	53.4%	13.2%	0.2%
基础岗位	21.2%	0.2%	16.0%	50.7%	11.6%	0.2%
管理层	13.4%	0.1%	8.9%	60.3%	17.1%	0.2%

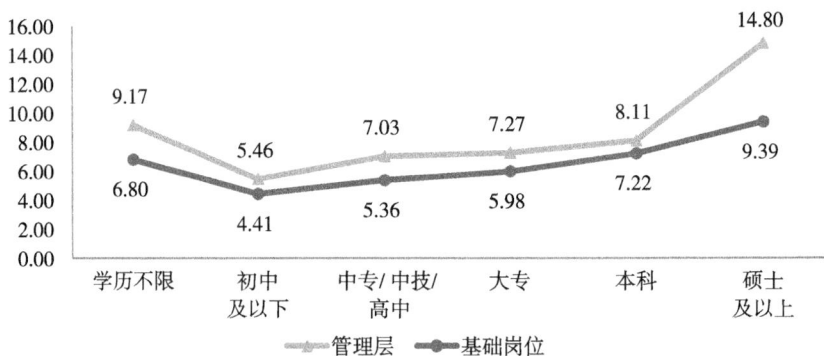

图2-7 销售类岗位平均月薪情况（单位：千元/月）

（二）临床护理类岗位招聘要求情况分析

临床护理类岗位主要指在医疗卫生机构从事护理管理、临床护理等专业技术类岗位，如临床护士、门诊护士、社区护士等；主要招聘对象是护理相关专业的人才。

学历分布方面：整体来看临床护理类岗位对学历的要求主要集中在大专（47.4%）、学历不限（18.8%）；管理层对学历的要求集中在大专、本科层次，占比分别为61.0%、15.7%。薪酬方面：学历提升有利于平均收入的提高。整体分布情况如表2-2、图2-8所示。

表2-2 临床护理类岗位学历比例一览表

岗位	学历不限	初中及以下	中专/中技/高中	大专	本科	硕士及以上
临床护理类整体情况	18.8%	0.1%	28.8%	47.4%	4.8%	0.2%
基础岗位	20.4%	0.1%	32.4%	44.5%	2.5%	0.1%
管理层	11.2%	0.0%	11.4%	61.0%	15.7%	0.6%

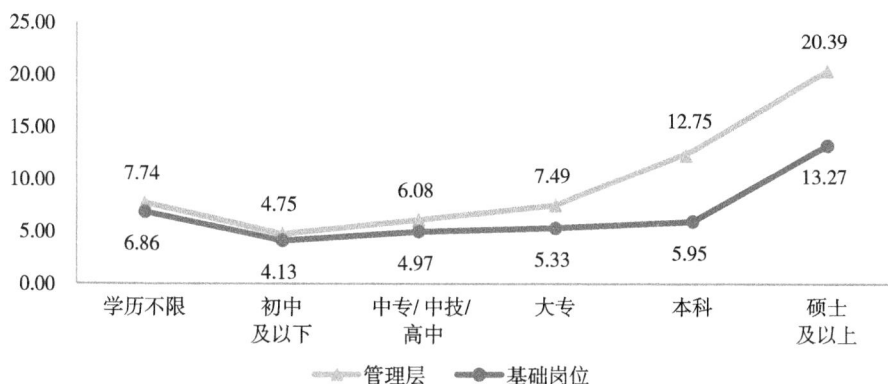

图 2-8 临床护理类岗位平均月薪情况（单位：千元／月）

（三）行政类岗位招聘要求情况分析

行政类岗位主要指在养老涉老相关公司或政府公益组织、社区、基金会等机构从事文职、后勤等工作，如资料员、人事管理、前台等；主要招聘对象是智慧健康养老服务与管理、社会工作、民政服务与管理等相关专业的人才。

学历分布方面：整体来看行政类岗位对学历的要求主要集中在大专（51.5%）、本科（20.6%）；管理层对学历的要求较高，集中在大专、本科层次，占比分别为54.4%、36.9%。薪酬方面：学历提升有利于平均收入的提高。整体分布情况如表2-3、图 2-9 所示。

表 2-3　行政类岗位学历比例一览表

岗位	学历不限	初中及以下	中专／中技／高中	大专	本科	硕士及以上
行政类整体情况	14.0%	0.2%	13.3%	51.5%	20.6%	0.4%
基础岗位	16.9%	0.3%	16.7%	50.5%	15.1%	0.5%
管理层	5.2%	0.0%	2.9%	54.4%	36.9%	0.6%

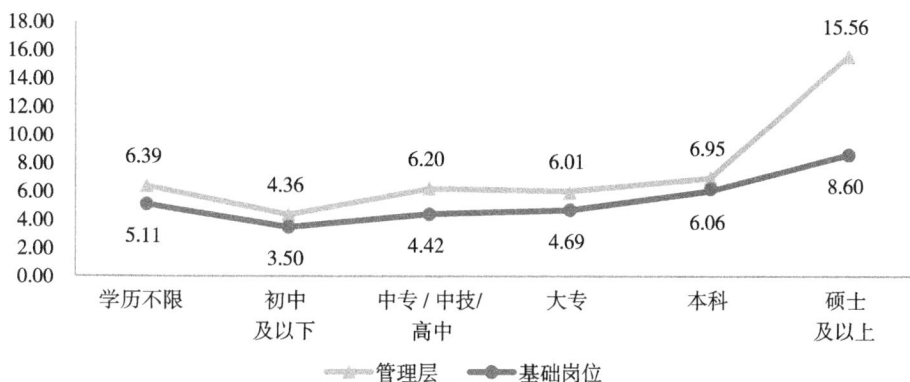

图 2-9　行政类岗位平均月薪情况（单位：千元／月）

（四）照护类岗位招聘要求情况分析

照护类岗位主要指在医疗卫生机构、家政公司或养老服务机构从事护理或技术服务类岗位，对老年人进行疾病照护，老年康复保健的陪护等，如照护员、照护师等；"健康照护师"作为新职业，在 2020 年 2 月被正式纳入我国职业分类大典，该职业是运用基本医学护理知识与技能，在家庭、医院、社区等场所，为照护对象提供健康照护及生活照料的人员。招聘对象主要涉及智慧健康养老服务与管理、护理等相关专业的人才。

学历分布方面：整体来看照护类岗位对学历的要求不高、较为分散，占比从高到低依次为学历不限（33.8%）、大专（28.1%）、中专/中技/高中（27.5%）；管理层对学历的要求较高，集中在大专、本科层次，占比分别为 64.5%、16.1%。薪酬方面：学历提升有利于平均收入的提高。整体分布情况如表 2-4、图 2-10 所示。

表 2-4　照护类岗位学历比例一览表

岗位	学历不限	初中及以下	中专/中技/高中	大专	本科	硕士及以上
照护类整体情况	33.8%	4.4%	27.5%	28.1%	5.6%	0.5%
基础岗位	36.4%	4.8%	29.1%	24.6%	4.6%	0.5%
管理层	7.2%	0.2%	11.4%	64.5%	16.1%	0.6%

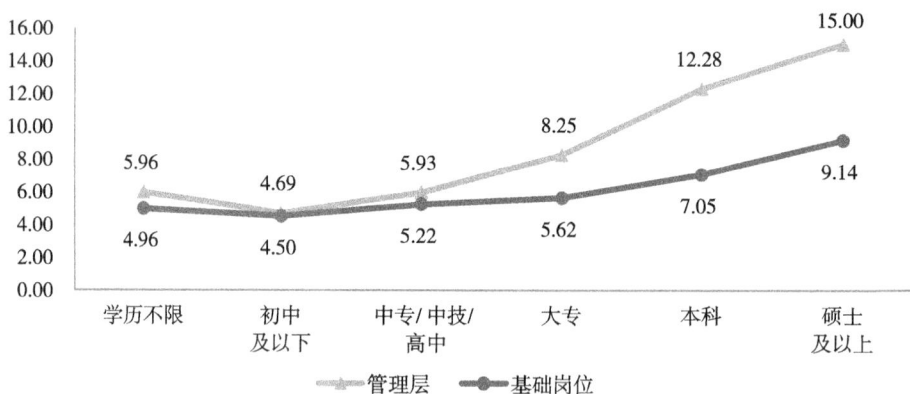

图 2-10　照护类岗位平均月薪情况（单位：千元/月）

（五）社会工作类岗位招聘要求情况分析

社会工作类岗位主要在政府公益组织、社区、基金会进行老年人社会服务工作以及其他社会管理工作，如养老院管理、养老站站长、社会工作、活动组织、法律咨询、老年管理研究、公益项目专员等；主要招聘社会工作、民政服务与管理、智慧健康养老服务与管理等相关专业的人才。社会工作者职业水平证书、老年照护职业技能等级证书、秘书职业资格证书、助理社会工作师、康复治疗技师执业证书等证书在部分企业招聘时会有提及，具备此类证书可以一定程度上增加就业优势。

学历分布方面：整体来看社会工作类岗位对学历要求较高，主要是大专（46.3%）、本科（28.7%）、硕士及以上（14.5%）；管理层对学历的要求较高，集中在大专、本科层次，占比分别为34.4%、34.5%。薪酬方面：学历提升有利于平均收入的提高。整体分布情况如表2-5、图2-11所示。

表2-5 社会工作类岗位学历比例一览表

岗位	学历不限	中专/中技/高中	大专	本科	硕士及以上
社会工作类整体情况	6.0%	4.5%	46.3%	28.7%	14.5%
基础岗位	6.6%	4.5%	53.8%	24.6%	10.5%
管理层	4.0%	4.5%	34.4%	34.5%	22.6%

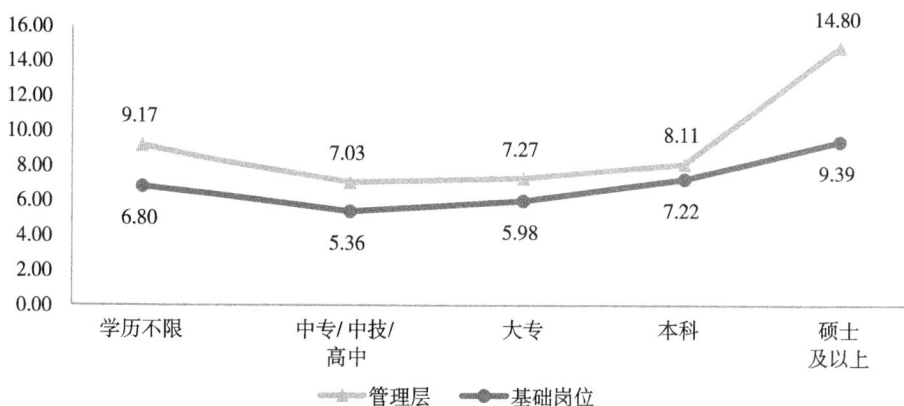

图2-11 社会工作类岗位平均月薪情况（单位：千元/月）

（六）康复治疗类岗位招聘要求情况分析

康复治疗类岗位主要是综合康复治疗师、物理治疗师、言语治疗师、作业治疗师、运动康复师、中医理疗康复师、康复培训讲师等。招聘对象是康复治疗技术相关专业的人才，考取康复治疗技师执业证书等证书及相应等级执业资格才能上岗执业。

学历分布方面：整体来看康复治疗类岗位对学历的要求主要集中在大专（49.3%）；管理层对学历的要求较高，集中在大专、本科层次，占比分别为48.0%、24.2%。薪酬方面：学历提升有利于平均收入的提高。整体分布情况如表2-6、图2-12所示。

表 2-6　康复治疗类岗位学历比例一览表

岗位	学历不限	初中及以下	中专 / 中技 / 高中	大专	本科	硕士及以上
康复治疗类整体情况	20.7%	0.4%	20.1%	49.3%	9.1%	0.3%
基础岗位	21.2%	0.4%	20.2%	49.3%	8.5%	0.3%
管理层	8.2%	0.0%	18.4%	48.0%	24.2%	1.2%

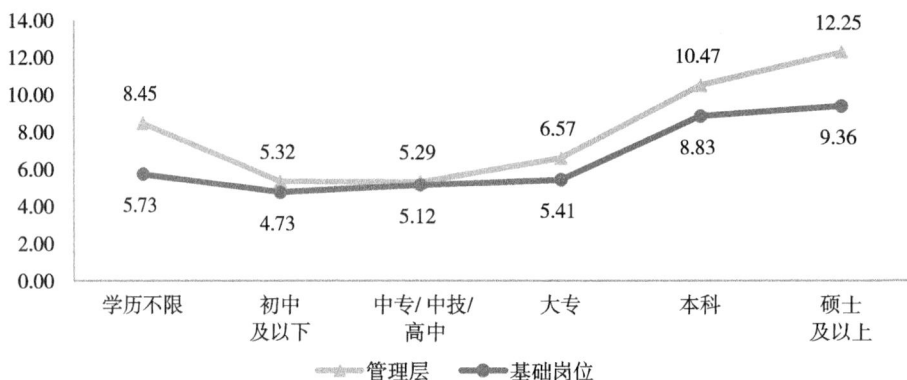

图 2-12　康复治疗类岗位平均月薪情况（单位：千元 / 月）

（七）健康管理类岗位招聘要求情况分析

健康管理类岗位在各类企业从事健康指导、卫生保健指导等工作，提供健康保健知识培训、膳食营养知识培训，如健康管理师、营养师等。具备相应知识的人才均可应聘。

学历分布方面：整体来看健康管理类岗位对学历要求主要集中在大专（57.3%）、学历不限（16.2%）、本科（13.0%）；管理层对学历的要求略高，集中在大专、本科层次，占比分别为59.9%、27.1%。薪酬方面：学历提升有利于平均收入的提高。整体分布情况如表2-7、图2-13所示。

表 2-7　健康管理类岗位学历比例一览表

岗位	学历不限	初中及以下	中专 / 中技 / 高中	大专	本科	硕士及以上
健康管理类整体情况	16.2%	0.7%	12.0%	57.3%	13.0%	0.8%
基础岗位	16.3%	0.8%	12.1%	57.2%	12.8%	0.8%
管理层	6.8%	0.0%	5.7%	59.9%	27.1%	0.5%

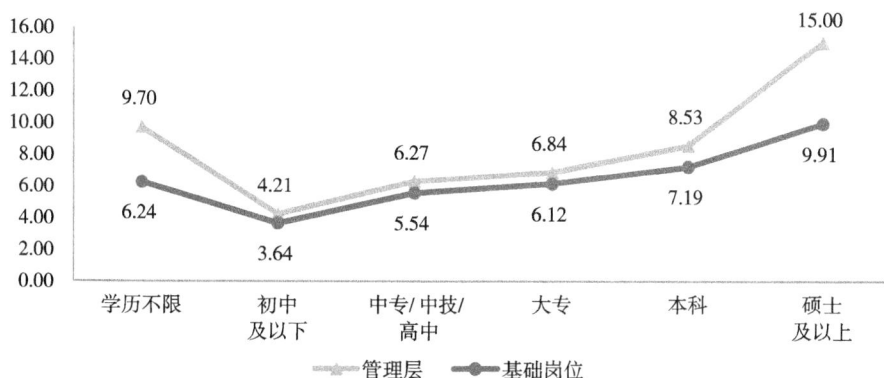

图 2-13　健康管理类岗位平均月薪情况（单位：千元／月）

（八）临床研究类岗位招聘要求情况分析

临床研究类岗位主要在医药科技开发类公司，根据研究方案要求协助项目负责医生完成临床试验的各项非科学判断工作、实验物资管理工作、研究资料收集管理工作及其他协助性工作。岗位包括临床协调员／临床研究护士（CRC）、临床试验助理（CTA）、临床监查员（CRA）。临床研究类岗位主要招聘临床医学、护理等相关专业的人才。

学历分布方面：临床研究类岗位相较整体情况来说，对学历的要求较高，学历要求基本集中在本科、大专，二者分别占比49.6%、44.9%；管理层对学历的要求略高，集中在本科、大专层次，占比分别为60.3%、36.2%。薪酬方面：学历提升有利于平均收入的提高。整体分布情况如表2-8、图2-14所示。

表 2-8　临床研究类岗位学历比例一览表

岗位	学历不限	初中及以下	中专/中技/高中	大专	本科	硕士及以上
临床研究类整体情况	4.5%	0.0%	0.3%	44.9%	49.6%	0.7%
基础岗位	4.6%	0.0%	0.3%	44.9%	49.5%	0.7%
管理层	3.4%	0.0%	0.0%	36.2%	60.3%	0.0%

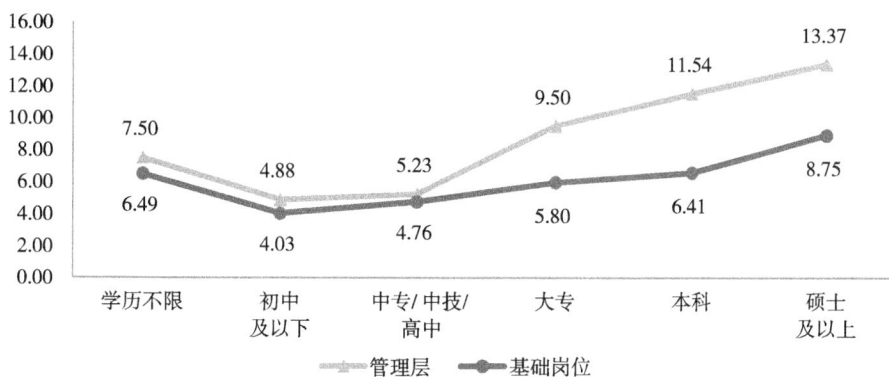

图 2-14　临床研究类岗位平均月薪情况（单位：千元／月）

（九）客户服务类岗位招聘要求情况分析

客户服务类岗位在医院、养老院从事客户服务相关工作，为客户答疑解惑，如客服专员、客服主管等。专业群相关专业人才均可应聘。

学历分布方面：客户服务类岗位对学历的要求不高，学历要求基本集中在大专、学历不限、中专/中技/高中，三者分别占比 47.1%、24.6%、22.9%；管理层对学历的要求略高，集中在大专、本科层次，占比分别为 64.7%、12.7%。薪酬方面：学历提升有利于平均收入的提高。整体分布情况如表 2-9、图 2-15 所示。

表 2-9　客户服务类岗位学历比例一览表

岗位	学历不限	初中及以下	中专/中技/高中	大专	本科	硕士及以上
客户服务类整体情况	24.6%	0.2%	22.9%	47.1%	5.2%	0.0%
基础岗位	27.4%	0.2%	25.8%	43.1%	3.5%	0.0%
管理层	12.4%	0.1%	10.1%	64.7%	12.7%	0.0%

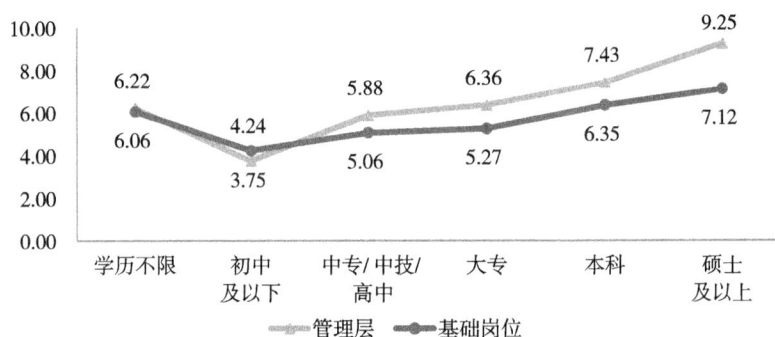

图 2-15　客户服务类岗位平均月薪情况（单位：千元/月）

（十）机构运营管理类岗位招聘要求情况分析

机构运营管理类岗位指在养老机构、养老企业从事运营管理类的相关工作，如养老机构管理人员、养老机构运营主管、养老院院长等。主要招聘对象是智慧健康养老服务与管理相关专业的人才。

学历分布方面：机构运营管理类岗位对学历的要求不高，学历要求基本集中在大专、本科，二者分别占比 59.4%、19.5%；管理层对学历的要求略高，集中在大专、本科层次，占比分别为 62.6%、17.8%。薪酬方面：学历提升有利于平均收入的提高。整体分布情况如表 2-10、图 2-16 所示。

表 2-10　机构运营管理类岗位学历比例一览表

岗位	学历不限	初中及以下	中专/中技/高中	大专	本科	硕士及以上
机构运营管理类整体情况	8.6%	0.5%	11.5%	59.4%	19.5%	0.5%
基础岗位	10.0%	1.8%	13.6%	49.2%	25.2%	0.2%
管理层	8.2%	0.1%	10.8%	62.6%	17.8%	0.5%

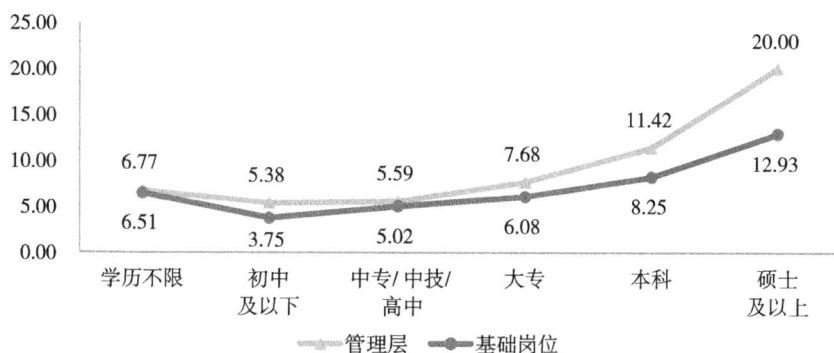

图 2-16　机构运营管理类岗位平均月薪情况（单位：千元/月）

（十一）培训类岗位招聘要求情况分析

培训类岗位指在各类培训机构担任培训老师，开展各类职业培训，如老年照护培训师、康复培训讲师、健康管理培训师等。专业群相关专业人才均可应聘。

学历分布方面：培训类岗位对学历要求主要集中在大专、本科，二者分别占比 51.7%、21.6%；管理层对学历的要求略高，集中在大专、本科层次，占比分别为56.5%、35.8%。薪酬方面：学历提升有利于平均收入的提高。整体分布情况如表 2-11、图 2-17 所示。

表 2-11　培训类岗位学历比例一览表

岗位	学历不限	初中及以下	中专/中技/高中	大专	本科	硕士及以上
培训类整体情况	13.5%	0.1%	11.7%	51.7%	21.6%	1.4%
基础岗位	14.5%	0.1%	12.4%	51.3%	20.3%	1.4%
管理层	2.3%	0.0%	4.2%	56.5%	35.8%	1.2%

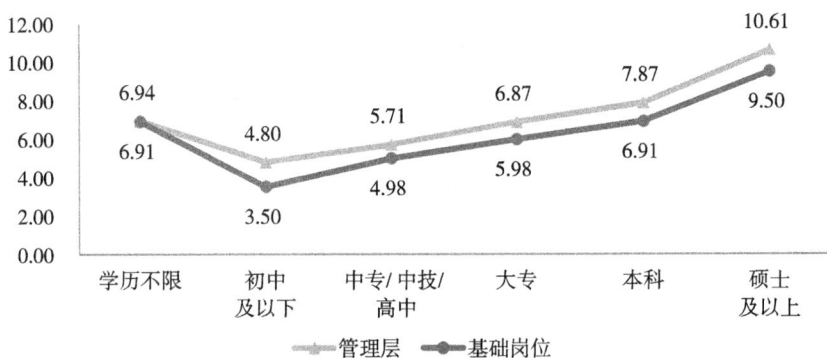

图 2-17 培训类岗位平均月薪情况（单位：千元／月）

（十二）策划类岗位招聘要求情况分析

策划类岗位主要在政府公益组织、社区、养老机构开展活动策划、活动管理、相关咨询服务等，如文案策划、活动策划、策划主管等。策划类岗位主要招聘社会工作、民政服务与管理等专业相关人才。

学历分布方面：策划类岗位对学历要求主要集中在大专、本科，二者分别占比 60.1%、24.1%；管理层对学历的要求略高，集中在大专、本科层次，占比分别为53.8%、42.3%。薪酬方面：学历提升有利于平均收入的提高。整体分布情况如表 2-12、图 2-18 所示。

表 2-12 策划类岗位学历比例一览表

岗位	学历不限	初中及以下	中专/中技/高中	大专	本科	硕士及以上
策划类整体情况	7.6%	0.1%	7.2%	60.1%	24.1%	0.9%
基础岗位	9.2%	0.1%	8.2%	61.6%	19.8%	1.1%
管理层	0.8%	0.0%	3.1%	53.8%	42.3%	0.0%

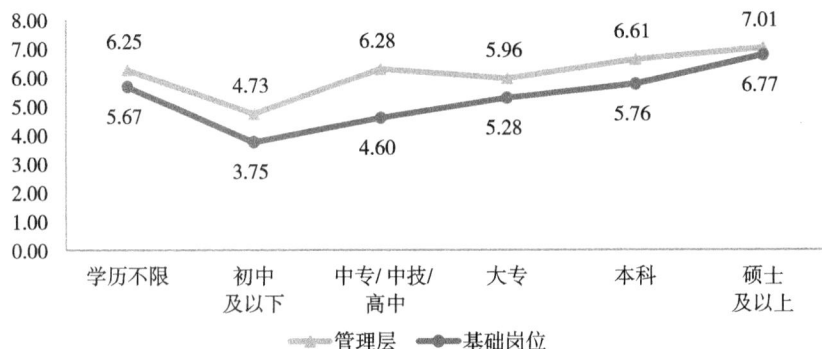

图 2-18 策划类岗位平均月薪情况（单位：千元／月）

四、各类岗位职责信息汇总

在企业招聘岗位信息梳理中发现企业对相同岗位的要求重叠很高，其中因为各企业文化或者企业管理要求不同，呈现个性化的需求，下面截取部分企业岗位职责和岗位要求汇总。

（一）销售类岗位

1. 销售代表

工作职责
1. 为老年客户提供全方位的养老咨询，树立良好的企业形象和品牌声誉
2. 根据客户需求，为老年客户推介合适的养老产品和服务，包括旅养、康复医疗、养老公寓等
3. 解决客户问题、化解客户矛盾、跟踪和维护客户关系
任职要求
1. 高中及以上学历、立志投身养老产业、与行业一起成长
2. 有爱心、有耐心、有亲和力、善于沟通、能有效化解矛盾和解决问题
3. 有上进心、有抱负
任职核心能力与知识
1. 明确的个人职业规划和团队合作精神
2. 拥有良好的沟通技巧
3. 丰富的产品知识、行业知识、营销知识

2. 养老规划师

工作职责
1. 负责客户接待、咨询工作，根据客户需求提供专业的养老咨询服务及养老方案
2. 了解客户需求，负责客户的维护、洽谈，对客户进行沟通、拜访，及时掌握客户需求状态
3. 负责业务跟进，手续办理，促成成交
4. 根据市场营销计划，完成部门销售指标
任职要求
1. 学历及专业要求：中专及以上学历，医学、市场营销类相关专业
2. 性别及年龄要求：性别、年龄不限
3. 工作经验及年限要求：具备1年以上养生、理疗、养老等相关行业工作经验，能力突出者可接收应届毕业生
4. 素质要求：热爱健康养老行业，具备饱满的工作热情，较强的进取心
任职核心能力与知识
1. 性格开朗，掌握扎实的养老及规划方面的知识，有学习领悟能力，不惧销售工作
2. 喜欢挑战，追求自我价值的实现，对自我职业规划具有明确的目标
3. 熟练使用Office办公软件，能独立制作PPT工作报告

3. 销售经理

工作职责
1. 负责在社区整体经营指标任务的基础上分解并完成社区销售指标任务
2. 负责组织制订社区市场销售部管理制度及相关流程规范，在社区销售过程中落实执行
3. 统筹负责社区销售渠道的建设和维护工作
4. 统筹负责市场品牌宣传工作，策划、组织客户营销活动，维系良好客户关系
5. 负责社区销售团队培训及考核，确保人均出单率的实现
6. 协同开展已入住客户满意度调查，收集、上报调查结果，并根据决策落实改进方案
7. 负责处理销售相关的客户投诉，优化销售服务的过程及标准
8. 完成领导交办的其他工作
任职要求
1. 学历及专业要求：本科（条件优异者可放宽至大专），专业不限
2. 性别及年龄要求：性别不限，年龄35~45周岁（条件优异者可放宽至30~50周岁）
3. 工作年限要求：5年以上，同岗位2年以上
4. 具备较强的责任感与客户意识
5. 有高端养老社区客户资源或高端养老社区销售经验者优先
任职核心能力与知识
1. 扎实的市场营销工作专业知识及丰富的实践经验
2. 较强的组织策划和团队领导力
3. 具备优秀的人际沟通和谈判技巧，熟练使用Office办公软件

4. 销售总监

工作职责
1. 负责制订养老机构市场销售管理制度及相关流程规范，负责渠道开拓、推广、销售
2. 带领市场拓展团队推动、拓展销售渠道的建设工作，并统筹安排销售渠道的相关维护
3. 负责在公司销售规划基础上，分解销售目标，组织、督导销售工作，完成既定销售任务
4. 负责策划、组织准客户及正式客户营销活动，维系良好客户关系，提升公司品牌、知名度，吸引外部客群，从而达到销售目标
5. 负责协调销售及市场支持体系，保障销售活动顺利进行，组织自有客户营销拓展工作
6. 组织、管理销售团队，定期开展关于产品、销售流程等专题培训
7. 完成领导交办的其他任务
任职要求
1. 30~50岁，大学本科及以上学历，市场营销、管理、养老服务等相关专业，特别优秀者可适当放宽年龄限制
2. 8年以上市场及销售相关工作经验，2年以上养老机构营销管理工作经验
3. 具备创新的营销理念知识及丰富的营销管理工作经验
4. 具有较强的策划执行、渠道拓展、销售管理、组织协调及领导力
5. 从事养老销售管理、保险销售管理、老年活动组织、策划等管理工作经验者优先，有养老客群
任职核心能力与知识
1. 熟知养老相关产品，并能用专业的知识和语言进行表达，有培训能力
2. 具有较强的人际沟通能力与营销能力
3. 较强的管理能力和组织协调能力
4. 较强的市场判断、谈判、预测能力

（二）临床护理类岗位

1. 门诊护士

工作职责
1. 在门诊护士长的领导和指导下进行工作
2. 做好开诊前准备工作，备好各种诊疗用品和检查申请单及整理诊桌，随时为病人提供方便
3. 协助医生完成有关工作，遵医嘱对患者进行处置
4. 经常观察候诊患者的病情变化，对较重的患者应提前诊治或作急诊处置
5. 负责诊疗室的整洁、安静，维持就诊秩序，做好等待服务，合理安排就诊及检查，尽量缩短候诊时间
6. 实施候诊教育和健康教育工作
7. 做好消毒隔离工作，防止交叉感染
8. 认真执行各项规章制度和技术操作规程，严格查对制度，防止差错事故的发生，做好交接班工作
9. 按照分工，负责领取、保管药品、器材和其他物品

任职要求
1. 正规护理学专业毕业，大专及以上学历，有护士执业证书者优先
2. 有责任心、爱心、耐心、细心，性格开朗、乐观向上
3. 语言表达清晰、反应敏捷，善于帮助患者解决问题

任职核心能力与知识
1. 扎实的专业护理和急救知识
2. 良好的人际交往、沟通及语言及表达能力
3. 良好的职业素养

2. 手术室护士

工作职责
1. 按医院规定，执行各项规章制度和技术操作规程，督促检查参加手术人员的无菌操作，严防差错事故和感染发生
2. 做好各项准备工作，检查手术间物品准备是否齐全、正确，发现遗漏，及时补充
3. 术中配合医生，严密注意手术的进展及需要，迅速、正确地传递所需的器械物品
4. 各类仪器的使用、保养、应急处理
5. 负责整理手术间，补充所需物品，一次性用物，药品的领取和保管

任职要求
1. 熟悉手术前和术后的准备工作，能够配合手术抢救工作，能适应手术配合工作
2. 护理专业、护士执业证书者优先
3. 亲和力强，富于爱心，踏实敬业
4. 形象好气质佳，要求勤劳、仔细、责任心强、服务态度好

任职核心能力与知识
1. 专科理论知识及实践能力
2. 应急与协调能力
3. 严谨的工作作风与管理能力

3. 病房护士

工作职责
1. 病区环境管理工作 2. 住院期间的护理工作 3. 病人入院、出院、转出等护理工作 4. 病区管理、临床教学、培训等
任职要求
1. 大专及以上学历，具有护士执业证书 2. 良好的护士素质，责任心强，工作认真、细致、稳重 3. 良好的沟通表达能力 4. 熟悉工作流程和器械的使用，能熟练配合医生工作
任职核心能力与知识
1. 熟悉护理岗位工作内容以及实际操作技能 2. 熟悉各项规章制度和技术操作规程 3. 具备一定的应变能力和解决突发状况的能力，沟通与抗压能力强

4. 社区护士

工作职责
1. 承担社区卫生服务护理工作，以病人为中心，家庭为单位，社区为范围，开展医疗、预防保健、康复、健康教育、计划生育指导等服务 2. 协助医生共同完成辖区内人群健康信息的收集、整理及统计分析工作，了解社区人群的健康问题和影响因素，做好疾病的监测工作 3. 协助医生共同完成入户随访任务，做好随访记录、健康指导，随时发放健康教育处方，完成社区慢性病病人的筛查及重点人群、65 岁及以上老年人的管理建档工作 4. 负责辖区预防保健工作，完成新生儿访视、传染病管理、开展 0～7 岁儿童计划免疫接种工作 5. 配合医生共同开展社区妇幼保健工作，认真填写记录，与街道办事处、居委会共同开展计划生育、优生优育宣传，提高人口素质 6. 配合医生进行疾病的观察与治疗，及时向医生反馈病人情况，协助医生做好病人的转、会诊工作
任职要求
1. 大专及以上学历，护理专业毕业，持有护士执业证书 2. 有爱心，做事细心周到、干净利落，能吃苦耐劳 3. 身体健康，形象较好，口齿清楚，相貌端正，干净整洁，性格稳重，平易近人
任职核心能力与知识
1. 具备扎实的专业护理知识 2. 良好的交际沟通以及协调能力，能够处理突发事务 3. 敏锐的观察能力及护理评估能力

5. 老年护理护士

工作职责
1. 做好长者健康管理工作，为高龄、失能、半失能人群提供专业护理服务；对病情有需要的长者，在医生的指导下开展医疗护理工作
2. 经常与老人沟通，获得有关老人健康情况，并进行饮食生活指导，健康检查、测量、教育指导
3. 协助老年人进行康复训练计划和指导
4. 加强基础和业务知识学习，配合主管完成护理计划及记录
5. 负责护理档案文件和物品管理
6. 护工的培训和管理、排班等

任职要求
1. 中专及以上学历，护理相关专业，有护士执业证书；有养老院工作经验优先
2. 熟悉常见老年人疾病，并具备一定的观察能力
3. 热情、有耐心，善于交际、沟通，喜欢与老年人打交道

任职核心能力与知识
1. 扎实的专业护理知识
2. 高度的责任心、爱心、耐心及奉献精神
3. 准确、敏锐的观察力和正确的判断力
4. 良好的沟通交流能力

6. 居家养老护士

工作职责
1. 上门独立为居家高龄、失能、半失能人群提供专业护理服务
2. 经常与老人沟通，获得有关老人健康情况，并进行饮食生活指导，健康检查、测量、教育指导
3. 协助老年人进行康复训练计划和指导
4. 加强基础和业务知识学习，配合主管完成护理计划及记录
5. 负责护理档案文件和物品管理
6. 护工的培训和管理、排班等
7. 能积极配合主管安排的其他工作

任职要求
1. 护理专业毕业，有护士执业证书
2. 能够接受上门服务
3. 具备优秀的语言表达能力，善于制订工作计划
4. 严谨的工作态度，具备高度的工作责任心

任职核心能力与知识
1. 具备老年人安全防护常见疾病护理知识
2. 处理紧急情况的能力
3. 良好的沟通表达能力

7. 护士长

工作职责
1.病房管理：工作记录管理，护士长工作记录、查房记录、交接班记录 2.监督管理护士各种器械维养、消毒备品供应 3.按照规定时间及要求落实院感监测，药品及一次性用品的安全管理，医疗垃圾分类管理 4.员工行为规范等日常行政管理 5.负责安排新入职及在职护士的培训及考核，提升部门员工岗位技能
任职要求
1.护理相关专业大专及以上学历，相关工作经验5年以上 2.掌握护理基础知识及有关的医学知识，熟练掌握病房护理工作 3.责任心强，对工作充满热情、耐心，较强的组织协调能力 4.具有主管护师以上技术职称 5.形象气质佳，亲和力强，具有良好的职业素质和敬业精神
任职核心能力与知识
1.熟悉各种护理业务及专科专业知识 2.良好的人际关系能力、领导能力、商业经营能力 3.良好的协调与沟通表达能力

8. 导医 / 导诊 / 导检

工作职责
1.负责接待来院患者，完成接待、指引、介绍等流程 2.负责关注现场服务环境，按照标准为患者提供完善的服务 3.负责及时完成接待，患者意见调查等相关数据汇总上报
任职要求
1.护理及医学相关专业，大专及以上学历 2.反应机敏灵活、思路清晰 3.具有团队精神、适应能力强，良好的沟通应变能力和服务意识
任职核心能力与知识
1.具备扎实的专业知识和丰富的临床经验 2.足够的信息储备和良好的沟通表达能力 3.解决突发状况的能力

9. 医生助理

工作职责
1.负责管理医院患者接待管理工作 2.负责辅助医生进行患者诊疗工作 3.负责患者医疗咨询接诊工作 4.负责患者回访，提高复诊率工作

任职要求
1.专科及以上学历，医学等相关背景，有助理医师执业证书可优先
2.拥有医助或助理医师工作经验，或眼视光专业应届毕业生
3.熟悉医院诊疗流程，具备相关实践经验的优先
4.善于沟通，具备出色的组织协调能力和人际交往能力
5.性别不限，形象气质佳，反应灵敏、普通话标准流利

任职核心能力与知识
1.具备一定的基础理论知识
2.具备良好的心理素质和一定的抗压能力
3.有责任心，吃苦耐劳，善于沟通

（三）行政类岗位

1.养老院行政

工作职责
1.协助院长完成日常相关工作，包括养老院日常运营、人才队伍建设、市场开发等
2.协助院长完成内部人员安排、工作分配
3.协助院长解决突发问题，提升老人及家属满意度，提升养老院入住率
4.负责来访接待、商务随访

任职要求
1.全日制大专及以上学历，专业不限，有相关经验者优先
2.工作认真细致，责任心强，思路清晰，有良好的职业素养和职业操守，具有保密意识
3.有1年以上养老院工作经验者优先
4.性格外向，善于与人沟通，形象气质佳，品貌端正，具有敬业精神

任职核心能力与知识
1.熟练使用常用办公软件
2.良好的协调与沟通表达能力
3.良好的团队合作能力，具有高度的责任心、工作积极性

2.养老院前台

工作职责
1.负责养老院前台接待工作，配合院长做好各项服务工作
2.养老院各项事务处理，并做好客户登记、电话回访、节假日祝福等工作
3.按照接待流程为参观客户介绍养老院各项服务内容，引领客户参观并给予问题解答
4.接待工作中遇到的各种问题的收集、整理、反馈、统计等工作并讨论其解决方案
5.与外界各大企业、社会机构、政府单位建立业务联系，并组织开展各项活动
6.辅助院长策划并执行业务宣传、社会活动、文化活动等相关工作
7.以客户为本，保证接待过程中客户的满意度，建立良好的口碑
8.积极完成上级领导安排的其他相关工作

任职要求
1.大专及以上学历
2.口齿清晰、亲和力强、执行力强，有良好的沟通能力
3.有1年以上养老院工作经验者优先
4.性格外向，善于与人沟通，形象气质佳，品貌端正，具有敬业精神

续表

任职核心能力与知识
1. 熟悉相关工作流程，良好的沟通、协调和组织能力
2. 熟练使用办公自动化设备及办公软件
3. 良好的团队合作能力，具有高度的责任心，工作积极主动

3. 站点文员

工作职责
1. 协助组织完成站点各项活动
2. 站点人员考勤、仓库管理、物资管控、现场管理等日常性工作
3. 各科室服务的开展
4. 完成开展活动的日常台账、微信公众号编辑
5. 现场服务对象的接待、指引工作
6. 各功能室的讲解工作
任职要求
1. 仪表端庄、有亲和力，不排斥老年人
2. 熟练使用办公软件
3. 大专学历，社会工作相关专业，有社会工作职业水平证书者优先
4. 文笔较好
任职核心能力与知识
1. 熟悉各种基础办公软件，并能熟悉操作
2. 具有团队协调能力，有责任心，并有长远规划，语言表达能力强
3. 工作勤奋，高效细致，责任心强，服从上级安排，有良好的团队协作精神

4. 人事专员

工作职责
1. 负责人员招聘，通过多种渠道为公司寻求合适的人才
2. 负责员工入、离、转、调等手续办理
3. 组织开展员工满意度调查，分析、反馈调查结果
4. 组织策划员工文娱活动
5. 负责员工档案管理
6. 负责员工的系统资料录入和日常管理
7. 负责员工福利方面工作
任职要求
1. 大专及以上学历
2. 从事人力资源工作 1 年以上，具备人力资源专业知识
3. 具有良好的书面、口头表达能力，具有亲和力和服务意识，沟通领悟能力强
任职核心能力与知识
1. 熟练使用常用办公软件
2. 良好的沟通能力和应变力，有一定的抗压能力
3. 组织协调能力

（四）照护类岗位

1. 养老护理员

工作职责
1. 在护理主管领导下和护士指导下进行工作
2. 不断更新和学习老年人照护知识，积累工作经验，使自己在老年养护专业上不断进步
3. 负责老年人生活照料，包括生活起居，个人清洁卫生，如洗脸、漱口、洗头、洗澡等
4. 负责巡视老年人入住区，观察老年人有无不适和异常，保护老年人的安全，防止摔伤、烫伤等意外事故的发生
5. 及时解决老年人日常生活问题，协助生活不能自理的老年人进食、饮水、协助如厕；帮助卧床老人翻身，预防压疮，递送便器
6. 协助配餐员做好老人房间内的饮用水供应和配膳工作
7. 负责做好老年人被褥、家具的管理，定期清洁和消毒老年人的脸盆、茶具、便器等用具
8. 护送老年人外出检查、理疗和康复
9. 按照康复技师的计划和要求，进行集体或个人康复训练及娱乐活动
10. 积极带动本护理单元老人进行娱乐活动，丰富日常生活

任职要求
1. 学历不限，有从事或有意愿从事老年护理服务工作的人员
2. 老年服务与管理专业或护理学相关专业
3. 有老年服务实操经验者或持有养老护理员职业资格证书的优先
4. 要求有爱心、热爱养老事业
5. 对于有意愿从事养老服务而缺乏经验的应聘者，公司将充分考虑其综合素质，公司可提供各种培训机会，并可协助取证

任职核心能力与知识
1. 具备一定的老年护理相关专业理论知识
2. 具有高度的责任心、爱心、耐心及奉献精神
3. 有责任心、服务意识强、有吃苦耐劳精神及抗压能力

2. 养老护理员团队管理

工作职责
1. 为养老护理员、护工排班，带教，考核
2. 为居家高龄、失能、半失能人群制订护理计划（生命体征检测，皮下注射，褥疮伤口换药，等等）
3. 根据患者的生理和心理特点及社会需要，为患者提供疾病护理、心理护理等技术支持
4. 经常与老人沟通，了解老人健康情况，并进行饮食生活指导，健康检查、测量、教育指导
5. 负责护理档案文件和物品管理

任职要求
1. 大专（中等）以上学历
2. 护理专业毕业，具有扎实的护理相关专业知识；有护理经验，资格证，从事护理岗位 3 年以上
3. 对养老产业抱有热情，学习能力强，熟练操作办公软件
4. 身体健康，形象较好，口齿清楚，相貌端正，干净整洁，性格稳重，平易近人

任职核心能力与知识
1. 具备专业的护理知识
2. 良好的交际沟通以及协调能力，能够处理突发事件
3. 有爱心，有耐心、能吃苦耐劳

3. 老年健康评估师

工作职责
1. 按照评估程序和评估方法，准确测评老人能力工作并填写评估报告
2. 按照系统要求及时编写综合评估报告
3. 负责客户对接工作，维系良好工作关系
4. 负责建立并维护老人评估档案

任职要求
1. 医学相关专业大专及以上学历，必须持有老年能力评估师证书
2. 工作 1 年以上
3. 爱心、细心、耐心，吃苦耐劳

任职核心能力与知识
1. 准确评估能力与撰写评估报告的能力
2. 良好的交际沟通以及协调能力

4. 护理站站长

工作职责
1. 负责护理站日常运营管理，完成护理站运营的各项指标
2. 负责护理工作总体安排，包含长期护理保险政策宣传、新客户导入、护士护理员日常管理和工作安排
3. 负责进行每月和服务客户、医保窗口部门进行医保系统结算与核对工作
4. 负责周边街道、居委会和社区居民的公共关系开发和维护，配合市场部门进行业务推广和项目拓展
5. 负责管理服务客户的病史记录、建立并维护客户档案，保持与长者、家属之间的良好关系
6. 负责按照公司统一标准，进行护理站基本运营管理工作，包含招募培训、零星采购、财务报销、月报上报等
7. 做好站内常规统计报表及年度总结，包含运营、人员异动、月度考勤及计件情况等
8. 正确及时处理各类突发、意外事件，并按规定程序进行上报
9. 完成上级领导交办的其他工作

任职要求
1. 大专及以上学历，护理、老年服务、康复、医院管理等专业
2. 具备相关行业从业经验 1 年以上，有康复医院、护士长、养老院、养老行业工作经验者优先
3. 具有相关执业资格证者优先，如护士执业资格证、医疗照护证、民政部门颁发的院长培训证明等
4. 有较强的管理沟通能力与服务意识，较强的工作计划及目标拟定和执行能力
5. 对养老产业富有热情，认同公司发展理念，愿意成为事业合作伙伴

任职核心能力与知识
1. 拥有较强的运营协调能力
2. 撰写项目报告能力
3. 学习能力强，熟练操作基础办公软件

（五）社会工作类

1. 养老社工

工作职责
1.设计和组织开展适合老人的文体娱乐活动
2.负责对外交流，能组织开展社会公益类活动
3.负责公司宣传文案、公众号的更新及维护
4.协助制作相关培训课程，编制培训教材
5.完成领导安排的其他相关工作

任职要求
1.大专及以上学历，老年护理与服务、社会工作等相关专业优先考虑
2.有活动策划、教育培训、养老服务行业经验优先考虑
3.能够适应短期出差

任职核心能力与知识
1.良好的文案功底，能熟练使用各类办公软件制作宣传物料
2.良好的交际沟通以及协调能力
3.亲和力强，具备良好的服务意识和团队合作精神

2. 社工主管

工作职责
1.根据部门实际情况，开展相应的专业培训
2.根据实际情况审核社工各项工作是否有可操作性，并制订工作计划、实施工作计划
3.统筹社会团体慰问、联谊活动的组织与承办，负责机构宣传文案和活动方案审核定稿
4.协调与各部门相关的衔接工作，确保社会工作有序开展
5.制订部门发展规划

任职要求
1.老年服务与管理、社会工作专业毕业，1～3年社工岗位经验，有社工证
2.熟悉养老机构社工工作，有个案/小组实施经验
3.掌握本职工作所需专业知识

任职核心能力与知识
1.较强的学习提高能力，精通本职业务、宣传文案和方案拟写
2.善于沟通，做事条理清晰，判断力强，应变能力强

3. 社工督导

工作职责
1.链接资源，在社区为老年人、青少年服务，提升社区居民参与积极性
2.能独立运用社工专业手法，组织小组活动和社区活动，参与个案工作，为不同类型服务对象提供服务
3.在项目主任指导下，按照社区社会工作项目方案，组织实施专业社区社会工作服务，完成站点的所有活动指标
4.带领社会工作者及志愿者完成相应的计划任务，并负责志愿者的发展、督导和管理工作
5.具备较高的执行力与团队协作能力，且能不断优化自身的工作，愿意投身于社工事业

任职要求
1.社会工作、心理学、社会学等相关专业本科及以上学历优先
2.有3年以上项目管理与督导经验者优先
3.持有社会工作资格证书，持有中级社会工作师证书者优先

任职核心能力与知识
1.服务意识强
2.责任心强，沟通能力强，具备项目运作与开发的能力
3.拥有良好的职业素养和敬业精神

4. 养老服务站站长

工作职责
1.负责领导参观接待、运营情况介绍讲解
2.负责与民政相关部门的工作对接，做好公共关系维护
3.负责管理养老综合体员工的日常工作，配合相关部门做好该地区市场开发、品牌宣传
4.对养老综合体员工进行业务指导
5.负责养老综合体服务相关的重大投诉处理
6.建立并监督项目部内部的管理各项规章制度，确保有效运行，并定期分析总结内外部的运营情况、市场状况等
7.维护与合作商、服务商家的关系，并对其服务工作进行指导和监管，发现问题及时解决，维护养老综合体形象
8.负责养老综合体员工的团队建设，做好员工激励，帮助建立、补充、发展、培养人才队伍

任职要求
1.护理专业、养老专业，大专及以上学历，能力优秀者年龄、学历可以放宽
2.有社区工作、养老机构或养老服务商、物业管理相关工作经验者优先
3.基本能听懂本地话

任职核心能力与知识
1.熟练Office办公软件
2.有较好的沟通表达能力和服务意识，有足够的耐心为老年人服务
3.肯吃苦耐劳，抗压力强

5. 社区主任

工作职责
1.根据公司规划要求，负责社区综合为老服务中心的日常运营管理工作
2.负责服务团队的招募、培训、考核和日常管理工作
3.根据服务需求，负责服务资源的拓展以及合作单位的维护、管理
4.定期组织各类主题活动，对日常服务实施进行追踪管理，确保服务质量
5.对老年人会员进行日常维护，确保服务中心的服务人流量
6.与所属乡镇、社区保持良好关系，定期拜访
7.领导交办的其他工作

任职要求
1.男女不限，为人热情
2.亲和力强，具备良好的服务意识和沟通能力，拥有团队合作精神
3.具有一定的商务谈判能力
4.认同社会工作价值观及理念；社会工作或相关专业（社会学、法学、心理学、公共事业管理等）毕业，具有大专及以上学历优先
5.持有助理社会工作师及以上资格证者优先，具有一线社会工作实务经验者优先

任职核心能力与知识
1. 熟练掌握办公软件，具有良好的沟通表达能力和写作能力
2. 有爱心，责任心强，能吃苦耐劳
3. 具有良好的沟通协调能力

6. 养老机构社工

工作职责
1. 帮助新入院的长者了解和熟悉养老院生活，为他们提供适应情况的评估，并根据评估结果和长者的不同需求分别予以处理
2. 根据长者需求开展调研、个案、小组、社区活动、探访、长者膳食等服务，为不同类型服务对象提供专业的预防性、发展性及支持性服务
3. 探访长者和了解长者院舍适应情况和社交心理状况，对长者进行评估和填写面谈记录
4. 组织和管理志愿者团队定期来养老机构慰问老人，积极配合养老机构开展公益活动。并负责捐赠物品的接收及处置工作
5. 负责养老机构的各种形式的接待工作，为咨询方提供翔实的信息，促成老人入住养老机构
6. 签订入住协议，安排老人入住
7. 负责协调入住老人的房间调换工作，协助护理等级的更改等工作
8. 按规定巡视老人房间，与老人深入沟通，了解老人服务需求及服务评价，定期与老人家属沟通，反馈老人在养老院的生活，让老人家属放心
9. 负责接待投诉及与家属的沟通工作，及时向养老机构领导汇报工作
10. 按照计划，安排养老机构老人文体活动的计划实施及招募义工开展义演、义诊等社会活动，并进行宣传
任职要求
1. 大专及以上相关学历，社会工作、社会学等相关专业
2. 持有助理社会工作师证优先考虑
3. 有 1 年以上社会工作岗位的经验，本地话听、说流利者优先
任职核心能力与知识
1. 熟练掌握基本办公软件操作
2. 具有良好的书写及语言表达能力、能独立开展社会服务工作
3. 具有良好的沟通协调能力

（六）康复治疗类岗位

1. 康复治疗师

工作职责
1. 在部门主管指导下，负责具体的康复治疗工作
2. 能够独立上门为客户提供居家康复服务
3. 严格遵守操作规程，执行治疗处方，观察患者病情及治疗反应，做好各项记录
4. 负责对患者进行康复常识的宣传工作，介绍各项康复方法的治疗作用及注意事项，以使患者能理解、配合并主动参与康复治疗
5. 积极研究业务，不断提高业务水平，参与科研工作
任职要求
1. 正规医学院校毕业，专科及以上学历，具有康复治疗技师执业证
2. 热爱康复治疗岗位，并有在治疗师岗位上连续工作 3 ~ 5 年的经验

任职核心能力与知识
1. 熟练掌握各种基础康复治疗仪和训练器的操作，PT、OT、ST等相关康复诊疗技术
2. 爱岗敬业，善于沟通，性格开朗，善于协作
3. 有爱心，责任心强，能吃苦耐劳

2. 中医理疗康复师

工作职责
1. 利用传统的中医推拿、艾灸、拔罐等技术，通过对人体的穴位、经络的调理为顾客进行养生保健、康复理疗等调理亚健康服务
2. 熟练掌握公司核心技术等各类项目，按照规定程序保质保量完成顾客服务工作
3. 负责与顾客保持良好沟通，结合顾客自身状况为其提供养生保健等方面的服务，提升顾客满意度
4. 做好售前、售中、售后的各项服务
5. 负责工作区域的卫生整理和维护
6. 熟知公司的企业文化，用企业文化理念服务顾客

任职要求
1. 热爱中医，愿意学习，有以下证书优先考虑：中医康复理疗师/中医康复指导师/针灸推拿按摩师技师证
2. 有一定的一线服务工作经验或有推拿按摩基础的优先考虑

任职核心能力与知识
1. 熟悉基础的健康服务
2. 具有良好的沟通协调能力
3. 工作认真、耐心服务、态度和蔼、有亲和力、能吃苦耐劳

3. 物理治疗师

工作职责
1. 熟练掌握物理治疗理念、评估及治疗干预策略，与其他康复学科及相关学科合作，为特殊学校内病患提供物理治疗服务
2. 进行运动功能评估，如肌力、关节运动范围（ROM）、平衡能力（坐姿、站姿）、转移能力、步行能力及步态评估等方面
3. 指导病患进行肌力、耐力增强练习
4. 指导病患进行关节运动范围增加的运动训练
5. 指导病患进行步行训练，提高步行能力，纠正错误步态

任职要求
1. 康复治疗大专及以上学历，物理治疗学专业优先；持有康复治疗师（士）资格证书
2. 有专科康复医院工作经验者优先
3. 性格开朗外向，具备良好的沟通和应变能力
4. 身体健康，口齿清楚，相貌端正，平易近人

任职核心能力与知识
1. 掌握基础的物理治疗服务
2. 责任心强，具有良好服务意识和团队合作精神
3. 富有爱心，有良好亲和力

4. 言语治疗师

工作职责
1. 负责言语功能检查评估：包括构音功能检查、失语症检查、语言发育迟缓检查、吞咽功能检查 2. 负责进行语言、吞咽功能训练 3. 定期与家属沟通，对患者及家属进行有关言语交流及吞咽问题的卫生和康复教育
任职要求
1. 康复治疗技术或康复治疗学专业，大专及以上学历，1年以上言语治疗经验，已取得康复治疗师职称者优先 2. 有爱心，对工作有热情，抗压能力强
任职核心能力与知识
1. 具有言语康复治疗基本学科理论知识及实操经验 2. 有耐心，有较强的沟通能力 3. 热爱治疗事业，工作细致负责

5. 作业治疗师

工作职责
1. 熟练运用OT治疗方法，为患者设计及制作与日常生活活动相关的各种自助具，完成康复评估、制订康复方案、实施康复计划 2. 制定每位患者的康复目标，为患者提供有针对性的康复计划和健康指导，并对康复效果进行阶段性评估，提高患者日常生活活动的自主能力
任职要求
1. 大专及以上学历，康复治疗学专业，持有康复治疗师（士）资格证书；儿童作业治疗经验丰富者优先 2. 热爱康复事业，富有爱心，有良好亲和力 3. 身体健康，口齿清楚，相貌端正，平易近人
任职核心能力与知识
1. 熟悉治疗的基本方法 2. 责任心强，具有良好的服务意识和团队合作精神 3. 性格开朗外向，具备良好的沟通和应变能力

6. 运动康复师

工作职责
1. 给客户进行全面的体态评估，根据损伤部位制订出最适合的运动康复方案（运动处方） 2. 执行运动处方，对会员进行运动监督，并讲解相关的运动损伤知识 3. 负责解答患者的康复咨询及病情咨询。了解患者的康复效果及进度 4. 定期整理客户档案，总结康复技术经验，并进行病例分享 5. 根据客户需求，结合常见疑惑与损伤案例，研究分析并提供运动康复专业文章 6. 参与研发运动康复课程及服务体系
任职要求
1. 大专及以上学历，运动医学、运动康复与健康及康复相关专业优先 2. 具有专业运动队经历，临床经验、健身经验及特长者优先考虑 3. 对人和蔼、有爱心、平易近人，做事细心周到、吃苦耐劳

续表

任职核心能力与知识
1. 熟悉医疗康复相关知识 2. 具有良好的语言表达能力，沟通和协调能力，具备良好的讲课能力、诊断能力 3. 具有良好的沟通协调能力

（七）健康管理类岗位

1. 健康管理师

工作职责
1. 负责客户个性化健康管理服务的实施：通过健康问卷、健康咨询、体检报告等采集的健康信息，建立健康管理档案，科学评价健康状态及健康风险，出具健康管理及健康干预方案、预防保健方案，后续跟踪服务 2. 通过科学的营养搭配，帮助客户改善亚健康和慢性病的状况 3. 确保客户的服务要求或其他健康咨询能得到专业的解答 4. 负责跟踪客户的健康状况，及时更新调理方案 5. 完成部门经理交代的其他事宜
任职要求
1. 临床、健康管理、生物学专业优先，相关工作经验 2 年以上优先 2. 有健康管理师证、营养师职业资格证书者优先 3. 积极勤奋、诚恳谦虚、有团队合作精神
任职核心能力与知识
1. 沟通能力强、熟练操作办公软件，具有持续学习的能力 2. 熟悉健康管理或营养等相关专业的理论知识 3. 具有良好的语言表达能力，沟通和协调能力

2. 营养师

工作职责
1. 负责客户的健康咨询与指导，为客户提供健康服务，并通过与客户的沟通准确推荐公司的产品 2. 能运用医学、营养、运动、心理等相关专业知识为顾客提供健康咨询和管理服务 3. 根据市场需求，负责设计开发健康食品，研究健康食材 4. 负责建立维护公司营养健康食品数据库 5. 进行膳食调查和人体营养状况测定和评价 6. 营养咨询和教育 7. 膳食指导和评估 8. 食品营养评价
任职要求
1. 大专及以上学历，营养学、医学等相关专业；有临床工作经验者优先考虑 2. 具备全面系统的营养保健知识 3. 具有较强的亲和力，无吸烟等不良嗜好
任职核心能力与知识
1. 熟练各种常见办公软件 2. 具有良好的表达、沟通能力 3. 具有良好的团队协作能力

3. 营养讲师

工作职责
1.负责销售人员、经销商、商超促销员的营养产品知识培训，负责区域内经销商讲师带教 2.结合市场需要，协助开发新课程 3.协同销售人员策划和组织与产品相关市场活动，优化培训流程
任职要求
1.医学、药学、生物学、食品营养学等相关专业优先 2.有相关类培训经验优先 3.须具备特别优秀的沟通表达能力、学习力和执行力，性格外向开朗、讲课风格轻松活泼 4.适应长期出差
任职核心能力与知识
1.具备营养师基础知识 2.具备沟通、协调能力，抗压能力强

4. 健康顾问 / 健康管家

工作职责
1.对客户进行健康饮食观念的疏导、健康信息的采集、建立客户健康档案 2.为客户提供常见病的健康咨询、健康干预方案 3.对客户进行跟踪服务，及时了解客户调理效果，调整调理方案 4.根据客户的身体健康情况，为客户提供科学的饮食建议，制定建议性食谱，帮助客户改善亚健康状况
任职要求
1.大专及以上学历 2.营养、医学、食品、健康管理等相关专业优先考虑，本岗位接收相关专业优秀的应届毕业生和实习生
任职核心能力与知识
1.熟练使用办公软件，思维敏捷，反应迅速 2.具有良好的沟通表达能力和服务意识 3.良好的沟通协调能力

5. 健康管理经理

工作职责
1.负责健康管理服务模块使用功能的完善 2.负责并落实团队建设方案，增强团队凝聚力，培养积极向上、踏实的工作作风 3.负责健康管理中心日常服务工作的开展及日常管理，为每位客户提供专业的健康管理、慢性病管理、健康咨询等服务 4.负责社区住户入住时的健康评估、为住户建立专属的个人健康档案 5.负责组织社区内紧急救助的实施与协助，如遇突发医疗、健康事件 6.接待、处理住户及家属的投诉。负责协调会员与社区之间、会员与会员之间以及会员与工作人员之间的良好的关系，营造良好的社区氛围 7.负责跟进并落实社区各部门管理制度、考核制度的建立与健全。负责落实各项工作制度、工作流程及标准，优化管理各项工作 8.负责部门员工考核结果的审核工作，开展员工日常培训计划，提高员工业务能力 9.负责收集整理交接班记录的会员信息 10.落实各项工作制度、工作流程及标准，优化管理

工作职责
11.协助领导管理、监督、考核外包服务商的服务质量，确保外包服务商的服务定位，协调社区与服务商的合作经营关系
12.协助住户服务部、活动部、餐饮部及其他部门做好相关工作
13.负责处理各种非常规性的工作任务及紧急情况

任职要求
1.全日制本科及以上学历，临床医学类、预防医学类专业；中、西医及护理等相关专业；党员优先
2.拥有良好的沟通和协作能力，思维活跃，领悟力强，乐于接受新鲜事物
3.敢于承担所在岗位的各项工作安排
4.具有良好的职业道德

任职核心能力与知识
1.熟悉电脑操作，熟练使用 Word 等 Office 办公软件
2.责任心强，工作态度积极，工作认真
3.具备良好的团队合作精神、沟通能力、组织协调能力

6.健康管理中心主任

工作职责
1.慢性病、老年类疾病的诊治判断和管理
2.与其他专科医师给予的医疗服务进行协调
3.提供预防性医疗保健服务，包括常规体检、健康风险评估、疾病筛查、健康问题咨询、体检报告解读，提供有益于保持健康生活方式的个性化咨询

任职要求
1.大专及以上学历，临床医学及相关医学教育专业，持有执业医师资格证，中级及以上职称优先
2.10年以上相关工作经验，有健康顾问相关工作经验者优先考虑
3.有较丰富临床医疗经验
4.善于沟通；严谨的学术精神及强烈的学习意愿，较好的文字功底，熟悉办公软件
5.有医院部门以上的管理经验

任职核心能力与知识
1.熟练掌握全科医学等基本理论
2.语言表达能力强、爱岗敬业，良好的服务意识

（八）临床研究类岗位

1.临床协调员（CRC）

工作职责
1.协助研究者完成伦理资料递交、药理机构备案及合同签署等工作
2.协助研究者完成试验各个阶段研究中心的文档收集、整理、归档
3.协助研究者完成受试者管理工作，包括受试者招募、筛选潜在的受试者、安排受试者访视、安排实验室各项检查、获取检查结果等
4.协助研究者完成试验标本的处理、保存和运送工作
5.协助研究者完成临床研究药物及其相关物资的管理和计数，包括药物及其相关物资的接收、保存、分发、回收和归还，并完成相关记录
6.在研究者授权下协助研究者填写病例报告表及差异解决（需要进行医学判断的除外）
7.按照试验计划与中心人员及申办方等进行全面的沟通（邮件、口头、传真）并记录
8.完成临床试验数据录入

续表

任职要求
1. 临床医学或护理等相关专业，大专及以上学历
2. 1 年以上临床或 CRC 经验，有临床试验经验者优先考虑
3. 英语四级以上，良好的英文读写及听说能力
4. 工作积极主动，良好的沟通及应变能力，具备良好自我学习能力

任职核心能力与知识
1. 具有专业的临床专业知识与技能
2. 较强的独立工作能力及团队合作精神
3. 具备一定的抗压能力，并会自我心理调节

2. 临床试验助理（CTA）

工作职责
1. 协助项目经理完成试验核心文件的收集、整理、核查和归档
2. 协助项目经理收集试验相关信息，负责对临床试验进度进行整体跟进、汇总及汇报
3. 跟进项目检查计划、重点问题处理的执行情况
4. 协助项目组召集、组织网络及电话会议，组织、筹备、协调项目现场会议
5. 负责处理项目组其他行政工作

任职要求
1. 公共卫生 /（中）药学 / 临床 / 基础 / 护理专业，大专及以上学历
2. 仔细并具备高度的责任心
3. 较强的学习能力

任职核心能力与知识
1. 熟练运用各类办公软件
2. 良好的沟通能力和团队协作能力
3. 较强的抗压能力

3. 临床检查员（CRA）

工作职责
1. 负责对公司临床试验项目进行现场监督和核查，以确保试验按照相关标准操作程序、临床试验方案、SOP、GCP 法规进行，发现问题并提出建议，及时提交稽查报告
2. 负责对临床试验文件、试验数据、检查员的工作总结与计划及其他相关资料进行定期检查，并及时提交稽查报告
3. 及时与检查员及研究者沟通，确保临床试验符合 GCP 和 SOP 规范
4. 合理制订稽查计划并组织实施，撰写稽查报告。及时跟踪稽查工作中发现的问题，予以解决
5. 负责临床项目档案的管理、审核工作，形成审核报告，并提出纠正建议
6. 按规定对临床项目实施质量控制，分析质量问题并提出质量改进措施；进行质量记录，对通过稽查获得的信息和数据进行分析和处理，并对质量记录进行管理
7. 参与临床试验相关文件的制定、审核；参与标准操作规程的制定及实施过程的监督

任职要求
1. 学历背景：临床、护理、生物医药等相关专业
2. 行业经验：1 年及以上临床试验检查经验；非医药专业建议 2 年及以上检查经验
3. 专业技能与知识范围：具有发现药物临床试验过程中的各种问题的能力；具有严谨、规范的药物临床试验检查和促进能力
4. 个人素质能力要求：有一定的文字基本功；有诚信，做事情有始有终，善于处理内部及外部关系，执行力强，汇报及时，肯吃苦，有担当

任职核心能力与知识
1.掌握 GCP 的基本要求，了解行业各项最新法规及要求
2.具备良好的沟通能力、协调能力
3.工作细致，有耐心

（九）客户服务类岗位

1. 客服

工作职责
1.负责养老公寓的客户接待、销售宣传、入住退住手续办理等相关工作
2.受理电话、在线客户咨询，详细记录好客户信息和相关问题
3.跟进客户提交的各类问题，按流程提供解决方案，帮助客户解决问题
4.及时参与公司内部各业务模块的培训，按时更新知识库并掌握相关产品知识
5.收集客户反馈的各类问题、投诉、抱怨，找到问题点，为部门沟通提供相应的数据
6.遇到客户投诉或升级投诉可以冷静应对，并能抓住重点提供合理的解决方法

任职要求
1.大专及以上学历
2.有 1~2 年客服工作经历优先，了解熟悉客服工作的基本内容和流程
3.普通话标准，亲和力强

任职核心能力与知识
1.熟练使用办公自动化软件
2.有责任心，工作积极，执行能力强
3.具备良好的服务意识和沟通表达能力

2. 客服主管

工作职责
1.制订相关管理制度，完成销售 / 客服人员培训工作
2.具有一定的市场敏锐度，能够带领团队做相关市场开拓与宣传工作、完成销售 / 客户服务任务
3.完成团队销售 / 客服工作绩效考核
4.完成数据汇总、阶段性汇报工作与市场分析工作
5.配合上级领导完成相关工作任务

任职要求
1.有 2~3 年以上销售 / 客服管理相关工作经验，有养老与医护行业工作经验者优先
2.对养老事业感兴趣，有责任心、有耐心
3.具有良好的带领与管理团队的能力

任职核心能力与知识
1.熟练掌握 Office 操作软件，具有一定的数据分析能力
2.具有良好的团队管理能力
3.具有良好的沟通表达能力

（十）机构运营管理类岗位

1. 养老机构管理

工作职责
1. 根据居家养老服务工作流程和居家养老服务方案，负责分管项目及服务对象的基础老年管理、康复老年管理、技术老年管理及心理老年管理和健康指导
2. 负责巡查长者居住生活状态，时刻仔细观察长者有无不适和异常情况
3. 负责为有外出服务要求的长者提供护送其外出医疗检查、理疗康复、助行等服务
4. 按要求填写服务记录、报告等

任职要求
1. 持有养老护理相关证书
2. 能与老人进行顺畅交流，并根据老人的实际需求提供专业、及时、周到的服务
3. 必须服从公司的管理制度，积极配合单位安排的工作
4. 有相关养老机构或医院护工工作经验，或有照顾长者经验人员优先

任职核心能力与知识
1. 具备基础的康复知识
2. 有爱心、有耐心、有良好的沟通表达能力
3. 热爱养老行业，有吃苦耐劳的精神，身心健康

2. 养老院院长

工作职责
1. 负责养老院老年人医疗方面的照顾，根据老年人的不同护理级别安排进行护理服务
2. 负责巡视老年人入住区，观察老年人有无不适和异常。确保老年人的安全，防止意外事故的发生
3. 协助养老院其他工作人员做好老年人房间内的饮用水供应和配膳工作
4. 根据养老院的安排协助护送老年人外出检查、理疗和康复
5. 老人入住期间，根据中心相关计划及安排提供全程优质服务
6. 负责在安全的条件下，尽可能为老人提供帮助，满足老人的合理需求
7. 负责按时完成护理文件书写与记录工作
8. 负责定期与家属沟通，协助家属了解老人入住期间生活方面的情况
9. 配合养老院组织的康复训练及娱乐活动
10. 完成领导安排的其他工作

任职要求
1. 要求 60 岁以下，有养老相关护理工作经验和养老护理员证书优先考虑
2. 初中及以上学历
3. 身体健康，善良，有耐心
4. 会说地方话优先考虑

任职核心能力与知识
1. 具备护理经验和养老护理专业知识
2. 有良好的团队合作能力、执行力、沟通能力及表达能力
3. 亲和力强，富于爱心和责任心，优秀的沟通能力、服务意识

3. 养老运营主管

工作职责
1. 组织实施养老服务机构行政管理工作
2. 督促及跟进下设护理站所有服务人员服务流程按照机构标准执行
3. 所属护理站服务客户的病史、服务记录、相关信息的归档、分类及管理
4. 准确收集服务人员反馈的客户及家属的建议，形成书面报告及改进措施，及时上报。在授权范围内，及时有效跟进和解决客户及家属的投诉
5. 根据服务范围内客户的健康卫生情况，开展各类便民有益的讲座或活动，满足客户及其家属对健康卫生知识的需求
6. 组织站内医护人员的培训学习及培训评估
7. 保持机构的专业标准、护理制度及流程的连贯性和准确性，在遵守国家及地区相关法律法规的前提下，维护机构利益及机构形象
8. 保持与上级及集团内其他护理站的沟通渠道的畅通，在上级指导下，协调本站与机构内其他护理站相关事宜，包括人员调动、业务支持、物品借调等
9. 掌握护理站业务开展情况，督促、检查各项规章制度的执行，做好站内各项资料的统计报表及年度总结
10. 正确、及时处理各类突发、意外事件，并按规定程序进行上报
11. 完成上级交办的其他工作
任职要求
1. 大专及以上学历，医疗护理相关专业背景，10 年以上工作经验
2. 康复医院、二甲以上医院老年科、骨科、内科资深护士、护士长、护理部主任，养老院、养老社区护理管理职位优先
3. 有主管护师职称者优先
任职核心能力与知识
1. 具有医疗护理相关专业知识
2. 有较强的管理沟通能力，有较强的工作计划及目标拟定和执行能力
3. 善于沟通，具有亲和力，工作认真负责

4. 运营总监

工作职责
1. 全面主持公司旗下住宅项目养老机构的运营管理工作
2. 参与公司养老产业的发展规划、战略定位，拓展多元化居家养老服务项目
3. 负责养老社区的筹建、运营管理，建立智慧养老系统并做好维护工作
4. 制订并实施销售和市场计划，积极探索盈利渠道，顺应营销趋势、参与竞争，确保利润和盈利性达到最优水平
5. 熟悉相关政府部门规章的新变化，定期审视所提供的服务，确保服务达到合理质量标准，确保任何认证机构进行的现场考察均得出合规的结论
6. 与养老产业集团相关岗位保持良好的沟通与交流，能够完成各类经营信息的收集梳理及各类工作文件的档案管理工作
7. 参与经营计划与预算等事宜的审核，重点跟进在营项目的销售情况及运营成本控制情况
8. 建立并完善养老产业板块运营管理报表模板，动态跟踪关键经营数据
9. 确保养老社区的规范、高效运行，打造社区特色和优势，实现领先市场平均水平的客户满意度和运营绩效
10. 积极向项目内老年人宣贯健康的老龄化生活理念，并为居住在小区内的老年人提供优质的健康、养生服务
11. 营造小区内活跃的生活氛围，吸引老年人购买公司的社区养老服务和产品
12. 完成领导交办的其他工作

续表

任职要求
1. 年龄 40 周岁以内，有同类职位 3 年以上工作经验
2. 大专及以上学历，医疗、管理或经济相关专业毕业
3. 对养老或医疗护理行业有系统认识，熟悉国内外养老护理运营管理模式，具有海外养老运营管理经验者优先考虑；有 3 年以上一线运营部门管理经验或具有 3 年养老医院或医院院长经验，担任过养老院、护理院高级管理者优先考虑
4. 参与过社区养老或养老机构筹建工作、养老运营体系编写工作，熟悉行业动态及运营发展趋势
5. 熟悉社区养老、养老机构或护理机构的管理模式、服务流程、质量控制及养老行业政策法律法规
6. 持有国家颁发的执业资格证书（医学、养老服务与管理）优先
任职核心能力与知识
1. 具备基础的养老或医疗护理知识
2. 具有管理服务机构、团队建设、品牌建设的经验和能力
3. 具有制订养老项目前期运营计划、板块业务战略定位、发展规划研究的经验和能力

（十一）培训类岗位

1. 老年照护培训师

工作职责
1. 研究同行业的发展动态，制定老年照护人才培养体系
2. 制订年度工作计划，每月按计划落实
3. 按中长期规划制作教学视频
4. 按中长期规划构建养老护理人才
5. 开展招聘、岗前培训、考证培训、在职培训、继续教育等工作
6. 承接公司以外机构、居家养老的护理员职业培训
7. 完成各培训项目课件的审核工作
8. 配合其他部门开展相关工作
9. 完成领导交办的其他工作
任职要求
1. 大专及以上学历，有医学或养老院背景的优先
2. 2 年以上本行业培训授课经验
3. 熟悉相关业务，熟悉使用现代培训工具
4. 富有激情，较强的亲和力和感染力，思维敏捷
任职核心能力与知识
1. 熟悉使用办公软件，可制作课件
2. 具备较强的企业分析能力和课程研发能力，良好的演讲能力
3. 良好的文字和语言表达能力，沟通能力

2. 康复培训讲师

工作职责
1. 负责培训市场业务员及医疗机构从业人员相关康复医疗理论以及设备实际操作，进行专业指导
2. 负责建立公司康复医疗培训体系以及考核机制、培训档案
3. 熟悉并参加国内外医疗展会
4. 负责康复项目技术推介及支持

续表

任职要求
1. 具备康复医师证以及 2 年以上的医疗康复临床经验
2. 具备专业的职业素养，严谨的工作态度，并能高效完成上级安排的任务
3. 有培训经验者优先；有英文基础者优先
4. 反应速度快，善于沟通
任职核心能力与知识
1. 具备基本的康复医疗理论
2. 具有良好的沟通表达能力，抗压能力强

3. 健康管理培训师

工作职责
1. 负责公司专业知识体系的建立
2. 负责顾客的亚健康，慢性病，问题的调理
3. 负责对已经合作的加盟商进行售后服务和跟进服务
4. 负责专业知识的培训、实际技术的应用和公司产品的销售
5. 服从上级领导的安排和管理
任职要求
1. 有以下证书：健康管理师证书 / 中医康复理疗师证书 / 执业助理医师证书 / 中医康复指导师证书 / 针灸推拿按摩师技师证书 / 执业医师证书
2. 熟练掌握中医理疗专业知识理论，有 2 年以上的调理或治疗慢性病，亚健康，男女科的临床经验
3. 定期半个月或者一周以上的出差任务
任职核心能力与知识
1. 熟练掌握中医理疗专业知识理论
2. 有良好的逻辑思维能力、理解能力、沟通能力以及不断自我学习、自我提升的能力
3. 工作积极主动，有良好的团队协作意识和承压能力

（十二）策划类岗位

1. 文案策划

工作职责
1. 了解老年群体，负责移动互联网自媒体平台的日常运营及推广工作
2. 能够独立运营微信公众号，为粉丝策划与提供优质、有高度传播性的内容
3. 辅助策划并执行日常活动
4. 充分了解用户需求，收集用户反馈，分析用户行为及需求
任职要求
1. 会拍摄，会软文，文案编辑能力强
2. 对微信公众号内容运营有经验者优先
任职核心能力与知识
1. 坚实的文字功底，以及具有逻辑的文字表达能力
2. 较强的团队协作能力
3. 较强的沟通与抗压能力

2. 策划主管

工作职责
1. 针对养老业务发展，拟订品牌及项目营销策划方案
2. 整合内、外部推广及物料资源，执行已有项目及新项目的策划推广工作
3. 对现有项目销售进行分析、监控，提供相关建议给销售团队
4. 组织、执行品牌活动及项目营销活动等工作

任职要求
1. 教育背景：市场营销类相关专业，大专及以上学历
2. 了解当地养老或房地产行业的优先考虑
3. 养老或房地产行业，具有在一线营销策划执行 2 年以上的经验

任职核心能力与知识
1. 熟悉营销策划、价格策略、销售计划督导与管控、市场营销策划，文案功底好
2. 具备良好的总结归纳、沟通表达和团队协作能力

3. 活动策划

工作职责
1. 制订全年、季度、月度活动计划
2. 根据收集、记录的社区居民、员工的调查报告，分析并按照情况制订活动计划
3. 确保月度、季度和全年活动计划提前一个月告知社区住户及员工
4. 对社区活动的效果、出勤和目标进行记录评估，完成报告和总结
5. 参与社区活动、部门内部活动计划会议，并结合社区居民及其他员工的意见给予建议
6. 参与发起社区大型活动并确保其成功
7. 负责社区活动的组织、邀约、发宣传单、打随访或提醒电话等
8. 负责协调日常活动、节假日活动和其他特殊活动安排，在会所、活力公寓、养护楼及其他公共区域的公告栏的展示信息必须按标准展示

任职要求
1. 大专及以上学历
2. 相关教育，老年学、社会工作、成人教育、治疗康复学、营销学、公共关系学等专业优先考虑
3. 有养老服务相关领域 3~5 年管理经验的优先考虑

任职核心能力与知识
1. 熟悉基本的办公操作软件
2. 良好的沟通和协作能力
3. 较强的组织策划与数据分析能力

4. 活动策划主管

工作职责
1. 负责周围老人日间照料工作，独立策划组织安排老人日常活动和节假日主题活动
2. 主动及时与村（社）及镇街专管员进行沟通对接，了解政府要求
3. 负责日照中心的日常行政工作，并做好老人活动的管理台账
4. 负责整合社会资源，丰富照料中心服务与活动内容
5. 协助各项宣传工作的实施；处理服务纠纷与投诉

任职要求
1. 大专及以上学历
2. 相关教育，老年学、社会工作、成人教育、治疗康复学、营销学、公共关系学等专业优先考虑
3. 性格开朗热情，善于与老人、儿童及周围居民交流，有组织居民活动经验者优先

任职核心能力与知识
1. 熟悉电脑办公软件操作，具备基本的文字写作能力
2. 有亲和力，有良好的沟通协调能力
3. 有服务意识与团队协作能力

五、小结

大数据分析的结果为岗位需求调查分析、岗位职责与专业技能和知识以及专业人员职业能力的提升提供了可靠的原始参考资料。尤其是各企业岗位职责和岗位要求的详细描述使得项目组能够实时了解到当前养老行业的用人需求标准，为职业能力分析会的召开提供了相当有价值的资料。

从现状看，伴随着我国老龄化进程加快，高龄、失能和空巢老人占比将提升。第七次人口普查发现，我国的失能半失能老人已达到 4300 万，其中 80 岁以上高龄老人达 2900 万，而空巢和独居老人达到 1.18 亿（大城市的空巢老人占老年人总数的比例在 1/3 至 1/2）。适合该部分老人的养老、医疗健康服务需求也将不断增加，而近年来我国平均家庭规模却在变小，家庭成员互助能力降低、子女赡养能力下降，国人开始寻求家庭外的养老辅助，在社会变迁及需求升级的共同作用下，养老行业将迎来一批差异化、品质化等多样需求的养老人群。

而川渝地区对养老行业的人才需求量大、智慧养老服务产业发展潜力巨大，高层次、技能型、可持续发展、"下得去、留得住、用得上"的高技能人才是养老服务产业人才需求重点。

各类岗位招聘占比情况：销售类岗位占 30.3%，其次是临床护理类占 16.5%、行政类占 15.2%、照护类占 11.0%、社会工作类占 5.7%、健康管理类占 5.1%、康复治疗类占 4.6%、临床研究类占 3.6%、客户服务类占 3.2%、机构运营管理类占 1.3%、培训类占 1.0%、活动策划类占 0.9%，其他相关岗位占 1.6%。

招聘企业特征：招聘企业以民营企业为主，占比超过了七成，企业规模以中小型企业为主，50~500 人的企业占比较高。

专业要求：销售类岗位对专业要求不高，要求从业者具备一定养老知识背景，适合有养老教育背景、热爱销售工作的学生；临床护理类岗位作为护理专业人才主要就业方向，对医学专业知识、护理专业知识要求最高；照护类岗位作为智慧健康养老服务与管理专业及护理专业人才主要就业方向，对老年服务相关专业知识要求最高，具备扎实的专业知识和一定的实操实践能力的专业学生应聘照护类岗位有很大优势；社会工作类岗位是社会工作专业、民政服务与管理专业的主要就业方向，主要招聘对公益事业有热情的学生，大部分为社工组织、公益机构、政府单位或者基金会；健康管理类岗位因需要从业者具备医学知识、卫生保健知识、营养知识等，因此主要招聘智慧健康养老服务与管理专业及护理专业及具备一定食品营养专业知识的相关专业学生；康复治疗类岗位是康复治疗技术专业的主要就业方向，求职者需要具备物理治疗、言语治疗、作业治疗等康复专业知识；临床研究类岗位主要面向临床医学、护理相关专业进行招聘；机构运营管理类岗位主要面向智慧健康养老服务与管理专业招聘，了解养老机构运营机制、具备丰富的管理经验和能力的应聘者能够脱颖而出；培训类岗位对于专业知识和实践经验两方面的要求均较高，且要求应聘者能够根据需要编制培训教材、培训计划等。行政类岗位、客户服务类岗位、活动策划类岗位对求职者专业背景并未作过高要求，企业招聘时更侧重于实操经验及实习经验。

学历要求：企业招聘时对学历的需求主要集中在大专、学历不限、中专／中技／高中，三者占比分别为51.0%、17.1%、16.1%。相对整体情况，照护类岗位对学历要求不高、较为分散，占比从高到低依次为学历不限（33.8%）、大专（28.1%）、中专／中技／高中（27.5%）；社会工作类岗位对学历要求较高，主要是大专（46.3%）、本科（28.7%）、硕士及以上（14.5%）；临床研究类岗位对学历要求较高，学历要求基本集中在本科、大专，二者分别占比49.6%、44.9%。对比各类岗位基础岗位与管理层的招聘要求，高学历在晋升时更具优势：对于管理层岗位，企业招聘时对学历提出了更高的要求。

职业资格证书要求：临床护理类岗位、康复治疗类岗位对职业资格证书有严格要求，要求从业者必须持有护士执业资格证书／康复治疗师及相应等级职业资格才能上岗执业。照护类岗位由于同样涉及老年人身体健康，持有护工证、养老护理员证、老年人能力评估证等证书将有一定的竞争优势。应聘社会工作类岗位时，应聘者若具有社工证书及实践经验能提高其应聘成功率。应聘健康管理类岗位时，具有公共营养师（二级）、公共营养师（三级）、健康管理师、注册营养师、注册营养技师等证书可提高应聘成功率。临床研究类岗位应聘者若具有GCP证书能提高其应聘成功率。销售类岗位对职业资格证书无过多要求，行政类岗位、客户服务类岗位、机构运营管理类岗位、培训类岗位、活动策划类岗位更强调的是社会实践经验和经历。

综合素质要求：企业希望应聘者热爱本职工作、具备良好的职业道德和认真的工作态度。首先，由于各类岗位需要频繁地与人打交道，如老人、家属、政府管理人员等，善于沟通，有良好的表达能力，有耐心是企业看重的点；其次，部分岗位工作有倒班或频繁出差等要求，需要求职者能够适应岗位要求；最后，社会工作类岗位、临床研究类岗位、照护类岗位及健康管理类岗位的管理层要求从业者熟练使用办公软件。

老年服务与管理专业群
用人单位人才需求调研报告

一、调研方式与样本量

调研方式采用线上调查问卷、电话访谈及线上访谈的方式，对老年服务与管理专业群对应行业用人单位进行调研。样本地区覆盖重庆所在的西部，以及东部、珠三角、长三角、东北等地区。线上调研的用人单位数量共 147 家，回收有效问卷 159 份，其中西南地区 52 份，华南地区 33 份，华东地区 32 份，华中地区 21 份，华北地区 21 份。同时，通过电话与线上深度访谈 21 家用人单位，整理出 27 份有效访谈记录，其中访谈对象主要是用人单位的管理者、人力资源负责人以及岗位专家。通过调研，了解了不同类型用人单位的岗位需求以及用人单位对老年服务与管理专业群人才培养的技能和素质要求等方面的问题。

调研方式：线上调查问卷、电话访谈与线上访谈。

样本量：通过线上用人单位调研问卷的形式，收集了 147 家 159 份有效问卷；通过电话和线上访谈的形式，对 21 家用人单位不同岗位层级的领导和专家进行访谈，并整理出 27 份具有重要价值的访谈记录。

调研用人单位类型：民办非企业单位、事业单位、国有企业、民营企业。

通过电话与线上访谈整理出 27 份访谈。

二、用人单位调研分析

（一）调研用人单位基本情况

从用人单位性质方面看，159 份调研数据中民办非企业单位占比 49.06%，事业单位占比 25.79%，民营企业占比 16.98%，国有单位占比 8.17%，如图 3-1 所示。

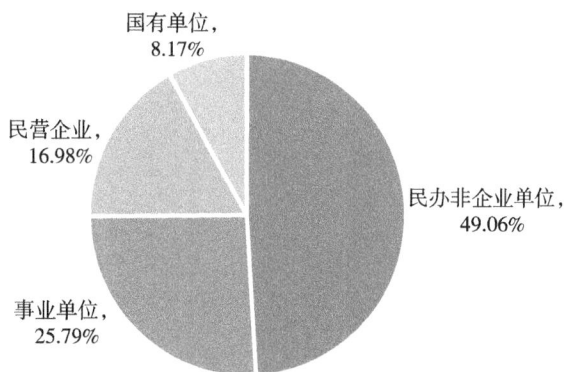

图 3-1 调研用人单位性质

从参与调研的企事业服务类型方面看，调研用人单位中社会福利机构类、养老服务类企业、医疗服务类单位分别占比 29.56%、28.93%、28.30%，如图 3-2 所示。从用人单位类型来看，专业群面向的用人单位基本都涵盖在上述用人单位类型中。

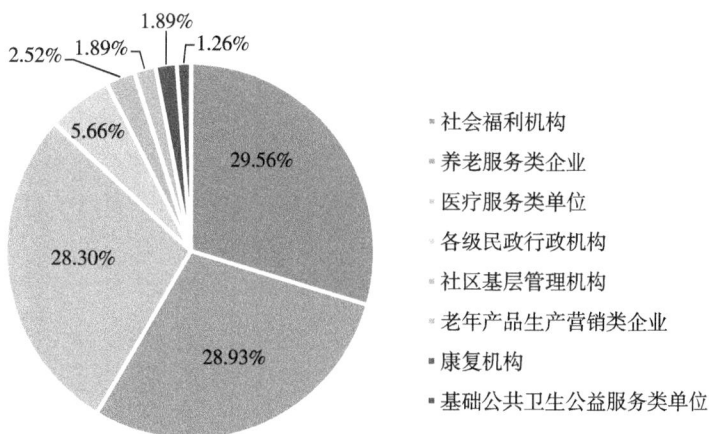

图 3-2 调研用人单位类型

从参与调研的单位规模角度看，其中规模在 10 人以下的占比 20.75%；10～99人的占比 40.25%；100～299 人的占比 6.29%；300 人及以上的占比 32.71%。详细如图 3-3 所示。

从线上问卷调研的用人单位信息得知，参与问卷的以社会福利机构、养老服务类企业、医疗服务类单位居多，其他单位相对较少。其中，医疗服务类单位规模较大（300 人以上），养老服务类企业以中型规模（10～99 人）为主，社会福利机构以小型及中小型规模（10～99 人）为主。具体如图 3-4 所示。

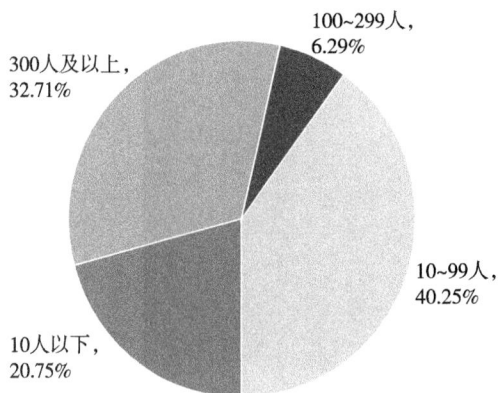

图 3-3 调研用人单位规模

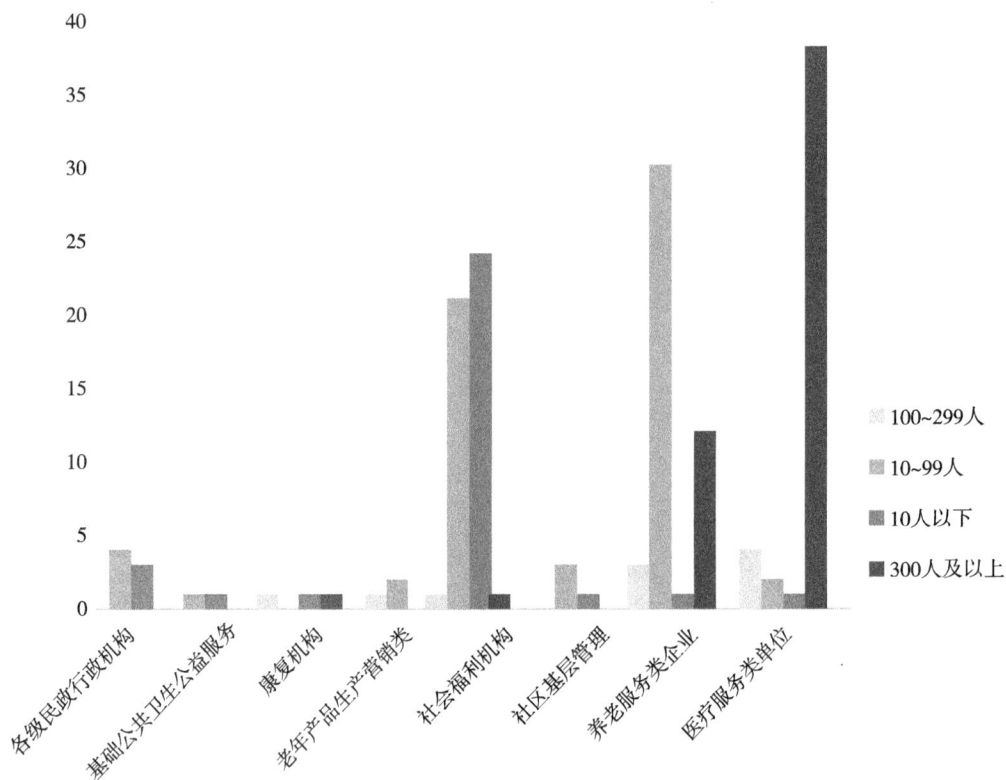

图 3-4 调研用人单位岗位人数分布（单位：家）

（二）用人单位人才需求情况

1. 用人单位急需岗位情况

根据用人单位调查问卷，不同用人单位所急需人才岗位各有不同。调研信息显示，调研用人单位最急需人才岗位可以分为 8 类，分别是照护类、护理类、健康管理类、社会工作类、康复治疗类、行政类、销售类与机构运营类。各类别具体可做以下细分：

（1）照护类岗位：在医疗卫生机构、家政公司或养老服务机构从事日常生活护理、精神慰藉、个案服务或技术服务类岗位，对住养老人进行疾病看护，老年康复保健的照护等，如护工、照护员等。

（2）护理类岗位：在医疗卫生机构从事护理管理、临床护理等专业技术类岗位，如护士、护理员、临床护理员、养老护理员等。

（3）健康管理类岗位：在各类用人单位从事健康指导、卫生保健指导等工作，提供健康保健知识培训、膳食营养知识培训，如健康管理师、营养师等。

（4）社会工作类岗位：在公益组织、社区、基金会进行老年人社会服务工作，如养老站站长、社工服务岗位，活动组织、法律咨询、老年管理研究等。

（5）康复治疗类岗位：康复科医生、康复治疗师、中医理疗康复师、康复培训讲师、产后康复师等。

（6）行政类岗位：在养老涉老相关用人单位或公益组织、社区、基金会等机构从事文职、后勤等工作，如窗口服务人员、人事管理、前台、文员等。

（7）销售类岗位：在医药生产、医疗器械、康复器械、老年保健产品或服务等医药相关用人单位从事产品销售或市场推广工作，如区域销售、产品销售等。

（8）机构运营类岗位：机构运营管理、项目专员等。主要指在养老机构、养老企业从事运营管理类、项目管理类工作，如养老机构管理人员、养老机构运营主管、养老院院长等。

在所有用人单位所急需岗位中，社会工作类岗位招聘最多，有67家用人单位急需，主要是社会福利机构与养老服务类企业急需这方面的人才。其次是照护类岗位，养老服务类企业与医疗服务类单位对其需求较大。排在第三的是护理类岗位，主要是养老服务类企业需求较大。排在第四的是康复治疗类岗位，主要是医疗服务类单位需求较大。销售类、健康管理类、行政类与机构运营类岗位需求相对较少。具体如图3-5与表3-1所示。

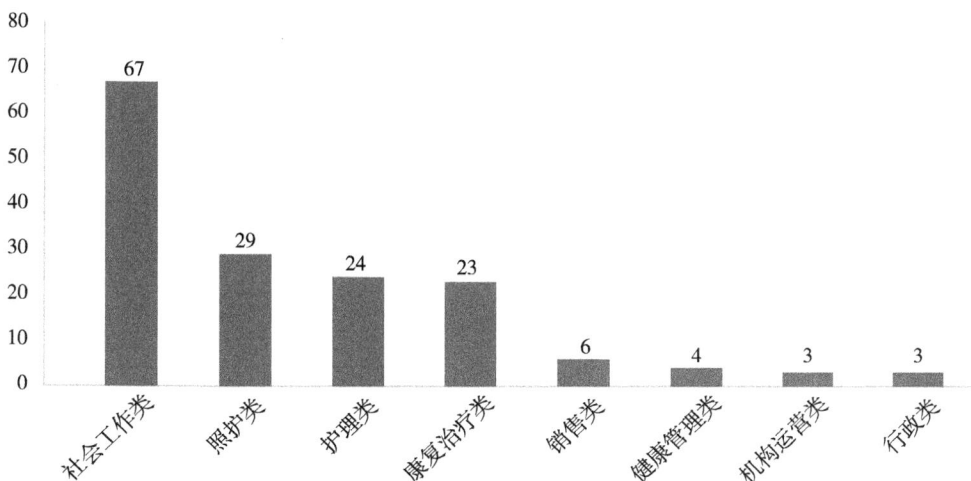

图 3-5　调研用人单位急需岗位情况（单位：家）

表 3-1　不同用人单位急需岗位情况（单位：家）

企业类型	岗位类型							
	社会工作类	照护类	护理类	康复治疗类	销售类	健康管理类	机构运营类	行政类
各级民政行政机构	7	0	0	0	0	0	0	2
基础公共卫生公益服务	2	0	0	0	0	0	0	0
康复机构	1	0	0	2	0	0	0	0
老年产品生产营销类	0	0	0	0	0	2	1	0
社会福利机构	39	2	2	1	1	0	2	0
社区基层管理机构	2	1	0	0	0	0	0	1
养老服务类企业	14	6	16	3	5	2	0	0
医疗服务类单位	2	20	6	17	0	0	0	0

2. 用人单位招聘专业类别情况

根据用人单位线上问卷调研信息可以得到，在相关专业招聘中，用人单位更倾向于招聘康复治疗技术专业、护理专业、智慧健康养老服务与管理专业、社会工作专业、民政服务与管理专业毕业生，整体对老年服务与管理专业群相关专业的需求量较大。如图 3-6 所示。

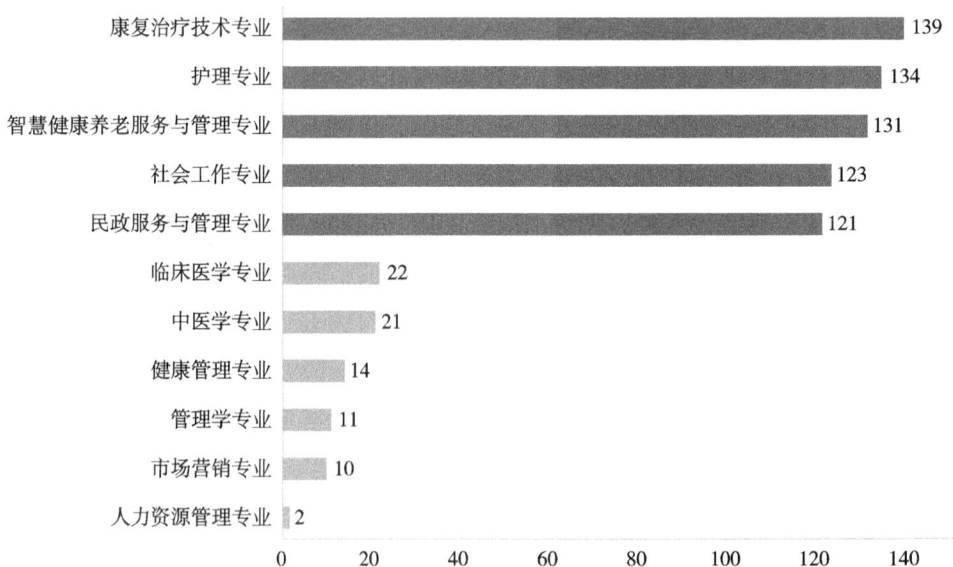

图 3-6　调研用人单位招聘员工数量（单位：人）

3. 用人单位招聘实习生及员工数量情况

为了进一步研究用人单位对养老服务类专业群的用人需求，选取有较大需求的康复治疗类、社会工作类、照护类岗位、护理类的 143 家用人单位分析其所需的实习生数量及招聘的员工数量，其中招聘员工数量相对较高的是招收员工 1～5 人的用人单位，占 45.45%，招收员工 16～20 人的用人单位占比 28.67%。对实习生需求量相对较高的是招收 5 人以下的用人单位占比 40.56%，其次是招收实习生 30 人以上的用人单位占比 32.17%。具体占比如图 3-7、图 3-8 所示。

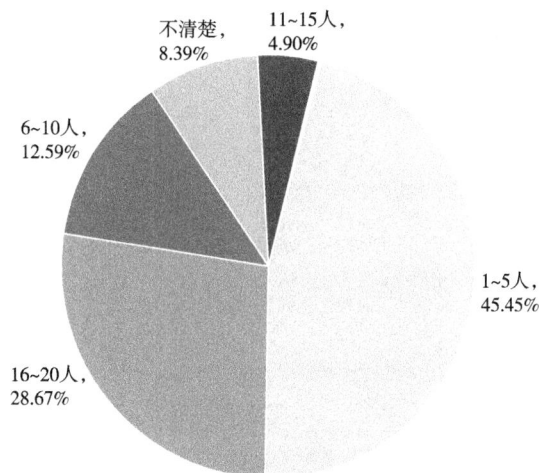

图 3-7　调研用人单位招聘员工数量

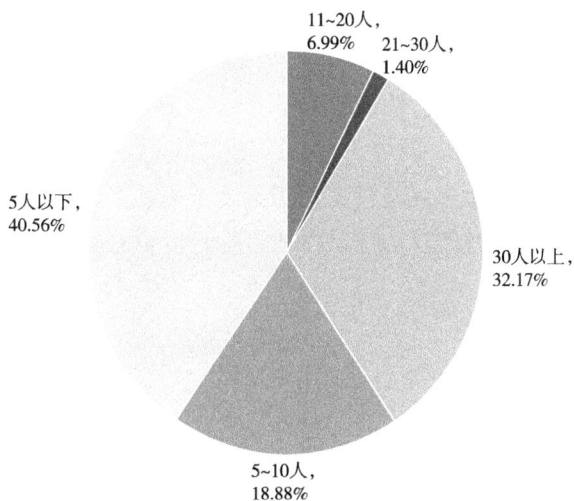

图 3-8　调研用人单位需要实习生数量

（三）用人单位人才学历层次分布与证书情况

1. 用人单位人才招聘的学历需求情况

从获取的用人单位调研信息中了解到，在用人单位招聘人才的学历要求上，目前有较大比例用人单位（86.12%）要求高职学历。仅有 7.58% 的用人单位要求本科学历，

1.26% 的用人单位要求硕士及以上学历，如图 3-9 所示。访谈结果显示，招聘过程中，本科及以上毕业生虽然在学历上高于高职生，但是在岗位适应能力及实践能力方面，高职生和本科及以上的毕业生并未有明显区别，高职学历即可满足用人单位的大部分用人需求。因此，用人单位招聘过程中更倾向于拥有高职学历人才，以后的晋升与发展主要取决于员工的个人能力及成长速度。

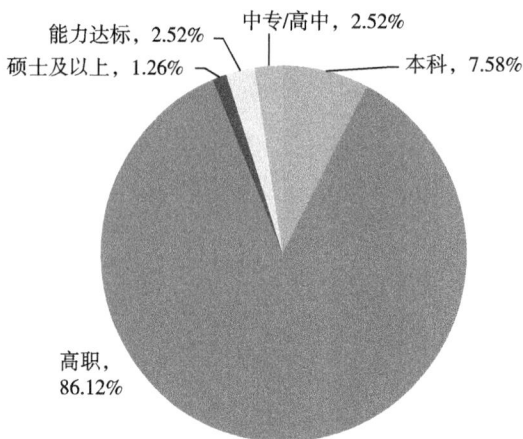

图 3-9　调研用人单位招聘员工学历层次

2. 用人单位人才招聘的证书要求情况

除了学历，证书也是部分用人单位在招聘过程中考虑的因素，如图 3-10、图 3-11 所示。从调研用人单位可以得到，54.72% 的用人单位对证书没有要求，41.51% 的用人单位招聘时必须考取相应的证书，剩余 3.77% 的用人单位不强制要求，但是有证书会优先考虑。其中用人单位要求最多的是社工证与护士资格证，分别是 22 家、20 家用人单位；其次是老年看护证、康复治疗师证、执业医师证以及医师教师证等证书。

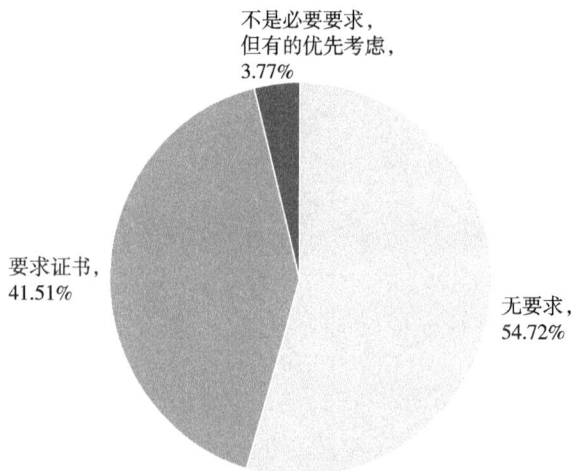

图 3-10　用人单位招聘证书要求

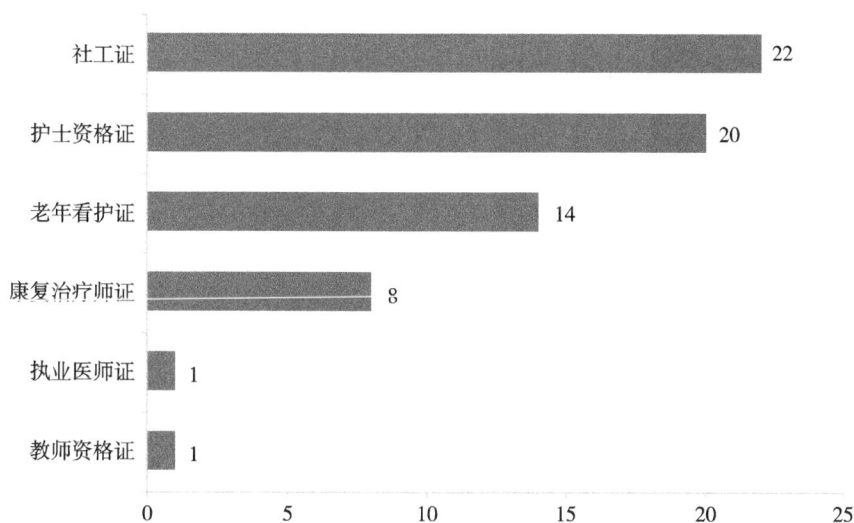

图 3-11　要求考取证书的用人单位数量（单位：家）

（四）用人单位对人才的岗位能力要求

根据访谈结果对用人单位看重毕业生的能力素质及毕业生应达到的主要能力水平进行分析整理，结果见表 3-2。

表 3-2　用人单位看重的能力素质情况

应届生初入职场的不足	企业招聘看重的毕业生能力素质	毕业生应达到的水平
知识面不够广	道德品质高尚	较清晰的职业定位，知识面较广且精
专业知识不扎实	吃苦耐劳、有奉献精神	较合理的知识结构，能反映业界实际
动手操作能力不足	团队合作精神	较良好的职业道德，能服从公司管理
缺少耐心，不能吃苦	工作主动性	较卓越的工作能力，能解决实际问题
缺乏团队合作精神	良好的沟通与协调能力	吃苦耐劳的劳动观，能认真踏实做事

（五）企业岗位需求情况

通过访谈分析得出用人单位对所招聘员工的培养方式及成长路径，岗位群主要分为社工类、康复师类、护理类、照护类、健康管理类、行政类、销售类。

1. 社工类岗位

晋升路径：实习社工 / 社工助理—一线社会工作者（专职社会工作者）—站长（负责一个社会工作站）—项目负责人—区域负责人—机构管理层。

普遍发展年限：实习社工多为在校实习生，毕业生一般能快速成长为一线社工（专职社工），而一线社工成长为社工站的站长可能需要 2~3 年的时间，具体取决于个人能力发展与成长速度。

职位晋升考核标准：员工是否晋升或晋升速度取决于该员工的综合能力、专业知识与技能，主要体现于其是否具备良好的业务处理能力和沟通能力。

入职培训：入职后分为两阶段，第一阶段为非在岗培训，即用人单位向新员工讲解机构的管理规定及基本的工作方法等。第二阶段为在岗培训，即用人单位分配老社工带领新员工接触具体的项目工作。

2. 康复师类岗位

晋升路径：初级康复师—中级康复师—高级康复师—康复（教学）主管—副校长 / 行政管理层。

普遍发展年限：初级康复师晋升至中级康复师一般需要 1 年左右的时间，具体根据康复师的服务质量、医疗质量、服务行为、被服务人员满意度等多因素决定。

职位晋升考核标准：入科考试和出科考试，判断员工是否能够独立进行操作，考核内容是一些专业基础知识，以实际操作和案例讨论分析为主。此外还要考察是否具备良好的业务处理能力和沟通能力。

入职培训：入职初期轮岗，岗前培训 3 个月，医院统一组织学习规章制度，然后由带教老师进行一对一指导，根据员工考核的结果进行定位。另外，日常工作当中也会有阶段性的培训和考核。

3. 护理类岗位

普遍发展年限：每个层级的岗位大约需要 1 年。优秀者可以在 2 年内做到护理主任，从一线岗位晋升至管理岗位（如主任），需要 1 年左右的时间。

职位晋升考核标准：职位的晋升根据护理人员的职业道德、工作纪律、生活护理整洁度、参加业务学习及个人能力等多角度进行考评。

入职培训：对于新入职的员工安排为期两周左右的上岗培训，其间会有老员工带领着新员工进行实操工作，并向其介绍讲解服务礼仪、老年服务技能、老年护理技能、与老年人的沟通技巧以及应急状况处理方法等方面的知识。

4. 照护类岗位

晋升路径：照护员—照护组长—照护主管—照护主任。

普遍发展年限：每个层级的岗位一般需要 1～2 年的时间，具体根据个人能力发展情况决定。

职位晋升考核标准：无硬性限制条件，职位的晋升与否及晋升速度主要取决于员工的工作能力。服务中心设置照护流程表，照护员在每完成一项任务后在流程表上打钩签字，安排主管对其检查，同时定期邀请老人及家属进行服务质量评价。

入职培训：有岗前培训，岗前培训结束后一般都是一对一的老带新。

5. 健康管理类岗位

晋升路径：健康顾问 / 健康管理专员—健康管理主管—健康管理经理 / 健康管理中

心主任。

普遍发展年限：每个层级岗位的发展需要2~3年的时间，具体的晋升年限与健康管理人员的经验、能力及是否拥有健康管理师职业资格证书等相关。

职位晋升考核标准：丰富的健康管理经验，一定的健康管理能力，具有医师资格证或健康管理师职业资格证书者优先。

入职培训：岗前培训，正常考察期1~3个月。

6.行政类岗位

行政专员晋升路径：行政专员（前台接待、后勤管理）—行政主管—院长助理—院长—总监。

普遍发展年限：每个层级的岗位一般需要1~2年的时间，具体根据个人能力发展情况决定。其中，具备运营主管岗位的履历和经验之后，用人单位还建议到机构锻炼，以掌握更加综合的知识；另外，有机会还可直接到机构做院长助理。

职位晋升考核标准：无硬性限制，职位的晋升看实际工作能力和晋升机会。

入职培训：岗前培训，老员工帮带，预期帮带1个月左右能独立开展工作，正常考察期1~3个月。

7.销售类岗位

晋升路径：养老服务业务员—销售主管—销售经理—销售总监。

普遍发展年限：每个层级的岗位一般需要1~2年的时间，具体根据个人能力发展情况决定。

职位晋升考核标准：无硬性限制，职位的晋升看实际工作能力和晋升机会。

入职培训：岗前培训，正常考察期1~3个月。

三、校企合作方面的情况

（一）校企合作的意义与必要性

经过调研，与老年服务与管理专业群相关的用人单位一致认为校企合作能够在高校与用人单位之间建立起一种长期稳固的校企合作关系，并让高校及时了解用人单位的运营机制和岗位需求变化，将用人单位的人才需求作为高校人才培养的目标，以就业为导向不断完善高校的人才培养方案才能培养出符合社会需要的人才。

1.联合培养，降低人力资源成本

随着用人单位的发展，用人单位对人才的需求量也随之增大，但是由于许多高校毕业生往往无法达到用人单位的岗位要求，需要用人单位在上岗前对他们进行二次培训，这样大大增加了用人单位的人力资源成本，同时由于现在人才的流动性增大，许多用人单位在付出了沉重的培训成本之后往往无法获得应有的收益。校企合作管理使用人单位参与高校的人才培养体系，使得学生能够在毕业时达到其岗位要求从而有效地降低了用人单位的人力资源成本。

2.资源共享，提高运营效率

用人单位的人力资源始终都是有限的，而高校则是人才的聚集地，拥有用人单位所没有的庞大的人力资源。通过校企合作关系的建立，高校和用人单位之间可以实现资源共享，用人单位可以通过外包的形式将一部分工作交与高校来完成，这样不仅拓宽了高校的经济来源和提高了用人单位的效率，而且对学生的动手实践能力的提高也起到了巨大的推动作用。

3.提高毕业生竞争力，实现综合发展

校企结合可以在培养过程中，提高毕业生的实践能力，将专业理论知识与实践操作紧密结合。让学生有更多的机会接触真正的工作环境，有利于学生上岗后快速进入角色，承担起相应的工作责任。通过校企合作，帮助学生树立正确的就业观并了解真正的养老服务工作的内容与性质，降低在校期间对行业岗位的高预期、高幻想，有利于毕业生在毕业后更好地适应工作环境，提高毕业生的竞争优势。

(二)用人单位关于校企合作的意愿

根据线上调研报告及访谈结果，所有用人单位都表示愿意与学校进行校企合作培养人才，且已经与学校建立了良好的校企合作关系。

根据问卷结果可以得出，81.13%的用人单位对当前的校企合作模式表示高度认可；6.92%的用人单位希望可以多输送实习生，让学生清楚他们未来的就业环境是怎样的；1.26%的用人单位表示校企合作的模式很好，有益于学生未来的职业发展；有6.29%的用人单位建议加大学生的实习实训力度，提升学生的适应能力与发展能力；0.63%的用人单位建议培养学生的职业认同感，提升服务能力；3.77%的用人单位建议增加实训类课程的学习，以便学生提前接触工作，做好心理准备。具体如图3-12所示。

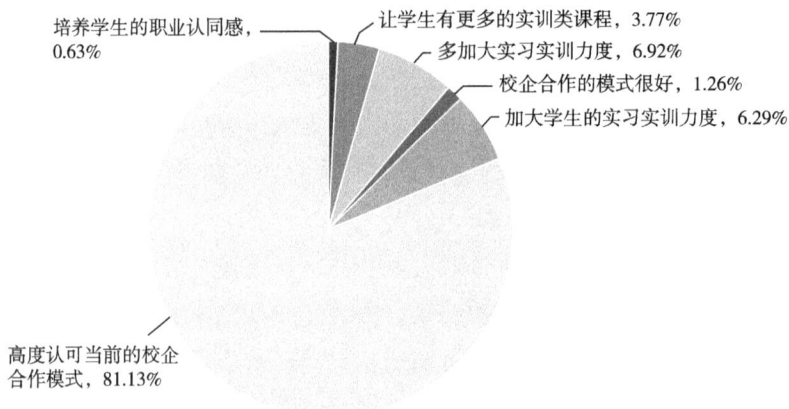

图3-12　调研用人单位意见

四、结论与建议

（一）结论

通过广泛的用人单位调研得出以下结论。

（1）从用人单位性质来看，民办非用人单位对老年服务与管理专业群需求量较大，是事业单位的1.9倍左右，是其他用人单位性质的2倍及以上。

（2）从用人单位类型来看，社会福利机构类企业、医疗服务类单位、养老服务类企业对老年服务与管理专业群毕业生需求量较高，社会福利机构类企业需求最多的是社会工作类的岗位，医疗服务类单位急需的是照护类与康复治疗类岗位，养老服务类企业急需的是社会工作类与护理类岗位。

（3）从参与调研的用人单位规模看，招聘用人单位规模以小型（99人以下）与大型用人单位（300人及以上）为主。

（4）从用人单位招聘员工与实习生数量对比分析可以看出，大部分用人单位每年招聘员工及实习生数量稳定在1~5人左右。在招聘人才的学历要求上，高职学历即可满足用人单位的大部分用人需求。除了学历，证书也是部分用人单位在招聘过程中优先考虑的因素。

（二）建议

通过访谈及调研，用人单位对老年服务与管理专业群学生的培养提出了如下建议。

综合能力方面：加大对学生的基本能力培养力度，开设相关课程提高学生的基础写作能力和专业语境下的沟通能力，如沟通技巧（与老人、家属、政府管理人员的沟通）、管理技巧等，而非只关注于基础的照护、护理、康复治疗操作；提高学生的临床实践能力、团队合作能力、策划能力、文书综合表达能力等。

专业基础知识学习方面：加强养老政策学习（关注国家对养老行业的调整，各地对养老护理员等岗位的调整）；加强学生的技能操作，掌握基础的办公软件；注重案例教学，将理论知识通过实际案例或模块的形式教授给学生；加强专业方向性学习，使得人才培养更有针对性。

课程设置方面：开设职业规划或就业指导等相关课程，帮助学生树立正确的就业观并了解真正的养老服务工作的内容与性质，降低在校期间对行业岗位的高预期、高幻想，有利于学生在毕业后更好地适应工作环境。建议建立人才分类培养模式，如护理等细分岗位技能，开设加强培训的课程；在校期间设置更多关于智慧化养老的课程。

培养学生的创新意识与创新能力方面：创新意识主要体现在员工应了解新媒体发展所带来的有趣的新鲜事物，并在提供服务的过程中加以运用；创新能力指员工应积极学习并掌握养老行业相关的新兴技术与系统的运用，以适应社会的高速发展，提高就业竞争力。

实训方面：一方面应更注重学生在读期间的实习实践，安排学生进行有针对性的实训活动，让学生有更多的机会接触真正的工作环境，加强学生对自己所学专业的理解与认可度。另外，可以增加实操技能，建议学校每周安排 2 ~ 3 节实践课程。另一方面加强专业联合培养方式，增加学生的实操性技能。其他方面，学校直接跟用人单位合作，学校的实践课程与用人单位联合，实现产教深度融合。

提高个人竞争力方面：随着智慧化养老模式的发展，越来越多计算机等理工科专业的学生开始接触养老行业，用智慧化系统或智慧化平台来取代人力服务。而在技术层面，老年服务与管理专业群的学生相对处于弱势，学校应该思考在智慧化行业高速发展的情况下，如何让本专业学生在信息技术专业人才面前依然保有优势，要注重培养护理类和老年服务类的专业技术人才，培养其专业技术能力。

学生心理建设方面：学校要让学生正确认识养老院的工作状态，讲清楚进入用人单位后会面临的实际情况，减少学生的落差感。促使学生很好地转换成社会工作者，一方面需要机构工作人员引导，另一方面在于学生自己心态的转变。

附件1 专业群人才需求调研——面向用人单位的调研问卷

老年服务与管理专业群
相关用人单位线上调研问卷

尊敬的先生 / 女士：

您好！为了更好地了解智慧健康养老行业用人单位的岗位需求，全面了解高职院校老年服务与管理专业群相关专业（包括智慧健康养老服务与管理、康复治疗技术、民政服务与管理、护理、社会工作）目前人才培养的真实情况，为老年服务与管理专业群相关专业的课程建设提供科学依据，特意开展了本次调研。烦请您在百忙之中填写此问卷，本次调研不涉及任何商业用途，调研所涉及贵单位的信息我们将严格保密，请您放心填写。真诚感谢您的支持与配合！

重庆城市管理职业学院

一、基本概况

1.您所在单位的全称？［填空题］*

2. 贵单位性质？［单选题］*

○ 事业单位

○ 国有单位

○ 民营企业

○ 民办非企业单位

○ 外资企业

○ 合资企业

○ 政府机关

○ 其他＿＿＿＿＿＿＿＿＿＿*

3. 贵单位所属类型？［单选题］*

○ 养老服务类企业

○ 老年产品生产营销类企业

○ 服务技能培训学校

○ 基础公共卫生公益服务类单位

○ 康复机构

○ 医疗服务单位

○ 社会福利机构

○ 各级民政行政机构

○ 社区基层管理机构

○ 其他＿＿＿＿＿＿＿＿＿＿*

4. 您的工作年限？［单选题］*

○ 1 年以内

○ 1～3 年

○ 4～6 年

○ 7～8 年

○ 9～10 年

○ 10 年以上

5. 您的学历？［单选题］*

○ 硕士及以上

○ 本科

○ 大专

○ 中专 / 高中

○ 初中及以下

○ 其他＿＿＿＿＿＿＿＿＿＿*

6.您所在用人单位的规模？［单选题］*

○ 10 人以下

○ 10～99 人

○ 100～299 人

○ 300 人及以上

二、用人单位人才需求

7.目前，贵单位招聘老年服务与管理专业群相关专业（包括智慧健康养老服务与管理、康复治疗技术、民政服务与管理、护理、社会工作）毕业生的最低学历要求是？［单选题］*

○ 硕士及以上

○ 本科

○ 高职（大专）

○ 中专 / 高中

○ 初中及以下

○ 无要求，综合能力达标即可

8.贵单位从事专业群相关就业岗位、具有大专及大专以上学历的员工人数占比为？［单选题］*

○ 低于 10%

○ 10%～20%

○ 21%～30%

○ 31%～40%

○ 40% 以上

○ 不清楚

9.贵单位招聘员工的途径主要有？［多选题］*

□ 专场招聘会

□ 学校推荐

□ 学生上门求职

□ 人才市场招聘

□ 网络招聘

□ 订单培养

□ 其他，请注明＿＿＿＿＿＿＿＿*

10.贵单位最急需人才的岗位是？［填空题］*

11. 贵单位哪些岗位用人缺口比较大？［填空题］*

_____

12. 贵单位哪些岗位的离职率最高？［填空题］*

_____

13. 贵单位每年实习生的需求量如何？［单选题］*

○ 5 人以下

○ 5～10 人

○ 11～20 人

○ 21～30 人

○ 30 人以上

14. 贵单位需要实习生的岗位主要有哪些？［填空题］*

_____

15. 贵单位每年上述专业对应岗位，需要招聘的员工数量？［单选题］*

○ 1～5 人

○ 6～10 人

○ 11～15 人

○ 16～20 人

○ 每年变化较大，无法确定

○ 不清楚

16. 贵单位招聘员工时，专业类别排名前 5 的有？［多选题］*

□ 智慧健康养老服务与管理专业

□ 康复治疗技术专业

□ 民政服务与管理专业

□ 护理专业

□ 社会工作专业

□ 健康管理专业

□ 临床医学专业

□ 中医学专业

□ 市场营销专业

□ 管理学专业

□ 人力资源管理类专业

□ 其他_____*

17. 贵单位招聘时，要求应聘者持有哪些职业技能等级证书？［填空题］*

_____

18. 贵单位招聘员工时，最看重毕业生以下哪些素质？（选出排名前 5 的选项）[多选题]*

☐ 道德品质高尚

☐ 吃苦耐劳、有奉献精神

☐ 团队合作精神

☐ 工作主动性

☐ 良好的沟通与协调能力

☐ 情绪稳定、有一定忍耐能力

☐ 较强的洞察能力、分析能力

☐ 很强的心理承受能力与心理调适能力

☐ 很强的学习能力、批判与创新能力

☐ 其他＿＿＿＿＿＿＿＿＿＿＿ *

19. 您对单位员工的整体满意度是？[单选题]*

○ 很满意

○ 满意

○ 基本满意

○ 不太满意，原因是＿＿＿＿＿＿＿＿＿ *

○ 不满意，原因是＿＿＿＿＿＿＿＿＿ *

20. 贵单位所处的行业近几年在新工艺、新设备、新技术、新模式、新业态等方面有哪些变化？对从业人员的要求具有哪些变化？[填空题]*

＿＿＿＿＿＿＿＿＿＿＿＿＿＿＿＿＿＿＿＿＿＿＿＿＿＿＿＿＿＿＿＿＿＿＿＿＿＿

21. 贵单位近几年是否有岗位需求的明显变化，比如新增岗位、原有岗位消失或用人需求明显减少的岗位？[填空题]*

＿＿＿＿＿＿＿＿＿＿＿＿＿＿＿＿＿＿＿＿＿＿＿＿＿＿＿＿＿＿＿＿＿＿＿＿＿＿

三、培养建议及意愿

22. 您认为应届毕业生初入职场表现不足的地方有哪些？[多选题]*

☐ 理论基础不扎实

☐ 所学知识与工作需要脱节

☐ 实践能力差

☐ 专业面窄

☐ 适应岗位能力差

☐ 职业认同感不高

☐ 岗位发展受限，难以胜任管理类岗位

□ 都挺好，没有上述问题

□ 其他，请注明＿＿＿＿＿＿＿＿ *

23. 您认为毕业生应该达到的水平是？［多选题］*

□ 具有较清晰的职业定位，知识面较广且精

□ 具有较合理的知识结构，能反映业界实际

□ 具有较良好的职业道德，能服从公司管理

□ 具有较卓越的工作能力，能解决实际问题

□ 具有吃苦耐劳的劳动观，能认真踏实做事

□ 具备良好的环境适应力，能快速胜任工作

□ 具有较丰富的理论功底，表现出专业水平

□ 其他，请注明＿＿＿＿＿＿＿＿ *

24. 贵单位是否愿意与学校进行校企合作培养人才？［单选题］*

○ 愿意（请跳至第 25 题）

○ 不愿意（请跳至第 26 题）

25. 贵单位青睐的校企合作方式有？［多选题］*（请跳至第 27 题）

□ 订单班 / 现代学徒制

□ 参与学校人才培养方案

□ 参与学校课程开发、教材编写

□ 为学生提供实习机会

□ 为学校提供实训设施

□ 为学校提供兼职教师

□ 用人单位在学校建立实训基地

□ 用人单位订单 / 项目引入学校

□ 其他＿＿＿＿＿＿＿＿ *

26. 不愿意开展校企合作的原因：［填空题］*

＿＿＿＿＿＿＿＿＿＿＿＿＿＿＿＿＿＿＿＿

27. 您对目前校企合作有什么建议或意见？［填空题］*

＿＿＿＿＿＿＿＿＿＿＿＿＿＿＿＿＿＿＿＿

谢谢您的配合，耽误了您宝贵的时间，感谢您给我们提供了很多有价值的信息。

附件2　用人单位深度访谈大纲——岗位专家

老年服务与管理专业群——用人单位深度访谈大纲——岗位专家

用人单位		部门	
受访人		职位	
访谈时间		访谈地点	

非常感谢您能抽出宝贵的时间完成访谈，受学校方委托本次调查研究针对用人单位的用人需求与专业的匹配情况、岗位具体要求等，请您依据实际情况和真实想法进行回答，我们承诺对调查结果的保密，在未经授权的情况下不会向第三方透露相关内容。最后再次衷心感谢您对本次调查的支持与配合！

1. 请介绍一下您所在的部门情况。

【收集信息：部门职能、组织结构、人员情况】

2. 在贵公司，老年服务与管理专业群（包含五个专业：智慧健康养老服务与管理、康复治疗技术、护理、民政服务与管理、社会工作）相关专业毕业生可从事的岗位有哪些，以及各岗位的主要工作职责、专业能力要求？

【收集信息：岗位类别、主要职责、知识/技能/素养要求】

3. 上述老年服务与管理专业群相关专业毕业生可从事岗位的晋升路径分别是怎样的？

【收集信息：成长路径/年限】

4. 上述岗位晋升时，是否有硬性条件限制，如工作年限、证书、最低学历等，请具体说明。

【收集信息：职位晋升过程中的硬性限制条件】

5. 您认为在实际工作中，本科生和大专生是否有明显区别？如适应岗位情况、专业知识、实践能力、职业发展等方面。

【收集信息：不同学历的影响】

6. 老年服务与管理专业群相关专业的新员工入职后用人单位如何培养？（形式、

内容、周期等）

【收集信息：岗前培训内容及力度】

7. 部门如何考核老年服务与管理专业群相关专业人才在各岗位的工作表现？

【收集信息：工作考核要求】

8. 对于这些老年服务与管理专业群相关专业的岗位，您认为有哪些职业资格证书、职业技术等级证书对学生职业成长帮助较大，建议考取？

【收集信息：对就业有帮助的职业资格证书】

【参考备注：养老护理员、社会工作师、中医康复理疗师、中医按摩师、康复保健师、护士执业资格证书、营养配餐师、公共营养师、健康管理师、健康照护师、秘书证书、商务策划师等；

老年照护职业技能等级证书、失智老人照护职业技能等级证书、老年护理服务需求评估职业技能等级证书、幼儿照护技能等级证书、社会心理服务等级证书、社区治理职业技能等级证书】

9. 近年来养老行业是否有新业态、新技术、新工具等的产生和应用，对人才能力要求有哪些变化？

【收集信息：行业发展带来的新技术 / 新工具等】

10. 您对老年服务与管理专业群相关专业学生的培养有何建议？

【收集信息：人才培养建议】

附件 3 用人单位深度访谈大纲——人事主管

老年服务与管理专业群——用人单位深度访谈大纲——人事主管

用人单位		部门	
受访人		职位	
访谈时间		访谈方式	

非常感谢您能抽出宝贵的时间完成访谈，受学校方委托本次调查针对用人单位的用人需求与专业的匹配情况、岗位具体要求等，请您依据实际情况和真实想法进行回

答，我们承诺对调查结果的保密，在未经授权的情况下不会向第三方透露相关内容。最后再次衷心感谢您对本次调查的支持与配合！

1. 请介绍一下公司总体情况。
【收集信息：成立时间、人数、核心业务、行业竞争力等】

2. 用人单位适合招收老年服务与管理专业群（包含五个专业：智慧健康养老服务与管理、康复治疗技术、护理、民政服务与管理、社会工作）学生的部门和岗位有哪些，数量如何？
【收集信息：目标培养岗位、人员分布比例】

3. 上述智慧健康养老管理专业毕业生可从事岗位的晋升路径分别是怎样的？
【收集信息：主要职责、成长路径 / 年限】

4. 上述岗位招聘时，是否有资格证书的要求，具体是什么证书？
【收集信息：上岗证书】

5. 上述岗位招聘时，对人才的最低学历要求是？
【收集信息：学历要求】

6. 上述岗位晋升时，是否有硬性条件限制，如工作年限、证书、最低学历等，请具体说明。
【收集信息：职位晋升过程中的硬性限制条件】

7. 您认为在实际工作中，本科生和大专生是否有明显区别？如适应岗位情况、专业知识、实践能力、职业发展等方面。
【收集信息：不同学历的影响】

8. 随着养老行业的变化，贵公司对老年服务与管理专业群相关专业人才是否有需求变化，如岗位需求增加或减少？有新增岗位？有紧缺岗位？
【收集信息：可能减少 / 增加的岗位】

9. 您对老年服务与管理专业群相关专业学生的培养有何建议？
【收集信息：人才培养建议】

老年服务与管理专业群
毕业生就业情况调研报告

一、行业背景调研

人口老龄化和养老服务问题，一直是社会争相讨论的热点话题之一。从 20 世纪中期开始，国际人口结构就呈现出老龄化加剧的趋势。2010 年以来，我国人口老龄化形势日趋严峻，人口红利逐渐消失。国家统计局发布的 2021 年中国经济数据显示，年龄在 60 岁及以上的人口，已经从 2010 年的 1.78 亿人增长至 2022 年的超 2.67 亿人，其占总人口的比重从 2010 年的 13.26% 增长至 2022 年的 18.90%，年均增长 700 多万人。老龄化加重的同时，老年人患病比例也在增加。《2013 第五次国家卫生服务调查分析报告》显示，老年人患慢性病的比例高达 71.80%，过去 10 年内增长了 20%。

国家卫生健康委老龄健康司数据显示，2021 年我国约有 1.9 亿老年人患有慢性病，失能失智人数约为 4500 万。中国疾控中心数据也显示，2021 年我国 75% 的老年人患一种及以上慢性病，16% 的老年人存在失能或部分失能症状，4.8% 的老人则处于完全失能状态。随着人口老龄化程度的逐渐加深，社会的养老压力也逐渐增大。同时，人民生活水平的不断提高，也让老年人的养老服务消费需求逐步升级。部分高收入的老年人，已不再满足于简单的"吃饱穿暖"的生存型养老方式，而是开始追求"高品质、精神性、多样性、个性化与参与性"的发展型晚年生活。老年人口的增加、非健康时间的延长以及国民经济生活质量的提高，都增加了养老服务的需求，使得养老机构服务人才出现缺口。

（一）我国人口老龄化发展现状

我国 2020 年第七次人口普查数据显示，0～14 岁人口为 25338.4 万，占总人口的 18.00%，60 岁及以上人口为 26402 万，占 18.70%。这是在我国历史上第一次 60 岁及以上老年人口数量超过了 0～14 岁少年儿童人口数量，意味着中国人口年龄结构发生了根本性的转变。随着老年人口数量的逐年激增，"十四五"期间我国已由轻度老龄化社会迈入中度老龄化社会发展阶段。

（二）人口老龄化的地域差异

上述老龄化变动趋势在各省份，在市、镇、乡村同样存在，但是由于长期受区域之间、城乡之间生育率差异和人口迁入、迁出差异的影响，导致不同地区老年人口比例存在巨大差异，不同地区或区域未来面临的人口长期均衡发展压力也有所不同。

1. 不同区域间的差异

依据我国 2020 年第七次人口普查结果，参照常住人口[①]口径，将 60 岁及以上老年人口比例按照从大到小的顺序进行排序，辽宁省排名第一，老年人口占全部人口的25.70%，遥遥领先于其他省份；上海排名第二，老年人口占比为 23.40%，较辽宁省下降了 2.3 个百分点；其次是黑龙江和吉林，老年人口分别占比 23.20% 和 23.10%，仅略低于上海，以上这些省份属于中国人口老龄化的第一梯队。第二梯队城市包含重庆、江苏、四川和天津，这些省份的老年人口比例分别是 21.90%、21.80%、21.70% 和21.70%。东北三省的老龄化程度比较高，主要原因是生育率的长期偏低和中青年人口多年来的持续外流。上海老龄化水平高，一方面是由于多年来生育率在全国最低，而预期寿命在全国最高；另一方面是因为上海外地迁入人口比例很高，而且外来人口多数都是中青年人，从而稀释了老龄化水平。

2. 区域内的城乡差异

实际上，不仅省份与省份之间老龄化水平存在巨大差异，各省份城市、镇和乡村之间，以及省份内城市、镇和乡村之间老龄化水平同样存在巨大差异。尽管从历史上看城市人口生育率大大低于农村人口生育率，但是由于存在大量的省份内或跨省份从乡村向城市的人口流动，最终导致中国乡村的老龄化水平明显高于城市的老龄化水平。国家卫生健康委老龄健康司在 2021 年 10 月 15 日发布的《2020 年度国家老龄事业发展公报》显示，乡村 60 周岁及以上、65 周岁及以上老年人口占乡村总人口的比重分别为23.81%、17.72%，比城镇 60 周岁及以上、65 周岁及以上老年人口占城镇总人口的比重分别高出 7.99 个、6.61 个百分点。

因为人口的迁移流动绝大多数发生在省份内，会出现农村流出人口越多的省份，外出人口（特别是省份内镇和乡村人口）中的中青年人口也越多，从而会导致城市和镇常住人口中老年人口所占比例下降；由于乡村留守老人很多，导致当地乡村老年人口比例会明显高于城市的比例。据我国第七次人口普查结果显示，我国省份内乡村老年人口比例比城市老年人口比例高出 10 个百分点的有山西（25.80%，14.90%）、内

[①] 人口普查规定的"常住人口"口径为，经常居住在本地的时间超过半年的人，不管户口是否在本地，都属于本地的常住人口。

蒙古（26.70%，16.40%）、江苏（31.80%，17.30%）、浙江（28.30%，14.30%）、福建（22.20%，12.10%）、山东（27.80%，16.10%）、重庆（31.90%，16.50%）、四川（27.30%，16.60%）、陕西（25.10%，14.80%）。

单看乡村中老年人口占比的话，比例最高的是重庆，为31.90%；第二的是江苏，为31.80%，因此这两个地区的农村是中国人口老龄化水平最高、老龄问题最为严重的地区。

3. 小结

综上所述，从2010年开始，我国的人口老龄化发展已呈现出日趋严峻的趋势，而自2020年以来，我国人口老龄化进程进入了快速发展的新阶段，人口年龄结构发生了根本性的转变。而随着全国人口老龄化程度的加深，国内地域间老龄化程度的差异也不断加剧。地域差距主要体现在两点，即不同省级行政区之间的差异和同一区域内的城乡差异。

（三）智慧健康养老产业的发展现状与契机

我国人口老龄化程度不断加深，同时人民生活水平也在日益提高，这导致老年人的养老服务消费需求在逐步升级。部分高收入的老年人，已不再满足于简单的"吃饱穿暖"的生存型养老方式，而是开始追求"高品质、精神性、多样性、个性化与参与性"的发展型晚年生活。

1. 养老服务的人才供需现状

老年人口的增加、非健康时间的延长以及国民经济生活质量的提高，都增加了养老服务的需求，使得养老机构服务人才出现缺口。同时越来越普遍的"尊严式"养老的需求，对养老服务人才结构转型提出了更高要求。目前这种低学历、低技能且中龄化的一线养老服务队伍，已经无法满足高层次的养老服务需求。

2007年，上海市政府提出了"9073"的养老模式，即90%居家养老，7%社区养老，3%进入养老机构集中养老。在历经10多年的老龄化进程之后，我国的养老政策和现状已发生了很大的变化。2017年，在《"十三五"国家老龄事业发展和养老体系建设规划》中，政府提出了"夯实居家社区养老服务基础"的新政策。然而现阶段，居家养老与社区养老的融合效果并不理想。整体而言，社区养老在定位、场地、收费等方面都存在开拓难的问题。社区照料并没有起到如日本以及西方国家老年"日间照料"那样的闭环服务作用，仅发挥了"午间休息室"一样的功能，而且受益的主要是健康的老年人群体，未能让半失能老人受益。社区计划支持的上门养老服务，由于耗时耗力，不符合质优价廉的特殊情况，因此还处于探索阶段。再结合"9073"模式来看，7%的社区养老功能，实际上并未完全发挥好，且目前集中养老的比例也明显低于3%。尽管如此，北京师范大学中国公益研究院2017年公布的报告显示，若按照照护人员与完全失能老人1：3的国际标准推算，我国养老机构照护人才缺口已高达500万。其中，年轻、高学历的专业人才和看护服务人才的缺失，是当下养老机构实际面临的"结构性"缺口问题。

因此养老服务与管理、康复治疗及老年护理相关专业的高职院校毕业生具有填补行业人才缺口的巨大潜力。

2. 社会民政服务的人才供需现状

由于我国各地的乡村留守老人现象较普遍，导致当地乡村老年人口比例会明显高于城市的比例，因此作为我国老龄人口的重要组成部分，做好农村老年人照护工作对积极应对我国人口老龄化问题，以及有效提高我国老年人生活质量问题至关重要。然而养老机构的消费需求主要集中在经济发展较好的城市地区，对于经济较落后的农村地区而言，老年人的养老消费能力较差且消费欲望较低。

对于此现象，积极发挥政府的主导作用便显得尤为重要。近年来，我国政府不断完善农村的相关医疗保障政策，扩大医保药物报销范围及老年人相关慢性病扶持项目范围，将更多的农村老人，特别是失智老人纳入政策的保护范围。同时，政府还加大对农村失智老人照护的财政支出力度，包括对能够提供相关社会服务的人力方面的支出。全力打造出农村积极向上的社会养老护理文化，充分发挥乡镇专业社工的作用与价值，提高福利机构等社会工作人员的薪资待遇水平，增强其职业责任感和荣誉感，减少老年服务工作者的人员流动性，以改善我国目前社会民政服务岗位中专业人才紧缺的现象。

因此，老年服务与管理专业群下的民政服务及社会工作相关专业的高职院校毕业生具有改善我国民政服务中缺少掌握老年服务专业技能人才现象的巨大潜力。

3. 智慧健康型养老产业的发展新需求

党的十九大报告提出建设"数字中国"和"智慧社会"的发展目标，要求发挥数字技术作用，推动经济、民生改善与社会保障等领域的深度融合发展。《"十四五"国家老龄事业发展和养老服务体系规划》数据显示，2025年我国将实现以下目标：老年人养老设施在新建城区和居住区的设施达标率达100%；养老机构护理型床位占比达55%以上，老年医学科的二级及以上综合性医院占比达到60%以上。而在面对我国巨大的养老压力时，单依靠传统的养老方式无法高质量地完成"十四五"的上述目标，因此国家大力发展智慧养老产业。

智慧养老是由英国生命信托基金会提出的一种养老模式，指利用先进的IT技术将老年人的日常生活纳入远程监控系统中，也被称为"全智能化老年系统"，即老年人在日常生活中可以不受时间和空间的限制，在熟悉的场域过上高质量的生活。2016年我国第一本以"智能养老"命名的书籍出版，由此智慧养老模式初步在我国形成。目前，学者们关注智慧养老的焦点主要在于利用先进的信息技术手段，为老年群体提供物联化、互联化、智能化的养老服务，其核心在于应用先进的管理和信息技术，将老年群体与政府、社区、医疗机构、医护人员等紧密相连。

传统养老服务是以居家养老为基础、社区养老为依托、机构养老为支撑的养老服务体系。无论是上海实施的"9073"服务模式还是北京曾采取的"9064"服务模式，都无法将居家、社区与机构的养老服务割裂开来，如今的养老服务可以根据老年人的自理能力情况、失能失智程度，分成短期照料与长期照护两类。数字经济背景下的智慧养老服务能够弥合传统养老服务过程中的服务缺失，老年群体通过加入网络平台便可获得智慧医疗、精神慰藉、安全保护等养老服务。这种线上下单、线下接受服务的新型养老方式，实际上是基于传统养老服务的智慧治理模式。通过加强智慧养老服务中的组织协同、数字化建设和信息价值提升，促进数字化背景下智慧养老服务的全方位发展。对于需要关爱的老年群体，养老服务不再仅仅强调技术的单维赋能，而是将其与新时代下的数字经济发展有机结合，形成产业化智慧养老发展模式。在数字技术背景下，构建智慧养老服务平台系统，明确智慧养老服务准则，应用智能设备，丰富智慧养老服务内容，构建起多维度联合机制。这种有利于提高老年群体生活质量的智慧养老服务模式得到了技术支持与平台支撑，充分尊重老年人生活方式的自主选择与晚年尊严。

抓住科技革命和产业变革的新机遇，发展数字化的养老服务产业，促进数字技术与智慧养老服务机构、团体以及线上平台的深度融合。赋能传统养老行业转型与升级，催生出智慧养老服务的新产业、新业态、新模式，不断推进我国数字经济发展，充分发挥海量数据和丰富应用场景的技术优势，提高老年群体生活服务质量。

由此，数字经济背景下智慧养老服务的产业化发展以及大数据、互联网与人工智能技术的广泛应用奠定了构建智慧养老服务模式的基础，在多产业的共同联动下，形成我国老年群体全新的养老服务选择。数字技术的发展充分保障了智慧养老服务平台中各功能性系统的平稳运转，以精准识别、精准供给、精准管理和精准支持的服务准则，依托智能设备的信息传输，完成智慧养老服务内容的供给，为老年群体提供健康服务、精神慰藉服务、安全服务、辅助服务以及护理服务等。数字经济时代的智慧养老服务有利于增强老年群体对社会的适应能力与多元供给主体的服务弹性，提升国家管控效度，实现数字化智慧养老模式的改进。老年群体需求与传统养老服务的深度融合，在促进社会公平的同时，还可以满足老年群体对高质量生活的期待。

4. 小结

综上所述，随着我国老龄化程度的加深与老年人对高质量养老生活的追求，数字经济背景下的智慧养老服务产业正在蓬勃发展。与此同时，传统养老模式的服务人员标准也在发生着变化，智慧养老产业与传统养老产业均显示出对年轻、高学历的专业人才与看护服务人才的追捧。

因此高职院校的老年服务与管理专业群人才建设显得尤为重要，在我国已迈入中度老龄化社会发展阶段的大背景下，多元化的养老服务需求日益增强，这对养老服务提出了新要求。

一方面，养老服务范围与服务种类不断扩大，要兼具常规养老服务、医疗护理与康复治疗等多学科技能的融合，以及社会福利养老的相关民政政策与养老服务机构的管理等多学科知识的融合，未来对复合型技术技能人才需求会越来越大。

另一方面，多学科团队合作服务模式已然形成，在基层卫生和养老服务机构尤为凸显，所以将专业基础相通、教学资源共享、技术领域相近、职业岗位相关的专业构建成专业群，以集群的方式发展专业。以智慧健康养老服务与管理专业为核心，带动群内其他专业的知识技能相融合，专业建设机制协同发展，形成合力，培养老年康复治疗、老年护理、民政养老服务、社会养老服务工作等复合型技术、技能人才，能更好地为老年人提供全方位、全生命周期的健康服务。

二、调研说明

在智慧养老产业的蓬勃发展与专业群人才需求量大的背景下，对专业群毕业生的就业情况展开调研是十分必要的，能够在一定程度上反映毕业生在校掌握的知识技能水平与行业对人才的要求是否匹配。

本次调研时间为：2022 年 6 月 15 日至 24 日。

其间向重庆城市管理职业学院智慧健康养老服务与管理专业、康复治疗技术专业、护理专业、民政服务与管理专业、社会工作专业以及清远职业技术学院护理专业（因校内护理专业为新开设专业，暂无毕业生，以校外毕业生数据作为研究样本，进行数据分析，以便指导护理专业的建设）和康复治疗技术专业发放调研问卷，最终回收有效问卷 1057 份，调研结果具备一定的客观性。

（一）分析方法

1. 文献研究法

在对老年服务与管理专业群 5 个专业毕业生进行调研前，项目组先对相关行业的动态与特征等进行一定程度的熟悉与了解，并设计出科学的问卷。同时，还对现有的不同地区高职院校的相似专业和不同培养层次的相似专业调研报告进行研究、纵横对比，以使本调研报告更贴合实际、更具备参考性。

2. 问卷调查法

为收集调研对象在校课程学习与就业情况的信息和资料，项目组采用问卷这种书面语言与被调研对象进行交流。问卷设计内容包括了事实性问题，其中最主要的是收集人口学资料，如姓名、性别、毕业时间、工作单位等信息，作为调研分析进行推论的依据。同时问卷也包括了态度性问题，主要体现在对所学课程的满意度与认可度，对工作中的看法、认识等，旨在通过这些问题了解被调查者行为方式的内在倾向性，以及个体之间的普遍性与差异性。

3.数据分析法

在此主要采用的是 Excel 和 SPSS 两种工具对所收集到的资料加以处理和分析，从中获得有用的信息，并总结出重庆城市管理职业学院老年服务与管理专业群（包含智慧健康养老服务与管理专业、康复治疗技术专业、护理专业、民政服务与管理专业、社会工作专业）毕业生的就业情况。进一步了解近几年来的课程设置和人才培养能否符合时代发展需求、能否满足企业对人才的需求。

（二）调研对象

本次调研通过线上问卷的方式，面向老年服务与管理专业群相关专业毕业生进行调研，重点面向 2017—2022 届的毕业生发放不限数量的调研问卷。问卷回收情况见表 4-1。

表 4-1　不同年份毕业学生分布情况表 （单位：人）

毕业时间	智慧健康养老服务与管理专业	康复治疗技术专业	护理专业	民政服务与管理专业	社会工作专业	小计
2017 年	3	1	3	2	10	19
2018 年	13	71	81	3	8	176
2019 年	14	95	113	8	9	239
2020 年	16	51	28	22	8	125
2021 年	31	67	47	9	7	161
2022 年	9	71	41	62	42	225
其他年份	1	3	35	65	8	112
总计	87	359	348	171	92	1057

本次毕业生调研样本中的性别分布如图 4-1 所示，即参与调研的女生共 840 人，占总数的 79.47%，男生共 217 人，占比为 20.53%。样本数据中女生的人数近乎是男生人数的 4 倍，该比例也在一定程度上客观反映了目前我国养老服务产业女性工作者居多，男性工作者人才缺口大的人才供需现状。

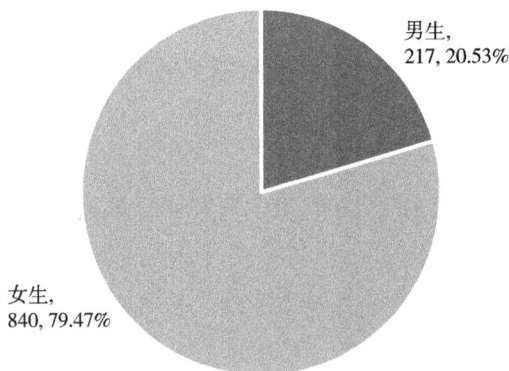

男生，
217, 20.53%

女生，
840, 79.47%

图 4-1　老年服务与管理专业群毕业生调研对象性别比例（单位：人）

三、学生在校学习情况

随着我国智慧养老行业的信息化与智能化发展及愈来愈多老年人对高质量养老的追求，行业对从业人才的要求在不断提高，目前高、专、精日渐成为老年服务与管理专业群人才的主要发展方向。而与经济社会发展联系紧密的高职院校作为为养老市场输送技术技能人才的主要教育来源，输送的人才是否符合企业用人需求、是否具有与时俱进的认知与能力，又可通过对这些人才在校学习与培养的考察中窥知一二。因此，这一部分内容主要从学生选择学校和专业的影响因素、在校理论课程与实训教育的情况以及证书考取情况进行研究分析。

（一）就读院校与专业的选择

对学生选择就读院校与专业的影响因素进行调研分析，有利于探究学生在入学前对专业学习内容的预期及对毕业后所从事的相关工作环境的设想。

1. 院校的选择

调研样本数据显示，学生在择校时主要有以下四个考虑因素，依次为学校专业设置、学校教学质量、学校地理位置和学校知名度。以上四个因素均有超过 300 名调研对象在择校时十分看重，而考虑毕业生就业率和有升学机会因素的学生人数则相对较少。这表明老年服务与管理专业群的绝大部分学生在该时期，相对于个人毕业后的职业发展，更看重在校就读期间所选学校的教学水平，以及所选专业的课程设置与教学内容，具体数据如图 4-2 所示。

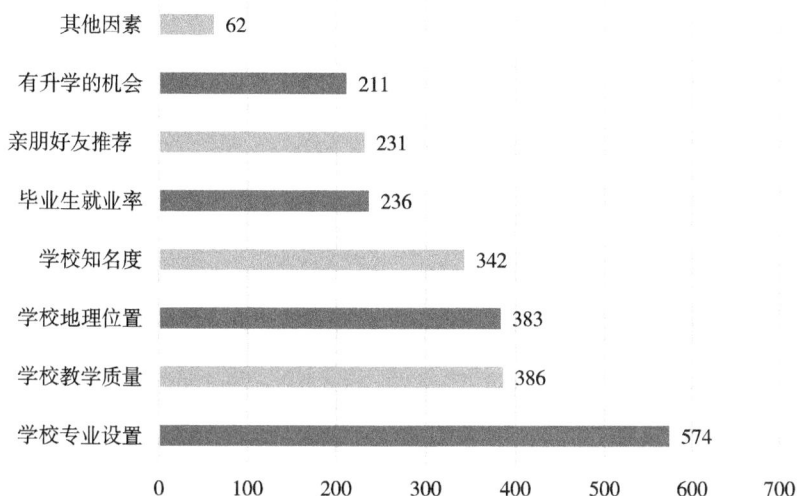

图4-2　老年服务与管理专业群毕业生选择学校的主要因素（单位：人）

具体来看，不同专业的学生在择校时考虑的因素也大同小异，如图4-3所示。智慧健康养老服务与管理专业排前三的为学校知名度、学校地理位置、学校教学质量；康复治疗技术专业排前三的为学校地理位置、学校教学质量、学校知名度；护理专业排前三的为学校地理位置、毕业生就业率、学校教学质量；民政服务与管理专业排前三的为学校地理位置、学校知名度、毕业生就业率；社会工作专业排前三的为学校地理位置、毕业生就业率、学校知名度。

2.专业的选择

如上述数据所示，大部分学生在择校时会将专业设置纳为主要考虑因素之一，因此本次调研还对专业群学生选择相关专业的原因进行了统计与分析。影响学生选择专业的因素有很多，大致可分为两大类：一是外部因素，主要涵盖了国家重视程度、社会需求、薪酬待遇等；二是自身因素，比如自己喜欢、家人推荐等。

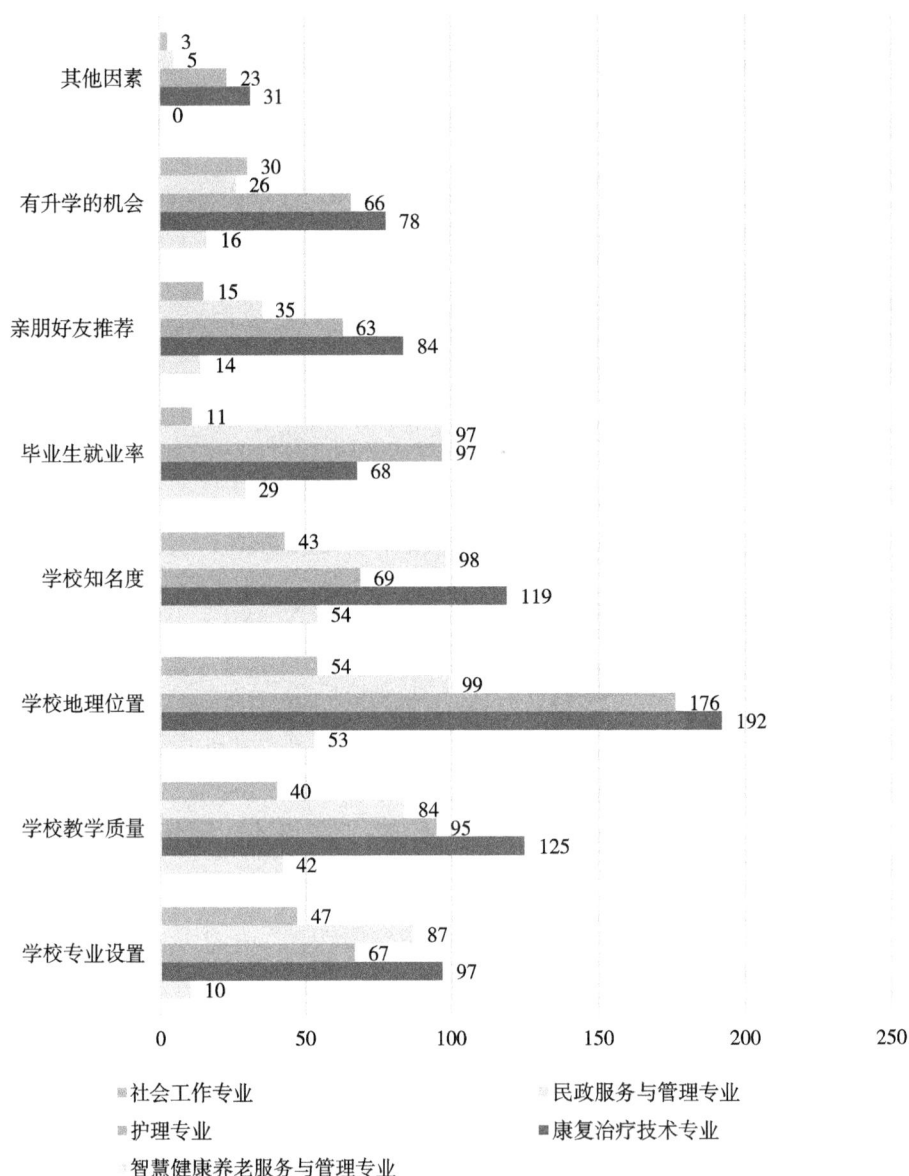

图 4-3 专业群各专业毕业生选择学校的主要因素（单位：人）

根据本次调研得知，老年服务与管理专业群的毕业生选择专业的三大主要考虑因素依次为社会需求量（占比 32.03%）、自己喜欢（占比 23.08%）、国家重视（占比 15.93%），如图 4-4 所示。

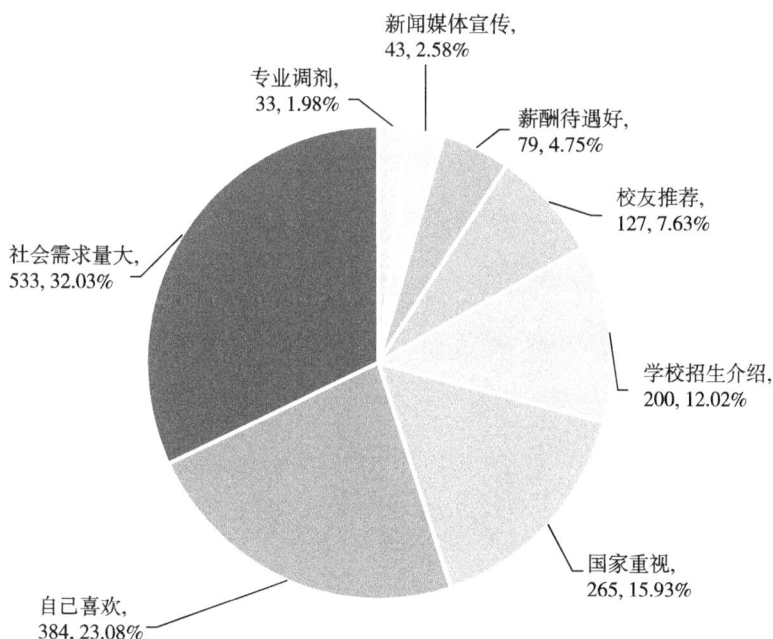

图 4-4　老年服务与管理专业群毕业生选择专业的考虑因素（单位：人）

（二）在读期间的学习情况

教学是促进学生发展的主阵地，学生知识、技能的掌握，思维能力的培养，以及个性的发展都有赖于较高的教学目标和教学水平。因此，从学生角度出发，对他们在校学习期间从整体的学校人才培养体系到有的放矢的专业教师教学行为的调查，在某种程度上是调整或改进、提高学校教学育人的一个重要反馈。

1. 教学水平满意度

专业培养目标设置的目的在于培养出能够适应社会形势和行业发展的人才，老年服务与管理专业群 5 个专业的毕业生对其就读专业的教学水平满意度整体上较高，即在所有调研样本中，表示很满意的毕业生占总数的 41.07%，表示满意的占比 43.63%，表示基本满意的占比 14.48%，而表示不太满意和不满意的占比 0.82%，如图 4-5 所示。综上，毕业生的整体满意度为 99.18%，说明老年服务与管理专业群的毕业生对学校专业师资队伍的教学水平及教学效果均较为认可。

具体到各个专业，智慧健康养老服务与管理专业对学校教学水平的满意度为 97.72%，康复治疗技术专业对学校教学水平的满意度为 98.90%，护理专业对学校教学水平的满意度为 99.72%，民政服务与管理专业对学校教学水平的满意度为 98.84%，社会工作专业对学校教学水平的满意度为 100.00%。各专业毕业生对整体教学水平满意度均较高，详情如图 4-6 所示。

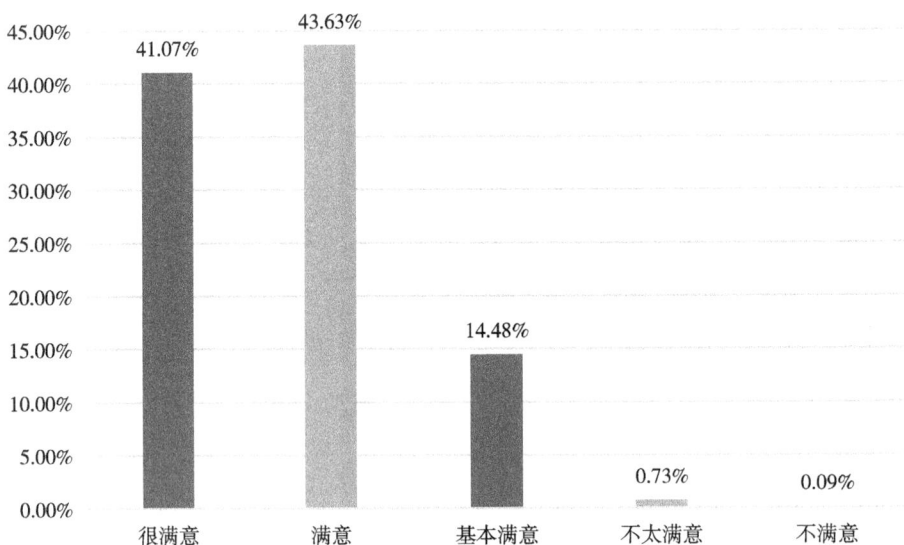

图4-5 老年服务与管理专业群毕业生对专业整体教学水平满意度情况

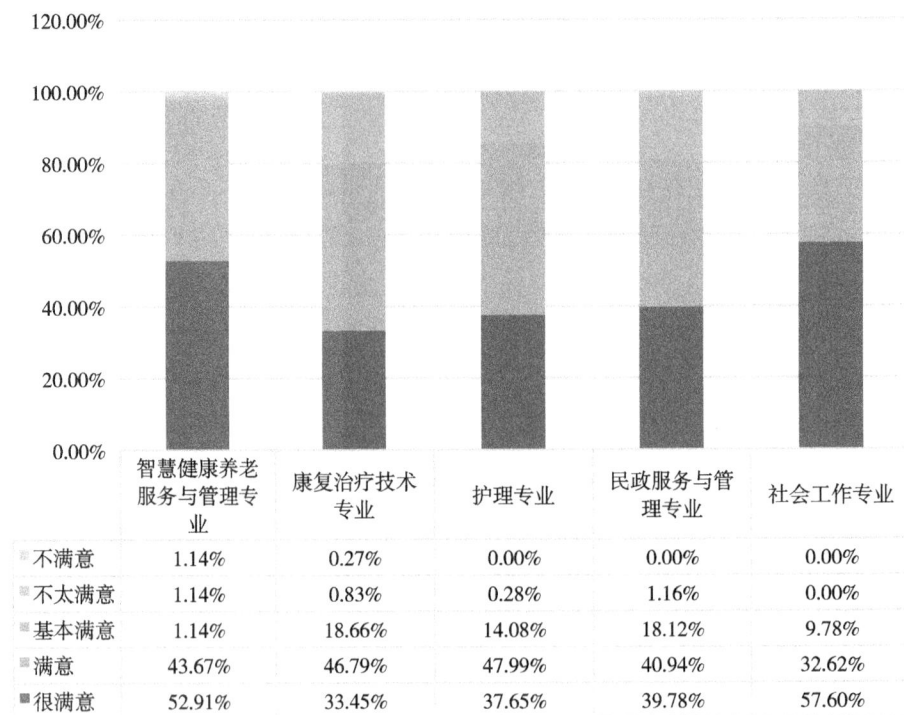

	智慧健康养老服务与管理专业	康复治疗技术专业	护理专业	民政服务与管理专业	社会工作专业
不满意	1.14%	0.27%	0.00%	0.00%	0.00%
不太满意	1.14%	0.83%	0.28%	1.16%	0.00%
基本满意	1.14%	18.66%	14.08%	18.12%	9.78%
满意	43.67%	46.79%	47.99%	40.94%	32.62%
很满意	52.91%	33.45%	37.65%	39.78%	57.60%

图4-6 各专业毕业生对专业整体教学水平满意度情况

2. 主干课程的实用度

毕业生对专业群及各专业的满意度均较高表明学生在校期间有较好的就读体验且在学业上有了较大的收获，而对于高职院校的毕业生，学业上的收获不应仅局限于知识上的获取，更应侧重于实用技能的掌握，因此本次调研进一步统计并分析了毕业生对本专业的核心课程实用度方面的评价，智慧健康养老服务与管理专业、康复治疗技术专业、护理专业、民政服务与管理专业、社会工作专业的统计结果依次见表4-2、表4-3、表4-4、表4-5、表4-6：

表4-2 智慧健康养老服务与管理专业主干课程的实用度

课程名称	实用，大多数是岗位需要的	一般，在岗位工作中用得不多	不够用，理论教学与实践教学失衡	没有用，在岗位工作中几乎用不上	没有上过该课程，无从评价
智慧养老机构管理与实务	70.59%	23.53%	5.88%	0.00%	0.00%
老年常见病预防与护理	76.48%	11.76%	5.88%	5.88%	0.00%
智慧老年康复护理	76.47%	17.65%	0.00%	5.88%	0.00%
智慧养老产业经营与管理	64.71%	17.65%	5.88%	11.76%	0.00%
智慧健康养老照护	76.48%	11.76%	5.88%	5.88%	0.00%
老年营养与膳食	58.83%	23.53%	11.76%	5.88%	0.00%

表4-3 康复治疗技术专业主干课程的实用度

课程名称	实用，大多数是岗位需要的	一般，在岗位工作中用得不多	不够用，理论教学与实践教学失衡	没有用，在岗位工作中几乎用不上	没有上过该课程，无从评价
作业治疗技术	54.63%	33.34%	8.33%	2.77%	0.93%
传统康复治疗技术	72.23%	20.38%	1.85%	2.77%	2.77%
物理因子治疗技术	64.84%	26.85%	5.55%	2.77%	0.00%
运动治疗技术	77.78%	14.82%	4.62%	1.85%	0.93%
肌肉骨骼康复技术	69.45%	24.08%	2.77%	2.77%	0.93%
神经康复技术	61.12%	31.48%	4.62%	1.85%	0.93%

表4-4 护理专业主干课程的实用度

课程名称	实用，大多数是岗位需要的	一般，在岗位工作中用得不多	不够用，理论教学与实践教学失衡	没有用，在岗位工作中几乎用不上	没有上过该课程，无从评价
护理学基础	91.49%	4.27%	2.12%	0.00%	2.12%
健康评估	82.98%	14.90%	0.00%	0.00%	2.12%
内科护理	93.62%	4.26%	0.00%	0.00%	2.12%
外科护理	93.62%	4.26%	0.00%	0.00%	2.12%
妇产科护理	91.49%	6.39%	0.00%	0.00%	2.12%
老年护理	87.23%	10.64%	0.00%	0.00%	2.12%
儿科护理	89.37%	8.51%	0.00%	0.00%	2.12%
急救护理	95.75%	2.13%	0.00%	0.00%	2.12%

表 4-5　民政服务与管理专业主干课程的实用度

课程名称	实用，大多数是岗位需要的	一般，在岗位工作中用得不多	不够用，理论教学与实践教学失衡	没有用，在岗位工作中几乎用不上	没有上过该课程，无从评价
民政工作	61.91%	32.15%	4.76%	0.59%	0.59%
社区治理	66.08%	30.36%	2.97%	0.59%	0.00%
社会福利服务	56.55%	38.10%	4.16%	1.19%	0.00%
婚姻与收养实务	53.39%	39.88%	5.35%	2.28%	0.00%
社会救助实务	62.50%	32.15%	4.16%	1.19%	0.00%

表 4-6　社会工作专业主干课程的实用度

课程名称	实用，大多数是岗位需要的	一般，在岗位工作中用得不多	不够用，理论教学与实践教学失衡	没有用，在岗位工作中几乎用不上	没有上过该课程，无从评价
社会工作导论	72.74%	15.91%	6.81%	4.54%	0.00%
个案工作	62.50%	31.82%	2.27%	3.41%	0.00%
小组工作	80.75%	12.40%	3.41%	3.41%	0.00%
社区工作	81.82%	12.50%	2.27%	3.41%	0.00%
社会工作实务	71.59%	21.59%	3.41%	3.41%	0.00%
社会工作行政	52.28%	38.64%	4.54%	3.41%	1.13%

根据上述 5 个表格，可以较直观地看到毕业生对老年服务与管理专业群各个专业主干课程的实用度评价。在这 5 个专业中，护理专业毕业生对本专业主干课程实用度评价是最高的，该专业的 8 门主干课程均有超过 80% 的毕业生认为课上所学是大多数岗位实际需要的，其中"急救护理"课程为该专业乃至整个专业群中实用度评价最高的一门课程，有 95.75% 的毕业生对该课程教学内容的实用度表达了认可。而从整体来看，老年服务与管理专业群所涉及的所有主干课程在教学内容方面均展现出较高的实用度，毕业生对所有课程的实用度评价均超过了 50%。

3. 教学内容的调整建议

本次调研统计了老年服务与管理专业群毕业生是否认为该专业群的教学需要作一些调整（如图 4-7 所示），样本数据显示，对于"增加实践、实习环节"选项，有 69.25% 参与调研的毕业生认为该调整是需要的，其次是"提高课堂学生参与度"（52.13%）和"优化课程考核方式"（43.80%），以上三类教学内容调整建议为最多学生考虑的。与此同时，还有 10.51% 的毕业生认为老年服务与管理专业群的教学内容已十分完善，没有进一步调整优化的必要。

具体到专业而言，智慧健康养老服务与管理专业排前三的调整建议为"增加实践、实习环节""提高课程学生参与度""增加有实践经验的教师比例"；康复治疗技术专业排前三的为"增加实践、实习环节""提高课程学生参与度""优化课程考核方式"；

其他 1.14%

都很好，没有调整建议 10.51%

增加人文类课程 22.61%

优化专业课程内容的实用性、紧跟行业职业需求 28.38%

增加有实践经验的教师比例 40.31%

优化课程考核方式 43.80%

提高课堂学生参与度 52.13%

69.25%
增加实践、实习环节

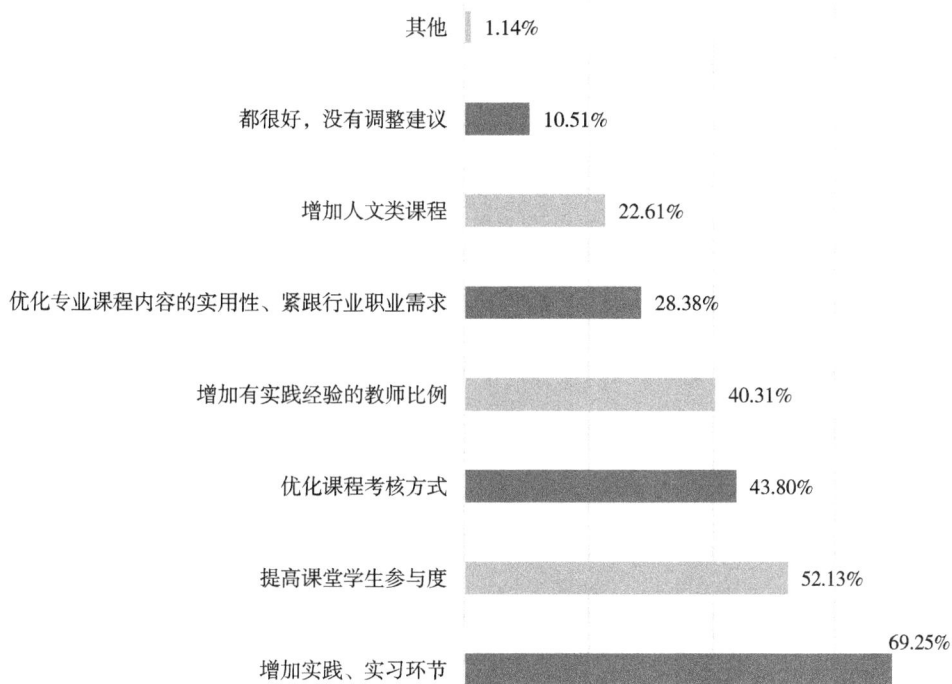

图 4-7 专业群毕业生对教学内容是否需作出调整的态度及建议

护理专业与康复治疗技术专业一致，排前三的也依次是"增加实践、实习环节""提高课程学生参与度""优化课程考核方式"；而民政服务与管理专业、社会工作专业排名靠前的除了有"增加实践、实习环节""提高课程学生参与度"，还分别有70.18%和67.39%的毕业生认为该专业应"优化专业课程内容的实用性、紧跟行业职业需求"。除此之外，这两个专业在专业群中也是相对有较高比例的毕业生认为本专业的教学内容已很完善，无须任何调整，所占比例分别为16.96%和11.96%，详细数据如图4-8所示。

根据该部分的调研数据，可以得出老年服务与管理专业群的毕业生在校期间的学习情况反馈较好，重庆城市管理职业学院专业群各个专业的教学内容及教学质量均有较高的满意度。

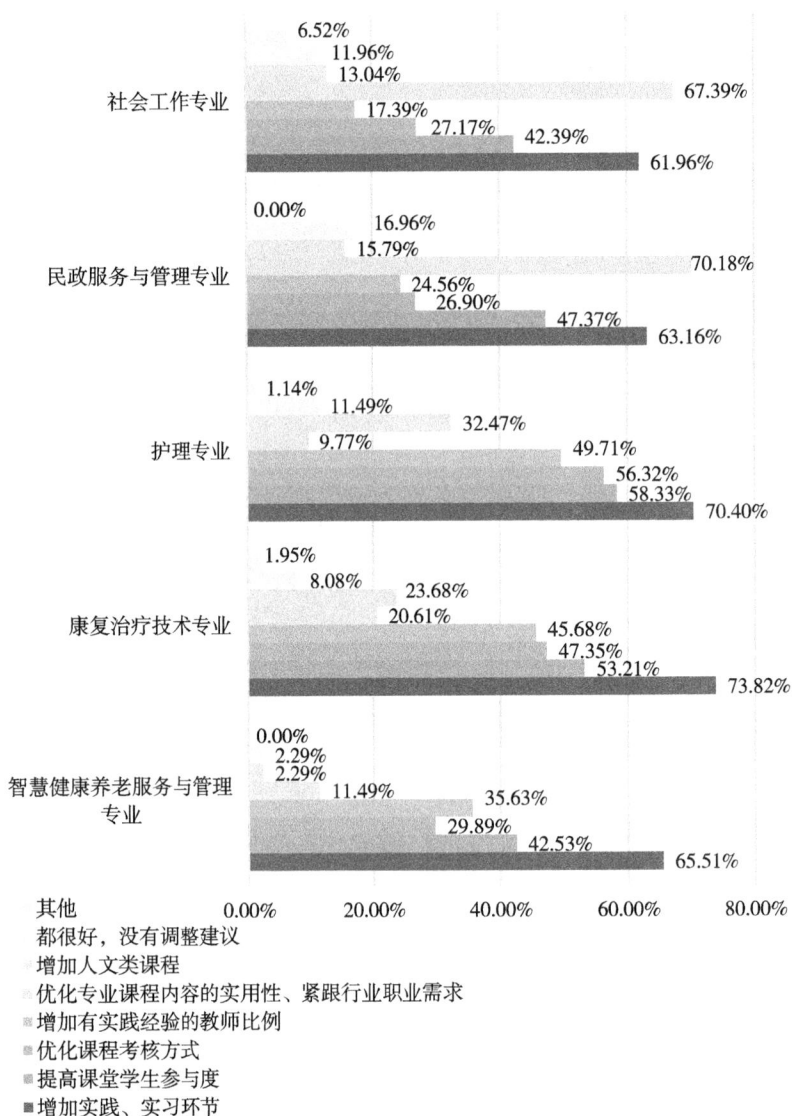

社会工作专业
6.52%
11.96%
13.04%
67.39%
17.39%
27.17% 42.39%
61.96%

民政服务与管理专业
0.00%
16.96%
15.79%
70.18%
24.56%
26.90% 47.37%
63.16%

护理专业
1.14%
11.49%
32.47%
9.77% 49.71%
56.32%
58.33%
70.40%

康复治疗技术专业
1.95%
8.08%
23.68%
20.61%
45.68%
47.35%
53.21%
73.82%

智慧健康养老服务与管理专业
0.00%
2.29%
2.29%
11.49% 35.63%
29.89%
42.53%
65.51%

0.00%　20.00%　40.00%　60.00%　80.00%

其他
都很好，没有调整建议
增加人文类课程
优化专业课程内容的实用性、紧跟行业职业需求
增加有实践经验的教师比例
优化课程考核方式
提高课堂学生参与度
增加实践、实习环节

图4-8　专业群各专业毕业生对教学内容是否作出调整的态度及建议

四、学生就业情况

本次调研针对老年服务与管理专业群毕业生就业及职业发展规划展开了调研，对他们刚毕业时的就业情况、目前就业情况及未来岗位发展预期进行了较为全面的调查，以下将详细分析相关统计数据。

（一）就业基本情况

1.毕业半年内的就业去向

数据分析结果显示，老年服务与管理专业群5个专业的学生在毕业后半年内的就业率较高，达到了 96.84%，选择在对口行业就业或创业的毕业生比例也较大，共计占总人数的 35.86%，在相似行业内就业或创业的毕业生人数略低于选择对口行业的人数，共计占总人数的 14.47%。除此之外，有 36.60% 的学生在毕业后选择继续攻读本科以提升自己的学历背景，还有 0.65% 的学生在毕业后选择入伍。

具体的就业情况会因专业不同而有细微变化，智慧健康养老服务与管理专业的学生毕业半年内的就业率为 97.11%，其中在对口行业岗位就业的比例为 43.18%；康复治疗技术专业的学生毕业半年内的就业率为 92.09%，其中在对口行业岗位就业的比例为 36.45%；护理专业的学生毕业半年内的就业率为 96.92%；民政服务与管理专业的学生毕业半年内的就业率为 97.38%；社会工作专业的学生毕业半年内的就业率为 96.14%。

2. 就业考虑因素

在选择工作时，专业群毕业生考虑的因素排在第一位的是与专业对口情况（共 630 名调研对象选择该选项），第二位的是薪酬福利（共 562 名调研对象选择该选项），第三位的是发展前景（共 517 名调研对象选择该选项）。以上三个选项均有一半以上的调研对象选择，具体数据情况如图 4-9 所示。

由此可见，老年服务与管理专业群的毕业生对于所学专业的认可度是较高的，因此在毕业后找工作时，才会把找到的工作能将所学知识加以运用放在首要考虑因素。同时结合上述统计结果可见，该专业群毕业生在智慧健康养老行业的就业意愿大且就业机会多。

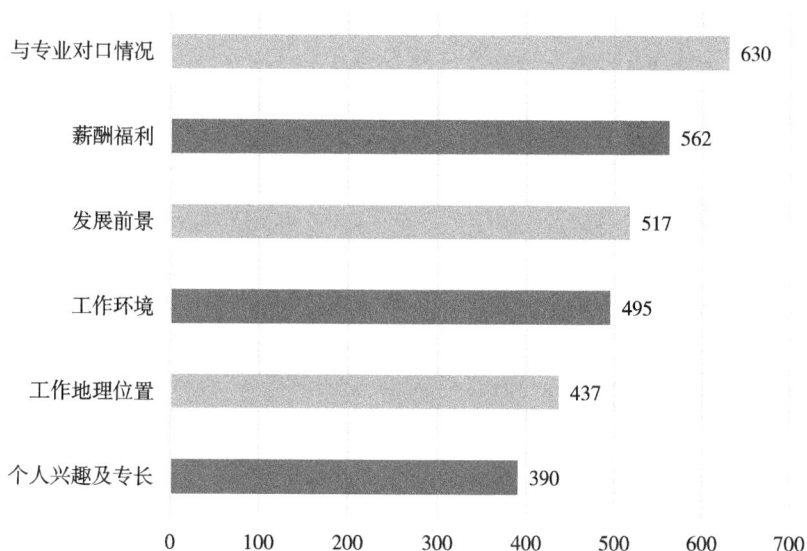

图 4-9 专业群各专业毕业生就业考虑的因素（单位：人）

3. 就业单位人员规模

除入伍、继续攻读本科等因素的数据，老年服务与管理专业群的毕业生就职的单位或企业的人员规模大多数为 300 人以上，占所有目前在职调研对象总数的 46.29%。其次是人员规模为 50 人以下的小型企业单位，占总数的 27.28%，具体数据如图 4-10 所示。

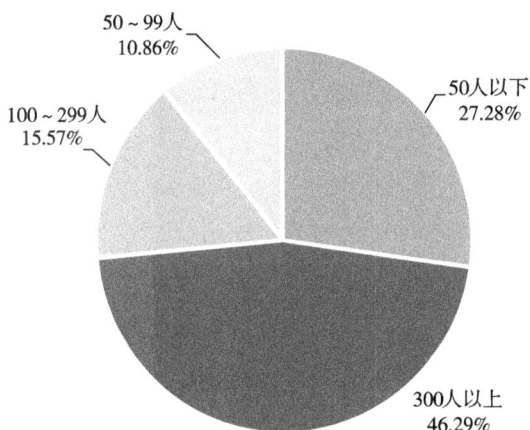

图 4-10　专业群各专业毕业生所在单位的规模情况

4. 未来岗位发展方向

综合分析，专业群中 5 个专业的毕业生，未来岗位发展方向排在前三的为：向技术岗位方向发展（46.96%），尚未明确（22.62%），向管理岗位方向发展（18.65%）。也有少部分毕业生选择向服务岗位方向发展（5.82%），培训岗位方向发展（2.51%）和向销售岗位方向发展（1.72%）以及进一步提高个人学历背景（1.72%），具体情况如图 4-11 所示。

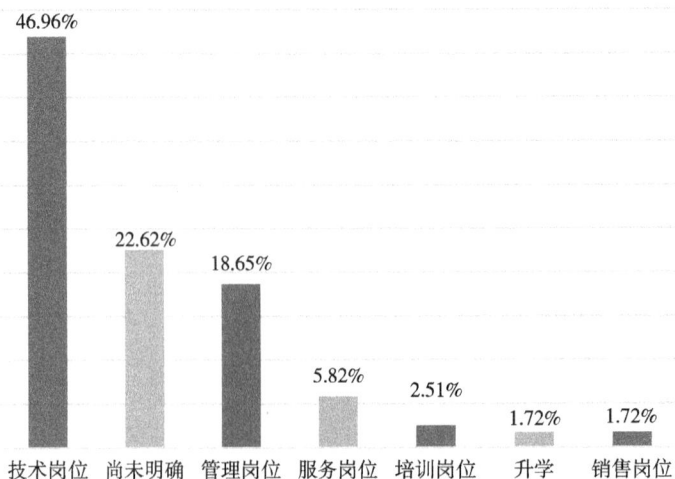

图 4-11　专业群各专业毕业生未来岗位发展方向

根据以上数据的统计与分析，可以得出老年服务与管理专业群学生在择业时，有较大的意愿从事行业相关的工作，且毕业半年内的专业对口就业率较高。与此同时，在未来职业规划方面，也有较多的毕业生选择朝技术岗位发展晋升。这表明老年服务与管理专业群相关行业岗位的技术性强，而学生在校期间能够掌握行业岗位要求的技术能力，并具备依靠自身的技术能力实现职业发展的潜力。

（二）智慧健康养老行业就业的岗位情况

以下内容聚焦目前依然在专业对口行业相关企业单位就职的毕业生，将进一步通过一系列的调研数据分析智慧健康养老行业就业的岗位情况，同时还将分析部分毕业生离开智慧健康养老行业转行的原因及其主要去向。

1. 对口就业工作单位类型

智慧健康养老服务与管理专业毕业生对口就业的工作单位类型按照人数占比从多到少的顺序依次为民营养老院（39.53%）、养老公寓/养老社区服务中心（18.61%）、公办养老院（13.95%）、居家养老服务中心（9.31%）、社区基层管理机构（4.65%）、老年产品生产企业（2.32%）和养老技能培训学校（2.32%），如图4-12所示。在"其他"选项的调研数据中，与养老行业相关度较高的工作单位类型包含有养老机构物业公司、养老专业课培训公司等。

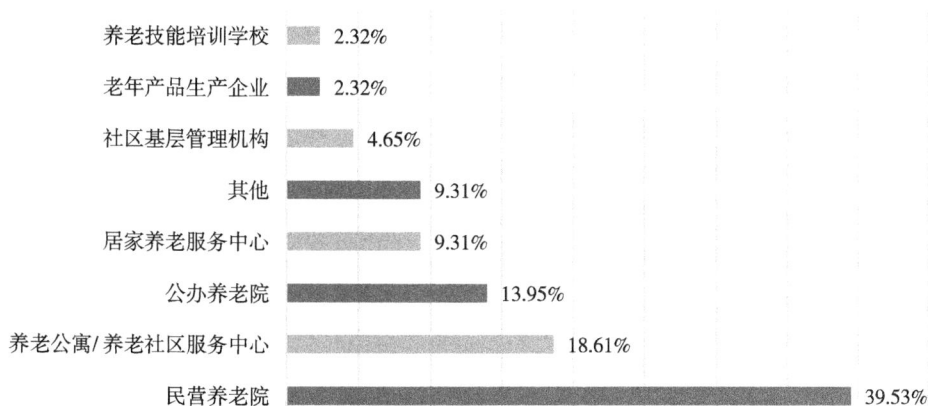

图4-12　智慧健康养老服务与管理专业毕业生对口就业的工作单位类型

康复治疗技术专业毕业生对口就业的工作单位类型按照人数占比从多到少的顺序依次为综合性医院（51.34%）、康复机构（25.89%）、社区卫生服务中心（含乡镇）（7.59%）、特殊学校教育机构（4.02%）、养老机构（3.57%）、民营医院（3.13%）、孤独症治疗中心（2.23%）和康复器械类企业（1.34%），如图4-13所示。

在"其他"选项的调研数据中，与该专业行业相关度较高的工作单位类型包含有社会福利中心、诊所等。

综合性医院 ▊▊▊▊▊▊▊▊▊▊▊▊▊▊▊▊▊▊▊▊▊ 51.34%

康复机构 ▊▊▊▊▊▊▊▊▊ 25.89%

社区卫生服务中心（含乡镇）▊▊ 7.59%

特殊学校教育机构 ▊ 4.02%

养老机构 ▊ 3.57%

民营医院 ▊ 3.13%

孤独症治疗中心 ▊ 2.23%

康复器械类企业 ▊ 1.34%

其他 ▊ 0.89%

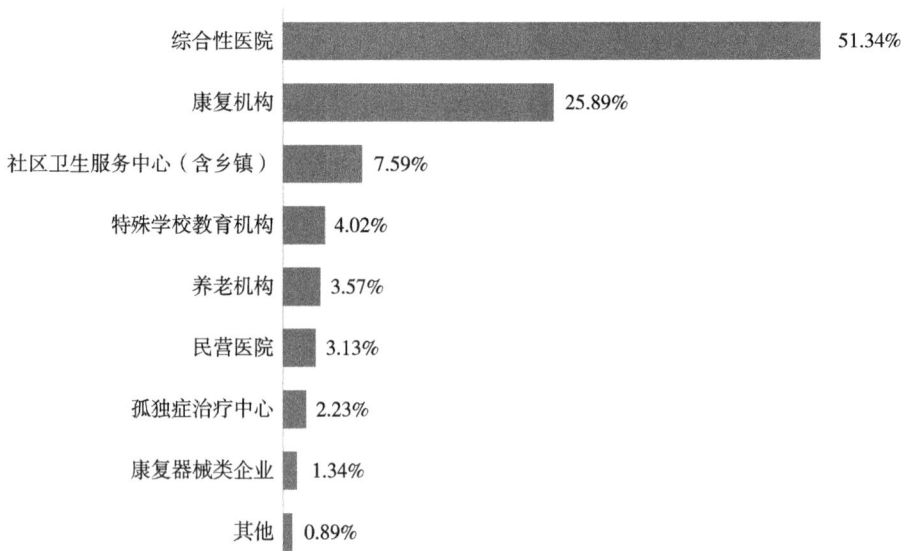

图 4-13 康复治疗技术专业毕业生对口就业的工作单位类型

护理专业毕业生对口就业的工作单位类型按照人数占比从多到少的顺序依次为综合性医院（三级）（50.22%）、综合性医院（二级）（20.48%）、中医院（8.43%）、社区卫生服务中心（站）（含乡镇）（8.03%）、口腔医院（4.02%）、妇幼保健院（3.21%）、眼科医院（0.80%）、体育医院或运动队医务室（0.80%）、社区基层管理机构（0.40%）、康复医院（机构）（0.40%）、儿童医院（0.40%），具体数据如图 4-14 所示。

在"其他"选项的调研数据中，与该专业行业相关度较高的工作单位类型包含有军队医务室、看守所医务室、心理医院、传染病医院、健康管理机构及骨科医院等。

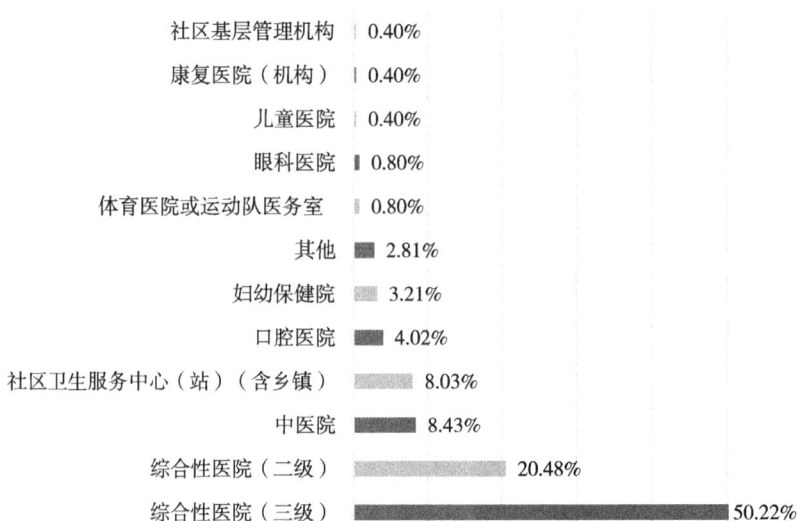

社区基层管理机构 ▏0.40%

康复医院（机构）▏0.40%

儿童医院 ▏0.40%

眼科医院 ▏0.80%

体育医院或运动队医务室 ▏0.80%

其他 ▊ 2.81%

妇幼保健院 ▊ 3.21%

口腔医院 ▊ 4.02%

社区卫生服务中心（站）（含乡镇）▊▊▊ 8.03%

中医院 ▊▊▊ 8.43%

综合性医院（二级）▊▊▊▊▊▊▊ 20.48%

综合性医院（三级）▊▊▊▊▊▊▊▊▊▊▊▊▊▊▊▊▊▊ 50.22%

图 4-14 护理专业毕业生对口就业的工作单位类型

民政服务与管理专业毕业生对口就业的工作单位类型按照人数占比从多到少的顺序依次为社会工作服务中心（48.28%）、养老公寓/养老社区服务中心（10.34%）、社区居委会相关工作（10.34%）、各级民政行政机构（6.90%）、儿童福利院或社会福利院（6.90%）、婚姻登记处（中心）（3.45%），具体数据如图 4-15 所示。

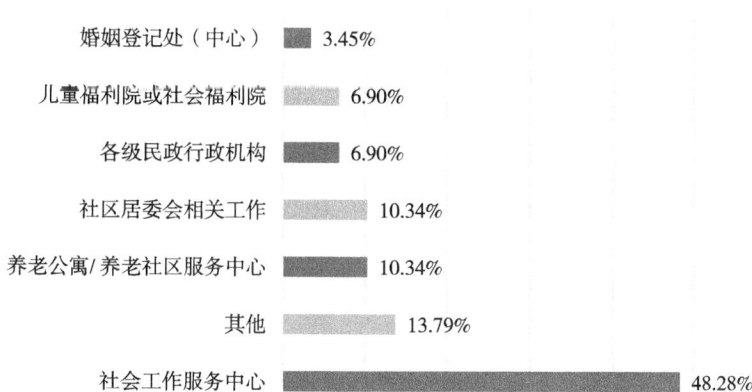

图 4-15　民政服务与管理专业毕业生对口就业的工作单位类型

社会工作专业毕业生对口就业的工作单位类型按照人数占比从多到少的顺序依次为社会工作机构/协会（33.33%）、社区居委会相关工作（26.67%）、社会福利院或儿童福利院（13.33%）、社会组织（6.67%）、各级民政行政机构（6.67%）、养老公寓/养老社区服务中心（6.67%）。如图 4-16 所示。

在"其他"选项的调研数据中，与该专业行业相关度较高的工作单位类型包含有乡镇政府和儿童服务站等。

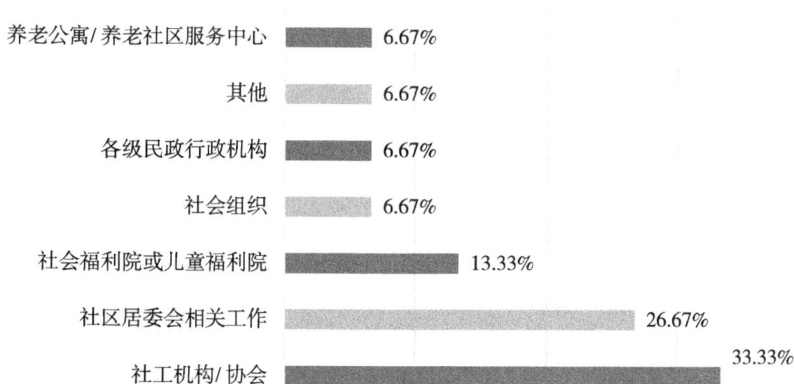

图 4-16　社会工作专业毕业生对口就业的工作单位类型

2. 对口就业工作岗位类型

根据调研毕业生填写的问卷数据，提取出高频次出现且与行业相关度高的具体岗位类型，详情见表 4-7。

表 4-7　对口就业工作岗位类型

专业名称	调研对口就业岗位
智慧健康养老服务与管理专业	一线养老护理岗、养老机构经营与管理岗、养老护理团队管理岗、养老机构行政管理类岗位、养老护理员培训讲师、陪护项目主管、老年社会工作者、老年产品/服务营销岗
康复治疗技术专业	养老机构一线护理岗、保健按摩师、健康管理员、康复产品营销岗、老年社会工作者、自闭症儿童康复、康复治疗师、孤独症治疗机构老师、特教老师、康复理疗、医生助理、社交康复师、医务科干事、理疗仪器推拿、乡镇卫生院检验岗、中医康复师、中医理疗师、物理因子治疗师、言语治疗师、心理治疗师、作业治疗师、运动治疗师
护理专业	病房护士、健康管理师、门诊护士、医务室护士、口腔医院护士、一线外科护士岗、行政管理类岗位、一线内科护士岗、全科护士、隔离酒店护士、防保科护士、手术室护士、麻醉护士、新生儿科监护室护士、发热门诊护士、保健医生、防疫护士、重症医学科护士、手术室护士、急诊护士、健康顾问、感控科主任、ICU护士、急诊主管护师、医技护士、心内科护士、体检科护士、预防接种、血透室护士、护理部干事
民政服务与管理专业	行政管理类岗位、行政业务处理人员、养老机构经营与管理岗、一线社工、人事专员、社会工作者、管理培训
社会工作专业	老年社会工作者、行政管理类岗位、行政事务处理人员、行政业务办理人员、养老护理团队管理岗、后勤类岗位、社区社会工作者、社工助理、儿童社会工作者、精神康复社会工作者、销售、社会工作服务中心经营与管理岗、精神卫生一线社会工作者、小组社会工作者

3. 非对口就业的原因

除了上述在专业对口岗位工作的毕业生，也有部分老年服务与管理专业群的毕业生选择非对口行业就业。如图 4-17 所示，在众多转行因素中，排名第一的是"迫于现实，先就业再择业"，占总数的 24.75%，其次是"工资待遇比较低"，占比 16.23%。

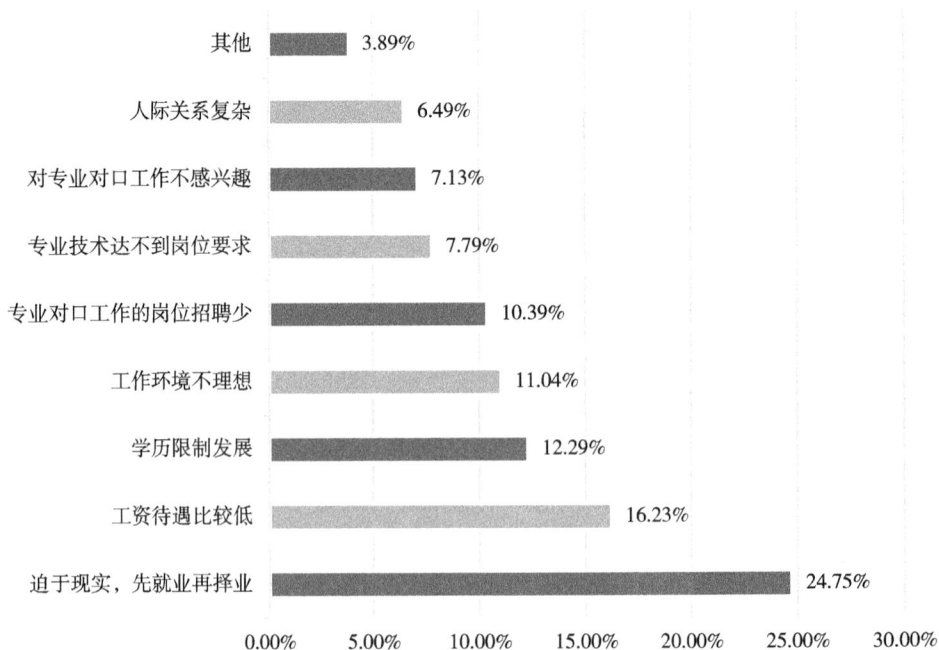

图 4-17　专业群毕业生转行的原因

（三）就业薪资和待遇情况

以下内容将重点对老年服务与管理专业群毕业生的薪资水平进行调研与数据分析，并对毕业生初入职场时的薪资水平和该岗位的薪资水平进行对比。

1. 刚参加工作时的薪资水平

老年服务与管理专业群的学生在毕业之初参加工作时，绝大部分的毕业生薪资水平在 3000 元 / 月以下，占总数的 68.39%，其次是 3001～4000 元 / 月，占总数的 13.77%，具体数据如图 4-18 所示。

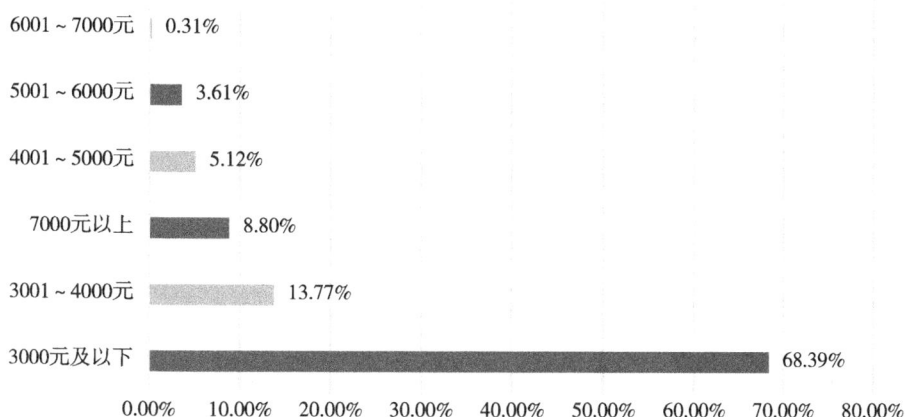

图 4-18　专业群毕业生刚参加工作时的薪资水平

2. 岗位的薪资水平

调研数据显示，老年服务与管理专业群的毕业生目前的薪资水平分布情况比刚参加工作时的要高。绝大部分的调研样本薪资水平在 6001～7000 元 / 月，占总数的 23.57%，其次为 7001～8000 元 / 月，占总数的 20.38%，具体薪资区间分布情况如图 4-19 所示。

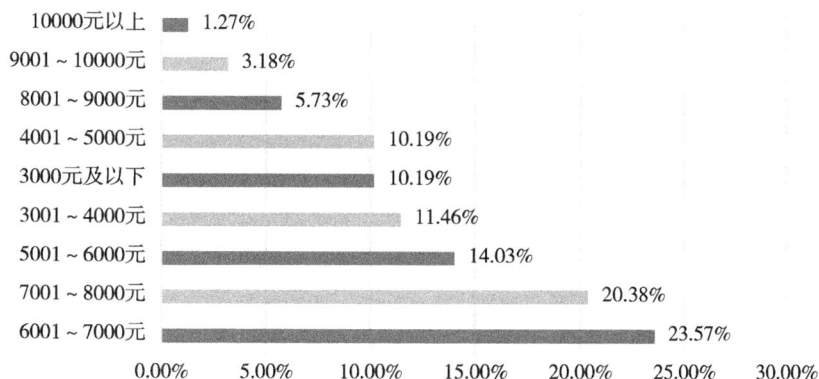

图 4-19　专业群毕业生目前的薪资水平

（四）智慧健康养老行业企业用人要求

以下内容将重点了解企业用人需求，可帮助学生制订职业发展规划、实现快速就业。对于应届毕业生，企业主要从证书和人才综合素质等方面进行综合评估，因此本次调研将针对以上两点来对调研毕业生反馈的数据进行统计与分析。

1.有利于毕业后发展的相关证书

对于智慧健康养老服务与管理专业的毕业生，在行业内求职时，拥有专业相关的资格证书是十分必要的。其中，相对来说最重要的是健康管理师职业资格证书，有27.78%的调研对象认为该证书对自己职业发展有较大的帮助作用。其次是老年照护职业技能等级证书（占总数的12.04%），养老护理员职业资格证书（占总数的11.11%），健康照护师职业资格证书（占总数的10.17%）。以上4种专业类证书均有超过10%的毕业生认为其对自身毕业后的发展能起到帮助作用。

而对于计算机等级证书和英语等级证书，均只有5.56%的毕业生认为考取是有必要的。

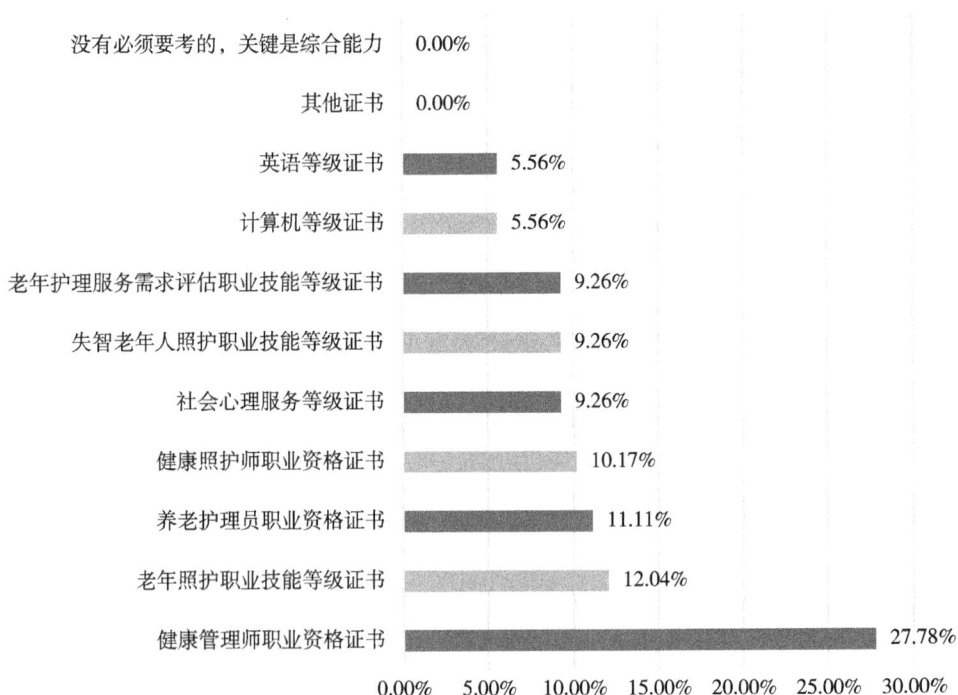

证书	百分比
没有必须要考的，关键是综合能力	0.00%
其他证书	0.00%
英语等级证书	5.56%
计算机等级证书	5.56%
老年护理服务需求评估职业技能等级证书	9.26%
失智老年人照护职业技能等级证书	9.26%
社会心理服务等级证书	9.26%
健康照护师职业资格证书	10.17%
养老护理员职业资格证书	11.11%
老年照护职业技能等级证书	12.04%
健康管理师职业资格证书	27.78%

图 4-20　智慧健康养老服务与管理专业相关证书对毕业生发展的作用

对于康复治疗技术专业的毕业生，最重要的同样是健康管理师职业资格证书，有16.95%的调研对象认为该证书对自己的职业发展有较大的帮助作用。其次是幼儿照护技能等级证书（占总数的13.57%），英语等级证书（占总数的11.86%），老年照护职业技能等级证书（占总数的 11.02%），健康照护师职业资格证书（占总数的 10.17%）。以上 5 种证书均有超过 10% 的毕业生认为其对自身毕业后的发展能起到帮助作用。与智慧健康养老服务与管理专业不同的是，有较多的康复治疗技术专业的毕业生认为英语等级证书在求职或日常工作中是十分必要的，占比 11.86%。详细数据分布如图 4-21 所示。

而选择"其他证书"的毕业生中，"小儿推拿师证书"是相对高频出现的证书，毕业生们也应予以一定的重视。

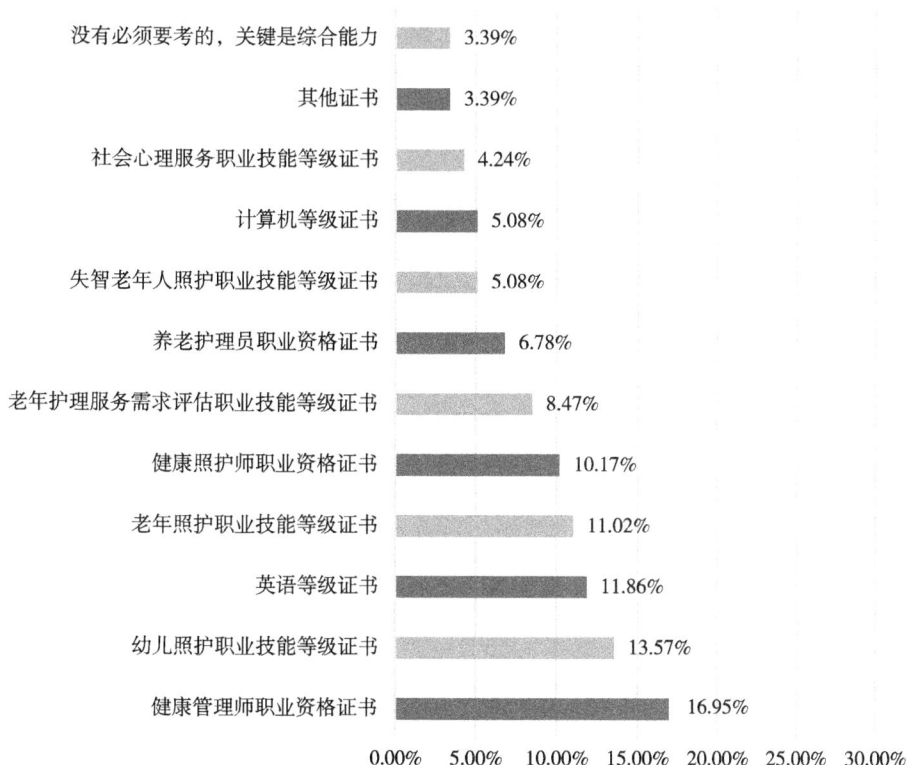

没有必须要考的，关键是综合能力 ▓ 3.39%
其他证书 ▓ 3.39%
社会心理服务职业技能等级证书 ▓ 4.24%
计算机等级证书 ▓ 5.08%
失智老年人照护职业技能等级证书 ▓ 5.08%
养老护理员职业资格证书 ▓ 6.78%
老年护理服务需求评估职业技能等级证书 ▓ 8.47%
健康照护师职业资格证书 ▓ 10.17%
老年照护职业技能等级证书 ▓ 11.02%
英语等级证书 ▓ 11.86%
幼儿照护职业技能等级证书 ▓ 13.57%
健康管理师职业资格证书 ▓ 16.95%

0.00% 5.00% 10.00% 15.00% 20.00% 25.00% 30.00%

图 4-21　康复治疗技术专业相关证书对毕业生发展的作用

而对于护理专业的毕业生，最重要的是护士执业证书（43.67%），接下来依次为英语等级证书（21.32%），计算机等级证书（16.02%），健康管理师职业资格证书（3.87%），具体数据如图 4-22 所示。而调研毕业生列出的其他证书中，包括"灸疗师职业资格证书"、"营养师职业资格证书"及"心理咨询师职业资格证书"等。

而对于民政服务与管理专业的毕业生，最重要的是社区治理职业技能等级证书（16.28%），其次为社会心理服务职业技能等级证书（14.81%），养老护理员职业资格证书（12.62%），以及计算机等级证书（11.29%）和英语等级证书（11.22%），具体数据如图 4-23 所示。

调研毕业生补充的其他证书中，包括"普通话证书"、"助理社会工作师资格证"及"失智老年人照护职业技能等级证书"等。

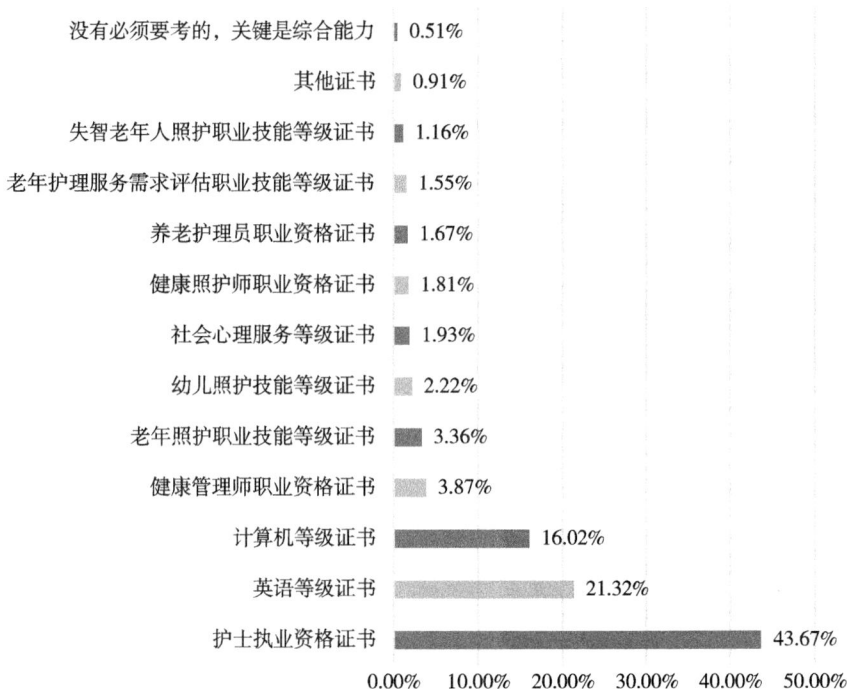

图4-22 护理专业相关证书对毕业生发展的作用

没有必须要考的，关键是综合能力 0.51%
其他证书 0.91%
失智老年人照护职业技能等级证书 1.16%
老年护理服务需求评估职业技能等级证书 1.55%
养老护理员职业资格证书 1.67%
健康照护师职业资格证书 1.81%
社会心理服务等级证书 1.93%
幼儿照护技能等级证书 2.22%
老年照护职业技能等级证书 3.36%
健康管理师职业资格证书 3.87%
计算机等级证书 16.02%
英语等级证书 21.32%
护士执业资格证书 43.67%

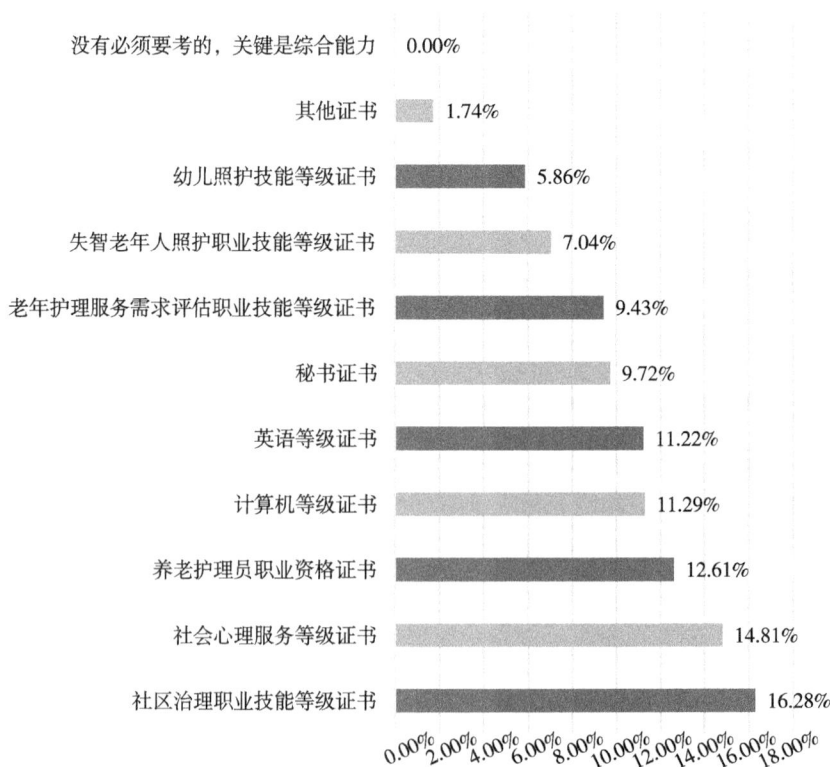

图4-23 民政服务与管理专业相关证书对毕业生发展的作用

没有必须要考的，关键是综合能力 0.00%
其他证书 1.74%
幼儿照护技能等级证书 5.86%
失智老年人照护职业技能等级证书 7.04%
老年护理服务需求评估职业技能等级证书 9.43%
秘书证书 9.72%
英语等级证书 11.22%
计算机等级证书 11.29%
养老护理员职业资格证书 12.61%
社会心理服务等级证书 14.81%
社区治理职业技能等级证书 16.28%

社会工作专业毕业生认为能为自身毕业后发展给予最大帮助的是社会心理服务等级证书（20.00%），其次是社区治理职业技能等级证书（13.79%），养老护理员职业资格证书（11.72%），以及老年护理服务需求评估职业技能等级证书和英语等级证书，均占 11.38%，详情如图 4-24 所示。

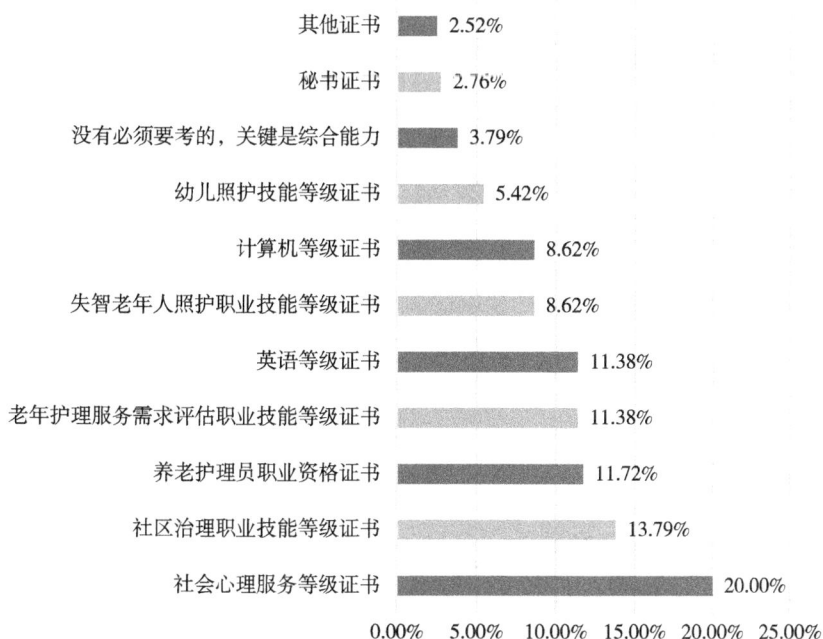

图 4-24　社会工作专业相关证书对毕业生发展的作用

2. 综合素质要求

针对老年服务与管理专业群相关行业岗位对员工的综合素质要求依次为：良好的职业道德素养（676 人），沟通能力（675 人），压力承受、自我管理、心态等心理素质（655 人），问题解决、信息处理、应急处理等问题解决能力（548 人），吃苦耐劳的劳动意识（525 人），团队协作能力（522 人），身体素质（400 人），服务意识（376 人），形象气质（280 人），计算机及办公软件运用能力（169 人），具体数据如图 4-25 所示。

五、总结

（一）毕业生在学校与专业选择上偏重客观因素

通过调研数据得知，老年服务与管理专业群学生在院校选择以及专业选择上，考虑客观因素比较多。在选择院校时，学校专业设置、学校教学质量、学校地理位置是最主要的三大考虑因素；其次是学校知名度、毕业生就业率及亲朋好友的推荐。在专业选择上，专业群毕业生总体上考虑选择专业的两大因素为社会需求量大和国家重视。

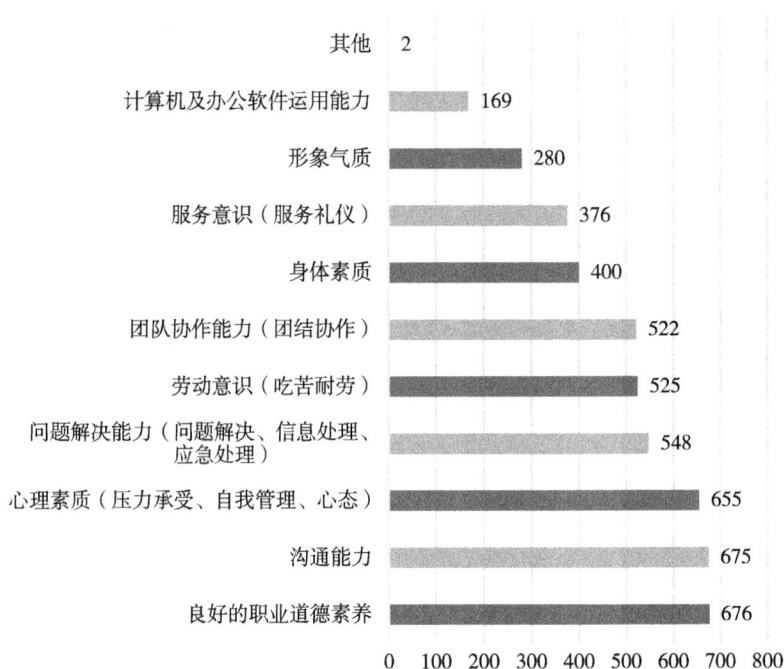

图 4-25　专业群人才综合素质要求（单位：人）

由此可见，在学校选择上，学生看重学校的专业设置和学校教学质量；在专业选择上，很大一部分学生则是根据社会的未来需求作为首要考虑点。在学生入学时建议可以开设相关的专业介绍及课程辅导类的课程，让学生能够进一步对自己的专业和对自己的学校有更清晰的认识，同时增加职业规划、升学规划或就业辅导类课程的比重，有意识地培养学生的职业规划能力，让学生能够对自己未来有更多的思考和更明确的规划。

（二）对整体教学水平较满意，毕业生能力能满足工作的基本需求

通过毕业生反馈，老年服务与管理专业群学生 5 个专业的毕业生对其专业的整体教学水平的满意度表现为：很满意占比 41.07%，满意占比 43.63%，基本满意占比 14.48%，不太满意占比 0.73%，不满意占比 0.09%。毕业生的整体满意度为 99.18%。由此可见，毕业生对专业师资队伍的教学水平及教学效果十分认可，毕业生对专业整体教学水平满意度较高。

大部分毕业生认为在校学习的专业核心课程对应的知识与技能在实际岗位工作中实用程度处于中等偏上水平，能满足工作基本需要。同时毕业生也在课程及教学方面提出了一些自己的想法，建议提高专业课程内容的实用性，紧跟行业企业需求，增加实践、实习环节等。

（三）专业对口就业率较高，学生就业行业多为智慧健康养老行业

根据调研分析，老年服务与管理专业群的毕业生毕业后半年内的就业率较高，达到了 96.84%，且大部分都在对口行业或相似行业就职或创业，这表明专业群毕业生的能力能够满足企业对用人的基本需求。从具体就业的岗位来看，老年服务与管理专业群的毕业生也多就业于智慧健康养老领域。

（四）智慧健康养老行业人才缺口大，就业机会多

我国养老服务人才社会化培养体系和养老服务职业化体系的建设相对起步较晚，而这是造成我国养老服务人才匮乏的直接原因。目前随着人口老龄化进程的不断深入，高职院校肩负着培养专业人才，缓解专业人才匮乏危机的重担。因此高职院校应坚持校企融合，建立专业教学指导委员会，将养老行业专家的建议，行业岗位技能要求融入人才培养模式，实现校企零对接；探索订单班、学徒制等人才培养新模式，实现校企共建专业、共育人才、共同开发课程、共建共享实训基地、共享校企人才资源、共同开展应用研究与技术服务等深度融合，确保培养出毕业即能上岗的爱岗敬业的学生。

（五）专业知识与技能在毕业生就业中发挥重要作用

通过毕业生调研情况得知，毕业生认为，一方面应拥有相关的从业证书，如健康管理师职业资格证书、老年照护职业技能等级证书、养老护理员职业资格证书、健康照护师证书等技能证书等，加强自身专业知识，提升自我竞争力。另一方面为了更好地满足社会需求，毕业生认为需要掌握销售类、临床护理类、照护类、客户服务类、健康管理类等专业知识，智慧健康养老服务与管理相关专业知识的扎实基础能够使毕业生更容易在养老涉老、医学康复及社会工作等领域开展实际工作，得到企业的认可。除此之外，学习相关的专业技能，具备总结输出报告能力：能够通过实地调查以科学的方法对资料进行分析归纳评估，输出调研报告；可持续发展能力：能够运用养老服务与管理相关知识及社会科学知识和方法相结合，锻炼发现问题、提出问题、解决问题的能力；创新与创业能力：具有对老年生活策划、活动组织能力和企业管理能力，创业能力等同样是毕业生认为需要掌握的多项技能。通过不断的实践检验提升自身的专业知识和职业技能，提升职场竞争力，促进职业生涯发展。

附件 1

<h1 style="text-align:center">重庆城市管理职业学院智慧健康养老服务与管理专业
毕业生就业情况调研问卷</h1>

亲爱的同学：

您好！为了全面了解智慧健康养老服务与管理专业（前身为"老年服务与管理"专业）目前人才培养真实情况，为专业课程建设提供科学依据，特组织本次问卷调查，您真实准确的回答对于本项工作非常重要。您的个人信息仅用于本校教学分析及研究，学校将尊重并保护您的个人隐私，不对外公开个人具体数据，调研结果仅以数据分析的形式在校内发布。衷心感谢您的支持与配合！

重庆城市管理职业学院

一、个人基本信息

1. 您的性别？［单选题］*

○ 男

○ 女

2. 您_____（何时）于重庆城市管理职业学院毕业？［单选题］*

○ 2017 年

○ 2018 年

○ 2019 年

○ 2020 年

○ 2021 年

○ 2022 年

○ 其他_____*

3. 您通过什么渠道获取学校的招生信息？［多选题］*

□ 招生简章

□ 学校官网

□ 招生考试信息网

□ 电视、广告、报纸等

□ 微信、微博相关公众号

□ 学校宣讲会

□ 亲朋好友介绍

□ 其他＿＿＿＿＿＿＿＿＿ *

4. 您选择重庆城市管理职业学院就读的原因是？［多选题］*

□ 学校教学质量

□ 学校专业设置

□ 学校地理位置

□ 毕业生就业率

□ 有升学的机会

□ 亲朋好友推荐

□ 学校知名度

□ 其他＿＿＿＿＿＿＿＿＿ *

5. 您选择就读专业的决定因素是？［多选题］*

□ 国家重视

□ 社会需求量大

□ 自己喜欢

□ 校友推荐

□ 学校招生介绍

□ 新闻媒体宣传

□ 专业调剂

□ 薪酬待遇好

□ 其他＿＿＿＿＿＿＿＿＿ *

二、毕业与就业规划

6. 请问您毕业半年内的去向是？［多选题］*

□ 对口就业，受雇于行业内企业／单位（请跳至第 7 题）

□ 对口就业，自主创业（请跳至第 7 题）

□ 相近行业内就业，受雇于相近行业内企业／单位（请跳至第 7 题）

□ 相近行业内就业，自主创业（请跳至第 7 题）

□ 转行，受雇于其他行业企业／单位（请跳至第 8 题）

□ 转行，自主创业（请跳至第 8 题）

□ 继续攻读本科（请跳至第 23 题）

□ 毕业后入伍（请跳至第 23 题）

□ 择业期（暂时无工作）（请跳至第 20 题）

7. 请问您目前是否仍在从事与所学专业对口的工作？［单选题］*

○ 对口就业 / 创业（请跳至第 10 题）

○ 相近行业就业 / 创业（请跳至第 10 题）

○ 否，已转行（请跳至第 8 题）

○ 升学（请跳至第 23 题）

○ 待业期（暂时无工作）（请跳至第 20 题）

8. 您目前所在的行业是？［填空题］*

＿＿＿＿＿＿＿＿＿＿＿＿＿＿＿＿＿＿＿＿＿＿＿＿＿＿＿ *

9. 请问您转行的原因是什么？［多选题］*

□ 专业技术达不到岗位要求（请跳至第 13 题）

□ 专业对口工作的岗位招聘少（请跳至第 13 题）

□ 迫于现实，先就业再择业（请跳至第 13 题）

□ 学历限制发展（请跳至第 13 题）

□ 工资待遇比较低（请跳至第 13 题）

□ 人际关系复杂（请跳至第 13 题）

□ 工作环境不理想（请跳至第 13 题）

□ 对专业对口工作不感兴趣（请跳至第 13 题）

□ 其他＿＿＿＿＿＿＿＿＿ *（请跳至第 13 题）

10. 您目前就职的工作单位类型是？（专业对口就业）［单选题］*

○ 公办养老院

○ 民营养老院

○ 居家养老服务中心

○ 老年产品生产企业

○ 养老技能培训学校

○ 社区基层管理机构

○ 养老公寓 / 养老社区服务中心

○ 康复医院（机构）

○ 其他＿＿＿＿＿＿＿＿ *

11. 您当前的工作岗位类别是？［单选题］*

○ 一线养老护理岗

○ 养老护理团队管理岗

○ 养老机构经营与管理岗

○ 老年社会工作者

○ 老年人活动策划岗

○ 老年产品 / 服务营销岗

○ 行政管理类岗位

○ 后勤类岗位

○ 健康管理师

○ 营养师

○ 其他（请填写岗位具体名称）_____ *

12. 您认为胜任当前工作主要需要的知识和技能有哪些？［多选题］*

□ 基础医疗知识

□ 护理技能

□ 心理疏导相关知识

□ 健康管理知识

□ 康复评估技术

□ 中国传统康复技术

□ 康乐活动组织技能

□ 营养与保健知识

□ 管理组织技能

□ 营销技能

□ 紧急救助相关技能

□ 其他_____ *

13. 您当前的工作岗位具体名称是？［填空题］*

_____ *

14. 刚参加工作时，您认为工作中较大的挑战是？［多选题］*

□ 学科理论知识不扎实

□ 实践能力差、所学知识技能与实际工作需要脱节

□ 无法快速适应岗位、欠缺自我反省和经验总结意识

□ 独立工作能力缺乏

□ 人际交往能力缺乏

□ 身体素质较差，难以适应岗位的要求

□ 其他_____ *

15. 刚参加工作时，您的月均收入是？［单选题］*

○ 3000 元及以下

○ 3001 ~ 4000 元

○ 4001 ~ 5000 元

○ 5001 ~ 6000 元

○ 6001 ~ 7000 元

○ 7000 元以上

16. 您目前所在岗位的月均收入是？［单选题］*

○ 3000 元及以下

○ 3001～4000 元

○ 4001～5000 元

○ 5001～6000 元

○ 6001～7000 元

○ 7001～8000 元

○ 8001～9000 元

○ 9001～10000 元

○ 10000 元以上

17. 您目前工作单位的全称是？［填空题］*

_____ *

18. 您目前所在单位的人员规模是？［单选题］*

○ 50 人以下

○ 50～99 人

○ 100～299 人

○ 300 人以上

19. 请描述您从毕业到现在的岗位变化或职位晋升情况（例如，健康管理师助理—健康管理师）？［填空题］*

_____

20. 您择业时考虑的主要因素是什么？［多选题］*

□ 个人兴趣及专长

□ 与专业对口情况

□ 工作环境

□ 工作地理位置

□ 发展前景

□ 薪酬福利

□ 其他_____ *

21. 您认为用人单位最看重员工哪些方面的素质水平？［多选题］*

□ 良好的职业道德素养

□ 心理素质（压力承受、自我管理、心态）

□ 身体素质

□ 形象气质

□ 劳动意识（吃苦耐劳）

□ 沟通能力

□ 服务意识（服务礼仪）

□ 团队协作能力（团结协作）

□ 问题解决能力（问题解决、信息处理、应急处理）

□ 计算机及办公软件运用能力

□ 其他＿＿＿＿＿＿＿＿＿＿ *

22. 您打算朝哪个岗位方向发展？［单选题］*

○ 服务岗位

○ 技术岗位

○ 销售岗位

○ 管理岗位

○ 培训岗位

○ 尚未明确

○ 升学

23. 对于智慧健康养老服务与管理专业的毕业生，您认为什么学历程度能够满足就业和发展需要？［单选题］*

○ 中专 / 高中及同等学力

○ 大专

○ 本科

○ 硕士研究生及以上

○ 跟学历没太多关系，主要看工作能力

三、课程教学与在校学习

24. 您对重庆城市管理职业学院智慧健康养老服务与管理专业的整体教学水平的满意度是？［单选题］*

○ 很满意

○ 满意

○ 基本满意

○ 不太满意

○ 不满意

25. 您认为重庆城市管理职业学院智慧健康养老服务与管理专业主干课程的实用程度是？［矩阵单选题］*

课程名称	实用，大多数是岗位需要的	一般，在岗位工作中用得不多	不够用，理论教学与实践教学失衡	没有用，在岗位工作中几乎用不上	没有上过该课程，无从评价
智慧养老机构管理与实务	○	○	○	○	○
老年常见病预防与护理	○	○	○	○	○
智慧老年康复护理	○	○	○	○	○
智慧养老产业经营与管理	○	○	○	○	○
智慧健康养老照护	○	○	○	○	○
老年营养与膳食	○	○	○	○	○

26.您认为在重庆城市管理职业学院学习期间，哪些课程对您来说是非常有帮助的？［多选题］*

　　□ 专业理论类课程，如＿＿＿＿＿＿＿＿*

　　□ 校内实践类课程，如＿＿＿＿＿＿＿＿*

　　□ 校外实践类课程，如＿＿＿＿＿＿＿＿*

　　□ 公共基础类课程，如＿＿＿＿＿＿＿＿*

　　□ 其他，如＿＿＿＿＿＿＿＿*

27.您认为智慧健康养老服务与管理专业的教学内容是否需要作以下调整？［多选题］*

　　□ 优化专业课程内容的实用性、紧跟行业职业需求

　　□ 优化课程考核方式

　　□ 提高课堂学生参与度

　　□ 增加实践、实习环节

　　□ 增加有实践经验的教师比例

　　□ 增加人文类课程

　　□ 其他＿＿＿＿＿＿＿＿*

　　□ 都很好，没有调整建议

28.您在重庆城市管理职业学院智慧健康养老服务与管理专业就读期间考取的证书有？［多选题］*

　　□ 专业资格类证书，如＿＿＿＿＿＿＿＿*

　　□ 其他证书（如计算机、英语类证书），如＿＿＿＿＿＿＿＿*

　　□ 没有

29.您认为哪些证书对本专业毕业生发展帮助较大？［多选题］*

　　□ 老年照护职业技能等级证书

□ 社会心理服务等级证书

□ 失智老年人照护职业技能等级证书

□ 老年护理服务需求评估职业技能等级证书

□ 养老护理员职业资格证书

□ 健康照护师职业资格证书

□ 健康管理师职业资格证书

□ 计算机等级证书

□ 英语等级证书

□ 其他证书＿＿＿＿＿＿＿＿＿＿*

□ 没有必须要考的，关键是综合能力

30. 您对重庆城市管理职业学院智慧健康养老服务与管理专业有什么建议？［填空题］*

（如开设什么新课程、加大什么课程的培养力度等）

＿＿＿＿＿＿＿＿＿＿＿＿＿＿＿＿＿＿＿＿＿＿＿＿

31. 您的姓名？［填空题］*

＿＿＿＿＿＿＿＿＿＿＿＿＿＿＿＿＿＿＿＿＿＿＿＿

32. 您的联系方式？［填空题］*

＿＿＿＿＿＿＿＿＿＿＿＿＿＿＿＿＿＿＿＿＿＿＿＿

附件2

重庆城市管理职业学院康复治疗技术专业
毕业生就业情况调研问卷

亲爱的同学：

　　您好！为了全面了解康复治疗技术专业目前人才培养真实情况，为专业课程建设提供科学依据，特组织本次问卷调查，您真实准确的回答对于本项工作非常重要。您的个人信息仅用于本校教学分析及研究，学校将尊重并保护您的个人隐私，不对外公开个人具体数据，调研结果仅以数据分析的形式在校内发布。衷心感谢您的支持与配合！

重庆城市管理职业学院

一、个人基本信息

1. 您的性别？［单选题］*

○ 男

○ 女

2. 您_____（何时）于重庆城市管理职业学院毕业？［单选题］*

○ 2017 年

○ 2018 年

○ 2019 年

○ 2020 年

○ 2021 年

○ 2022 年

○ 其他_____*

3. 您通过什么渠道获取学校的招生信息？［多选题］*

□ 招生简章

□ 学校官网

□ 招生考试信息网

□ 电视、广告、报纸等

□ 微信、微博相关公众号

□ 学校宣讲会

□ 亲朋好友介绍

□ 其他_____*

4.您选择重庆城市管理职业学院就读的原因是？［多选题］*

□ 学校教学质量

□ 学校专业设置

□ 学校地理位置

□ 毕业生就业率

□ 有升学的机会

□ 亲朋好友推荐

□ 学校知名度

□ 其他_____*

5.您选择就读专业的决定因素是？［多选题］*

□ 国家重视

□ 社会需求量大

□ 自己喜欢

□ 校友推荐

□ 学校招生介绍

□ 新闻媒体宣传

□ 专业调剂

□ 薪酬待遇好

□ 其他_____*

二、毕业与就业规划

6.请问您毕业半年内的去向是？［多选题］*

□ 对口就业，受雇于行业内企业／单位（请跳至第7题）

□ 对口就业，自主创业（请跳至第7题）

□ 相近行业内就业，受雇于相近行业内企业／单位（请跳至第7题）

□ 相近行业内就业，自主创业（请跳至第7题）

□ 转行，受雇于其他行业企业／单位（请跳至第8题）

□ 转行，自主创业（请跳至第8题）

□ 继续攻读本科（请跳至第23题）

□ 毕业后入伍（请跳至第23题）

□ 择业期（暂时无工作）（请跳至第20题）

7.请问您目前是否仍在从事与所学专业对口的工作？［单选题］*

○ 对口就业 / 创业（请跳至第 10 题）

○ 相近行业就业 / 创业（请跳至第 10 题）

○ 否，已转行（请跳至第 8 题）

○ 升学（请跳至第 23 题）

○ 待业期（暂时无工作）（请跳至第 20 题）

8. 您目前所在的行业是?［填空题］*

_____*

9. 请问您转行的原因是什么?［多选题］*

□ 专业技术达不到岗位要求（请跳至第 13 题）

□ 专业对口工作的岗位招聘少（请跳至第 13 题）

□ 迫于现实，先就业再择业（请跳至第 13 题）

□ 学历限制发展（请跳至第 13 题）

□ 工资待遇比较低（请跳至第 13 题）

□ 人际关系复杂（请跳至第 13 题）

□ 工作环境不理想（请跳至第 13 题）

□ 对专业对口工作不感兴趣（请跳至第 13 题）

□ 其他_____*（请跳至第 13 题）

10. 您目前就职的工作单位类型是?（专业对口就业）［单选题］*

○ 综合性医院康复护理医学科

○ 公办康复医院

○ 民营康复机构

○ 体育医院或运动队医务室

○ 康复器械类企业

○ 儿童福利院或社会福利院

○ 特殊学校教育机构

○ 孤独症治疗中心

○ 社区基层管理机构

○ 公办养老院

○ 民营养老院

○ 社区养老中心 / 社区卫生服务中心

○ 养老公寓

○ 其他_____*

11. 您当前的工作岗位是?［单选题］*

○ 言语治疗师

○ 作业治疗师

○ 运动治疗师

○ 保健按摩师

○ 一线养老护理岗

○ 康复产品营销岗

○ 医药产品营销岗

○ 养老护理团队管理岗

○ 养老机构经营与管理岗

○ 老年社会工作者

○ 行政管理类岗位

○ 后勤类岗位

○ 健康管理师

○ 其他（请填写岗位具体名称）_____ *

12. 您认为胜任当前工作主要需要的知识和技能有哪些？[多选题]*

□ 基础医疗知识

□ 正常人体结构与机能的基础知识

□ 诊断学基础知识

□ 心理疏导相关知识

□ 康复评估技术

□ 言语治疗技术

□ 作业治疗技术

□ 运动治疗技术

□ 中国传统康复技术

□ 物理因子治疗技术

□ 神经康复治疗技术

□ 肌肉骨骼康复技术

□ 护理技能

□ 健康管理知识

□ 紧急救助相关技能

□ 营销技能

□ 管理组织技能

□ 其他_____ *

13. 您当前的工作岗位具体名称是？[填空题]*

14. 刚参加工作时，您认为工作中较大的挑战是？［多选题］*

□ 学科理论知识不扎实

□ 实践能力差、所学知识技能与实际工作需要脱节

□ 无法快速适应岗位、欠缺自我反省和经验总结意识

□ 独立工作能力缺乏

□ 人际交往能力缺乏

□ 身体素质较差，难以适应岗位的要求

□ 其他_____*

15. 刚参加工作时，您的月均收入是？［单选题］*

○ 3000 元及以下

○ 3001～4000 元

○ 4001～5000 元

○ 5001～6000 元

○ 6001～7000 元

○ 7000 元以上

16. 您目前所在岗位的月均收入是？［单选题］*

○ 3000 元及以下

○ 3001～4000 元

○ 4001～5000 元

○ 5001～6000 元

○ 6001～7000 元

○ 7001～8000 元

○ 8001～9000 元

○ 9001～10000 元

○ 10000 元以上

17. 您目前工作单位的全称是？［填空题］*

_____

18. 您目前所在单位的人员规模是？［单选题］*

○ 50 人以下

○ 50～99 人

○ 100～299 人

○ 300 人以上

19. 请描述您从毕业到现在的岗位变化或职位晋升情况（例如，健康管理师助理—健康管理师）？［填空题］*

20. 您择业时考虑的主要因素是什么？［多选题］*

□ 个人兴趣及专长

□ 与专业对口情况

□ 工作环境

□ 工作地理位置

□ 发展前景

□ 薪酬福利

□ 其他＿＿＿＿＿＿＿＿＿＿*

21. 您认为用人单位最看重员工哪些方面的素质水平？［多选题］*

□ 良好的职业道德素养

□ 心理素质（压力承受、自我管理、心态）

□ 身体素质

□ 形象气质

□ 劳动意识（吃苦耐劳）

□ 沟通能力

□ 服务意识（服务礼仪）

□ 团队协作能力（团结协作）

□ 问题解决能力（问题解决、信息处理、应急处理）

□ 计算机及办公软件运用能力

□ 其他＿＿＿＿＿＿＿＿＿＿*

22. 您打算朝哪个岗位方向发展？［单选题］*

○ 服务岗位

○ 技术岗位

○ 销售岗位

○ 管理岗位

○ 培训岗位

○ 尚未明确

○ 升学

三、课程教学与在校学习

23. 您对重庆城市管理职业学院康复治疗技术专业的整体教学水平的满意度是？［单选题］*

○ 很满意

○ 满意

○ 基本满意

○ 不太满意

○ 不满意

24. 您认为重庆城市管理职业学院康复治疗技术专业主干课程的实用程度是？［矩阵单选题］*

课程名称	实用，大多数是岗位需要的	一般，在岗位工作中用得不多	不够用，理论教学与实践教学失衡	没有用，在岗位工作中几乎用不上	没有上过该课程，无从评价
作业治疗技术	○	○	○	○	○
传统康复治疗技术	○	○	○	○	○
物理因子治疗技术	○	○	○	○	○
运动治疗技术	○	○	○	○	○
肌肉骨骼康复技术	○	○	○	○	○
神经康复技术	○	○	○	○	○

25. 您认为在重庆城市管理职业学院学习期间，哪些课程对您来说是非常有帮助的？［多选题］*

□ 专业理论类课程，如＿＿＿＿＿＿＿＿＿*

□ 校内实践类课程，如＿＿＿＿＿＿＿＿＿*

□ 校外实践类课程，如＿＿＿＿＿＿＿＿＿*

□ 公共基础类课程，如＿＿＿＿＿＿＿＿＿*

□ 其他，如＿＿＿＿＿＿＿＿＿*

26. 您认为康复治疗技术专业的教学内容是否需要作以下调整？［多选题］*

□ 优化专业课程内容的实用性、紧跟行业职业需求

□ 优化课程考核方式

□ 提高课堂学生参与度

□ 增加实践、实习环节

□ 增加有实践经验的教师比例

□ 增加人文类课程

□ 其他＿＿＿＿＿＿＿＿＿*

□ 都很好，没有调整建议

27. 您在重庆城市管理职业学院康复治疗技术专业就读期间考取的证书有？［多选题］*

□ 专业资格类证书，如＿＿＿＿＿＿＿＿＿*

□ 其他证书（如计算机、英语类证书），如＿＿＿＿＿＿＿＿＿*

□ 没有

28. 您认为哪些证书对本专业毕业生发展帮助较大？［多选题］*

□ 健康管理师职业资格证书

□ 健康照护师职业资格证书

□ 老年照护职业技能等级证书

□ 失智老年人照护职业技能等级证书

□ 老年护理服务需求评估职业技能等级证书

□ 养老护理员职业资格证书

□ 幼儿照护技能等级证书

□ 社会心理服务等级证书

□ 计算机等级证书

□ 英语等级证书

□ 其他证书_____*

□ 没有必须要考的，关键是综合能力

29. 您对重庆城市管理职业学院康复治疗技术专业有什么建议？［填空题］*
（如开设什么新课程、加大什么课程的培养力度等）

_____

30. 您的姓名？［填空题］*

_____

31. 您的联系方式？［填空题］*

_____

附件 3

重庆城市管理职业学院护理专业
毕业生就业情况调研问卷

亲爱的同学：

　　您好！为了全面了解护理专业目前人才培养真实情况，为专业课程建设提供科学依据，特组织本次问卷调查，您真实准确的回答对于本项工作非常重要。您的个人信息仅用于本校教学分析及研究，学校将尊重并保护您的个人隐私，不对外公开个人具体数据，调研结果仅以数据分析的形式在校内发布。衷心感谢您的支持与配合！

重庆城市管理职业学院

一、个人基本信息

1. 您的性别？［单选题］*
○ 男
○ 女

2. 您_____（何时）于重庆城市管理职业学院毕业？［单选题］*
○ 2017 年
○ 2018 年
○ 2019 年
○ 2020 年
○ 2021 年
○ 2022 年
○ 其他_____*

3. 您通过什么渠道获取学校的招生信息？［多选题］*
□ 招生简章
□ 学校官网
□ 招生考试信息网
□ 电视、广告、报纸等
□ 微信、微博相关公众号
□ 学校宣讲会
□ 亲朋好友介绍

□ 其他＿＿＿＿＿＿＿＿＿ *

4.您选择重庆城市管理职业学院就读的原因是？［多选题］*

□ 学校教学质量

□ 学校专业设置

□ 学校地理位置

□ 毕业生就业率

□ 有升学的机会

□ 亲朋好友推荐

□ 学校知名度

□ 其他＿＿＿＿＿＿＿＿＿ *

5.您选择就读专业的决定因素是？［多选题］*

□ 国家重视

□ 专业发展规划好

□ 就业前景广阔

□ 社会需求量大

□ 自己喜欢

□ 校友推荐

□ 学校招生介绍的吸引

□ 行业就业的薪酬待遇好

□ 家长推荐

□ 其他＿＿＿＿＿＿＿＿＿ *

二、毕业与就业规划

6.请问您毕业半年内的去向是？［多选题］*

□ 对口就业，受雇于行业内企业／单位（请跳至第 7 题）

□ 对口就业，自主创业（请跳至第 7 题）

□ 相近行业内就业，受雇于相近行业内企业／单位（请跳至第 7 题）

□ 相近行业内就业，自主创业（请跳至第 7 题）

□ 转行，受雇于其他行业企业／单位（请跳至第 8 题）

□ 转行，自主创业（请跳至第 8 题）

□ 继续攻读本科（请跳至第 23 题）

□ 毕业后入伍（请跳至第 23 题）

□ 择业期（暂时无工作）（请跳至第 20 题）

7.请问您目前是否仍在从事与所学专业对口的工作？［单选题］*

○ 对口就业 / 创业（请跳至第 10 题）

○ 相近行业就业 / 创业（请跳至第 10 题）

○ 否，已转行（请跳至第 8 题）

○ 升学（请跳至第 23 题）

○ 待业期（暂时无工作）（请跳至第 20 题）

8. 您目前所在的行业是？［填空题］*

_____

9. 请问您转行的原因是什么？［多选题］*

□ 专业技术达不到岗位要求（请跳至第 13 题）

□ 专业对口工作的岗位招聘少（请跳至第 13 题）

□ 迫于现实，先就业再择业（请跳至第 13 题）

□ 学历限制发展（请跳至第 13 题）

□ 工资待遇比较低（请跳至第 13 题）

□ 人际关系复杂（请跳至第 13 题）

□ 工作环境不理想（请跳至第 13 题）

□ 对专业对口工作不感兴趣（请跳至第 13 题）

□ 其他_____*（请跳至第 13 题）

10. 您目前就职的工作单位类型是？（专业对口就业）［单选题］*

○ 综合性医院康复护理医学科

○ 各级公办医院临床护理

○ 各级民营医院临床护理

○ 体检中心

○ 康复医院（机构）

○ 公办养老院

○ 民营养老院

○ 居家养老服务中心

○ 护理技能培训学校

○ 社区基层管理机构

○ 体育医院或运动队医务室

○ 社区卫生服务中心（站）（含乡镇）

○ 卫生部门行政管理

○ 其他_____*

11. 您当前的工作岗位是？［单选题］*

○ 一线养老护理岗

○ 一线内科护士岗

○ 一线外科护士岗

○ 一线妇产科护士岗

○ 一线儿科护士岗

○ 一线急诊科护士岗

○ 养老护理团队管理岗

○ 养老机构经营与管理岗

○ 老年人活动策划岗

○ 老年产品 / 服务营销岗

○ 行政管理类岗位

○ 健康管理师

○ 营养师

○ 其他（请填写岗位具体名称）_____ *

12. 您认为胜任当前工作主要需要的知识和技能有哪些？[多选题]*

□ 基础医疗知识

□ 临床护理技能

□ 健康管理知识

□ 紧急救助相关技能

□ 心理疏导相关知识

□ 康乐活动组织技能

□ 管理组织技能

□ 营销技能

□ 其他_____ *

13. 您当前的工作岗位具体名称是？[填空题]*

_____

14. 刚参加工作时，您认为工作中较大的挑战是？[多选题]*

□ 学科理论知识不扎实

□ 实践能力差、所学知识技能与实际工作需要脱节

□ 无法快速适应岗位、欠缺自我反省和经验总结意识

□ 独立工作能力缺乏

□ 人际交往能力缺乏

□ 身体素质较差，难以适应岗位的要求

□ 其他_____ *

15. 刚参加工作时，您的月均收入是？[单选题]*

○ 3000 元及以下

○ 3001 ~ 4000 元

○ 4001 ~ 5000 元

○ 5001 ~ 6000 元

○ 6001 ~ 7000 元

○ 7000 元以上

16. 您目前所在岗位的月均收入是？［单选题］*

○ 3000 元及以下

○ 3001 ~ 4000 元

○ 4001 ~ 5000 元

○ 5001 ~ 6000 元

○ 6001 ~ 7000 元

○ 7001 ~ 8000 元

○ 8001 ~ 9000 元

○ 9001 ~ 10000 元

○ 10000 元以上

17. 您目前工作单位的全称是？［填空题］*

_____

18. 您目前所在单位的人员规模是？［单选题］*

○ 50 人以下

○ 50 ~ 99 人

○ 100 ~ 299 人

○ 300 人以上

19. 请描述您从毕业到现在的岗位变化或职位晋升情况（例如，初级护师—护师）？

［填空题］*

_____

20. 您择业时考虑的主要因素是什么？［多选题］*

□ 个人兴趣及专长

□ 与专业对口情况

□ 工作环境

□ 工作地理位置

□ 发展前景

□ 薪酬福利

□ 其他_____*

21. 您认为用人单位最看重员工哪些方面的素质水平？［多选题］*

☐ 良好的职业道德素养

☐ 心理素质（压力承受、自我管理、心态）

☐ 身体素质

☐ 形象气质

☐ 劳动意识（吃苦耐劳）

☐ 沟通能力

☐ 服务意识（服务礼仪）

☐ 团队协作能力（团结协作）

☐ 问题解决能力（问题解决、信息处理、应急处理）

☐ 计算机及办公软件运用能力

☐ 其他＿＿＿＿＿＿＿＿＿ *

22. 您打算朝哪个岗位方向发展？［单选题］*

○ 服务岗位

○ 技术岗位

○ 销售岗位

○ 管理岗位

○ 培训岗位

○ 尚未明确

○ 升学

三、课程教学与在校学习

23. 您对重庆城市管理职业学院护理专业的整体教学水平的满意度是？［单选题］*

○ 很满意

○ 满意

○ 基本满意

○ 不太满意

○ 不满意

24. 您认为重庆城市管理职业学院护理专业主干课程的实用程度是？［矩阵单选题］*

课程名称	实用，大多数是岗位需要的	一般，在岗位工作中用得不多	不够用，理论教学与实践教学失衡	没有用，在岗位工作中几乎用不上	没有上过该课程，无从评价
护理学基础	○	○	○	○	○
健康评估	○	○	○	○	○
内科护理	○	○	○	○	○
外科护理	○	○	○	○	○
妇产科护理	○	○	○	○	○
老年护理	○	○	○	○	○
儿科护理	○	○	○	○	○
急救护理	○	○	○	○	○

25. 您认为在重庆城市管理职业学院学习期间，哪些课程对您来说是非常有帮助的？［多选题］*

□ 专业理论类课程，如_____ *

□ 校内实践类课程，如_____ *

□ 校外实践类课程，如_____ *

□ 公共基础类课程，如_____ *

□ 其他，如_____ *

26. 您认为护理专业的教学内容是否需要作以下调整？［多选题］*

□ 优化专业课程内容的实用性、紧跟行业职业需求

□ 优化课程考核方式

□ 提高课堂学生参与度

□ 增加实践、实习环节

□ 增加有实践经验的教师比例

□ 增加人文类课程

□ 其他_____ *

□ 都很好，没有调整建议

27. 您在重庆城市管理职业学院护理专业就读期间考取的证书有？［多选题］*

□ 专业资格类证书，如_____ *

□ 其他证书（如计算机、英语类证书），如_____ *

□ 没有

28. 您认为哪些证书对本专业毕业生发展帮助较大？［多选题］*

□ 护士执业证书

□ 老年照护职业技能等级证书

□ 失智老年人照护职业技能等级证书

□ 老年护理服务需求评估职业技能等级证书

□ 养老护理员职业资格证书

□ 幼儿照护技能等级证书

□ 健康照护师职业资格证书

□ 健康管理师职业资格证书

□ 社会心理服务等级证书

□ 计算机等级证书

□ 英语等级证书

□ 其他证书＿＿＿＿＿＿＿＿＿ *

□ 没有必须要考的，关键是综合能力

29. 您对重庆城市管理职业学院护理专业有什么建议？［填空题］*

（如开设什么新课程、加大什么课程的培养力度等）

_____

30. 您的姓名？［填空题］*

_____

31. 您的联系方式？［填空题］*

_____

附件4

重庆城市管理职业学院民政服务与管理专业
毕业生就业情况调研问卷

亲爱的同学：

　　您好！为了全面了解民政服务与管理专业目前人才培养真实情况，为专业课程建设提供科学依据，特组织本次问卷调查，您真实准确的回答对于本项工作非常重要。您的个人信息仅用于本校教学分析及研究，学校将尊重并保护您的个人隐私，不对外公开个人具体数据，调研结果仅以数据分析的形式在校内发布。衷心感谢您的支持与配合！

重庆城市管理职业学院

一、个人基本信息

1. 您的性别？［单选题］*

○ 男

○ 女

2. 您＿＿＿＿＿（何时）于重庆城市管理职业学院毕业？［单选题］*

○ 2017 年

○ 2018 年

○ 2019 年

○ 2020 年

○ 2021 年

○ 2022 年

○ 其他＿＿＿＿＿＿＿＿＿*

3. 您通过什么渠道获取学校的招生信息？［多选题］*

□ 招生简章

□ 学校官网

□ 招生考试信息网

□ 电视、广告、报纸等

□ 微信、微博相关公众号

□ 学校宣讲会

□ 亲朋好友介绍

□ 其他＿＿＿＿＿＿＿＿＿＿ *

4. 您选择重庆城市管理职业学院就读的原因是？［多选题］*

□ 学校教学质量

□ 学校专业设置

□ 学校地理位置

□ 毕业生就业率

□ 有升学的机会

□ 亲朋好友推荐

□ 学校知名度

□ 其他＿＿＿＿＿＿＿＿＿＿ *

5. 您选择就读专业的决定因素是？［多选题］*

□ 国家重视

□ 社会需求量大

□ 自己喜欢

□ 校友推荐

□ 学校招生介绍

□ 新闻媒体宣传

□ 专业调剂

□ 薪酬待遇好

□ 其他＿＿＿＿＿＿＿＿＿＿ *

二、毕业与就业规划

6. 请问您毕业半年内的去向是？［多选题］*

□ 对口就业，受雇于行业内企业／单位（请跳至第 7 题）

□ 对口就业，自主创业（请跳至第 7 题）

□ 相近行业内就业，受雇于相近行业内企业／单位（请跳至第 7 题）

□ 相近行业内就业，自主创业（请跳至第 7 题）

□ 转行，受雇于其他行业企业／单位（请跳至第 8 题）

□ 转行，自主创业（请跳至第 8 题）

□ 继续攻读本科（请跳至第 23 题）

□ 毕业后入伍（请跳至第 23 题）

□ 择业期（暂时无工作）（请跳至第 20 题）

7. 请问您目前是否仍在从事与所学专业对口的工作？［单选题］*

○ 对口就业 / 创业（请跳至第 10 题）

○ 相近行业就业 / 创业（请跳至第 10 题）

○ 否，已转行（请跳至第 8 题）

○ 升学（请跳至第 23 题）

○ 待业期（暂时无工作）（请跳至第 20 题）

8. 您目前所在的行业是？［填空题］*

_____ *

9. 请问您转行的原因是什么？［多选题］*

□ 专业技术达不到岗位要求（请跳至第 13 题）

□ 专业对口工作的岗位招聘少（请跳至第 13 题）

□ 迫于现实，先就业再择业（请跳至第 13 题）

□ 学历限制发展（请跳至第 13 题）

□ 工资待遇比较低（请跳至第 13 题）

□ 人际关系复杂（请跳至第 13 题）

□ 工作环境不理想（请跳至第 13 题）

□ 对专业对口工作不感兴趣（请跳至第 13 题）

□ 其他_____*（请跳至第 13 题）

10. 您目前就职的工作单位类型是？（专业对口就业）［单选题］*

○ 社会工作服务中心

○ 儿童福利院或社会福利院

○ 社区居委会相关工作

○ 各级民政行政机构

○ 救助管理站

○ 康复中心

○ 婚姻登记处（中心）

○ 各级福利彩票销售中心

○ 公办养老院

○ 民营养老院

○ 老年产品生产企业

○ 养老公寓 / 养老社区服务中心

○ 其他 _____*

11. 您当前的工作岗位是？［单选题］*

○ 行政业务办理人员

○ 行政事务处理人员

○ 养老护理团队管理岗

○ 养老机构经营与管理岗

○ 老年社会工作者

○ 老年人活动策划岗

○ 老年产品 / 服务营销岗

○ 行政管理类岗位

○ 后勤类岗位

○ 其他（请填写岗位具体名称）_____ *

12. 您认为胜任当前工作主要需要的知识和技能有哪些？［多选题］*

□ 管理组织技能

□ 人际沟通能力

□ 民政政策与法规知识

□ 社区服务知识

□ 健康管理知识

□ 紧急救助相关技能

□ 心理疏导相关知识

□ 康乐活动组织技能

□ 营销技能

□ 其他_____ *

13. 您当前的工作岗位具体名称是？［填空题］*

_____ *

14. 刚参加工作时，您认为工作中较大的挑战是？［多选题］*

□ 学科理论知识不扎实

□ 实践能力差、所学知识技能与实际工作需要脱节

□ 无法快速适应岗位、欠缺自我反省和经验总结意识

□ 独立工作能力缺乏

□ 人际交往能力缺乏

□ 身体素质较差，难以适应岗位的要求

□ 其他_____ *

15. 刚参加工作时，您的月均收入是？［单选题］*

○ 3000 元及以下

○ 3001 ~ 4000 元

○ 4001 ~ 5000 元

○ 5001 ~ 6000 元

○ 6001～7000 元

○ 7000 元以上

16. 您目前所在岗位的月均收入是？［单选题］*

○ 3000 元及以下

○ 3001～4000 元

○ 4001～5000 元

○ 5001～6000 元

○ 6001～7000 元

○ 7001～8000 元

○ 8001～9000 元

○ 9001～10000 元

○ 10000 元以上

17. 您目前工作单位的全称是？［填空题］*

_____ *

18. 您目前所在单位的人员规模是？［单选题］*

○ 50 人以下

○ 50～99 人

○ 100～299 人

○ 300 人以上

19. 请描述您从毕业到现在的岗位变化或职位晋升情况（例如，健康管理师助理—健康管理师）？［填空题］*

_____ *

20. 您择业时考虑的主要因素是什么？［多选题］*

□ 个人兴趣及专长

□ 与专业对口情况

□ 工作环境

□ 工作地理位置

□ 发展前景

□ 薪酬福利

□ 其他_____ *

21. 您认为用人单位最看重员工哪些方面的素质水平？［多选题］*

□ 良好的职业道德素养

□ 心理素质（压力承受、自我管理、心态）

□ 身体素质

□ 形象气质

□ 劳动意识（吃苦耐劳）

□ 沟通能力

□ 服务意识（服务礼仪）

□ 团队协作能力（团结协作）

□ 问题解决能力（问题解决、信息处理、应急处理）

□ 计算机及办公软件运用能力

□ 其他＿＿＿＿＿＿＿＿＿＿＿＿ *

22. 您打算朝哪个岗位方向发展？［单选题］*

○ 服务岗位

○ 技术岗位

○ 销售岗位

○ 管理岗位

○ 培训岗位

○ 尚未明确

○ 升学

三、课程教学与在校学习

23. 您对重庆城市管理职业学院民政服务与管理专业的整体教学水平的满意度是？
［单选题］*

○ 很满意

○ 满意

○ 基本满意

○ 不太满意

○ 不满意

24. 您认为重庆城市管理职业学院民政服务与管理专业主干课程的实用程度是？［矩阵单选题］*

课程名称	实用，大多数是岗位需要的	一般，在岗位工作中用得不多	不够用，理论教学与实践教学失衡	没有用，在岗位工作中几乎用不上	没有上过该课程，无从评价
民政工作	○	○	○	○	○
社区治理	○	○	○	○	○
社会福利服务	○	○	○	○	○
婚姻与收养实务	○	○	○	○	○
社会救助实务	○	○	○	○	○

25. 您认为在重庆城市管理职业学院学习期间，哪些课程对您来说是非常有帮助的？[多选题]*

　　□ 专业理论类课程，如＿＿＿＿＿＿＿＿＿＿*

　　□ 校内实践类课程，如＿＿＿＿＿＿＿＿＿＿*

　　□ 校外实践类课程，如＿＿＿＿＿＿＿＿＿＿*

　　□ 公共基础类课程，如＿＿＿＿＿＿＿＿＿＿*

　　□ 其他，如＿＿＿＿＿＿＿＿＿*

26. 您认为民政服务与管理专业的教学内容是否需要作以下调整？[多选题]*

　　□ 优化专业课程内容的实用性、紧跟行业职业需求

　　□ 优化课程考核方式

　　□ 提高课堂学生参与度

　　□ 增加实践、实习环节

　　□ 增加有实践经验的教师比例

　　□ 增加人文类课程

　　□ 其他＿＿＿＿＿＿＿＿*

　　□ 都很好，没有调整建议

27. 您在重庆城市管理职业学院民政服务与管理专业就读期间考取的证书有？[多选题]*

　　□ 专业资格类证书，如＿＿＿＿＿＿＿＿＿＿*

　　□ 其他证书（如计算机、英语类证书），如＿＿＿＿＿＿＿＿＿＿*

　　□ 没有

28. 您认为哪些证书对本专业毕业生发展帮助较大？[多选题]*

　　□ 秘书证书

　　□ 养老护理员职业资格证书

　　□ 失智老年人照护职业技能等级证书

　　□ 老年护理服务需求评估职业技能等级证书

　　□ 社区治理职业技能等级证书

　　□ 社会心理服务等级证书

　　□ 幼儿照护技能等级证书

　　□ 计算机等级证书

　　□ 英语等级证书

　　□ 其他证书＿＿＿＿＿＿＿＿*

　　□ 没有必须要考的，关键是综合能力

29. 您对重庆城市管理职业学院民政服务与管理专业有什么建议？[填空题]*

（如开设什么新课程、加大什么课程的培养力度等）

30. 您的姓名？［填空题］*

31. 您的联系方式？［填空题］*

附件5

重庆城市管理职业学院社会工作专业
毕业生就业情况调研问卷

亲爱的同学:

您好!为了全面了解社会工作专业目前人才培养真实情况,为专业课程建设提供科学依据,特组织本次问卷调查,您真实准确的回答对于本项工作非常重要。您的个人信息仅用于本校教学分析及研究,学校将尊重并保护您的个人隐私,不对外公开个人具体数据,调研结果仅以数据分析的形式在校内发布。衷心感谢您的支持与配合!

重庆城市管理职业学院

一、个人基本信息

1. 您的性别?［单选题］*
○ 男
○ 女

2. 您_____(何时)于重庆城市管理职业学院毕业?［单选题］*
○ 2017 年
○ 2018 年
○ 2019 年
○ 2020 年
○ 2021 年
○ 2022 年
○ 其他_____*

3. 您通过什么渠道获取学校的招生信息?［多选题］*
□ 招生简章
□ 学校官网
□ 招生考试信息网
□ 电视、广告、报纸等
□ 微信、微博相关公众号
□ 学校宣讲会
□ 亲朋好友介绍

□ 其他_____*

4.您选择重庆城市管理职业学院就读的原因是?［多选题］*

□ 学校教学质量

□ 学校专业设置

□ 学校地理位置

□ 毕业生就业率

□ 有升学的机会

□ 亲朋好友推荐

□ 学校知名度

□ 其他_____*

5.您选择就读专业的决定因素是?［多选题］*

□ 国家重视

□ 社会需求量大

□ 自己喜欢

□ 校友推荐

□ 学校招生介绍

□ 新闻媒体宣传

□ 专业调剂

□ 薪酬待遇好

□ 其他_____*

二、毕业与就业规划

6.请问您毕业半年内的去向是?［多选题］*

□ 对口就业,受雇于行业内企业／单位（请跳至第7题）

□ 对口就业,自主创业（请跳至第7题）

□ 相近行业内就业,受雇于相近行业内企业／单位（请跳至第7题）

□ 相近行业内就业,自主创业（请跳至第7题）

□ 转行,受雇于其他行业企业／单位（请跳至第8题）

□ 转行,自主创业（请跳至第8题）

□ 继续攻读本科（请跳至第23题）

□ 毕业后入伍（请跳至第23题）

□ 择业期（暂时无工作）（请跳至第20题）

7.请问您目前是否仍在从事与所学专业对口的工作?［单选题］*

○ 对口就业／创业（请跳至第10题）

○ 相近行业就业 / 创业（请跳至第 10 题）

○ 否，已转行（请跳至第 8 题）

○ 升学（请跳至第 23 题）

○ 待业期（暂时无工作）（请跳至第 20 题）

8. 您目前所在的行业是？［填空题］*

_____

9. 请问您转行的原因是什么？［多选题］*

□ 专业技术达不到岗位要求（请跳至第 13 题）

□ 专业对口工作的岗位招聘少（请跳至第 13 题）

□ 迫于现实，先就业再择业（请跳至第 13 题）

□ 学历限制发展（请跳至第 13 题）

□ 工资待遇比较低（请跳至第 13 题）

□ 人际关系复杂（请跳至第 13 题）

□ 工作环境不理想（请跳至第 13 题）

□ 对专业对口工作不感兴趣（请跳至第 13 题）

□ 其他_____*（请跳至第 13 题）

10. 您目前就职的工作单位类型是？（专业对口就业）［单选题］*

○ 社会福利院或儿童福利院

○ 社区居委会相关工作

○ 各级民政行政机构

○ 救助管理站

○ 婚姻登记处（中心）

○ 各级福利彩票销售中心

○ 公办养老院

○ 民营养老院

○ 居家养老服务中心

○ 老年产品生产企业

○ 养老公寓 / 养老社区服务中心

○ 其他_____*

11. 您当前的工作岗位是？［单选题］*

○ 行政业务办理人员

○ 行政事务处理人员

○ 养老护理团队管理岗

○ 养老机构经营与管理岗

○ 老年社会工作者

○ 老年人活动策划岗

○ 老年产品 / 服务营销岗

○ 行政管理类岗位

○ 后勤类岗位

○ 其他（请填写岗位具体名称）＿＿＿＿＿＿＿＿ *

12. 您认为胜任当前工作主要需要的知识和技能有哪些？［多选题］*

□ 管理组织技能

□ 人际沟通能力

□ 社会工作专业知识

□ 民政政策与法规知识

□ 基础医疗知识

□ 健康管理知识

□ 紧急救助相关技能

□ 心理疏导相关知识

□ 康乐活动组织技能

□ 营销技能

□ 其他＿＿＿＿＿＿＿＿ *

13. 您当前的工作岗位具体名称是？［填空题］*

_____

14. 刚参加工作时，您认为工作中较大的挑战是？［多选题］*

□ 学科理论知识不扎实

□ 实践能力差、所学知识技能与实际工作需要脱节

□ 无法快速适应岗位、欠缺自我反省和经验总结意识

□ 独立工作能力缺乏

□ 人际交往能力缺乏

□ 身体素质较差，难以适应岗位的要求

□ 其他＿＿＿＿＿＿＿＿ *

15. 刚参加工作时，您的月均收入是？［单选题］*

○ 3000 元及以下

○ 3001 ~ 4000 元

○ 4001 ~ 5000 元

○ 5001 ~ 6000 元

○ 6001 ~ 7000 元

○ 7000 元以上

16. 您目前所在岗位的月均收入是？〔单选题〕*

○ 3000 元及以下

○ 3001～4000 元

○ 4001～5000 元

○ 5001～6000 元

○ 6001～7000 元

○ 7001～8000 元

○ 8001～9000 元

○ 9001～10000 元

○ 10000 元以上

17. 您目前工作单位的全称是？〔填空题〕*

_____

18. 您目前所在单位的人员规模是？〔单选题〕*

○ 50 人以下

○ 50～99 人

○ 100～299 人

○ 300 人以上

19. 请描述您从毕业到现在的岗位变化或职位晋升情况（例如，健康管理师助理—健康管理师）？〔填空题〕*

_____

20. 您择业时考虑的主要因素是什么？〔多选题〕*

□ 个人兴趣及专长

□ 与专业对口情况

□ 工作环境

□ 工作地理位置

□ 发展前景

□ 薪酬福利

□ 其他_____ *

21. 您认为用人单位最看重员工哪些方面的素质水平？〔多选题〕*

□ 良好的职业道德素养

□ 心理素质（压力承受、自我管理、心态）

□ 身体素质

□ 形象气质

□ 劳动意识（吃苦耐劳）

□ 沟通能力

□ 服务意识（服务礼仪）

□ 团队协作能力（团结协作）

□ 问题解决能力（问题解决、信息处理、应急处理）

□ 计算机及办公软件运用能力

□ 其他＿＿＿＿＿＿＿＿ *

22. 您打算朝哪个岗位方向发展？［单选题］*

○ 服务岗位

○ 技术岗位

○ 销售岗位

○ 管理岗位

○ 培训岗位

○ 尚未明确

○ 升学

三、课程教学与在校学习

23. 您对重庆城市管理职业学院社会工作专业的整体教学水平的满意度是？［单选题］*

○ 很满意

○ 满意

○ 基本满意

○ 不太满意

○ 不满意

24. 您认为重庆城市管理职业学院社会工作专业主干课程的实用程度是？［矩阵单选题］*

课程名称	实用，大多数是岗位需要的	一般，在岗位工作中用得不多	不够用，理论教学与实践教学失衡	没有用，在岗位工作中几乎用不上	没有上过该课程，无从评价
社会工作导论	○	○	○	○	○
个案工作	○	○	○	○	○
小组工作	○	○	○	○	○
社区工作	○	○	○	○	○
社会工作实务	○	○	○	○	○
社会工作行政	○	○	○	○	○

25. 您认为在重庆城市管理职业学院学习期间，哪些课程对您来说是非常有帮助的？［多选题］*

  □ 专业理论类课程，如＿＿＿＿＿＿＿＿＿*

  □ 校内实践类课程，如＿＿＿＿＿＿＿＿＿*

  □ 校外实践类课程，如＿＿＿＿＿＿＿＿＿*

  □ 公共基础类课程，如＿＿＿＿＿＿＿＿＿*

  □ 其他，如＿＿＿＿＿＿＿＿*

26. 您认为社会工作专业的教学内容是否需要作以下调整？［多选题］*

  □ 优化专业课程内容的实用性、紧跟行业职业需求

  □ 优化课程考核方式

  □ 提高课堂学生参与度

  □ 增加实践、实习环节

  □ 增加有实践经验的教师比例

  □ 增加人文类课程

  □ 其他＿＿＿＿＿＿＿＿*

  □ 都很好，没有调整建议

27. 您在重庆城市管理职业学院社会工作专业就读期间考取的证书有？［多选题］*

  □ 专业资格类证书，如＿＿＿＿＿＿＿＿*

  □ 其他证书（如计算机、英语类证书），如＿＿＿＿＿＿＿＿*

  □ 没有

28. 您认为哪些证书对本专业毕业生发展帮助较大？［多选题］*

  □ 秘书证书

  □ 养老护理员职业资格证书

  □ 失智老年人照护职业技能等级证书

  □ 老年护理服务需求评估职业技能等级证书

  □ 社区治理职业技能等级证书

  □ 社会心理服务等级证书

  □ 幼儿照护技能等级证书

  □ 计算机等级证书

  □ 英语等级证书

  □ 其他证书＿＿＿＿＿＿＿＿*

  □ 没有必须要考的，关键是综合能力

29. 您对重庆城市管理职业学院社会工作专业有什么建议？［填空题］*

（如开设什么新课程、加大什么课程的培养力度等）

30. 您的姓名？［填空题］*

31. 您的联系方式？［填空题］*

老年服务与管理
相关专业开设情况报告

一、调研背景与意义

（一）调研背景

我国第七次人口普查数据显示，60 岁及以上人口达 26402 万，65 岁及以上人口达 19064 万。60 岁及以上人口的比重上升 5.44 个百分点，65 岁及以上人口的比重上升 4.63 个百分点。老年人群比重的不断上升使得我国人口结构发生巨大变化，同时对社会经济产生着巨大影响。

随着国家政策的支持以及产业技术的发展，在社会及市场需求的驱动下，我国养老产业市场规模不断壮大，中国社会科学院的《中国养老产业发展白皮书》数据显示，2019 年我国养老市场规模达 6 万亿元，同比增长 30.2%。2020 年我国养老市场规模达 7.7 万亿元，同比增长 28.3%，预计到 2030 年我国养老市场规模可达 13 万亿元。同时，《中华人民共和国 2021 年国民经济和社会发展统计公报》的数据显示，2020 年全国注册登记的养老机构达 38069 个，比上年增加 0.4 万个，2021 年前三季度全国注册登记的养老机构达 39292 个。我国老年人群体逐渐形成了以家庭为基础、以社区为依托的养老新模式。

近年来我国智慧健康养老产业规模持续快速增长，我国养老服务产业急需大量人才，而该产业是一个综合专业技能需求多元化的蓝海产业，这些人才应该具有老年机构管理、健康教育、康复护理、生活照料等技能，还要拥有对失能、失智、残疾、临终老年人进行针对性照护的技能。但产业规模的急剧扩大导致人才需求供给出现严重不足。到目前为止，我国虽已有百余所高职院校开办了老年服务与管理等相关专业，但每年的人才供应远远满足不了老龄事业的发展需求。况且该专业在人才培养方面或因学校自身软、硬件的不足，或因遇公共资源瓶颈问题，导致人才培养与社会需求存在一定的差距，远不能适应社会发展需求。

（二）调研意义

党的十八大和十八届三中全会明确提出要积极应对人口老龄化，大力发展老龄服务事业和产业。作为中国老龄产业中起步较早、发展较快的行业之一，老龄服务业在满足老年人服务需求、应对人口老龄化、加快产业结构优化升级、推动经济持续健康发展等方面具有重要意义。

一方面，加快发展老龄服务业是积极应对人口老龄化的战略需要。中国快速发展的人口老龄化伴随着日益明显的高龄化、失能化、家庭结构小型化和空巢化趋势，老年人在生活照料、医疗卫生、康复护理等方面的服务需求水涨船高，迫切需要加快发展老龄服务业。

另一方面，加快发展老龄服务业对促进中国经济持续健康发展具有重要意义。中国目前正处于经济转型升级、加快推进社会主义现代化的重要时期，加快发展服务业是产业结构优化升级的主攻方向。与发达国家服务业增加值占 GDP 比重普遍在 70% 以上相比，中国服务业的发展空间还很大。在老龄社会条件下，加快发展老龄服务，不仅有利于快速提升第三产业在国民经济发展中的占比，而且有利于释放消费潜力，促进消费结构升级，对调整中国产业结构、增加高就业、促进经济持续健康发展具有重要意义。

因此，此次主要针对高职院校的老年服务与管理相关专业进行调查研究，其目的在于了解高职院校老年服务与管理相关专业开设的基本情况、与企事业养老单位的合作状态及人才培养模式等，为大力发展老龄服务事业和产业提供智力支持。

二、调研方式与样本情况

（一）调研方式

本次调研主要采用一对一深度访谈和线上问卷两种调研方法。

一对一深度访谈：通过与老年服务与管理专业群相关专业（智慧健康养老服务与管理、康复治疗技术、护理、民政服务与管理、社会工作）的一线专业教师、教研室主任、专业学科带头人及院长等进行深度访谈，了解相关专业的课程安排、实训模式及条件、招生就业情况、学生核心竞争力等。

线上问卷：向调研院校发放调查问卷，了解学校及专业基本情况、师资力量、人才培养状况及企业合作情况等。

（二）主要调研内容

学校老年服务与管理专业群相关专业基本情况：相关专业招生规模、招生前景、专业核心课程。

学校对老年服务与管理专业群相关专业人才培养情况：对毕业生的知识、能力、素质、职业任职资格以及证书方面的要求；对人才培养的实践教学课程，职业发展规划；教学质量评价。

院校与企业合作情况：合作模式、质量及人才就业情况。

（三）深度访谈样本情况

采用电话访谈的形式，共调研老年服务与管理专业群相关专业教师及学院领导 27人，其中成渝地区 8 人，非成渝地区 19 人。

（四）线上问卷样本情况

有针对性地对成渝地区和非成渝地区开设老年服务与管理专业群相关专业的院校老师发放线上问卷，共回收 25 份有效问卷，涉及 20 所院校。其中成渝地区院校 6 所，其他省份院校 14 所。

调研院校所在地分布情况如图 5-1、图 5-2 所示。

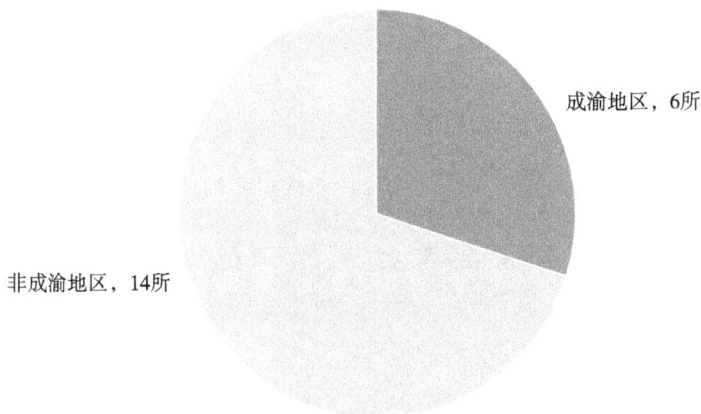

图 5-1　调研院校地区分布情况

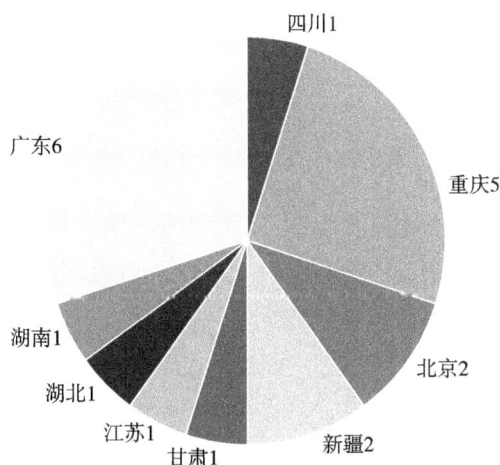

图 5-2　调研院校省份分布情况

三、调研情况汇总

根据线上问卷调研情况及院校老师深度访谈结果分析信息汇总如下。

（一）招生就业情况

1. 智慧健康养老服务与管理专业

调研数据显示，调研院校近三年智慧健康养老服务与管理专业招生规模 51~100 人的占 20%，专业招生规模 101~150 人的占 60%，专业招生规模 151~200 人的占 20%。具体招生规模情况如图 5-3 所示。

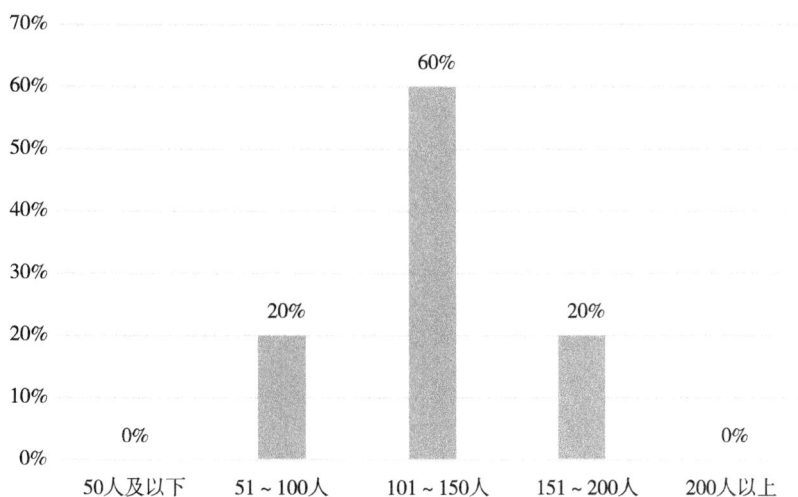

图 5-3　智慧健康养老服务与管理专业招生规模情况

从问卷数据上看，75% 的受访老师都认为智慧健康养老服务与管理专业招生前景很好，市场需求大；25% 的老师认为该专业招生基本稳定。如图 5-4 所示。

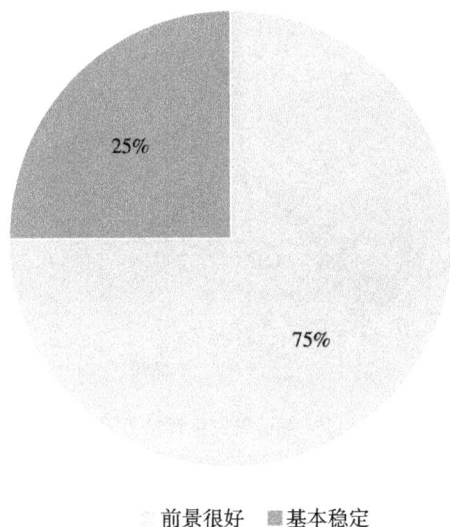

前景很好　　基本稳定

图 5-4　智慧健康养老服务与管理专业招生情况

2. 康复治疗技术专业

调研数据显示，调研院校近三年康复治疗技术专业招生规模 50 人及以下的占 16.7%，专业招生规模 101~150 人的占 33.3%，专业招生规模 151~200 人的占 16.7%，专业招生规模 200 人以上的占 33.3%。具体招生规模情况如图 5-5 所示。

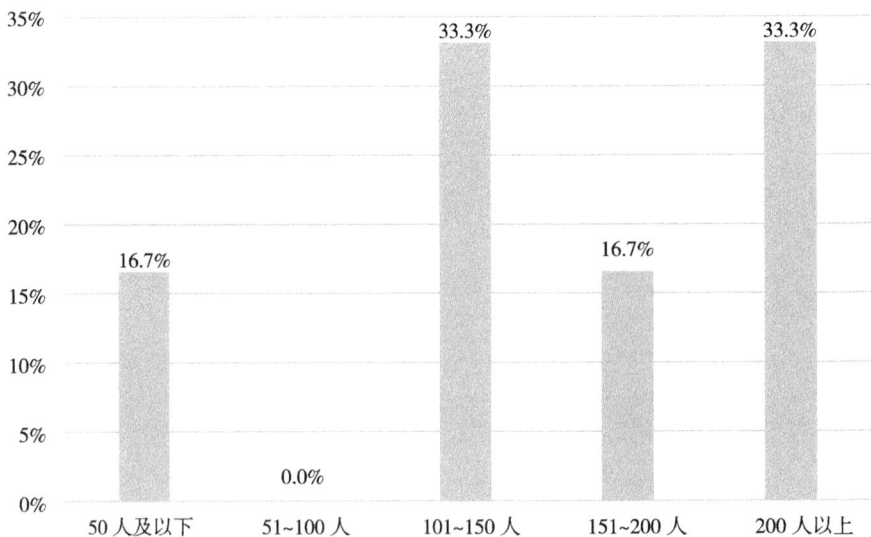

图 5-5　康复治疗技术专业招生规模情况

从问卷数据上看，60% 的老师认为康复治疗技术专业招生情况基本稳定，40% 的老师认为未来学生规模前景良好。整体上，康复治疗技术专业发展空间广阔。

3. 护理专业

调研数据显示，调研院校近三年护理专业招生规模 51～100 人的占 15%，专业招生规模 101～150 人的占 35%，专业招生规模 151～200 人的占 15%，专业招生规模 200 人以上的占 35%。具体招生规模情况如图 5-6 所示。

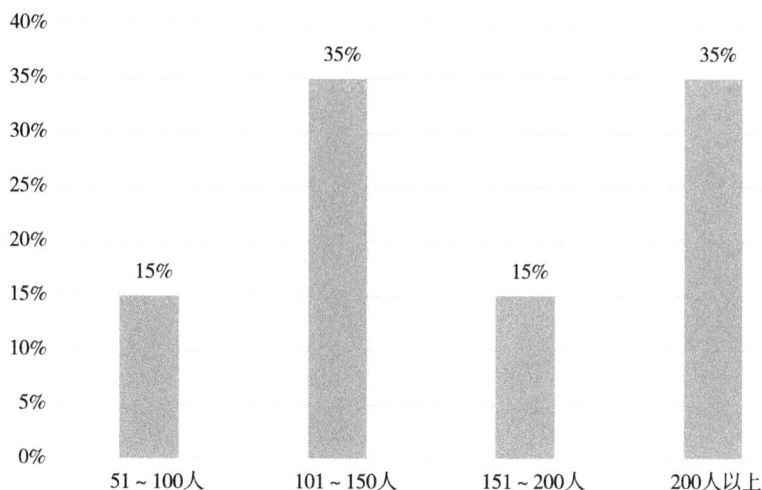

图 5-6　护理专业招生规模情况

从问卷数据上看，所有受访老师都认为护理专业招生情况前景很好，市场需求大。如图 5-7 所示。

图 5-7　护理专业招生情况

4. 民政服务与管理专业

调研数据显示，调研院校近三年民政服务与管理专业招生规模 50 人及以下的占

20%，专业招生规模 51～100 人的占 40%，专业招生规模 101～150 人的占 40%。具体招生规模情况如图 5-8 所示。

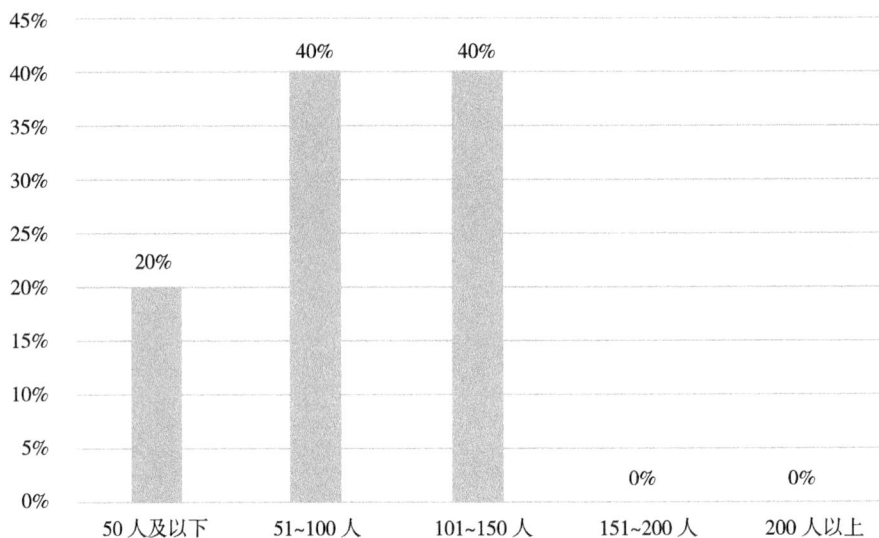

图 5-8　民政服务与管理专业招生规模情况

从问卷数据上看，80% 的老师认为民政服务与管理专业招生情况基本稳定，20% 的老师认为该专业未来招生前景堪忧。如图 5-9 所示。

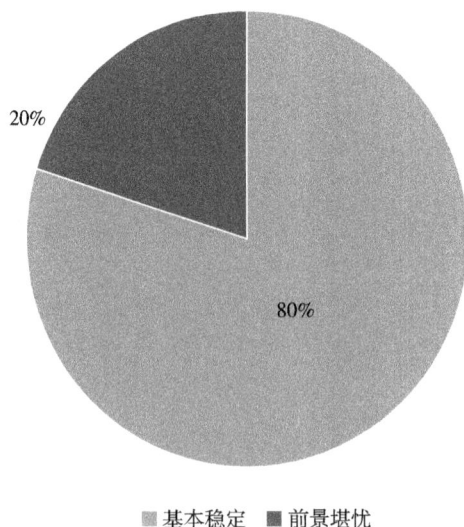

■ 基本稳定　■ 前景堪忧

图 5-9　民政服务与管理专业招生前景

5. 社会工作专业

调研数据显示，调研院校近三年社会工作专业招生规模 51～100 人的占 83%，专业招生规模 50 人及以下的占 17%。具体招生情况如图 5-10 所示。

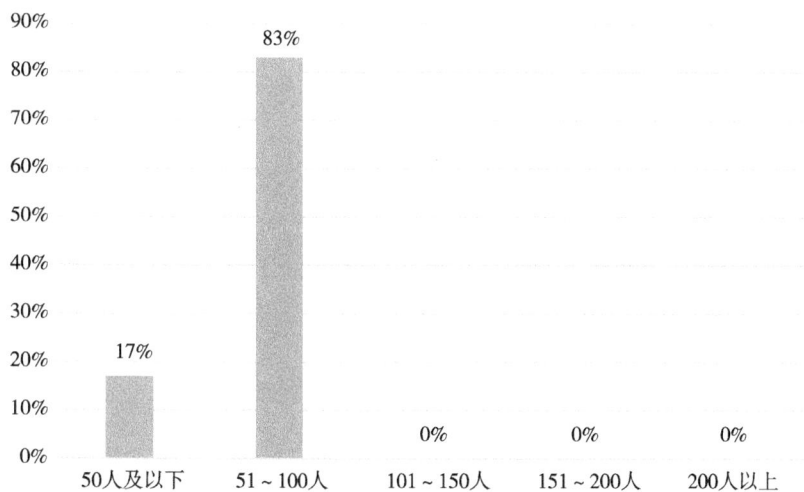

图 5-10 社会工作专业招生规模情况

从问卷数据上看，60% 的老师认为社会工作专业招生情况基本稳定，40% 的老师认为学生规模前景很好。整体上，社会工作专业未来可期。如图 5-11 所示。

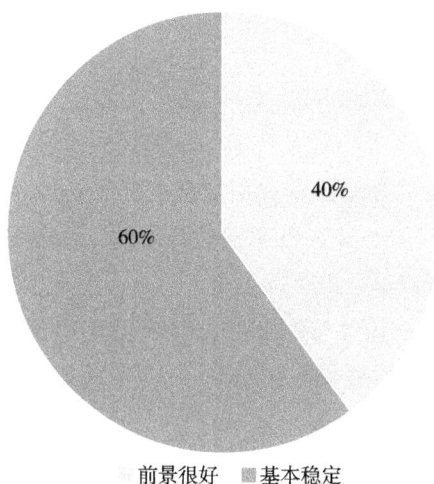

前景很好　基本稳定

图 5-11 社会工作专业招生前景

（二）课程设置情况

1. 智慧健康养老服务与管理专业

通过问卷调研数据可知，"智慧健康养老照护"（100%）、"智慧老年康复护理"（75%）、"智慧养老机构管理与实务"（75%）在核心课程设置中分别占据前三名。另外，除如图 5-12 显示的 6 门核心课程，其他课程如"老年人能力评估实务""老年人生活与基础照护实务""老年人生活能力康复训练""老年活动策划与设计""社区居家智慧康养管理""养老机构智慧运营与管理"等也被各高职院校纳入核心课程。

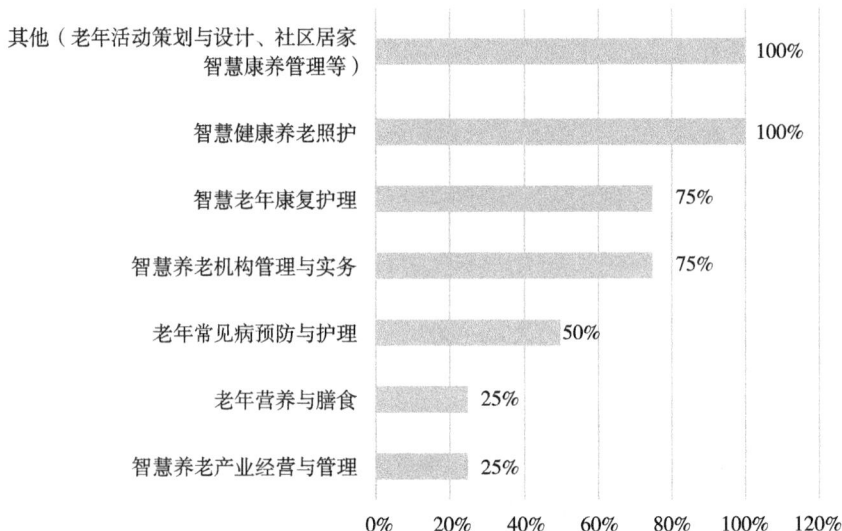

图 5-12　智慧健康养老服务与管理专业核心课程开设情况

除了核心课程，在调研过程中，个别院校还开设了"健康管理""食品营养与检测""人体形态沟通"等特色课程。

2. 康复治疗技术专业

通过问卷调研数据可知，"神经康复技术"（100%）、"肌肉骨骼康复技术"（80%）、"运动治疗技术"（80%）在核心课程设置中分别占据前三名。另外，除如图 5-13 显示的 6 门核心课程，其他课程如"针灸推拿治疗技术""言语治疗技术""康复评定"等也被各高职院校纳入核心课程。

除了核心课程，在进行深度访谈过程中，个别院校也展现了学校的特色课程，如"人体解剖学""人体运动学""临床疾病康复""儿童康复技术""病理与生理学""病原微生物与免疫学"等。

3. 护理专业

通过问卷调研数据可知，"护理学基础""内科护理""外科护理""妇产科护理"在核心课程设置中均占据首位，是高职院校必开的专业核心课程。"健康评估""儿科护理"的比例也均占据 80%，如图 5-14 所示。

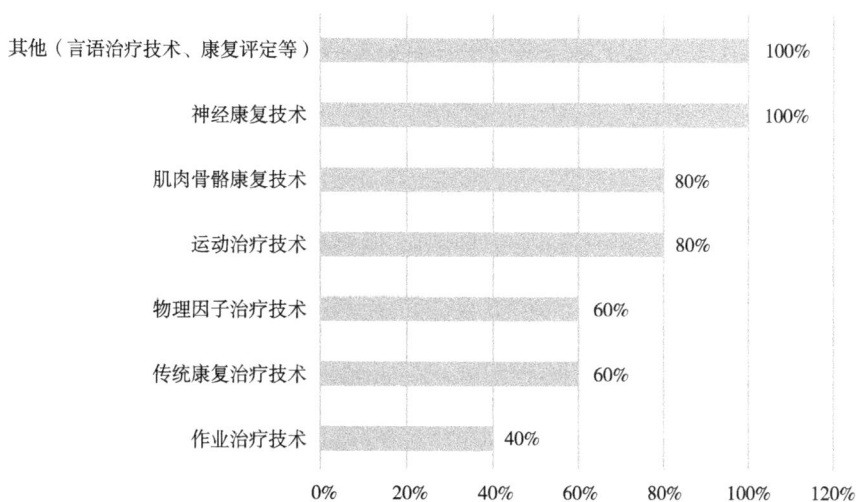

图 5-13　康复治疗技术专业核心课程开设情况

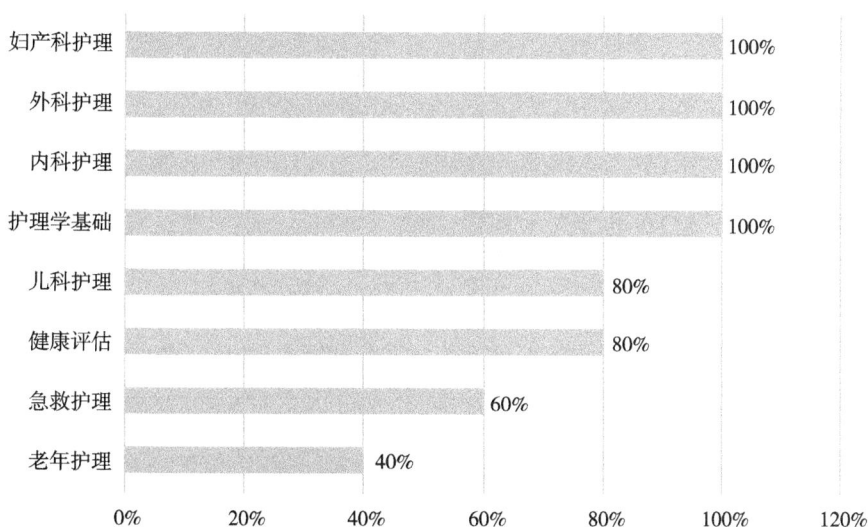

图 5-14　护理专业核心课程开设情况

　　除了核心课程，个别院校还会根据专业岗位要求设置包括"护士人文修养与礼仪""精神疾病护理""社区护理""基础护理综合实训""康复护理""护理管理学"等特色课程。

　　4. 民政服务与管理专业

　　通过问卷调研数据可知，"民政工作""社区治理"在核心课程设置中均占据首位，占比均高达 80%。除此之外，其他课程如"群众工作实务""社会工作方法""基层政权建设""营养配餐与家庭餐制作"等也是高职院校考虑的核心课程，占比为 40%，如图 5-15 所示。

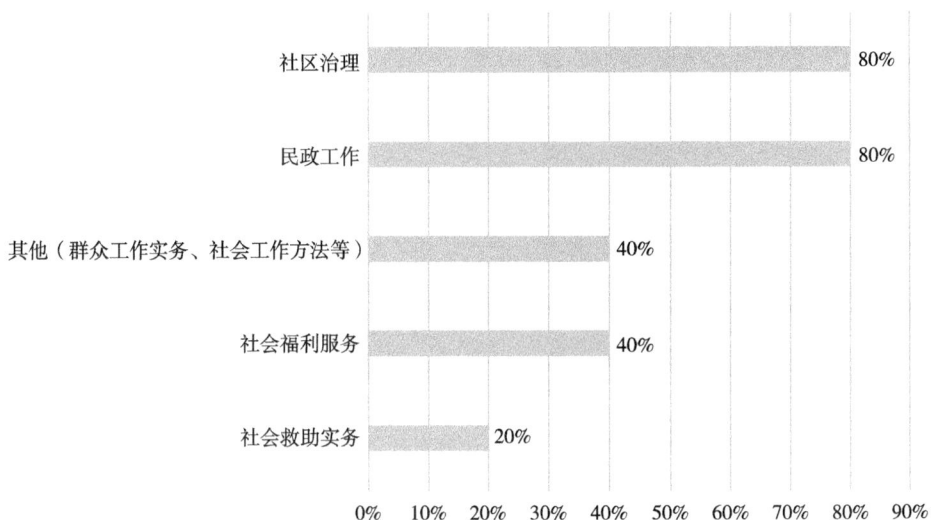

图 5-15　民政服务与管理专业核心课程开设情况

除了核心课程，在调研过程中，个别院校针对学生实际情况以及薄弱点，开设了"服务礼仪""科技（专业）应用文写作""茶艺与插花""化妆与造型设计"等特色课程。

5. 社会工作专业

通过问卷调研可知，"个案工作""社区工作""小组工作"在核心课程设置中均占据首位，调研学校核心课程开设情况如图 5-16 所示。

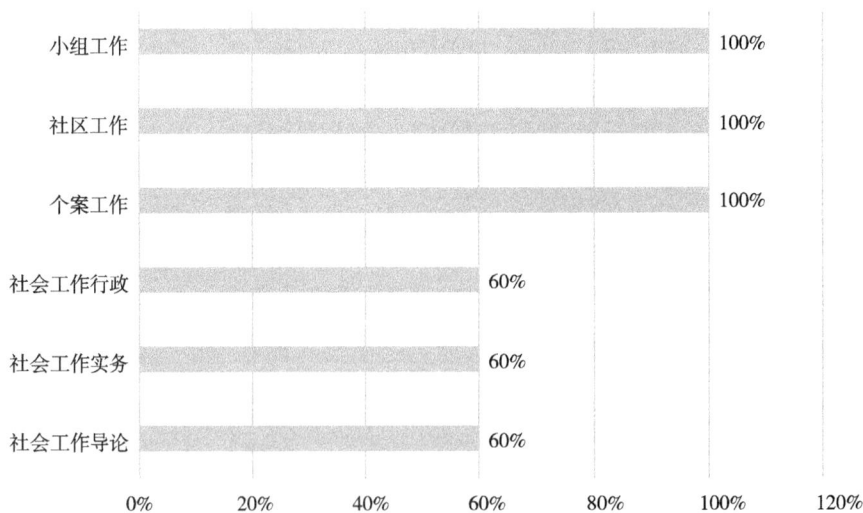

图 5-16　社会工作专业核心课程开设情况

除了专业核心课程，各学院还结合自身独特优势，开发特色课程以提升专业和学生的核心竞争力。如，北京社会管理职业学院开发了"儿童、青少年与老年基础""老年食物""社区治理""社区治理与服务"等多个方向的特色课程；重庆青年职业技术学院开发了"医学概论""营养与膳食"等核心课程；重庆商务职业学院积极开发了社区治理与文化旅游相结合的独特课程。

（三）师资队伍建设

1. 智慧健康养老服务与管理专业

通过问卷调研发现智慧健康养老服务与管理专业师资建设方面，目前存在的问题主要是师资力量不足以及师资实践能力欠缺。如图 5-17 所示。

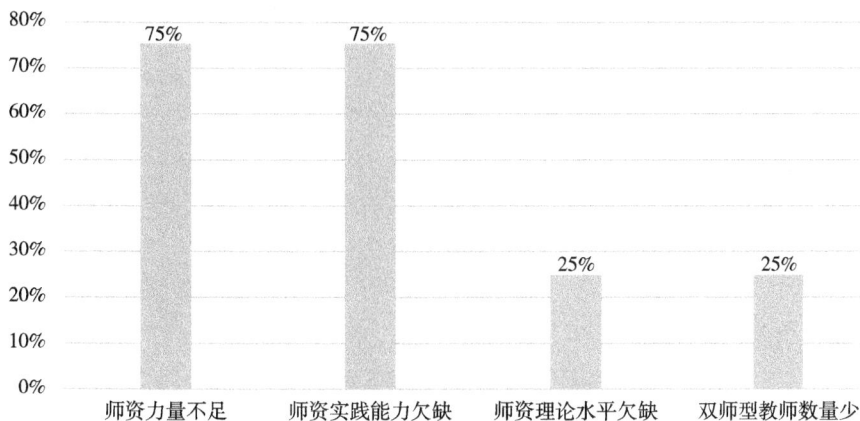

图 5-17　智慧健康养老服务与管理专业师资建设方面目前存在的问题

2. 康复治疗技术专业

通过问卷调研发现康复治疗技术专业师资建设方面，目前存在的问题主要是师资力量不足以及师资实践能力欠缺。如图 5-18 所示。

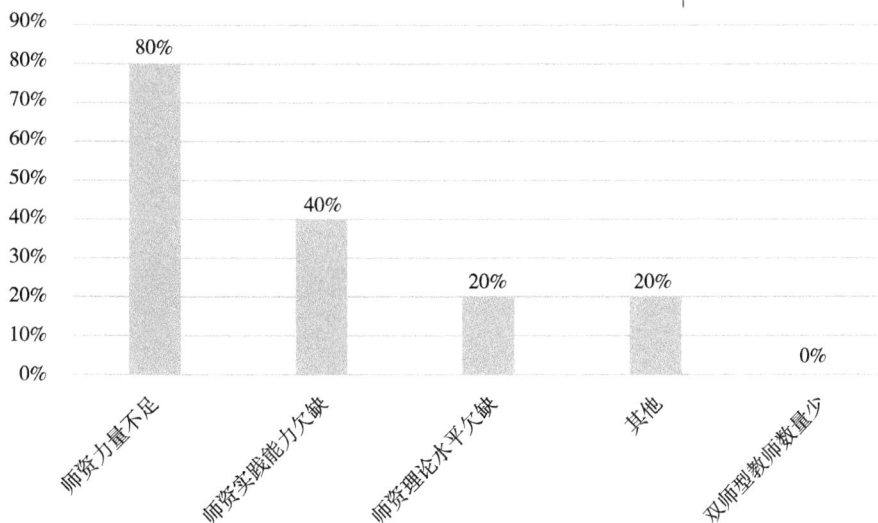

图 5-18　康复治疗技术专业师资建设方面目前存在的问题

3. 护理专业

通过问卷调研发现护理专业师资建设方面，目前存在的问题主要是师资力量不足以及师资实践能力欠缺。

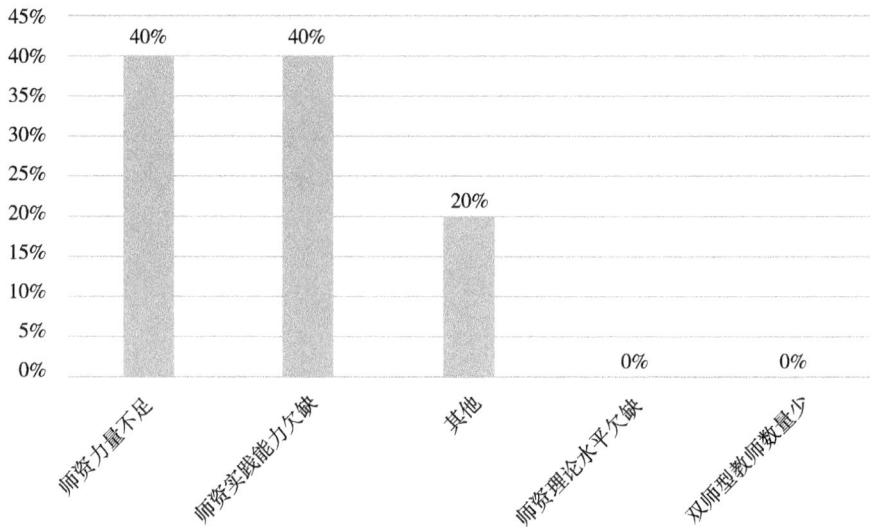

图 5-19　护理专业师资建设方面目前存在的问题

4. 民政服务与管理专业

通过问卷调研发现民政服务与管理专业师资建设方面，目前存在的问题主要是师资力量不足以及师资实践能力欠缺。如图 5-20 所示。

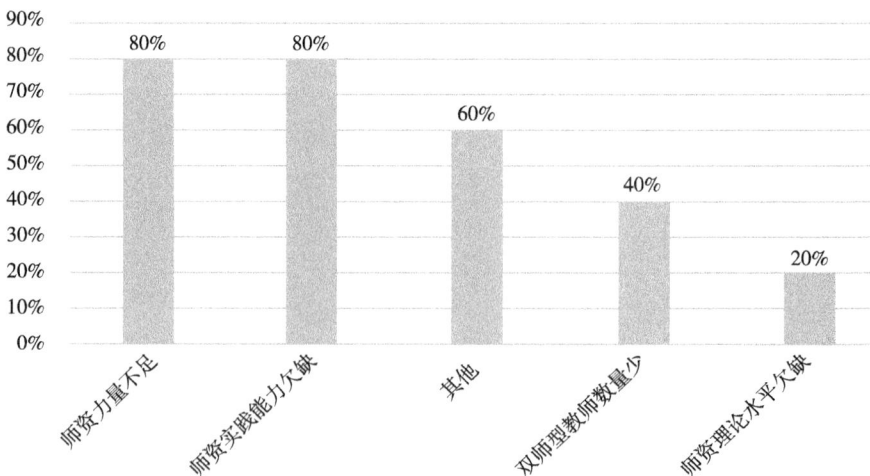

图 5-20　民政服务与管理专业师资建设方面目前存在的问题

5. 社会工作专业

通过问卷调研发现社会工作专业师资建设方面，目前存在的问题主要是师资力量不足以及师资实践能力欠缺。如图 5-21 所示。

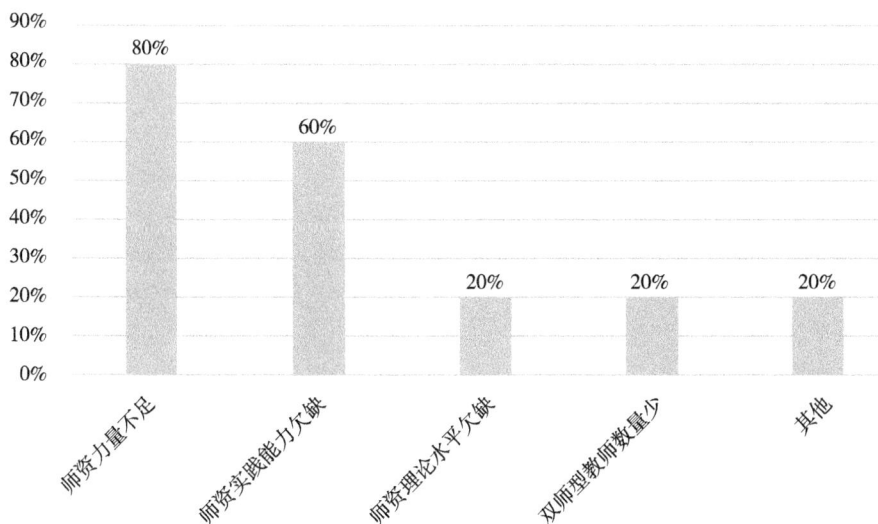

图 5-21　社会工作专业师资建设方面目前存在的问题

通过对 5 个专业的师资建设方面调研分析结果归纳可知：老年服务与管理专业群相关专业师资建设目前存在的主要问题为师资力量不足以及师资实践能力欠缺。

（四）专业素养及能力要求

1. 智慧健康养老服务与管理专业

根据问卷调研数据分析可知，调研院校的专业老师注重培养学生心理疏导相关知识、康乐活动组织技能、护理技能、紧急救助相关技能等。如图 5-22 所示。

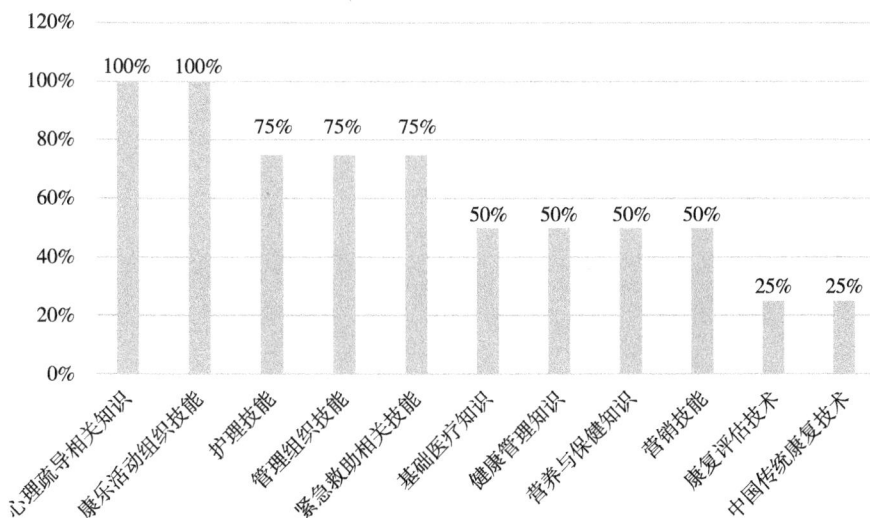

图 5-22　智慧健康养老服务与管理专业注重培养的知识与技能

从调研数据来看，专业老师较为注重学生服务意识、服务礼仪、信息处理、劳动意识、沟通协调、团结协作、安全意识、压力承受、应急处理等综合素质的培养。如图 5-23 所示。

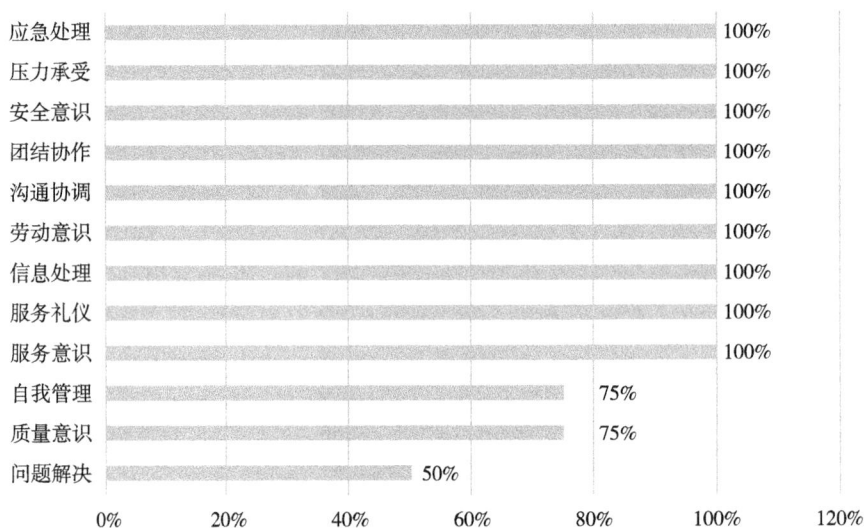

图 5-23　智慧健康养老服务与管理专业注重培养的综合素质

2. 康复治疗技术专业

根据问卷调研数据分析可知，调研院校的专业老师注重培养学生基础医疗知识、正常人体结构与机能的基础知识、诊断学基础知识、康复评估技术、言语治疗技术、作业治疗技术、运动治疗技术、中国传统康复技术、物理因子治疗技术、神经康复治疗技术、肌肉骨骼康复技术、紧急救助相关技能等，其次是心理疏导相关知识等能力，最后是健康管理知识、管理组织技能等。如图 5-24 所示。

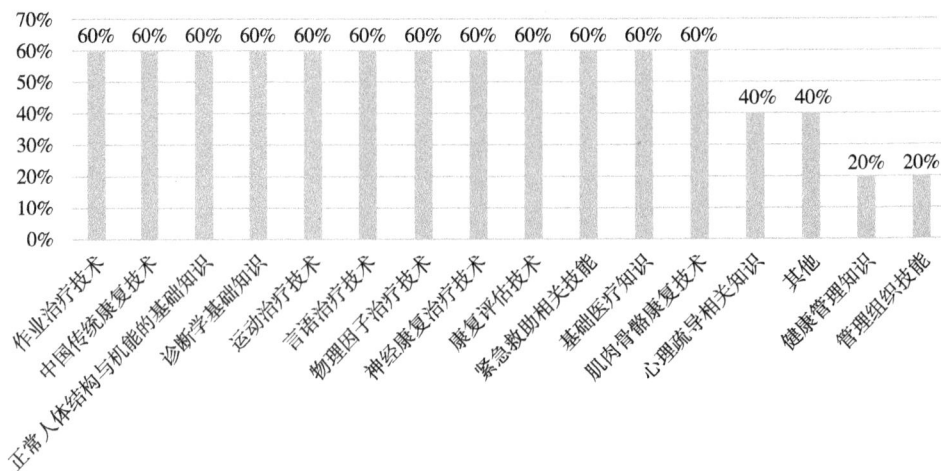

图 5-24　康复治疗技术专业注重培养的知识与技能

从调研数据来看，专业老师较为注重学生服务意识、沟通协调、团结协作、安全意识、质量意识、应急处理等综合素质的培养。如图 5-25 所示。

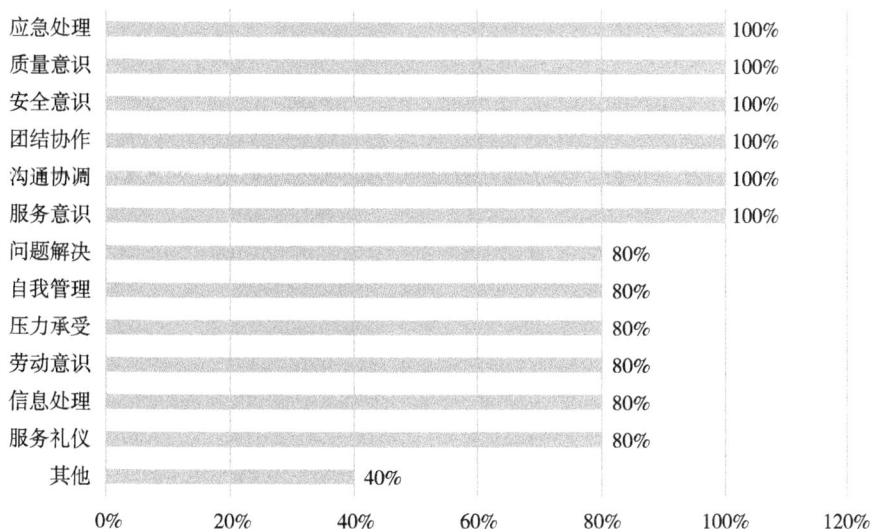

图 5-25　康复治疗技术专业注重培养的综合素质

3. 护理专业

根据问卷调研数据分析可知，调研院校的专业老师注重培养学生基础医疗知识、临床护理技能、健康管理知识、紧急救助相关技能、心理疏导相关知识、康乐活动组织技能、管理组织技能。如图 5-26 所示。

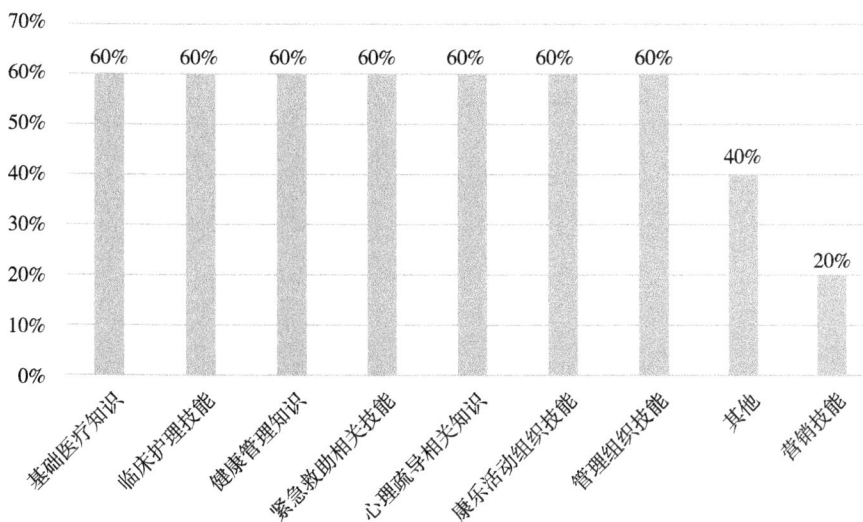

图 5-26　护理专业注重培养的知识与技能

从调研数据来看，专业老师较为注重学生服务意识、服务礼仪、信息处理、沟通协调、团结协作、压力承受、应急处理等综合素质的培养。如图5-27所示。

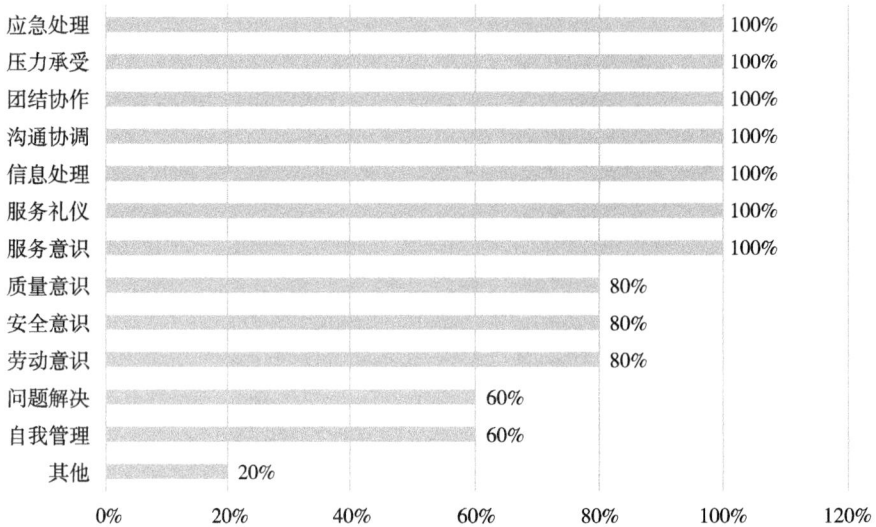

图5-27　护理专业注重培养的综合素质

4.民政服务与管理专业

根据问卷调研数据分析可知，调研院校的专业老师注重培养学生管理组织技能、人际沟通能力、民政政策与法规知识、社区服务知识等，其次是心理疏导相关知识等，最后是健康管理知识、紧急救助相关技能、康乐活动组织技能、营销技能等。如图5-28所示。

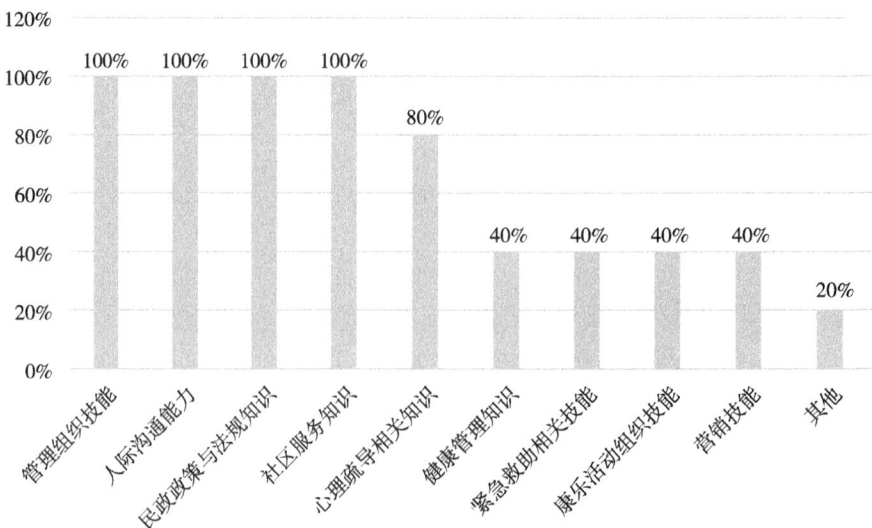

图5-28　民政服务与管理专业注重培养的知识与技能

从调研数据来看，专业老师较为注重学生服务意识、信息处理、沟通协调、压力承受、应急处理等综合素质的培养。如图 5-29 所示。

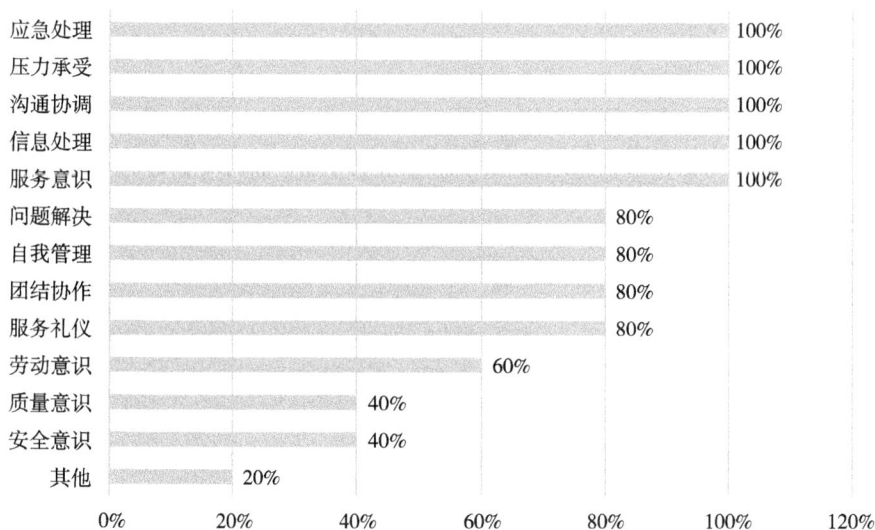

图 5-29　民政服务与管理专业注重培养的综合素质

5. 社会工作专业

根据问卷调研数据分析可知，调研院校的专业老师注重培养学生人际沟通能力、社会工作专业知识、民政政策与法规知识、心理疏导相关知识、康乐活动组织技能等能力，其次是管理组织技能、基础医疗知识、健康管理知识、紧急救助相关技能等能力，最后是营销技能。如图 5-30 所示。

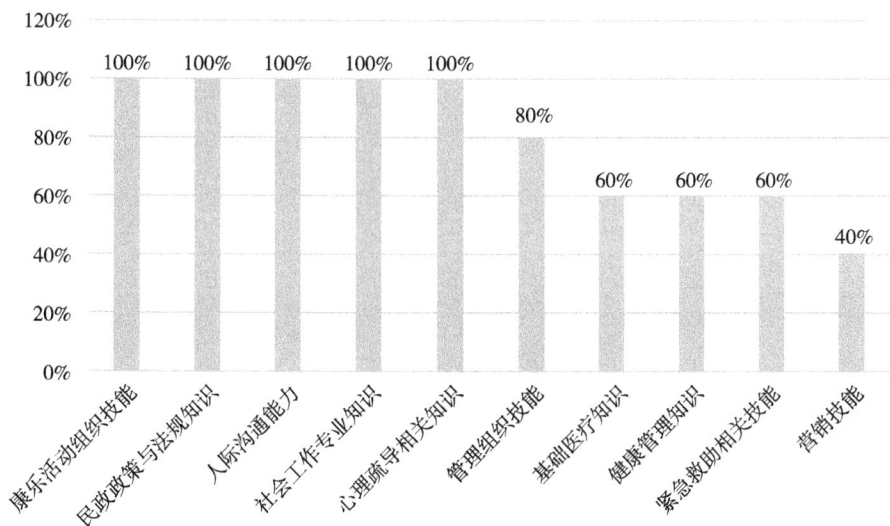

图 5-30　社会工作专业注重培养的知识与技能

从调研数据来看，专业老师较为注重学生服务意识、信息处理、沟通协调、团结协作、质量意识、压力承受、应急处理、自我管理、问题解决等综合素质的培养。如图5-31所示。

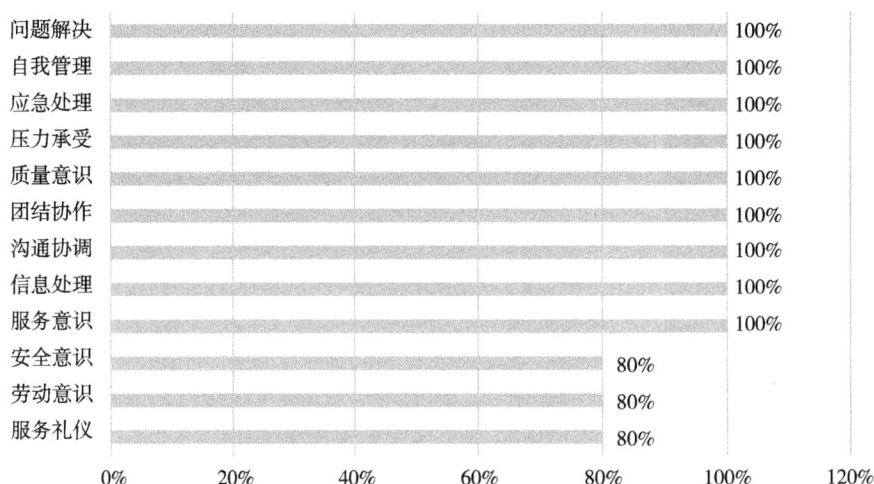

图5-31 社会工作专业注重培养的综合素质

通过对5个专业的人才综合素质培养调研分析结果归纳可知：老年服务与管理专业群相关专业主要培养学生的服务意识、信息处理、沟通协调、压力承受、应急处理等综合素质。

（五）教学开展形式

1.智慧健康养老服务与管理专业

智慧健康养老服务与管理专业有25%的院校采用"2.5+0.5"的教学组织安排，"2+1"模式的占比为50%，其他模式占比为25%。如图5-32所示。

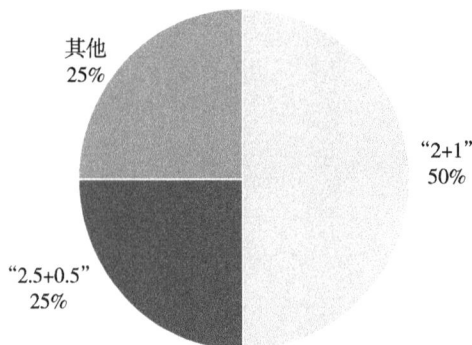

图5-32 智慧健康养老服务与管理专业采用的教学组织安排

在教学过程中，常用的教学方法主要为项目教学法、模块化教学法、案例教学法、任务驱动教学法、虚拟仿真教学法、场景教学法，如图 5-33 所示。

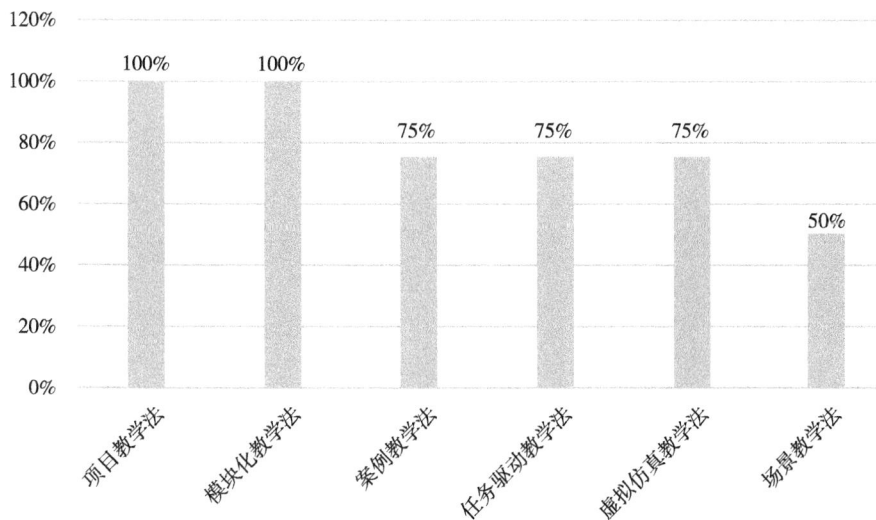

图 5-33　智慧健康养老服务与管理专业教学方法

2. 康复治疗技术专业

调研院校的康复治疗技术专业全部采用"2+1"教学组织安排，对教师进行教学评价主要采用"学生评价 + 系部督导评价 + 学院督导评价"模式。如图 5-34 所示。

100%

图 5-34　康复治疗技术专业采用的教学组织安排

在教学过程中，案例教学法、任务驱动教学法、场景教学法、项目教学法、虚拟仿真教学法、模块化教学法皆常用。如图 5-35 所示。

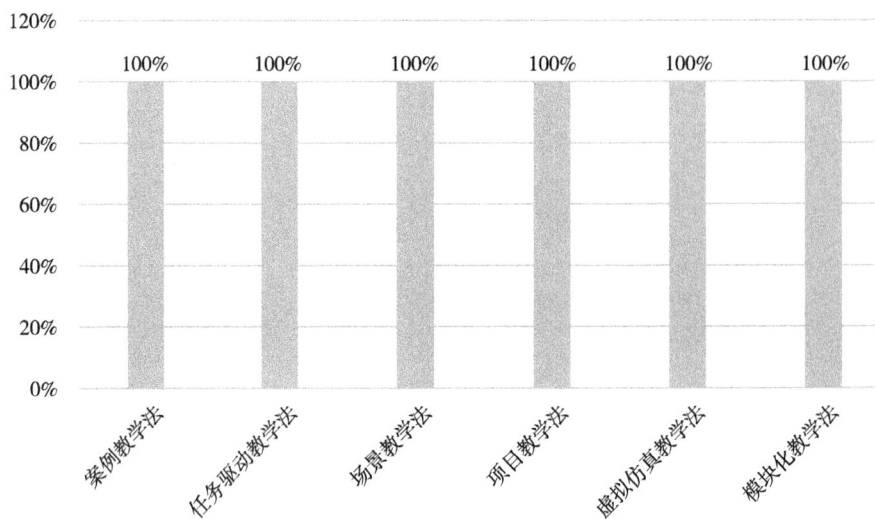

图 5-35　康复治疗技术专业教学方法

3. 护理专业

调研院校的护理专业全部采用"2+1"教学组织安排，如图 5-36 所示。对教师进行教学评价主要采用：①建立健全教学督导机构；②强调教学过程管理，完善相关教学制度；③健全教师评教、学生评教制度；④定期开展教师座谈会、学生座谈会。

100%

图 5-36　护理专业采用的教学组织安排

在教学过程中，常用的教学方法主要为案例教学法、场景教学法、任务驱动教学法、项目教学法等。如图 5-37 所示。

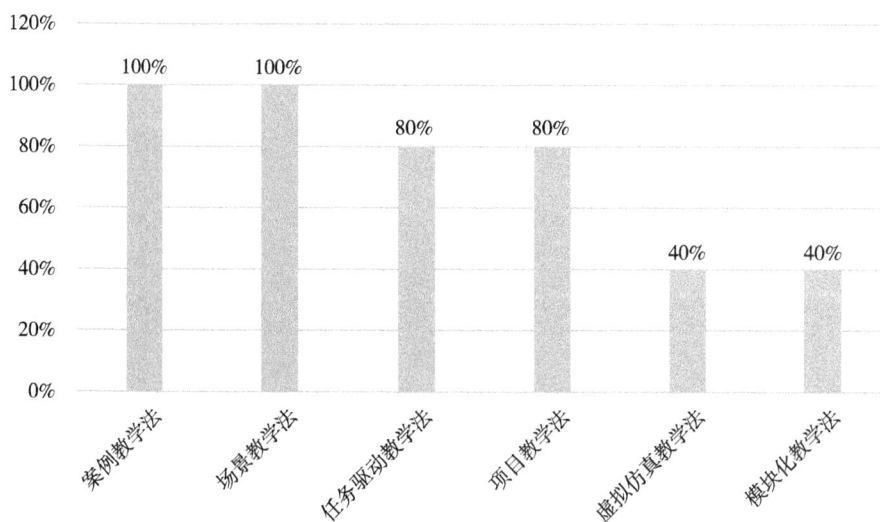

图 5-37　护理专业教学方法

在调研过程中，个别学校强调他们侧重各种案例教学法、任务驱动教学法等，但是这些教学法需要在实施得当的情况下才能实现其突出的教学效果。同时这些教学方法并不能取代传统大班的讲授法。此外，教学要注重实践。学校要安排学生临床实习，由专业老师辅助进行岗位的轮岗和集训。

4. 民政服务与管理专业

民政服务与管理专业有 20% 的院校采用"2.5+0.5"的教学组织安排，"2+1"形式的占比为 40%，其他教学组织安排形式占比为 40%，如图 5-38 所示。对教师进行教学评价主要从教学设计、组织、实施、课堂、课外等维度进行分析。

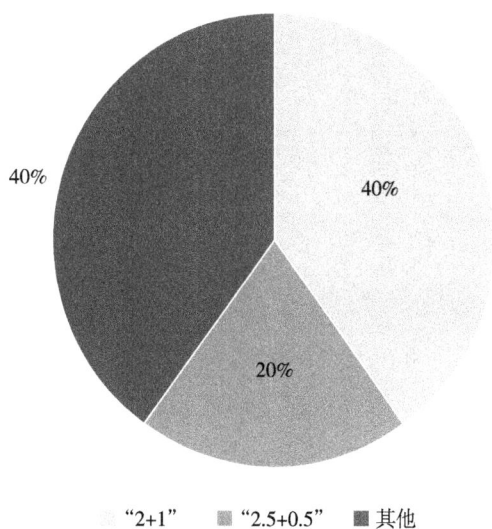

"2+1"　　"2.5+0.5"　　其他

图 5-38　民政服务与管理专业采用的教学组织安排

在教学过程中，常用的教学方法主要为案例教学法、任务驱动教学法、场景教学法。如图 5-39 所示。

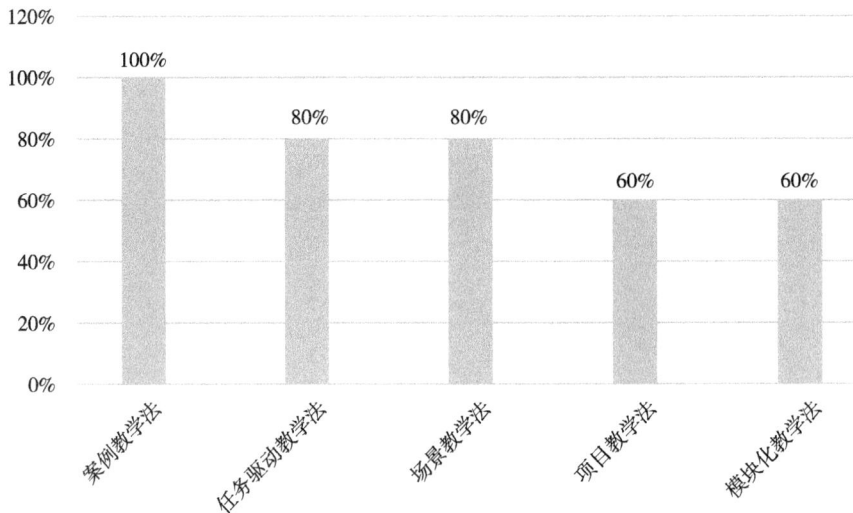

图 5-39　民政服务与管理专业教学方法

5. 社会工作专业

社会工作专业有 60% 的院校采用"2.5+0.5"的教学组织安排，"2+1"形式的占比为 40%，如图 5-40 所示。此外，有老师认为采用"2.5+0.5"的教学组织安排，实习时间较短，一方面不利于学生学习专业技能，另一方面合作实习企业对此模式接受度不高。

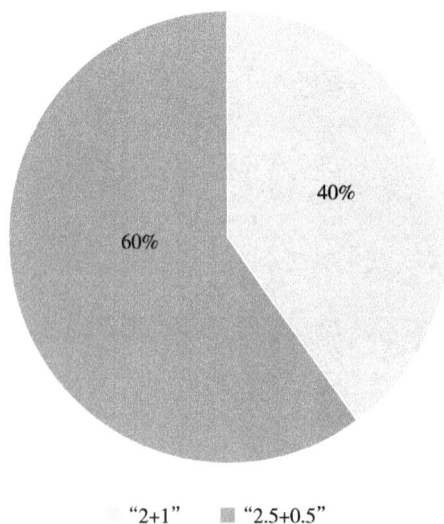

"2+1"　　"2.5+0.5"

图 5-40　社会工作专业采用的教学组织安排

在教学过程中，老师更多采用案例教学法、任务驱动教学法、场景教学法、项目教学法等。如图 5-41 所示。

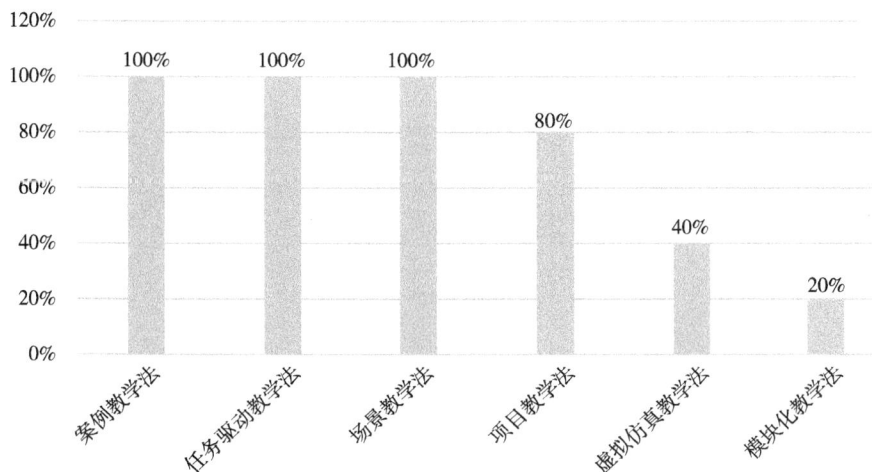

图 5-41 社会工作专业教学方法

通过对 5 个专业教学组织安排和教学方法调研分析结果归纳可知：老年服务与管理专业群相关专业教学组织安排主要形式为"2+1"模式；老年服务与管理专业群教学方法主要为案例教学法、场景教学法。

（六）校企合作情况

1. 智慧健康养老服务与管理专业

智慧健康养老服务与管理专业和企业合作的主要形式并列排前 4 的为订单班 / 现代学徒制、见习实习或顶岗实习、课程嵌入、校企互聘，如图 5-42 所示。

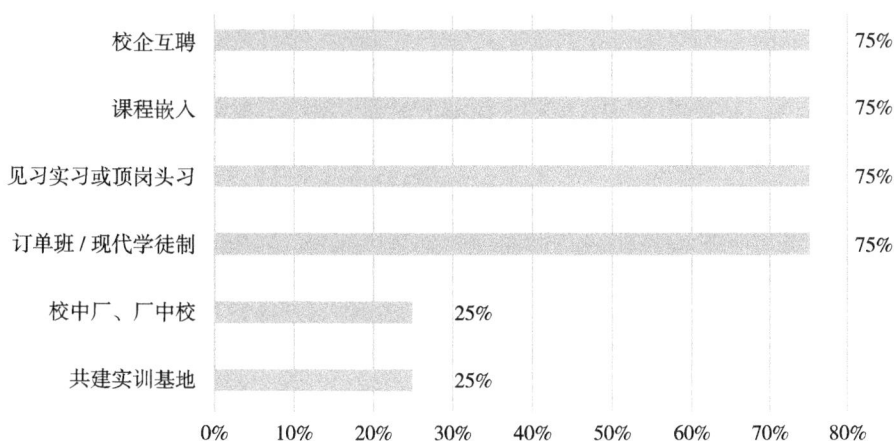

图 5-42 智慧健康养老服务与管理专业和企业合作的主要形式

2. 康复治疗技术专业

康复治疗技术专业与企业合作的主要形式排前 3 的为见习实习或顶岗实习、订单班 / 现代学徒制、校企互聘，如图 5-43 所示。此外，部分学校希望开展与我国港澳台地区或者国外相关院校、企业的合作进而引进更先进的理念和经验。

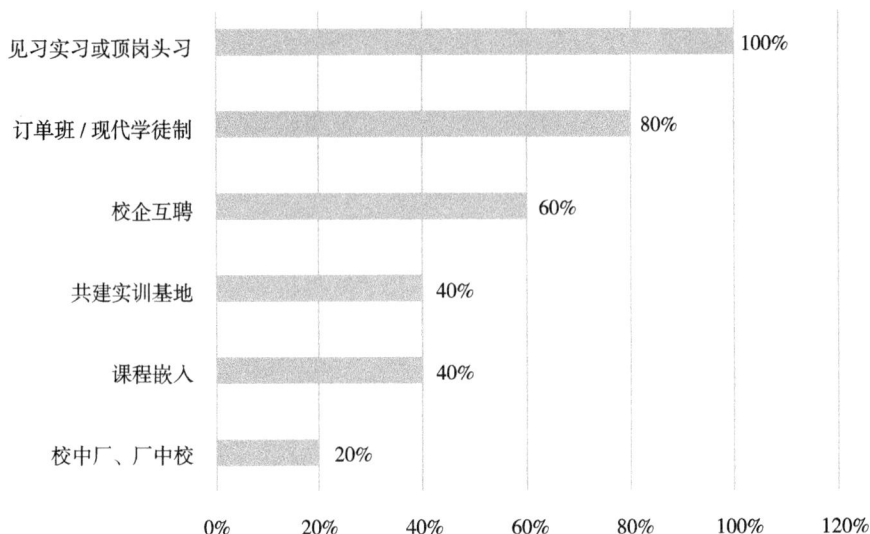

图 5-43　康复治疗技术专业与企业合作的主要形式

3. 护理专业

护理专业与企业合作的主要形式排前 3 的为见习实习或顶岗实习、校企互聘、共建实训基地，如图 5-44 所示。

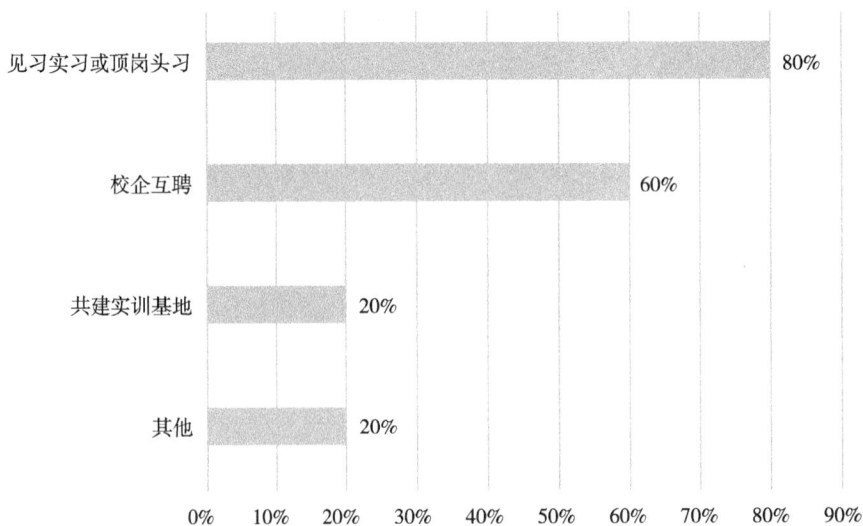

图 5-44　护理专业与企业合作的主要形式

4. 民政服务与管理专业

民政服务与管理专业和企业合作的主要形式排前 3 的为见习实习或顶岗实习、校企互聘、共建实训基地，如图 5-45 所示。部分学校认为请企业人员来给校内学生进行授课的形式更有效。

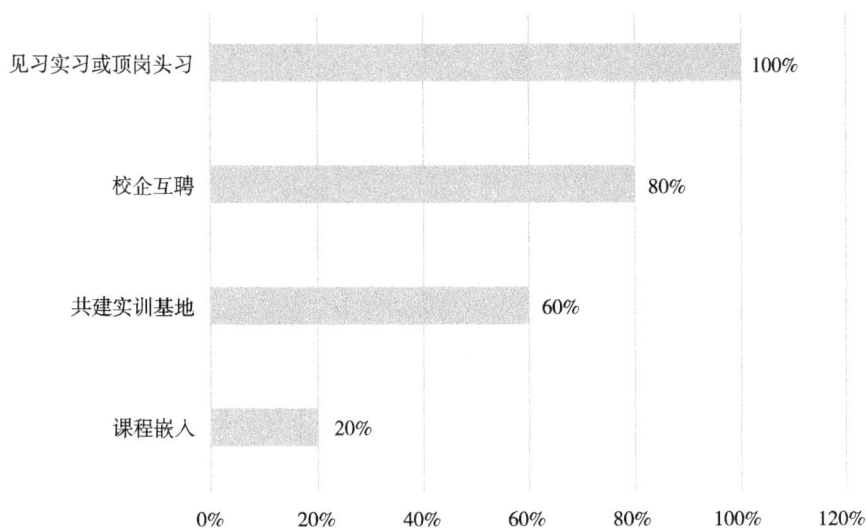

图 5-45　民政服务与管理专业和企业合作的主要形式

5. 社会工作专业

社会工作专业与企业合作的主要形式排前 3 的为见习实习或顶岗实习、共建实训基地和课程嵌入，如图 5-46 所示。

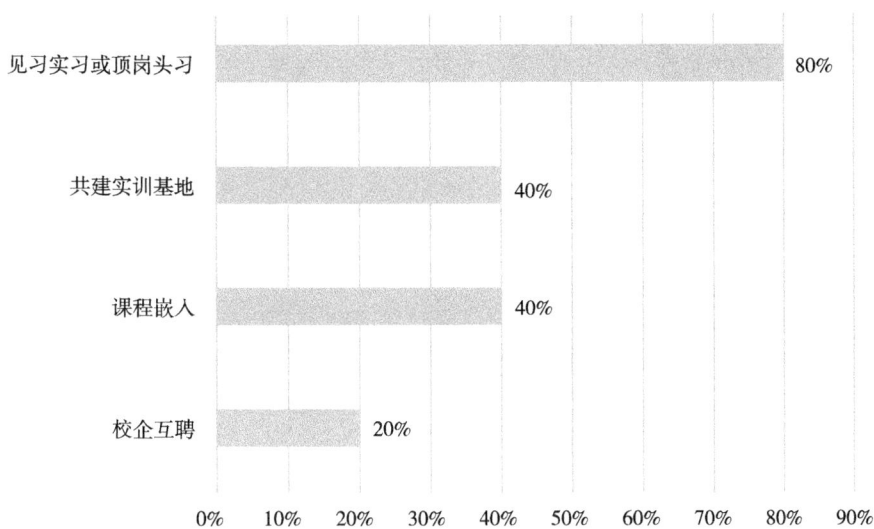

图 5-46　社会工作专业与企业合作的主要形式

通过对 5 个专业与企业合作的主要形式调研分析结果归纳可知：老年服务与管理专业群相关专业与企业合作的主要形式有见习实习或顶岗实习、校企互聘。

（七）资格证书要求

1. 智慧健康养老服务与管理专业

专业老师认为老年照护职业技能等级证书、失智老年人照护职业技能等级证书是该专业必备的，其次是养老护理员职业资格证书（25%）、老年护理服务需求评估职业技能等级证书和社会心理服务职业技能等级证书（25%）。如图 5-47 所示。

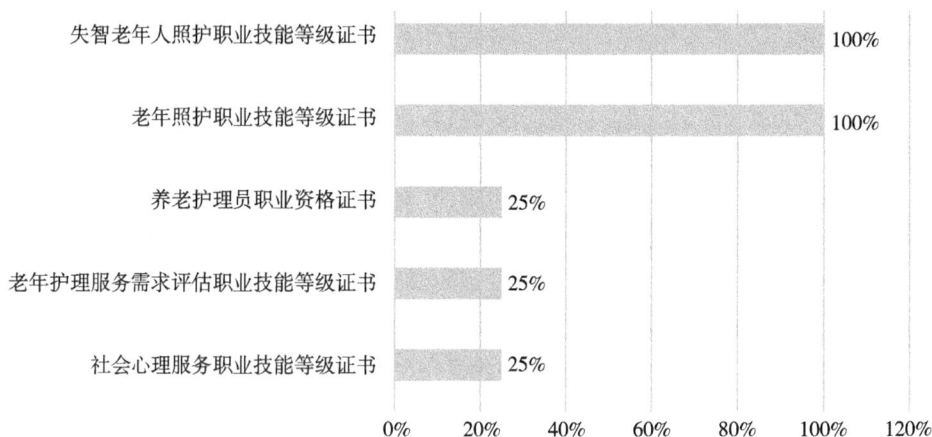

图 5-47 智慧健康养老服务与管理专业技能证书要求

2. 康复治疗技术专业

专业老师认为其他（家庭保健按摩、产后康复、康复治疗师）证书（60%），失智老年人照护职业技能等级证书（40%）、老年照护职业技能等级证书（40%）、健康管理师证书（40%）是该专业学生需持有的。如图 5-48 所示。

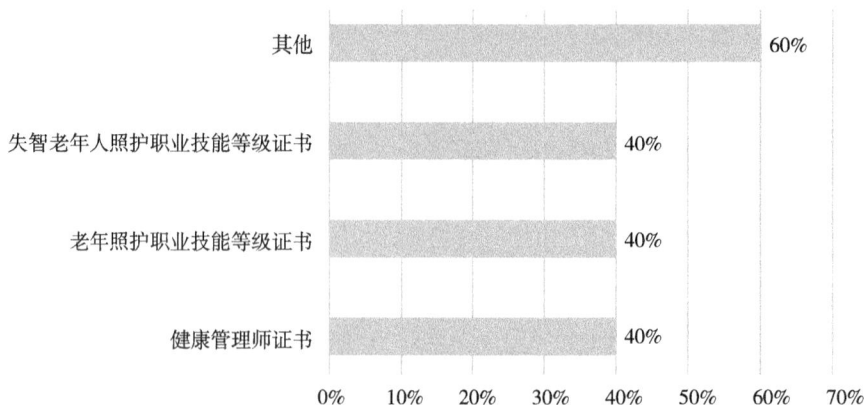

图 5-48 康复治疗技术专业技能证书要求

3. 护理专业

专业老师认为护士执业资格证书和老年照护职业技能等级证书是该专业必备的，其次是养老护理员职业资格证书（40%）等。如图 5-49 所示。

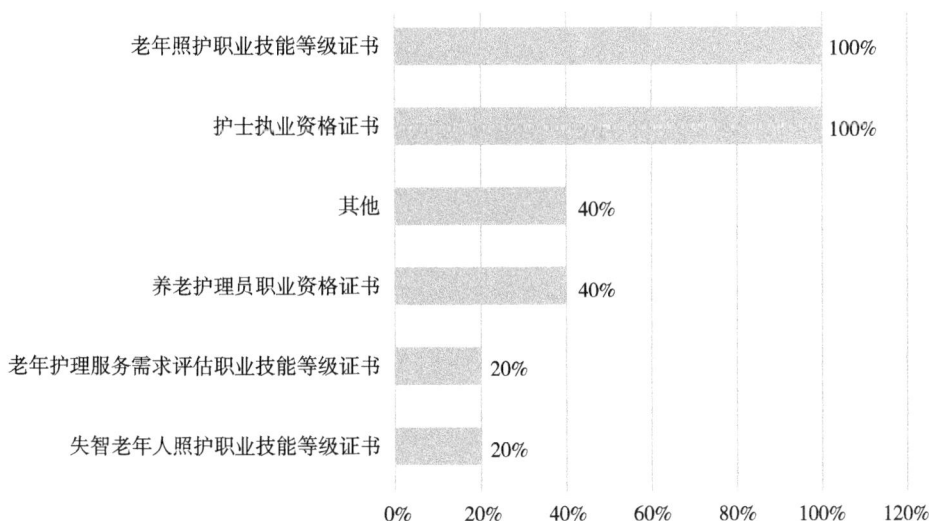

图 5-49 护理专业技能证书要求

4. 民政服务与管理专业

专业老师认为社区治理职业技能等级证书（60%）、养老护理员职业资格证书（40%）、幼儿照护职业技能等级证书（20%）等是该专业学生需持有的。如图 5-50 所示。

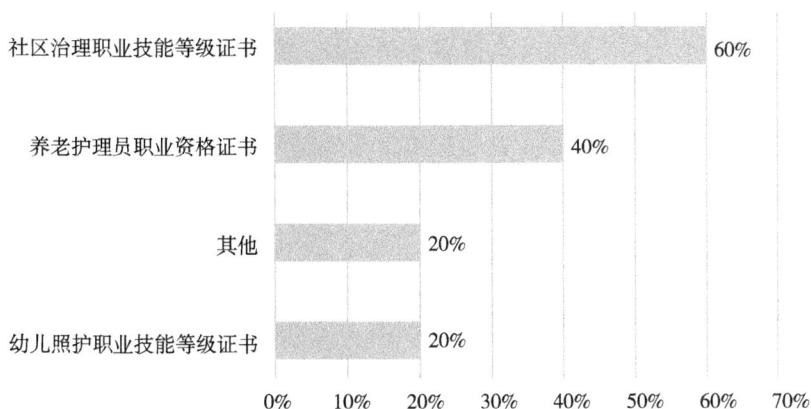

图 5-50 民政服务与管理专业技能证书要求

5. 社会工作专业

专业老师认为社区治理职业技能等级证书（80%）、花艺师技能等级证书等

（40%）、养老护理员职业资格证书（40%）是该专业学生应该持有的。如图5-51所示。

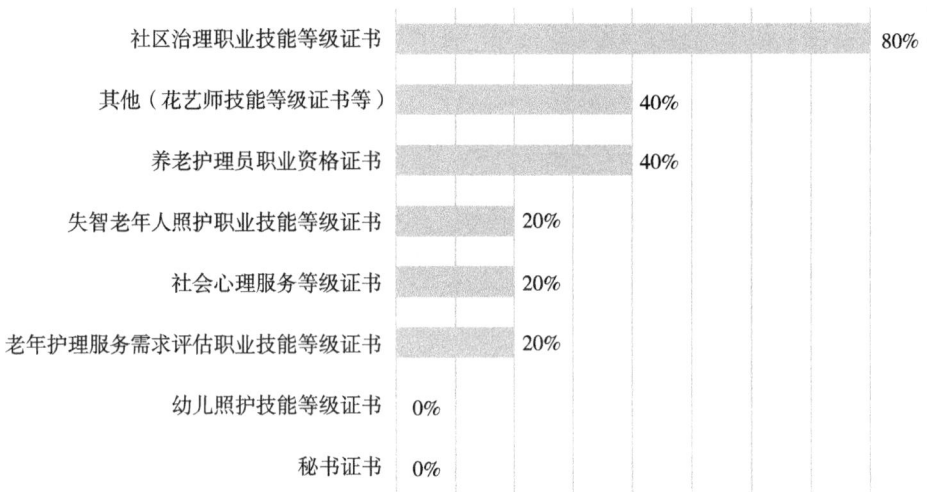

图5-51　社会工作专业技能证书要求

四、老年服务与管理相关专业人才培养建议

各高职院校对老年服务与管理相关专业未来发展趋势普遍看好，针对目前专业现状，提出的建议如下。

在专业素养及能力要求上：要加大培养老年服务与管理专业群学生的服务意识、信息处理、沟通协调、压力承受、应急处理等综合素质，为进入职场、服务民众打好基础并能快速适应岗位要求。

在教学开展形式上：学校以"2+1"的教学组织安排为主要模式，教学方法以案例教学法、场景教学法为主，同时注重根据不同的情景展开不同的教学方法，要与产业、企业的现代化建设接轨。

在资格证书上：学校要重点关注学生考取智慧健康养老服务与管理专业的老年照护职业技能等级证书、失智老年人照护职业技能等级证书；康复治疗技术专业的家庭保健按摩、产后康复、康复治疗师等职业资格证书；护理专业的护士执业资格证书和老年照护职业技能等级证书；民政服务与管理专业和社会工作专业的社区治理职业技能等级证书的具体情况，加大宣传力度，扩大上述证书的学生持有数量。

在课程设置上：各学院应当结合自身独特优势，开发特色课程以提升专业和学生的核心竞争力。如，智慧健康养老服务与管理专业应当循序开发出"儿童、青少年与老年基础""老年食物""社区治理""社区治理与服务""医学概论""营养与膳食"等特色课程；社会工作专业应当积极开发社区治理与文化旅游相结合的独特课程。

在专业协同上：智慧健康养老服务与管理、康复治疗技术、护理、民政服务与管理、社会工作各专业要协同并进，很多项目都需要护理、康复、社工等专业协同合作。在专业群未来发展过程中，要加强专业协调顶层设计，把专业群的资源协调起来形成合力。要进一步思考怎么把专业群融合在一起，特别是同一个项目里要能够体现专业群的协作融合能力。

在人才培养上：第一，跟岗实训是必要之举，该专业群学生要持续学习，所以对于这个专业群的学生而言一年跟岗实训非常必要。在适当情况下，可以考虑"1.5+1.5"教学模式，在实习过程中要培养学生的临床思维、临床技能、分析判断能力与应对能力。第二，有条件的学校要积极开展与我国港澳台地区或者国外相关院校、企业合作进而引进更先进的理念和经验。第三，人才培养方向需要进行多岗位培养，实现学生技能应用多样化，提升学生和专业核心竞争力。

在师资建设上：老年服务与管理专业群相关专业要加大引进师资力量，通过各种渠道培养和训练教师自身素质和能力，并有严格的过程控制来保证职教师资质量，注重教师队伍结构的优化，在学历结构、职称结构等方面都有明确规定；通过大量使用兼职教师，实现社会人才资源的共享，弥补"双师型"教师的不足。此外，要提升老师技能水平，建设企业教师工作站，切实推动专任教师企业顶岗锻炼制度，提升教师实践能力；开展新形态教材建设，引入信息技术改革传统教学模式；改革考核和评价机制。

在校企合作上：高职院校一致认为产教融合型、校企合作能够在高校与企业之间建立起一种长期稳固的校企合作关系，并让高校及时了解企业的运营机制和岗位需求变化、降低人力资源成本、实现资源共享；鼓励企业的实践专家进校授课，通过见习实习或顶岗实习、校企互聘、共建实训基地等方式进行深入合作，将企业的人才需求作为高校人才培养的目标，以就业为导向不断完善高校的人才培养方案，培养出符合社会需要的人才。

附件 1

智慧健康养老服务与管理专业面向院校的调研问卷

为进一步推动职业教育对接社会经济发展和产业转型需要，更好了解老年服务与管理专业群的人才社会需求和职业能力要求，明确学生培养定位，开展智慧健康养老服务与管理专业的调研论证工作，请您抽出宝贵时间填写问卷相关内容。非常感谢您能完成问卷！

1. 您任职的学校名称［填空题］*

_____

2. 您的职务［单选题］*
○ 院系部领导
○ 专业带头人
○ 专业负责人
○ 专任教师
○ 其他，请注明_____*

3. 贵校开设智慧健康养老服务与管理专业的年份是_____。［填空题］*

4. 贵校智慧健康养老服务与管理专业 2022 级招生情况如何？［单选题］*
○ 50 人及以下
○ 51～100 人
○ 101～150 人
○ 151～200 人
○ 200 人以上

5. 您认为智慧健康养老服务与管理专业招生前景如何？［单选题］*
○ 前景很好
○ 基本稳定
○ 逐年递减，前景堪忧

6. 近 3 年贵校智慧健康养老服务与管理专业学生的平均对口就业率是? _____［填空题］*

7. 贵校开设的智慧健康养老服务与管理专业的核心课程有［多选题］*
□ 智慧养老机构管理与实务
□ 老年常见病预防与护理

□ 智慧老年康复护理

□ 智慧养老产业经营与管理

□ 智慧健康养老照护

□ 老年营养与膳食

□ 其他，请注明＿＿＿＿＿＿＿＿*

8. 从您的教学经验来看，您认为是否有需要增加的专业课？请填写＿＿＿＿［填空题］*

9. 贵校智慧健康养老服务与管理专业实践教学占总学时的比例为＿＿＿＿%。［填空题］*

10. 贵校智慧健康养老服务与管理专业开设的实践教学课程是以哪些方式实施的？［多选题］*

□ 专业实训室

□ 企业实训室

□ 演示实训室

□ 其他，请注明＿＿＿＿＿＿＿＿*

11. 贵校智慧健康养老服务与管理专业的师资队伍结构如何？（请从人数、职称、学历、双师比等回答）＿＿＿＿［填空题］*

12. 您认为贵校智慧健康养老服务与管理专业师资建设方面，目前存在的问题主要是？［多选题］*

□ 师资力量不足

□ 师资理论水平欠缺

□ 师资实践能力欠缺

□ 双师型教师数量少

□ 其他，请注明＿＿＿＿＿＿＿＿*

13. 您认为智慧健康养老服务与管理专业人才应具备的知识与技能主要有哪些？［多选题］*

□ 基础医疗知识

□ 护理技能

□ 心理疏导相关知识

□ 健康管理知识

□ 康复评估技术

□ 中国传统康复技术

□ 康乐活动组织技能

□ 营养与保健知识

☐ 管理组织技能

☐ 营销技能

☐ 紧急救助相关技能

☐ 其他_____ *

14. 您认为智慧健康养老服务与管理专业毕业生应具备的综合素质有哪些？[多选题]*

☐ 服务意识

☐ 服务礼仪

☐ 信息处理

☐ 劳动意识

☐ 沟通协调

☐ 团结协作

☐ 安全意识

☐ 质量意识

☐ 压力承受

☐ 应急处理

☐ 自我管理

☐ 问题解决

☐ 其他，请注明_____ *

15. 智慧健康养老服务与管理专业采用哪种教学组织安排？[单选题]*

○ "2+1"

○ 2.5+0.5

○ 其他，请注明_____ *

16. 在智慧健康养老服务与管理专业的教学中会用到哪些教学方法？[多选题]*

☐ 案例教学法

☐ 任务驱动教学法

☐ 场景教学法

☐ 项目教学法

☐ 虚拟仿真教学法

☐ 模块化教学法

☐ 其他，请注明_____ *

17. 贵校智慧健康养老服务与管理专业和企业合作的主要形式有？[多选题]*

☐ 订单班 / 现代学徒制

☐ 见习实习或顶岗实习

□ 课程嵌入

□ 共建实训基地

□ 校企互聘

□ 校中厂、厂中校

□ 其他，请注明_____ *

□ 无合作

18. 贵校对本专业职业资格证书要求有以下哪些？［多选题］*

□ 老年照护职业技能等级证书

□ 社会心理服务等级证书

□ 失智老年人照护职业技能等级证书

□ 老年护理服务需求评估职业技能等级证书

□ 养老护理员职业资格证书

□ 其他_____ *

19. 贵校智慧健康养老服务与管理专业的学生对口就业方向及岗位是？［填空题］*

_____

20. 您对智慧健康养老服务与管理专业人才培养的其他意见和建议。［填空题］*

_____

附件 2

康复治疗技术专业面向院校的调研问卷

为进一步推动职业教育对接社会经济发展和产业转型需要，更好了解老年服务与管理专业群的人才社会需求和职业能力要求，明确学生培养定位，开展康复治疗技术专业的调研论证工作，请您抽出宝贵时间填写问卷相关内容。非常感谢您能完成问卷！

1. 您任职的学校名称［填空题］*

_____

2. 您的职务［单选题］*
○ 院系部领导
○ 专业带头人
○ 专业负责人
○ 专任教师
○ 其他，请注明_____ *

3. 贵校开设康复治疗技术专业的年份是_____。［填空题］*

4. 贵校康复治疗技术专业 2022 级招生情况如何？［单选题］*
○ 50 人及以下
○ 51～100 人
○ 101～150 人
○ 151～200 人
○ 200 人以上

5. 您认为康复治疗技术专业招生前景如何？［单选题］*
○ 前景很好
○ 基本稳定
○ 逐年递减，前景堪忧

6. 近 3 年贵校康复治疗技术专业学生的平均对口就业率是？_____［填空题］*

7. 贵校开设的康复治疗技术专业的核心课程有［多选题］*
□ 作业治疗技术
□ 传统康复治疗技术
□ 物理因子治疗技术

□ 运动治疗技术

□ 肌肉骨骼康复技术

□ 神经康复技术

□ 其他，请注明＿＿＿＿＿＿＿＿＿*

8. 从您的教学经验来看，您认为是否有需要增加的专业课？请填写＿＿＿＿［填空题］*

9. 贵校康复治疗技术专业实践教学占总学时的比例为＿＿＿＿%。［填空题］*

10. 贵校康复治疗技术专业开设的实践教学课程是以哪些方式实施的？［多选题］*

□ 专业实训室

□ 企业实训室

□ 演示实训室

□ 其他，请注明＿＿＿＿＿＿＿＿＿*

11. 贵校康复治疗技术专业的师资队伍结构如何？（请从人数、职称、学历、双师比等回答）＿＿＿＿＿［填空题］*

12. 您认为贵校康复治疗技术专业师资建设方面，目前存在的问题主要是？［多选题］*

□ 师资力量不足

□ 师资理论水平欠缺

□ 师资实践能力欠缺

□ 双师型教师数量少

□ 其他，请注明＿＿＿＿＿＿＿＿＿*

13. 您认为康复治疗技术专业人才应具备的知识与技能主要有哪些？［多选题］*

□ 基础医疗知识

□ 正常人体结构与机能的基础知识

□ 诊断学基础知识

□ 心理疏导相关知识

□ 康复评估技术

□ 言语治疗技术

□ 作业治疗技术

□ 运动治疗技术

□ 中国传统康复技术

□ 物理因子治疗技术

□ 神经康复治疗技术

□ 肌肉骨骼康复技术

□ 护理技能

□ 健康管理知识

□ 紧急救助相关技能

□ 营销技能

□ 管理组织技能

□ 其他_____ *

14. 您认为康复治疗技术专业毕业生应具备的综合素质有哪些？[多选题]*

□ 服务意识

□ 服务礼仪

□ 信息处理

□ 劳动意识

□ 沟通协调

□ 团结协作

□ 安全意识

□ 质量意识

□ 压力承受

□ 应急处理

□ 自我管理

□ 问题解决

□ 其他，请注明_____ *

15. 康复治疗技术专业采用哪种教学组织安排？[单选题]*

○ "2+1"

○ 2.5+0.5

○ 其他，请注明_____ *

16. 在康复治疗技术专业的教学中会用到哪些教学方法？[多选题]*

□ 案例教学法

□ 任务驱动教学法

□ 场景教学法

□ 项目教学法

□ 虚拟仿真教学法

□ 模块化教学法

□ 其他，请注明_____ *

17. 贵校康复治疗技术专业与企业合作的主要形式有？[多选题]*

□ 订单班 / 现代学徒制

□ 见习实习或顶岗实习

□ 课程嵌入

□ 共建实训基地

□ 校企互聘

□ 校中厂、厂中校

□ 其他，请注明＿＿＿＿＿＿＿＿*

□ 无合作

18. 贵校对本专业职业资格证书要求有以下哪些？［多选题］*

□ 健康管理师证书

□ 健康照护师职业资格证书

□ 老年照护职业技能等级证书

□ 失智老年人照护职业技能等级证书

□ 老年护理服务需求评估职业技能等级证书

□ 其他＿＿＿＿＿＿＿＿*

19. 贵校康复治疗技术专业的学生对口就业方向及岗位是？［填空题］*

＿＿＿＿＿＿＿＿＿＿＿＿＿＿＿＿＿＿＿＿＿＿＿＿＿＿＿＿＿＿＿＿＿＿

20. 您对康复治疗技术专业人才培养的其他意见和建议。［填空题］*

＿＿＿＿＿＿＿＿＿＿＿＿＿＿＿＿＿＿＿＿＿＿＿＿＿＿＿＿＿＿＿＿＿＿

附件 3

护理专业面向院校的调研问卷

　　为进一步推动职业教育对接社会经济发展和产业转型需要，更好了解老年服务与管理专业群的人才社会需求和职业能力要求，明确学生培养定位，开展护理专业的调研论证工作，请您抽出宝贵时间填写问卷相关内容。非常感谢您能完成问卷！

1. 您任职的学校名称［填空题］*

_____

2. 您的职务［单选题］*
○ 院系部领导
○ 专业带头人
○ 专业负责人
○ 专任教师
○ 其他，请注明_____*

3. 贵校开设护理专业的年份是_____。［填空题］*

4. 贵校护理专业 2022 级招生情况如何？［单选题］*
○ 50 人及以下
○ 51～100 人
○ 101～150 人
○ 151～200 人
○ 200 人以上

5. 您认为护理专业招生前景如何？［单选题］*
○ 前景很好
○ 基本稳定
○ 逐年递减，前景堪忧

6. 近 3 年贵校护理专业学生的平均对口就业率是？_____［填空题］*

7. 贵校开设的护理专业的核心课程有［多选题］*
□ 护理学基础
□ 健康评估
□ 内科护理
□ 外科护理

☐ 妇产科护理

☐ 老年护理

☐ 儿科护理

☐ 急救护理

☐ 其他，请注明_____ *

8. 从您的教学经验来看，您认为是否有需要增加的专业课？请填写_____ ［填空题］*

9. 贵校护理专业实践教学占总学时的比例为_____%。［填空题］*

10. 贵校护理专业开设的实践教学课程是以哪些方式实施的？［多选题］*

☐ 专业实训室

☐ 企业实训室

☐ 演示实训室

☐ 其他，请注明_____ *

11. 贵校护理专业的师资队伍结构如何？（请从人数、职称、学历、双师比等回答）_____［填空题］*

12. 您认为贵校护理专业师资建设方面，目前存在的问题主要是？［多选题］*

☐ 师资力量不足

☐ 师资理论水平欠缺

☐ 师资实践能力欠缺

☐ 双师型教师数量少

☐ 其他，请注明_____ *

13. 您认为护理专业人才应具备的知识与技能主要有哪些？［多选题］*

☐ 基础医疗知识

☐ 临床护理技能

☐ 健康管理知识

☐ 紧急救助相关技能

☐ 心理疏导相关知识

☐ 康乐活动组织技能

☐ 管理组织技能

☐ 营销技能

☐ 其他_____ *

14. 您认为护理专业毕业生应具备的综合素质有哪些？［多选题］*

☐ 服务意识

☐ 服务礼仪

☐ 信息处理

☐ 劳动意识

☐ 沟通协调

☐ 团结协作

☐ 安全意识

☐ 质量意识

☐ 压力承受

☐ 应急处理

☐ 自我管理

☐ 问题解决

☐ 其他，请注明＿＿＿＿＿＿＿＿*

15. 护理专业采用哪种教学组织安排？［单选题］*

○ "2+1"

○ 2.5+0.5

○ 其他，请注明＿＿＿＿＿＿＿＿*

16. 在护理专业的教学中会用到哪些教学方法？［多选题］*

☐ 案例教学法

☐ 任务驱动教学法

☐ 场景教学法

☐ 项目教学法

☐ 虚拟仿真教学法

☐ 模块化教学法

☐ 其他，请注明＿＿＿＿＿＿＿＿*

17. 贵校护理专业与企业合作的主要形式有？［多选题］*

☐ 订单班／现代学徒制

☐ 见习实习或顶岗实习

☐ 课程嵌入

☐ 共建实训基地

☐ 校企互聘

☐ 校中厂、厂中校

☐ 其他，请注明＿＿＿＿＿＿＿＿*

☐ 无合作

18. 贵校对本专业职业资格证书要求有以下哪些？［多选题］*

☐ 护士执业资格证书

□ 老年照护职业技能等级证书

□ 失智老年人照护职业技能等级证书

□ 老年护理服务需求评估职业技能等级证书

□ 养老护理员职业资格证书

□ 其他＿＿＿＿＿＿＿＿＿＿＿ *

19. 贵校护理专业的学生对口就业方向及岗位是？[填空题]*

_____

20. 您对护理专业人才培养的其他意见和建议。[填空题]*

_____

附件 4

民政服务与管理专业面向院校的调研问卷

为进一步推动职业教育对接社会经济发展和产业转型需要,更好了解老年服务与管理专业群的人才社会需求和职业能力要求,明确学生培养定位,开展民政服务与管理专业的调研论证工作,请您抽出宝贵时间填写问卷相关内容。非常感谢您能完成问卷!

1. 您任职的学校名称 [填空题] *

_____

2. 您的职务 [单选题] *
○ 院系部领导
○ 专业带头人
○ 专业负责人
○ 专任教师
○ 其他,请注明_____ *

3. 贵校开设民政服务与管理专业的年份是_____。[填空题] *

4. 贵校民政服务与管理专业 2022 级招生情况如何?[单选题] *
○ 50 人及以下
○ 51 ~ 100 人
○ 101 ~ 150 人
○ 151 ~ 200 人
○ 200 人以上

5. 您认为民政服务与管理专业招生前景如何?[单选题] *
○ 前景很好
○ 基本稳定
○ 逐年递减,前景堪忧

6. 近 3 年贵校民政服务与管理专业学生的平均对口就业率是? _____ [填空题] *

7. 贵校开设的民政服务与管理专业的核心课程有 [多选题] *
□ 民政工作
□ 社区治理
□ 社会福利服务

□ 婚姻与收养实务

□ 社会救助实务

□ 其他，请注明_____ *

8. 从您的教学经验来看，您认为是否有需要增加的专业课？请填写_____［填空题］*

9. 贵校民政服务与管理专业实践教学占总学时的比例为_____%。［填空题］*

10. 贵校民政服务与管理专业开设的实践教学课程是以哪些方式实施的？［多选题］*

□ 专业实训室

□ 企业实训室

□ 演示实训室

□ 其他，请注明_____ *

11. 贵校民政服务与管理专业的师资队伍结构如何？（请从人数、职称、学历、双师比等回答）_____［填空题］*

12. 您认为贵校民政服务与管理专业师资建设方面，目前存在的问题主要是？［多选题］*

□ 师资力量不足

□ 师资理论水平欠缺

□ 师资实践能力欠缺

□ 双师型教师数量少

□ 其他，请注明_____ *

13. 您认为民政服务与管理专业人才应具备的知识与技能主要有哪些？［多选题］*

□ 管理组织技能

□ 人际沟通能力

□ 民政政策与法规知识

□ 社区服务知识

□ 健康管理知识

□ 紧急救助相关技能

□ 心理疏导相关知识

□ 康乐活动组织技能

□ 营销技能

□ 其他_____ *

14. 您认为民政服务与管理专业毕业生应具备的综合素质有哪些？［多选题］*

□ 服务意识

□ 服务礼仪

☐ 信息处理

☐ 劳动意识

☐ 沟通协调

☐ 团结协作

☐ 安全意识

☐ 质量意识

☐ 压力承受

☐ 应急处理

☐ 自我管理

☐ 问题解决

☐ 其他，请注明＿＿＿＿＿＿＿＿＿＿*

15. 民政服务与管理专业采用哪种教学组织安排？［单选题］*

○ "2+1"

○ 2.5+0.5

○ 其他，请注明＿＿＿＿＿＿＿＿＿＿*

16. 在民政服务与管理专业的教学中会用到哪些教学方法？［多选题］*

☐ 案例教学法

☐ 任务驱动教学法

☐ 场景教学法

☐ 项目教学法

☐ 虚拟仿真教学法

☐ 模块化教学法

☐ 其他，请注明＿＿＿＿＿＿＿＿＿＿*

17. 贵校民政服务与管理专业和企业合作的主要形式有？［多选题］*

☐ 订单班/现代学徒制

☐ 见习实习或顶岗实习

☐ 课程嵌入

☐ 共建实训基地

☐ 校企互聘

☐ 校中厂、厂中校

☐ 其他，请注明＿＿＿＿＿＿＿＿＿＿*

☐ 无合作

18. 贵校对本专业职业资格证书要求有以下哪些？［多选题］*

☐ 秘书证书

□ 养老护理员职业资格证书

□ 失智老年人照护职业技能等级证书

□ 老年护理服务需求评估职业技能等级证书

□ 社区治理职业技能等级证书

□ 社会心理服务等级证书

□ 幼儿照护技能等级证书

□ 其他_____ *

19. 贵校民政服务与管理专业的学生对口就业方向及岗位是？[填空题]*

_____

20. 您对民政服务与管理专业人才培养的其他意见和建议。[填空题]*

_____

附件 5

社会工作专业面向院校的调研问卷

为进一步推动职业教育对接社会经济发展和产业转型需要，更好了解老年服务与管理专业群的人才社会需求和职业能力要求，明确学生培养定位，开展社会工作专业的调研论证工作，请您抽出宝贵时间填写问卷相关内容。非常感谢您能完成问卷！

1. 您任职的学校名称 [填空题] *

_____

2. 您的职务 [单选题] *
○ 院系部领导
○ 专业带头人
○ 专业负责人
○ 专任教师
○ 其他，请注明_____ *
3. 贵校开设社会工作专业的年份是_____。[填空题] *
4. 贵校社会工作专业 2022 级招生情况如何？ [单选题] *
○ 50 人及以下
○ 51 ~ 100 人
○ 101 ~ 150 人
○ 151 ~ 200 人
○ 200 人以上
5. 您认为社会工作专业招生前景如何？ [单选题] *
○ 前景很好
○ 基本稳定
○ 逐年递减，前景堪忧
6. 近 3 年贵校社会工作专业学生的平均对口就业率是？ _____ [填空题] *
7. 贵校开设的社会工作专业的核心课程有 [多选题] *
□ 社会工作导论
□ 个案工作
□ 小组工作
□ 社区工作

□ 社会工作实务

□ 社会工作行政

□ 其他，请注明_____ *

8. 从您的教学经验来看，您认为是否有需要增加的专业课？请填写_____ [填空题] *

9. 贵校社会工作专业实践教学占总学时的比例为_____%。[填空题] *

10. 贵校社会工作专业开设的实践教学课程是以哪些方式实施的？[多选题] *

□ 专业实训室

□ 企业实训室

□ 演示实训室

□ 其他，请注明_____ *

11. 贵校社会工作专业的师资队伍结构如何？（请从人数、职称、学历、双师比等回答）_____ [填空题] *

12. 您认为贵校社会工作专业师资建设方面，目前存在的问题主要是？[多选题] *

□ 师资力量不足

□ 师资理论水平欠缺

□ 师资实践能力欠缺

□ 双师型教师数量少

□ 其他，请注明_____ *

13. 您认为社会工作专业人才应具备的知识与技能主要有哪些？[多选题] *

□ 管理组织技能

□ 人际沟通能力

□ 社会工作专业知识

□ 民政政策与法规知识

□ 基础医疗知识

□ 健康管理知识

□ 紧急救助相关技能

□ 心理疏导相关知识

□ 康乐活动组织技能

□ 营销技能

□ 其他_____ *

14. 您认为社会工作专业毕业生应具备的综合素质有哪些？[多选题] *

□ 服务意识

□ 服务礼仪

□ 信息处理

□ 劳动意识

□ 沟通协调

□ 团结协作

□ 安全意识

□ 质量意识

□ 压力承受

□ 应急处理

□ 自我管理

□ 问题解决

□ 其他，请注明_____*

15. 社会工作专业采用哪种教学组织安排？［单选题］*

○ "2+1"

○ 2.5+0.5

○ 其他，请注明_____*

16. 在社会工作专业的教学中会用到哪些教学方法？［多选题］*

□ 案例教学法

□ 任务驱动教学法

□ 场景教学法

□ 项目教学法

□ 虚拟仿真教学法

□ 模块化教学法

□ 其他，请注明_____*

17. 贵校社会工作专业与企业合作的主要形式有？［多选题］*

□ 订单班/现代学徒制

□ 见习实习或顶岗实习

□ 课程嵌入

□ 共建实训基地

□ 校企互聘

□ 校中厂、厂中校

□ 其他，请注明_____*

□ 无合作

18. 贵校对本专业职业资格证书要求有以下哪些？［多选题］*

□ 秘书证书

□ 社区治理职业技能等级证书

□ 社会心理服务等级证书

□ 养老护理员职业资格证书

□ 失智老年人照护职业技能等级证书

□ 老年护理服务需求评估职业技能等级证书

□ 幼儿照护技能等级证书

□ 其他＿＿＿＿＿＿＿＿*

19. 贵校社会工作专业的学生对口就业方向及岗位是？［填空题］*

_____

20. 您对社会工作专业人才培养的其他意见和建议。［填空题］*

_____

附件6

重庆城市管理职业学院老年服务与管理
专业群面向院校的深度访谈提纲

受访人		联系方式	
受访人单位		职称	
访谈时间		访谈地点	

非常感谢您能抽出宝贵的时间完成访谈，为进一步推动职业教育对接社会经济发展和产业转型需要，更好了解老年服务与管理专业群（包括智慧健康养老服务与管理、康复治疗技术、护理、民政服务与管理、社会工作）人才的社会需求和职业能力要求，明确学生培养定位，特开展专业群的调研论证工作，请依据您的实际情况和真实想法回答，我们承诺对调查结果的保密，在未经授权的情况下不会向第三方透露相关内容。最后再次衷心感谢您对本次调查的支持与配合！

受访人从教情况

1.您是教授什么专业，教龄多久？
【收集信息：受访人从教专业】
2.您教授哪些课程？
【收集信息：受访人教过的课程经历】

专业开设情况

3.请问贵校什么时候开设的专业群相关专业（智慧健康养老服务与管理、康复治疗技术、护理、民政服务与管理、社会工作）？
4.近3年的招生情况怎么样，每年招多少人，现在有多少在校生，生源状况怎么样？
5.专业招生男女比例怎么样？

毕业生情况

6.该专业每年毕业生大概有多少人（智慧健康养老服务与管理、康复治疗技术、护理、民政服务与管理、社会工作）？
7.（就业率）近3年的就业率分别是多少，对口就业率分别是多少？

8.（岗位群）该专业毕业生一般主要从事什么岗位呢？

9.用人单位对该专业毕业生从事工作的表现反馈如何？

资格证书

10.贵校相关专业学生一般考取哪些职业资格证书（智慧健康养老服务与管理、康复治疗技术、护理、民政服务与管理、社会工作）？

11.学校是否举行专门的考前培训，是否有第三方培训机构介入？

师资队伍

12.贵校相关专业的师资队伍结构怎么样（智慧健康养老服务与管理、康复治疗技术、护理、民政服务与管理、社会工作）？

➤ 有多少专业教师，各个年龄层占比如何？

➤（职称）教授多少人，副教授多少人，讲师多少人，助教多少人？

➤（学历）教师队伍学历构成方面，博士多少人，硕士多少人，本科多少人？

➤（双师）"双师"素质教师比例有多少，具有3年以上企业工作经历教师比例有多少？

13.贵校该专业的教师一般考取哪些资格证书？

课程安排

14.您认为贵校相关专业的课程设置怎么样（智慧健康养老服务与管理、康复治疗技术、护理、民政服务与管理、社会工作）？

➤ 贵校相关专业人才培养方案中，理论课程和实践课程的结构比例是多少？人才培养方案的执行情况如何？

➤（专业课）除了全校性的基础课，针对该专业总共开设有多少门专业课程，专业课一般从第几学期开始排课？

➤（专业核心课）专业核心课程是哪几门？专业核心课程主要安排在哪几个学期？专业核心课程一般安排多少学时，其他专业课平均大概有多少学时？

➤（特色课程）专业开设了哪些特色课程？

➤ 什么情况下会更新该专业的教学内容，多长时间更新一次？

➤ 您个人认为专业课的实用性、实战性、综合性如何？

➤ 贵校的相关专业是否有针对某一个岗位（岗位群）开设针对性课程？请您列举围绕这个重点就业岗位（群）开设的所有专业课程名称。

➤ 您觉得目前贵校相关专业的课程设置是否能够满足企业需求？如不能，还需要开设哪些课程？

➤ 您觉得贵校相关专业学生是否能够实现毕业直接零距离上岗就业。为什么？

实训条件

15. 贵校相关专业的实训室有哪些，校外实训基地有哪些（智慧健康养老服务与管理、康复治疗技术、护理、民政服务与管理、社会工作）？

16. 有深度合作企业投入配套实训资源吗，分别投入哪些实训资源？

17.（实训技能）实训主要覆盖哪些专业岗位技能，具体开发了哪些有代表性的实训项目？

教学实施

18. 教学组织实施情况怎么样，是否采用"2+1"或者"2.5+0.5"教学组织安排？

19. 怎么对教师进行教学评价，有哪些质量保障措施？

20. 相关专业的教学存在什么问题，有何改进建议（智慧健康养老服务与管理、康复治疗技术、护理、民政服务与管理、社会工作）？

校企合作

21. 贵校相关专业是否有校企合作培养的形式或合作意向？采用的是哪种形式的校企合作（现代学徒制/顶岗实习/订单班）（智慧健康养老服务与管理、康复治疗技术、护理、民政服务与管理、社会工作）？

22. 重点与哪几家企业进行合作，分别是哪些就业岗位方向？

23. 校企合作共育人才的重点放在哪些方面？

24. 每个班级是否安排一名专职教师专人脱产指导？

25. 总体上，贵校相关专业校企合作情况如何，顺利吗，取得了哪些成效？

26. 贵校希望进一步拓展何种形式的校企合作形式，为什么？

老年服务与管理专业群
岗位能力分析报告

一、开展老年服务与管理专业群岗位能力分析的必要性

在习近平新时代中国特色社会主义思想的指导下，我国不断深入贯彻落实全国教育大会和全国职业教育大会精神，落实《国家职业教育改革实施方案》，坚持职业教育的类型特色，深化育人机制改革，构建出适应于各专业特色的职业院校高水平专业群建设评价体系，以促进我国的高职院校形成更加完善的专业群质量管理体系，更好地服务院校自身的高质量发展、促进院校毕业生的高质量就业。而专业群职业能力分析是高职院校一项重要的专业建设输出内容，开展职业能力分析有利于产教融合体系的完善与更新，有利于实现专业发展与岗位发展的高度协同，有利于高职院校和高职学生的长远发展。

重庆城市管理职业学院老年服务与管理专业群建设评价体系的核心是人才培养策略模式创新型评价、专业设置合理性评价、课程资源改革评价等，而上述核心要素的基础是开展职业能力分析的相关工作，因此在编制专业群相关专业的教学标准、课程标准等人才培养策略之前，针对该专业群开展兼具科学性与系统性的职业能力分析是十分必要的。

本报告研究岗位能力分析在高职院校建设高水平专业群中的必要性，并详细介绍重庆城市管理职业学院针对老年服务与管理专业群开展的岗位能力分析的实施过程与显著成效。

（一）养老行业的巨大变革

中国已经进入老龄化社会，国家统计局数据显示，截至 2021 年末，我国 60 岁及以上人口超 2.67 亿，65 岁及以上人口达 1.9 亿，占全国总人口的 18.9%。60 岁及以上人口的比重上升 5.44 个百分点，65 岁及以上人口的比重上升 4.63 个百分点。而中国社会科学院发布的《中国养老产业发展白皮书》数据显示，预计到 2030 年中国养老产业市场规模可达 13 万亿元，以上数据表明我国社会老龄化越加严重，养老产业市场规模持续扩大。

近 5 年来，国家在健康智慧养老方面制定了一系列战略性的政策文件，其中"医疗大数据""智慧养老""互联网＋养老"等字眼频繁出现，提出在全国范围内大量开

展"医疗大数据"应用、结合"互联网＋医疗健康"应用、建设智慧养老示范点等不断优化养老市场。各级政府提出大力发展中医药健康养老服务，健全完善医疗卫生机构与养老机构合作机制，推动医养结合；发展智慧健康养老服务，提升智慧健康养老创新服务能力；培育壮大健康养老产业，推动养老机构提质增效；重视长期照护保险试点工作，完善长期照护保险政策；建立普惠制养老服务体系，实现品质养老。

综上所述，随着我国老龄化程度的加深、老年人对高质量养老生活的追求和政府关注力度的持续加大，数字经济背景下的智慧养老服务产业正在蓬勃发展。与此同时，传统养老模式的服务人员标准也在发生着变化，智慧养老产业与传统养老产业均显示出对年轻、高学历的专业人才与看护服务人才的需求。行业正在经历巨大的变革，而行业的变化将会促使从业者的职业能力素养发生相应的变化。尽管当下部分企业在人才招聘时并未十分明确提出需要从业者具备一些新兴的职业能力，但这些能力要求却在岗位实操环节有充分而不同的体现。如果从业者不能在上岗前做好准备，或在上岗后未及时进行自我调节，那么他们所面临的很有可能就是被行业淘汰。

（二）高职教育的类型特征

教育部职业技术教育中心研究所的姜大源教授曾表示，高等职业教育的特征体现在高等性和职业性，而正是这个姓"职"的特征才是高等教育的核心类别特征所在。因此高等职业教育的制度建设、体系建设等均应围绕职业性这一核心特征来展开。华东师范大学的匡瑛教授也曾对此发表过赞同看法，并补充要体现出高职教育的核心特征，就应充分考虑经济社会背景及其自身的动态变化情况，即在培养学生时应凸显人才培养的适需性、集群性等要点。匡教授所谓的适需性，是指高等职业教育要匹配产业需求、响应国家战略需要。所谓的集群性，是指高等职业教育专业建设应呈现集群样态，对接相应产业集群。

两位高职教研领域的专家从不同角度表明了职业性是高职院校培养人才的核心类别特征，而职业性的实现需要与产业集群中的各种行业企业具体的岗位要求结合，即我们所说的老年服务与管理专业群所对应的养老行业中企业的人才岗位能力要求。因此高职院校建设高水平专业群的过程就是该校追求人才培养职业性的过程，而在此过程中，进行科学化且系统化的专业群岗位能力分析是必不可少的一个环节。

（三）小结

如上所述，在高等职业教育建设中，岗位能力分析是人才培养方案制订的关键环节，是构建课程体系化的前提，是职业教育课程的源头，也是专业教学标准研制的主要成果之一。因此重庆城市管理职业学院通过组建老年服务与管理专业群的方式来提高人才质量，以适应时代发展要求，专业群涵盖了 5 个专业，即智慧健康养老服务与管理专业、康复治疗技术专业、护理专业、民政服务与管理专业、社会工作专业。这 5 个专业均与养老行业的相关产业链息息相关，且彼此之间具有极高的交互性。

二、岗位能力分析的组织与实施

为明确老年服务与管理专业群学生就业及发展岗位的主要工作项目、每个工作项目对应的工作任务，以及完成具体工作任务所需具备的岗位能力，重庆城市管理职业学院老年服务与管理专业群项目组多次对学校合作企业以及行业龙头企业进行企业岗位专家面对面访谈和企业人才需求线上问卷调研，通过对工作岗位及岗位群的岗位活动和工作任务进行分析，得到各工作岗位所需的知识点、技能点和素质点。同时，又结合了毕业生问卷调研结果进行综合对比分析，确定了 5 个专业相应的职业岗位所需要的知识、能力和素养，形成了老年服务与管理专业群的岗位能力分析表，为编制对应专业教学标准、课程标准奠定了充分的基础。

（一）岗位能力分析的基本方法

基于养老行业相关企业在人才技能需求方面具有广阔的包容性，同时 5 个专业毕业生在就业方面也因行业特征而具有较高的相似性与贯通性，这使得项目组在进行调研和岗位能力分析时，可以以"求同存异""各争特色"的方式开展。从整体上看，老年服务与管理专业群主要采用了企业调研法、头脑风暴法、文献研究法等方式进行相关工作岗位能力分析。

1.企业调研法

项目组在岗位能力分析之前，通过线上问卷调研、深度访谈等形式进行企业调研，样本地区覆盖重庆所在的西部，以及东部、珠三角、长三角、东北等地区。线上调研的企业数量共 147 家，回收有效问卷 159 份，其中西南地区 52 份，华南地区 33 份，华东地区 32 份，华中地区 21 份，华北地区 21 份。同时，通过电话与线上深度访谈 21 家企业，整理出 27 份有效访谈记录，其中访谈对象主要是企业的管理者、人力资源负责人以及岗位专家，针对对口就业岗位、岗位的工作任务、需具备的知识 / 技能 / 素养、任职资格、岗位能力等信息进行了调研，为梳理职业生涯发展路径提供参考和依据。

表 6-1　老年服务与管理专业群访谈企业名单

序号	企业名称	所属行业
1	重庆市冬青社会工作服务中心	民办非企业单位
2	重庆市民悦社会工作服务中心	民办非企业单位
3	重庆市万州区婚姻登记中心	事业单位
4	重庆石河马街道养老服务中心	民办非企业单位

序号	企业名称	所属行业
5	重庆市渝善社会工作服务中心	民办非企业单位
6	重庆市第七人民医院	国有单位
7	重庆市大足区人民医院	事业单位
8	重庆市铜梁区人民医院	国有单位
9	重庆启音听力康复中心	民办非企业单位
10	重庆绿荫社会工作服务中心	民办非企业单位
11	重庆市儿童福利院	事业单位
12	西南医院（陆军军医大学第一附属医院）	国有单位
13	重庆市第六人民医院	事业单位
14	北京海航和悦家国际颐养社区（北京海航嘉盛养老服务有限公司）	民营企业
15	成都巴蜀职业技能培训学校	民营企业
16	九如城养老产业集团	民营企业
17	美瑞嘉年（重庆）养老服务有限公司	民营企业
18	重庆优侍科技康养产业有限公司	民营企业
19	重庆宏善养老产业有限公司	民营企业
20	重庆市第一社会福利院	事业单位
21	重庆市第三福利院	事业单位

2. 头脑风暴法

头脑风暴法是一种极具创造能力的集体训练法，由小组人员在融洽和不受任何限制的气氛中以会议形式进行讨论、座谈，打破常规，积极思考，畅所欲言，各抒己见。在召开岗位能力分析研讨会时，项目组采用了该方法，邀请相关岗位专家共16位。在主持人的引导下，专家们使用头脑风暴法，结合自身工作岗位对日常的工作项目、工作任务和应具备的岗位能力进行了研讨。

3. 文献研究法

通过对岗位能力分析的资料整理和归纳，项目组结合文献查询和网络搜索的方法，丰富和完善了智慧健康养老服务与管理专业、康复治疗技术专业、护理专业、民政服务与管理专业、社会工作专业的相关岗位的职业能力要求。

（二）职业能力分析的实施过程

1. 前期准备

通过咨询专家的讲解，项目组成员理解并掌握了岗位能力分析会的流程、内容、要求、注意事项和重点难点。在专家的指导下，在会前确定分析岗位、邀请企业专家、筹备会议现场工具及设备、布置会场。

2. 召开会议

（1）会议主题

重庆城市管理职业学院老年服务与管理专业群岗位能力分析行业专家研讨会议。

（2）目标培养岗位主要归类

养老照护类岗位：照护员、照护主管。

健康咨询类岗位：健康管家/养老顾问、健康管理主管。

销售类岗位：业务员、销售主管。

运营类岗位：运营专员、运营主管。

后勤类岗位：采购专员、采购主管。

产品类岗位：产品专员、产品主管。

社工类岗位：社工助理、一线社工、社工项目主管。

行政类岗位：社工中心行政助理、社工中心行政专员、民政助理、民政专干。

康复治疗类岗位：康复治疗士、康复治疗师。

护理类岗位：护士干事/护士（病房护理、ICU护理、手术室护理、门诊护理、急诊护理、社区护理、院感、护理管理）、护士长。

培训类岗位：助教、初级讲师。

（3）会议召开时间

2022年9月18日（周日）9:00—18:00。

（4）会议召开地点

重庆市沙坪坝区大学城景阳路37号中电重庆信创园B3栋三楼会议室（一）。

（5）会议流程

表6-2 岗位能力分析研讨会议流程

时间		内容	负责人
上午	8:30—9:00	与会人员进场及签到	记录员
	9:01—9:10	开幕式及介绍参会人员	主持人
	9:11—9:20	学院领导致辞	学院领导
	9:21—9:40	分析前辅导	主持人
	9:41—9:50	合影留念	全体参会人员
	9:51—10:30	讨论职业生涯发展路径	主持人、企业专家
	10:31—12:00	确定每个岗位的工作项目及工作任务	主持人、企业专家
中午	12:01—13:00	午餐及休息	

	时间	内容	负责人
下午	13:01—17:25	确定每个工作项目的工作任务所需能力	各岗位主持人、企业专家
	17:26—17:30	汇总岗位能力分析表	记录员
	17:31—18:00	总结、宣布闭会	全体参会人员

会议采用头脑风暴法，主持人向企业专家介绍岗位能力分析会的有关技术，包括每个岗位的工作项目、工作步骤和能力要求，并用明确规范的词语表达出来。然后按照以下 3 个步骤进行：① 明确工作项目；② 确定工作任务；③ 确定岗位能力分析表。

通过分析会议，最终确认了养老照护类岗位、健康咨询类岗位、销售类岗位、运营类岗位、后勤类岗位、产品类岗位、社工类岗位、行政类岗位、康复治疗类岗位、护理类岗位、培训类岗位共计 11 个岗位群的工作项目、工作任务以及具体的职业能力。每个岗位的工作任务都经过了专家们热烈的讨论，凝聚了与会企业专家的智慧，文字表达清晰、准确，充分反映了企业人员对岗位的认识和分析。

（三）岗位能力分析的重要输出

项目组制订了老年服务与管理专业群岗位能力分析表，该表由工作项目、工作任务、岗位能力（包括知识、技能、要求、方法、工具等）三大部分构成，除了专业能力，还包括职业素养（通用能力或关键能力）。此外，对每个工作岗位进行等级评价，对每一项职业能力进行重要程度标识。

老年服务与管理专业群岗位能力分析表的制订分以下 5 个步骤进行：

一是将岗位能力分析会上各企业专家的发言记录下来，然后项目组运用规范的职业术语对专家的发言进行分析，形成初步的分岗位岗位能力分析表；

二是会后与各企业专家继续丰富和完善岗位能力分析表并进行汇总，形成"老年服务与管理专业群岗位能力分析表（汇总版）"；

三是将整理出来的"老年服务与管理专业群岗位能力分析表（汇总版）"发给与会的企业专家进行确认并咨询是否还有可完善和改进的空间；

四是项目组开会讨论，分析各专家意见，修改完善"老年服务与管理专业群岗位能力分析表（汇总版）"；

五是项目组对汇总的岗位能力分析表进行合并、归类和编号，最终形成完整的"老年服务与管理专业群岗位能力分析表"，并撰写岗位能力分析报告。

三、岗位能力分析的结论与成效

通过制订岗位能力分析表，项目组整理出老年服务与管理专业群 33 个工作岗位的

148 个工作项目、476 项工作任务、1799 条岗位能力。

（一）职业生涯发展路径

项目组在开展岗位能力分析前，先对老年服务与管理专业群所包含的 5 个专业人才需求进行调研，调研结果将专业群学生就业面向的岗位分为 11 类，即养老照护类岗位、健康咨询类岗位、销售类岗位、运营类岗位、后勤类岗位、产品类岗位、社工类岗位、行政类岗位、康复治疗类岗位、护理类岗位、培训类岗位，从中分析了面向该专业群的 33 个目标培养岗位。目标培养岗位分别是：照护主管、照护员、健康管家 /养老顾问、健康管理主管、业务员、销售主管、运营主管、运营专员、采购主管、采购专员、产品主管、产品专员、社工助理、一线社工、社工项目主管、社工中心行政助理、社工中心行政专员、民政助理、民政专干、康复治疗士、康复治疗师、护士干事、护士（病房护理、ICU 护理、手术室护理、门诊护理、急诊护理、社区护理、院感、护理管理）、护士长、助教、初级讲师。最后，得出本专业群毕业生的职业生涯发展路径表，见表 6-3。

表6-3 老年服务与管理专业群职业生涯发展路径表

老年服务与管理专业群——岗位发展路径

发展阶段	照护岗	健康咨询岗	销售岗	运营岗	后勤岗	产品岗	培训岗	社会服务岗	行政岗	康复治疗技术岗	康复治疗管理岗	发展年限	护理技术岗	护理管理岗	发展年限
VII	照护主任												N6-专科护士	护理部主任	—
VI		健康管家总监	销售总监	运营总监	采购总监	产品总监	高级讲师	区域总监	区域总监 / 办公室主任	康复治疗主任技师	康复科主任	—	N5-专科护士	护理部副主任	—
V													N4-高级责任护士	科护士长	10年以上
IV	照护主管	健康管家经理						站长	办公室副主任 / 社会中心行政主管	康复治疗副主任技师	康复科副主任 / 治疗区主任	5~8年	N3-高级责任护士	护理组长 / 病区护士长	8~10年
III			销售经理	运营经理	采购经理	产品经理	中级讲师	社工督导	社会中心行政专员	康复治疗主管技师	物理治疗 / 作业治疗 / 言语治疗组（PT/OT/ST）组长	3~5年	N2-（初级）责任护士		5~8年
II		健康管家主管	销售主管	运营主管	采购主管	产品主管	初级讲师	一线社工 / 社工项目主管	民政专干 / 社会中心行政专员	康复治疗师		1~3年	N1-（初级）责任护士（病房护理、ICU护理、门诊护理、急诊护理、社区护理、院感等）		1~5年
I	照护员 / 养老顾问	健康管家 / 养老顾问	业务员	运营专员	采购专员	产品专员	助教	社工助理	民政助理 / 政务协管员 / 社会中心行政助理	康复治疗师（物理治疗、作业治疗、言语治疗、传统康复治疗、矫形康复教育、社区康复、产后康复）		0.5~1年	N0-助理护士		0.5~1年

（二）岗位能力分布汇总表

老年服务与管理专业群岗位群及岗位能力分布汇总表[①]，见表6-4。

表6-4　老年服务与管理专业群岗位项目及任务数

发展层级	照护岗	健康咨询岗	销售岗	运营岗	后勤岗	产品岗	培训类	社会服务岗		行政岗	康复治疗技术岗	护理技术岗
II	照护主管(12,35)	健康管理主管(5,16)	销售主管(8,20)	运营主管(3,7)	采购主管(3,6)	产品主管(2,6)	初级讲师(6,13)	一线社工(4,14)/社工项目主管(1,4)	社会中心行政专员(3,10)	民政专干(4,11)	康复治疗师(3,8)	护士长(3,7)
I	照护员(7,21)	健康管家/养老顾问(2,6)	业务员(4,10)	运营专员(4,10)	采购专员(3,10)	产品专员(3,9)	助教(4,8)	社工助理(3,7)	社会中心行政助理(5,9)	民政助理(3,8)	康复治疗士（物理治疗、作业治疗、言语治疗、传统康复治疗、矫形治疗、康复教育、社区康复、产后康复)(6,25)	护士干事(3,9)/护士——病房护理(6,34)、ICU护理(4,12)、手术室护理(13,59)、门诊护理(5,13)、急诊护理(4,13)、社区护理(5,18)、院感(7,13)

（三）岗位能力分析的效果

通过岗位能力分析过程，制订了老年服务与管理专业群职业能力分析表，主要取得以下成效。

第一，分析了33个核心岗位：照护主管、照护员、健康管家/养老顾问、健康管理主管、业务员、销售主管、运营主管、运营专员、采购主管、采购专员、产品主管、产品专员、社工助理、一线社工、社工项目主管、社工中心行政助理、社工中心行政专员、民政助理、民政专干、康复治疗士、康复治疗师、护士干事、护士（病房护理、ICU护理、手术室护理、门诊护理、急诊护理、社区护理、院感、护理管理）、护士长、助教、初级讲师的工作项目、工作任务、职业能力和关键能力，明确了各职业能力的重要程度，形成了老年服务与管理专业群的职业能力分析表，见表6-5。

---

① 本表与职业生涯路径表的"发展层级""就业岗位"对应，且每一类岗位的"项目及任务数"是指每一类岗位对应"岗位能力分析表"中的工作项目和工作任务的数量。

第二，学校的专业教师走到企业的第一线，更加明确企业的岗位设置，以及各岗位的工作流程、工作任务和能力要求。专业教师更清晰地认识到人才培养的目的和所应具备的能力。

表 6-5　老年服务与管理专业群职业能力分析表

工作项目		工作任务		岗位能力		学习水平
项目编号	项目名称	任务编号	任务名称	能力编号	能力名称	高职
01	养老生活照护	01-01	清洁照护	01-01-01	能够按照养老护理技术操作规范为老年人洗脸、洗手、洗头、梳头、剃胡须、洗脚、修剪指（趾）甲	L1
				01-01-02	能够按照养老护理技术操作规范协助老年人清洁口腔	L1
				01-01-03	能够按照养老护理技术操作规范协助老年人摘戴义齿并清洗	L1
				01-01-04	能够按照养老护理技术操作规范协助/帮助老年人洗澡（淋浴、盆浴、擦浴），可同时运用智能化助浴床进行洗浴	L1
				01-01-05	能够按照养老护理技术操作规范为老年人清洁会阴部	L1
		01-02	饮食照护	01-02-01	能够按照养老护理技术操作规范为老年人摆放正确进食体位，可运用智能电动床调试至固定角度	L1
				01-02-02	能够按照养老护理技术操作规范协助老年人进食、进水	L1
				01-02-03	能够按照养老护理技术操作规范观察、评估老年人进食、进水的种类和量，报告并标记异常变化	L1
				01-02-04	能够按照养老护理技术操作规范对发生噎食、误吸情况的老年人采取应急措施，报告、寻求帮助	L1
		01-03	排泄照护	01-03-01	能够按照养老护理技术操作规范协助老年人如厕（床旁如厕、卫生间如厕）	L1
				01-03-02	能够按照养老护理技术操作规范协助卧床老年人使用便器排便（尿壶、便盆）	L1
				01-03-03	能够按照养老护理技术操作规范为尿失禁老年人更换尿布、纸尿裤，倾倒尿液	L1
				01-03-04	能够按照养老护理技术操作规范观察老年人排泄物的形状、颜色、次数及量，报告并记录异常情况，运用智能马桶记录数据并形成报告	L1
				01-03-05	能够按照养老护理技术操作规范为便秘老年人使用开塞露、人工取便及其他辅助方法协助排便	L1
				01-03-06	能够按照养老护理技术操作规范为携带人工造瘘的老年人更换造瘘袋	L1
				01-03-07	能够按照养老护理技术操作规范观察留置导尿的老年人的尿量及颜色，标记异常并及时报告	L1
				01-03-08	能够按照养老护理技术操作规范正确掌握清洗、消毒便器的方法	L1

工作项目		工作任务		岗位能力		学习水平
项目编号	项目名称	任务编号	任务名称	能力编号	能力名称	高职
		01-04	睡眠照护	01-04-01	能够按照养老护理技术操作规范布置老年人睡眠环境	L1
				01-04-02	能观察老年人睡眠状况，报告并记录异常变化	L1
				01-04-03	能察觉影响老年人睡眠的环境因素，并根据实时情况提出改善建议	L1
				01-04-04	能协助有睡眠障碍的老年人入睡	L1
		01-05	环境清洁	01-05-01	能为老年人提供舒适清洁的环境	L1
				01-05-02	能够按照养老护理技术操作规范对老年人居室进行清洁卫生管理（如衣物每日整理及定期送洗消毒，物品的规范摆放等）	L1
02	养老基础照护	02-01	生命体征观测	02-01-01	了解老年人慢性病的种类及基本症状（如高血压、糖尿病、脑梗/脑卒中后遗症、冠心病等）	L1
				02-01-02	能够按规范使用监测仪器，掌握基本生命体征的监测方法及健康标准数值（如血糖、血压、体温、脉搏、心率、体重）	L1
				02-01-03	能够根据测量数值对比健康标准数值，判断测量异常情况并及时联系医护人员，并按照医嘱处理，及时反馈	L1
		02-02	用药照护	02-02-01	能够协助老年人口服用药，观察老年人用药后的反应并及时报告	L1
				02-02-02	能够观察老年人使用胰岛素后的血糖异常变化，并监测血糖	L1
				02-02-03	能够正确掌握滴眼液、滴耳液、喷鼻剂等外用药品的使用方法	L1
		02-03	风险防控与干预	02-03-01	能够根据老年人近期日常生活的变化，识别老年人跌倒、褥疮、走失、噎食、误吸、烫伤、冻伤、中毒、中暑、自杀自伤等的风险，及时报告并提供风险预防的措施	L1
				02-03-02	能够根据老年人近期日常生活的变化，及时发现老年人跌倒、急性创伤、肌肉骨骼关节损伤等，并立即报告	L1
03	老年康复服务	03-01	康乐活动组织	03-01-01	能够组织老年人开展文娱性康乐活动	L1
				03-01-02	能够指导老年人使用简易健身器材进行活动	L1
				03-01-03	能够应用音乐、园艺、益智类游戏等活动照护失智老人	L1

工作项目		工作任务		岗位能力		学习水平
项目编号	项目名称	任务编号	任务名称	能力编号	能力名称	高职
		03-02	体位转换	03-02-01	能够按照养老护理技术操作规范为老年人正确摆放体位	L1
				03-02-02	能够运用智能化设备设施产品协助老年人进行各种体位的转换	L1
				03-02-03	能够运用智能化设备设施产品（助行器、轮椅）等辅助器具协助老年人转移	L1
		03-03	功能促进	03-03-01	能够指导老年人进行日常生活活动训练，熟悉不同功能障碍的康复知识	L1
				03-03-02	能够协助压力性尿失禁老年人进行功能训练，了解老年人不同功能障碍的康复训练方法、基本流程和规范	L1
				03-03-03	能够指导老年人进行坐位或站立位平衡训练，根据老人身体状况和康复治疗计划实施康复训练（如步行训练、关节活动度训练、平衡功能训练）	L1
				03-03-04	能够指导老年人使用简易康复器材进行活动或训练，配合专业康复人员，帮助其开展康复训练（如脑卒中老人的床上活动训练、转移训练、日常生活活动能力训练）	L1
				03-03-05	能够准确无误地记录康复训练记录	L1
				03-03-06	能够在康复训练时及时发现异常情况，妥善应对并及时上报	L1
04	养老心理支持	04-01	沟通交流	04-01-01	具备老年人心理学相关知识	L1
				04-01-02	掌握与老人、家属沟通的基本技能和技巧	L1
				04-01-03	能够带领新入住老人熟悉机构并适应生活环境	L1
				04-01-04	能够及时发现老人异常心理状况并进行安抚	L1
				04-01-05	能够耐心倾听老年人的诉求	L1
		04-02	精神慰藉	04-02-01	能够根据老人近期日常生活观察老年人的情绪和行为变化	L1
				04-02-02	能够识别老年人情绪和行为变化的原因	L1
				04-02-03	能够根据老年人不同时期出现的心理问题，采用心理治疗的基本方法对老人进行指导和安抚，鼓励老人战胜疾病或困难，并增加其信心和意志，采用暗示和疏泄等方法，给老人以安慰或进行安抚治疗或让老人倾诉衷肠，发泄心中的压抑情感、苦闷和委屈，使老人心理得到一定的平衡	L1

工作项目		工作任务		岗位能力		学习水平
项目编号	项目名称	任务编号	任务名称	能力编号	能力名称	高职
05	养老安全应急处置	05-01	老年人突发意外事件的预防及应急处理	05-01-01	掌握老年人跌倒的预防与外伤包扎的应急处理	L1
				05-01-02	掌握老年人走失、自杀和被骗的预防及应急处理	L1
				05-01-03	能够清楚了解老年人意外突发事件的种类、原因、后果、处理办法	L1
				05-01-04	能够准确辨别老人有无走失倾向，做好必要防护措施，预防老人走失（如使用胸牌、手环等）	L1
				05-01-05	能够正确使用安全防护措施，保障地面无水渍、障碍物等，预防老人跌倒（如安全约束带等）	L1
				05-01-06	能够避免老人自行接触热水装置，预防老人烫伤	L1
				05-01-07	熟练掌握烧伤、烫伤的预防与应急处理流程	L1
				05-01-08	能够为吞咽困难的老人提供流质或半流质食物，避免老人噎食或呛食	L1
				05-01-09	了解老人心理，能够准确辨别老人有无自缢行为，并对其进行心理疏导与及时上报	L1
		05-02	急救知识掌握	05-02-01	能够独立操作心肺复苏术	L1
				05-02-02	能够独立掌握海姆立克急救法	L1
				05-02-03	掌握基础外伤包扎方法，能够第一时间呼叫医护处理意外伤害，情节严重可直接拨打120	L1
		05-03	突发事件报告流程掌握	05-03-01	能够准确无误地按照应急预案执行并上报突发事件及各类意外事件	L1
				05-03-02	撰写突发事件处置报告，能够按要求完成意外事件报告，总结经验教训	L1
06	养老失能/失智照护	06-01	失智照护	06-01-01	了解失智老人的常见异常行为表现及应对措施	L1
				06-01-02	掌握失智老人安全环境的基本要点	L1
				06-01-03	了解失智症的概念、类型、病因、症状、分期等	L1
				06-01-04	了解早期、中期、晚期失智老人的症状及照护注意事项	L1
				06-01-05	了解失智老人的过往经历及基本情况（如生活习惯、爱好、禁忌、难忘经历等）	L1
				06-01-06	能够及时记录失智老人异常行为并解决（如注意力转移、非药物疗法等）	L1
				06-01-07	能够及时判断情况是否可控，出现无法控制的情况及时上报，并控制失态化局面	L1

工作项目		工作任务		岗位能力		学习水平
项目编号	项目名称	任务编号	任务名称	能力编号	能力名称	高职
		06-02	失能照护	06-02-01	了解失能的概念、影响因素、常见表现	L1
				06-02-02	熟练掌握失能老人的基本生活照料（如翻身、叩背、轮椅转移、床单位更换、床上擦拭、排泄等）	L1
				06-02-03	能够安全规范管理各类管道（如鼻饲管、尿管、造瘘口等）	L1
				06-02-04	能正确使用预防褥疮的各类器具（如褥疮贴、气垫、翻身垫等）	L1
07	养老安宁疗护	07-01	身体照护	07-01-01	掌握临终老人的常见躯体症状	L1
				07-01-02	能够依据老人的年龄、全身情况、意识状态，判断老人处于临终期	L1
				07-01-03	能够按照临终照护方案给予临终照护（如缓解疼痛、改善呼吸困难等）	L1
		07-02	心理照护	07-02-01	掌握临终老人的心理特征	L1
				07-02-02	能够运用沟通、肢体语言给予老人心理慰藉	L1
				07-02-03	掌握临终老人家属的心理反应	L1
				07-02-04	能运用沟通、肢体语言给予老人家属心理慰藉，指导家属更好陪伴、照护老人	L1
		07-03	遗体照护	07-03-01	了解遗体照护的目的、方法	L1
				07-03-02	能够尊重逝者，给予家属心灵慰藉	L1
08	老人安全防护	08-01	个人安全管理	08-01-01	了解照护员会面临的职业风险（体力操作风险、工作场所暴力风险、感染风险、心理风险等）	L2
				08-01-02	掌握职业防护的方法，合理应用工具规避风险	L2
		08-02	老人安全管理	08-02-01	具有安全管理意识、法治观念	L2
				08-02-02	熟悉老人常见意外的防护办法（预防跌倒、坠床、噎食或呛食、烫伤、走失等）	L2
				08-02-03	定期巡查区域内安全防护措施	L2
				08-02-04	能够总结日常工作经验，提出安全防护改进建议	L2
				08-02-05	定期以各种形式向老人及家属进行安全宣教	L2
		08-03	团队成员安全管理	08-03-01	能够及时、准确地识别职业风险点	L2
				08-03-02	能够针对职业风险点进行妥善处理，消除隐患	L2
				08-03-03	能够及时发现团队成员压力，帮助其正确排解不良情绪	L2
				08-03-04	能够帮助团队成员提升岗位认同感	L2

工作项目		工作任务		岗位能力		学习水平
项目编号	项目名称	任务编号	任务名称	能力编号	能力名称	高职
09	养老任务分工	09-01	熟悉责任区相关事务	09-01-01	熟悉本区域老人基本信息（如个人信息、疾病情况、生活习性）	L2
				09-01-02	熟悉本区域老人的护理等级及护理计划	L2
				09-01-03	熟悉团队成员基本信息（如个人信息、工作状况、家庭情况）	L2
		09-02	任务及人员分配	09-02-01	掌握团队人员基本情况，合理、科学排班分工（如合理分配工作项目、每月按时排班）	L2
				09-02-02	能够按照排班情况、团队人员变化情况及时调整排班分工	L2
10	养老工作协调与沟通	10-01	交接班组织	10-01-01	负责楼层重点老人的情况记录，将本班组服务情况和重点准确无误地详细记录	L2
				10-01-02	组织本班组照护员进行交接班，让下一班次的照护员熟悉并掌握情况，完善交接班报告	L2
		10-02	内部工作协调与沟通	10-02-01	具备上下级沟通能力	L2
				10-02-02	能够准确及时传达上级安排的工作事务，并做好相应协调工作	L2
				10-02-03	针对本班次照护员临时请假或特殊情况，能够提前做好工作安排（如沟通调配照护人员）	L2
		10-03	家属协调与沟通	10-03-01	掌握与老人家属协调沟通的技巧	L2
				10-03-02	掌握处理投诉事件的流程和规范	L2
				10-03-03	能够应对家属投诉，通过沟通及非语言交流安抚老人家属情绪	L2
				10-03-04	及时核实老人家属投诉情况细节，在自己的工作权限内及时、妥善处理投诉事件	L2
		10-04	工作总结汇报	10-04-01	能够按要求完成日/周/月总结的汇报	L2
				10-04-02	能够定期对照护质量进行汇总分析，提出有效的改善建议	L2
				10-04-03	能够定期对照护流程进行汇总分析，提出有效的改善建议	L2
11	养老工作指导及跟进	11-01	服务操作指导	11-01-01	熟练掌握相关照护技能及工作流程	L2
				11-01-02	能够列出护理员常见的培训教育方法	L2
				11-01-03	能够正确组织并进行新入职员工带教	L2
				11-01-04	能够迅速发现错误的照护措施并及时纠正	L2
				11-01-05	能够清楚演示正确的照护方法，讲解照护细节及注意要点	L2
				11-01-06	能够针对护理员能力差别进行差异化指导	L2
				11-01-07	及时向护理员传达照护主管修改后的服务计划	L2

工作项目		工作任务		岗位能力		学习水平
项目编号	项目名称	任务编号	任务名称	能力编号	能力名称	高职
		11-02	服务质量监督	11-02-01	了解所在企业的照护照料制度及服务标准	L2
				11-02-02	能够按要求进行每日巡查/抽查（老人身体情况、房间情况等），监督护理员服务计划执行	L2
				11-02-03	积极向上级反映有关服务质量的改进措施	L2
				11-02-04	能够妥善处理照护不良事件，及时上报处理	L2
				11-02-05	能够协助上级完成老人照护效果评估，协助分析照护目标未完成的原因，给予照护计划修订建议	L2
		11-03	护理员纪律管理	11-03-01	熟练掌握护理员工作制度流程及服务禁忌	L2
				11-03-02	组织人员对护理员进行随机抽查（如对老人情况了解程度、服务禁忌知晓情况等），抽查护理员专业知识及技能	L2
				11-03-03	能够按要求执行奖惩制度，加强护理员纪律管理	L2
12	物品管理	12-01	低值易耗品的管理	12-01-01	了解物资采购及使用流程和规范	L2
				12-01-02	能够合理保管相关物品	L2
				12-01-03	能够准确登记物品领取记录	L2
		12-02	物品设施的维护报修	12-02-01	了解物品维护报修的流程和规范	L2
				12-02-02	巡查负责区域内的相关物品设施，能够及时发现问题，上报有关人员	L2
				12-02-03	能够复查报修物品设施的情况，保证正常使用	L2
				12-02-04	能够正确填写相关维护报修记录	L2
13	老人心理照护	13-01	心理基本知识照护	13-01-01	掌握老年人心理变化的特点和老年人心理健康的标准	L2
				13-01-02	了解增进老年人心理健康的具体方法（自我心理调适、重建人际关系、保持锻炼习惯、培养兴趣爱好等）	L2
				13-01-03	掌握老年人心理健康训练方法，如渐进式肌肉放松训练	L2
		13-02	常见心理问题照护	13-02-01	能够通过沟通、观察评估老年人的情绪和心理状态	L2
				13-02-02	掌握老年人常见心理问题的种类、临床症状（如离退休综合征、抑郁、焦虑、老人综合征等）	L2
				13-02-03	掌握老年人心理照护的常用方法和技术	L2
				13-02-04	能够耐心倾听老人说话，对老人进行适当的心理疏导	L2
				13-02-05	能够为专业人员提供必要的信息（如老人日常行为与情绪情况），与专业人员共同制订心理照护计划（如目标、形式、方法、频次等）	L2

工作项目		工作任务		岗位能力		学习水平
项目编号	项目名称	任务编号	任务名称	能力编号	能力名称	高职
14	照护员工培训	14-01	培训计划制订	14-01-01	熟悉培训内容（如员工素养、礼仪规范、生活技能照护等）	L2
				14-01-02	掌握培训计划的规范要求（如文本规范）	L2
				14-01-03	根据机构工作要求，对员工的能力评估结果，制订可行的、有针对性的计划	L2
		14-02	计划实施	14-02-01	掌握培训的技能（如语言表达、PPT制作、工具使用、培训流程）	L2
				14-02-02	能够按操作的流程及规范、要求进行操作演示	L2
				14-02-03	能够对培训现场进行组织和把控（互动、气氛渲染、进度把控等）	L2
				14-02-04	具备应变能力，能够正确解答现场提问	L2
				14-02-05	确保培训效果能达到预期目标	L2
				14-02-06	能够合理评估培训对象的听课效果	L2
		14-03	培训考核	14-03-01	能够组织培训考核（出题、考核标准、操作标准）	L2
				14-03-02	能够胜任监考工作（了解操作考核标准、指出错误、展示正确操作方法）	L2
				14-03-03	能够正确评估、分析考核结果	L2
		14-04	培训评估	14-04-01	能够制作并生成总结分析报告（培训计划、培训对象能力短板）	L2
				14-04-02	能够提出培训工作改进措施、培训对象能力重点提升措施	L2
				14-04-03	能够结合老人、家属反馈的护理员技能提升方向，更新培训计划	L2
		14-05	护理员职业指导	14-05-01	能够指导护理员认知养老行业	L2
				14-05-02	能够帮助护理员提升养老行业认可度	L2
				14-05-03	能够指导护理员制订个人职业生涯发展规划	L2
		14-06	员工心理辅导	14-06-01	能够及时了解护理员近期的心态及情绪	L2
				14-06-02	能够帮助护理员转变传统观念，树立爱岗敬业精神	L2
				14-06-03	正确对待客户批评、指责，帮助护理员正确对待，接受意见，调整心态，调整工作方式	L2
				14-06-04	能够帮助护理员进行情绪管理，减轻思想负担，保持良好的工作状态	L2
				14-06-05	能够给予护理员方法指导，消除其畏难情绪	L2
				14-06-06	能够帮助护理员做好工作安排，平衡家庭与工作之间的关系	L2

续表

工作项目		工作任务		岗位能力		学习水平
项目编号	项目名称	任务编号	任务名称	能力编号	能力名称	高职
15	照护服务管理	15-01	照护工作流程把控	15-01-01	了解照护工作流程制订的要求与方法	L2
				15-01-02	熟练掌握企业现有的每日/周/月的照护流程	L2
				15-01-03	能够结合班次照护工作量、过往工作经验等，协同部门经理优化每日照护流程	L2
				15-01-04	保证照护工作流程全覆盖、低风险、实用可操作，符合老年人生活起居习惯	L2
		15-02	优化照护服务管理制度	15-02-01	熟悉企业照护服务管理制度的要求和规范	L2
				15-02-02	能够在实践中正确评估照护差错与事故，并采取正确的防范措施	L2
				15-02-03	了解照护质量管理办法（如 PDCA 循环），能够合理应用质量管理工具分析问题原因	L2
				15-02-04	能够结合工作经验、意外事件经验教训等，协同部门经理优化照护服务管理制度	L2
		15-03	服务质量考核	15-03-01	熟练掌握公司的服务质量标准和规范	L2
				15-03-02	能够按公司标准督查服务项目的执行情况	L2
				15-03-03	能够准确地对团队成员进行服务质量的考核（评价、打分等）	L2
				15-03-04	能够制订服务质量改进和提升的方案（如培训方案、奖惩等），针对技能上的不足进行培训及提升	L2
16	照护成本管控	16-01	低值易耗管控	16-01-01	根据需求按月/季度/年合理拟订低值易耗品的使用计划和资金需求	L2
				16-01-02	完成低值易耗品的使用管理（入出库、报损、领用、盘点）	L2
				16-01-03	定期对低值易耗品使用数据进行分析，了解使用情况	L2
				16-01-04	能够提出成本管控的优化措施	L2
		16-02	人力资源管理	16-02-01	能够了解团队成员能力、工作范围、工作情况	L2
				16-02-02	能够清晰制订护理员岗位职责、岗位说明书	L2
				16-02-03	能够提出人员配置要求的合理建议，以及团队内部的人员调整	L2
				16-02-04	能够参与团队成员的面试工作，合理评估面试人员能力	L2
				16-02-05	能够结合日常工作情况对团队成员的晋升、调薪、转岗等给出建议	L2

工作项目		工作任务		岗位能力		学习水平
项目编号	项目名称	任务编号	任务名称	能力编号	能力名称	高职
17	照护投诉处理	17-01	客户投诉处理	17-01-01	熟悉了解客户投诉处理的流程和规范	L2
				17-01-02	能够对客户投诉进行预判,加强日常沟通,消解客户问题	L2
				17-01-03	能够准确接收客户投诉并做好记录	L2
				17-01-04	能够对投诉问题进行分析,了解投诉事件的详细情况,核实细节	L2
				17-01-05	能够及时安抚客户情绪,对客户合理需求协调满足,不合理需求进行沟通解释	L2
				17-01-06	能够及时上报权限外的投诉事件,对接相关部门提供解决方案,并与客户达成一致	L2
				17-01-07	根据客户投诉等级进行事后管理,进行必要的回访、反馈、相关人员处理	L2
		17-02	内部投诉处理	17-02-01	熟悉了解部门间的工作流程、员工之间的工作情况	L2
				17-02-02	能够及时发现员工/部门协调情况,加强日常沟通,及时调解员工/部门间的矛盾	L2
				17-02-03	了解内部投诉事件的详细情况,核实细节	L2
				17-02-04	沟通解决员工/部门投诉问题,及时协调	L2
				17-02-05	根据内部投诉等级进行事后管理,进行必要的回访、反馈、相关人员处理	L2
18	照护评估评级	18-01	老人能力评估	18-01-01	熟知《老年人能力评估规范》国家标准,掌握能力评估所需设备用物的用途	L2
				18-01-02	掌握实施评估的操作方法、能合理使用评估工具	L2
				18-01-03	能够按照标准对老人进行风险评估（跌倒、褥疮、误吸等）	L2
		18-02	照护等级评定	18-02-01	熟练掌握照护等级的评估方法、分级标准	L2
				18-02-02	掌握不同等级照护服务内容	L2
				18-02-03	能够对初入住老人的照护等级进行评定	L2
				18-02-04	能够出具正确的照护评估报告,并将评估结果与照护等级相对应,确定相应的照护服务内容	L2
				18-02-05	日常观察老人情况,及时根据老人的身体情况变化进行照护等级的复核,并向相关部门申请照护等级及照护计划的调整	L2

工作项目		工作任务		岗位能力		学习水平
项目编号	项目名称	任务编号	任务名称	能力编号	能力名称	高职
19	养老风险管理	19-01	事件事故的风险预警	19-01-01	及时发现健康安全类（如老人身体情况、疾病情况、食品药品安全）的隐患，并及时报告上级处理	L2
				19-01-02	及时发现工程安保类（消防、环境安全、设施设备）的隐患，并及时报告上级处理	L2
		19-02	老人退住风险预测	19-02-01	提前了解退住原因（护理员照护质量、产品价格、老人个人因素、老人家庭因素），及时与老人和家属进行沟通、情感维系，并解决问题	L2
		19-03	员工离职风险预测	19-03-01	具备员工离职风险的预警意识	L2
				19-03-02	提前了解团队成员的基本情况（心理情况、工作状态等），初判员工离职原因（工作量、薪资待遇、个人因素等）、及时报备人资部门	L2
				19-03-03	具备对员工进行心理疏导的能力，降低员工离职率	L2
		19-04	风险处理	19-04-01	熟悉了解各类风险处理的规范和流程	L2
				19-04-02	具备应急处理的技能（心肺复苏、噎食处理、跌倒应急处理、走失等）	L2
				19-04-03	立即解决能力范围内能解决的风险点	L2
				19-04-04	针对能力范围外的风险（如疾病等）能够立即报告相关人员	L2
				19-04-05	能够对事故现场进行控制、合理分配人员	L2
				19-04-06	能够正确填写事件事故报告	L2
20	健康营销	20-01	健康咨询	20-01-01	具备健康管理师基本知识和技能（生理、病理、诊断学、药理学、营养学、运动学、康复学、中医药基础知识、妇幼保健等相关知识）	L1
				20-01-02	掌握病理生理学知识，包括内环境及稳态、人体功能活动调节的基本方式、细胞的基本功能、血液、心血管功能、呼吸功能、消化和吸收功能、能量代谢和体温、排尿功能、感官功能、神经系统功能、内分泌系统功能、生殖系统功能	L1
				20-01-03	掌握诊断学，危急重症，内、外、妇、儿、神经病学，肿瘤学基础等临床学科的基本知识、临床诊断和防治的思路、原则、方法以及各科常见病的特点	L1
				20-01-04	掌握药理知识，包括药学服务与咨询、药学服务基本技能、常用医学检查指标及临床意义及常见疾病的合理用药指导及药学咨询服务	L1
				20-01-05	掌握营养学知识，包括营养学基础知识、膳食调查和评价、人体营养状况测定和评价、膳食指导和评估、社区营养管理	L1

工作项目		工作任务		岗位能力		学习水平
项目编号	项目名称	任务编号	任务名称	能力编号	能力名称	高职
				20-01-06	掌握运动学知识，包括体育运动与健康的关系、多种体育运动方式与健康的关系、运动与减脂塑身等的相关知识；掌握运动治疗技术、作业治疗技术、物理因子治疗技术	L1
				20-01-07	掌握康复学知识，包括老年病病人的康复治疗、内科常见疾病病人的康复治疗、老年慢性病病人的康复及健康指导；神经系统、运动系统、内科常见疾病病人的康复治疗	L1
				20-01-08	掌握中医知识，包括中医基础理论和中医基础操作（如推拿、点穴、刮痧、拔罐、艾灸、穴位敷贴等）	L1
				20-01-09	掌握中药知识，包括常用中药的形态、性味归经、作用功效、用法配伍、食疗等	L1
				20-01-10	掌握妇幼保健知识，包括妇女、儿童不同时期（胎儿期、婴儿期、幼儿期、学龄前期和妇女的青春期、生育期、节育期、更年期和老年期）的生理、心理、社会特点和保健要求，影响妇女、儿童健康的卫生服务、社会环境、自然环境和遗传等方面因素	L1
				20-01-11	掌握沟通交流技巧、商务礼仪	L1
		20-02	获取客户健康信息	20-02-01	学会使用问卷，完成健康调查	L1
				20-02-02	具备营养知识（饮食、营养品）	L1
				20-02-03	具备药物知识（药理作用、副作用、不良反应）	L1
				20-02-04	具备电子信息处理能力（表格、文档、图片编辑技能）	L1
				20-02-05	学会使用可穿戴、便携式医疗设备（如动态血糖仪、血压计、心电图）	L1
		20-03	客户需求分析	20-03-01	确定目标客户（需求客户信息收集）	L1
				20-03-02	分析评价客户需求（根据客户类型分类分析）	L1
		20-04	健康管理方案制订	20-04-01	具备医学基础知识（诊断学、生理、病理、药理、中医、中药、营养学、康复基础知识）	L1
				20-04-02	掌握诊断学知识，包括危急重症，内、外、妇、儿、神经病学，肿瘤学基础等临床学科的基本知识、临床诊断和防治的思路、原则、方法以及各科常见病的特点	L1
				20-04-03	掌握病理生理知识，包括内环境及稳态、人体功能活动调节的基本方式、细胞的基本功能、血液、心血管功能、呼吸功能、消化和吸收功能、能量代谢和体温、排尿功能、感官功能、神经系统功能、内分泌系统功能、生殖系统功能	L1

续表

工作项目		工作任务		岗位能力		学习水平
项目编号	项目名称	任务编号	任务名称	能力编号	能力名称	高职
				20-04-04	掌握药理知识，包括药学服务与咨询、药学服务基本技能、常用医学检查指标及临床意义及常见疾病的合理用药指导及药学咨询服务	L1
				20-04-05	掌握中医知识，包括中医基础理论和中医基础操作（如推拿、点穴、刮痧、拔罐、艾灸、穴位敷贴等）	L1
				20-04-06	掌握中药知识，包括常用中药的形态、性味归经、作用功效、用法配伍、食疗等	L1
				20-04-07	掌握营养学知识，包括营养学基础知识、膳食调查和评价、人体营养状况测定和评价、膳食指导和评估、社区营养管理	L1
				20-04-08	掌握康复基础知识，包括老年病病人的康复治疗、内科常见疾病病人的康复治疗、老年慢性病病人的康复及健康指导的能力	L1
				20-04-09	掌握健康管理产品相关知识	L1
				20-04-10	掌握办公软件（Excel、Word）的操作，为客户进行套餐报价及服务方案内容优化	L1
21	健康客户管理	21-01	客情管理	21-01-01	掌握沟通交流、营销技巧	L1
				21-01-02	了解预防医学知识作为拓展业务技能	L1
				21-01-03	能够及时跟进未签约客户	L1
				21-01-04	了解客户未签约原因，提供优化方案	L1
				21-01-05	记录客户提出的问题，为后续优化改进提供意见	L1
		21-02	客户分类管理	21-02-01	熟悉公司健康档案规范要求	L1
				21-02-02	按照管理规范建立客户健康档案	L1
				21-02-03	具备文档、表格、图片编辑技巧	L1
				21-02-04	能够根据已有客户收集数据，持续性开展数据统计	L1
22	健康信息采集	22-01	建立健康档案	22-01-01	具备生理、病理、诊断学、药理学、营养学、运动学、康复学（老年人常见疾病、中风、推拿等）、中医药基础知识（如中药学、药食同源、膏方、拔罐、艾灸）、妇幼保健等相关知识	L2
				22-01-02	掌握病理生理学知识，包括内环境及稳态、人体功能活动调节的基本方式、细胞的基本功能、血液、心血管功能、呼吸功能、消化和吸收功能、能量代谢和体温、排尿功能、感官功能、神经系统功能、内分泌系统功能、生殖系统功能	L2
				22-01-03	掌握诊断学知识，包括危急重症，内、外、妇、儿、神经病学，肿瘤学基础等临床学科的基本知识、临床诊断和防治的思路、原则、方法以及各科常见病的特点	L2

工作项目		工作任务		岗位能力		学习水平
项目编号	项目名称	任务编号	任务名称	能力编号	能力名称	高职
				22-01-04	掌握药理知识，包括药学服务与咨询、药学服务基本技能、常用医学检查指标及临床意义及常见疾病的合理用药指导及药学咨询服务	L2
				22-01-05	掌握营养学知识，包括营养学基础知识、膳食调查和评价、人体营养状况测定和评价、膳食指导和评估、社区营养管理	L2
				22-01-06	掌握运动学知识，包括体育运动与健康的关系、多种体育运动方式与健康的关系、运动与减脂塑身等的相关知识；掌握运动治疗技术、作业治疗技术、物理因子治疗技术	L2
				22-01-07	掌握康复基础知识：老年病病人的康复治疗、内科常见疾病病人的康复治疗、老年慢性病病人的康复及健康指导的能力	L2
				22-01-08	掌握中医知识，包括中医基础理论和中医基础操作（如推拿、点穴、刮痧、拔罐、艾灸、穴位敷贴等）	L2
				22-01-09	掌握中药知识，包括常用中药的形态、性味归经、作用功效、用法配伍、食疗等	L2
				22-01-10	掌握妇幼保健知识，包括妇女、儿童不同时期（胎儿期、婴儿期、幼儿期、学龄前期和妇女的青春期、生育期、节育期、更年期和老年期）的生理、心理、社会特点和保健要求，影响妇女、儿童健康的卫生服务、社会环境、自然环境和遗传等方面因素	L2
				22-01-11	具备电子信息处理能力（表格、文档、图片编辑技能）	L2
				22-01-12	熟悉公司健康档案规范要求	L2
		22-02	健康信息统计分析	22-02-01	具备统计学相关知识	L2
				22-02-02	具备数据分析能力	L2
		22-03	健康体检	22-03-01	根据客户身体情况给出个性化体检建议（体格检查、辅助检查）	L2
				22-03-02	具备临床基础知识，能够正确解读客户体检报告、体检指标	L2
23	健康评估	23-01	用药评估	23-01-01	具备药理学相关知识，熟悉各种药品不良反应、毒副作用	L2
		23-02	饮食运动健康评估	23-02-01	具备食品营养学相关知识（饮食结构、营养均衡）	L2
				23-02-02	具备运动学、康复学相关知识	L2
				23-02-03	熟悉医学指南	L2

续表

工作项目		工作任务		岗位能力		学习水平
项目编号	项目名称	任务编号	任务名称	能力编号	能力名称	高职
		23-03	健康与疾病风险评估	23-03-01	具备生理、病理、诊断学相关知识	L2
				23-03-02	熟练使用各类亚健康评估量表	L2
				23-03-03	熟练使用各类疾病风险评估量表	L2
				23-03-04	熟练使用慢性病量表	L2
		23-04	心理评估	23-04-01	具备心理学相关知识	L2
				23-04-02	能够判断客户的心理情况（如依从性、尼古丁依赖、酒精依赖、睡眠情况）	L2
24	健康管理方案制订	24-01	制订健康管理方案	24-01-01	制订饮食方案	L2
				24-01-02	制订运动方案	L2
				24-01-03	确认合理用药方案（遵医嘱）	L2
				24-01-04	制订睡眠方案	L2
				24-01-05	制订心理健康方案	L2
				24-01-06	制订不良生活方式改善方案（戒烟方案、戒酒方案）	L2
25	健康管理执行	25-01	饮食营养指导与干预	25-01-01	具备营养学相关知识	L2
				25-01-02	清楚了解慢性病、基础代谢性疾病饮食指南	L2
				25-01-03	制订并落实客户个性化营养方案（早中晚饭）	L2
		25-02	运动指导	25-02-01	熟悉常见运动方式、运动器材、能量消耗	L2
				25-02-02	具备运动学、康复学相关知识	L2
				25-02-03	根据客户的居住环境、年龄、性别、疾病情况、评估情况、运动喜好，制订客户个性化运动方案（运动量、运动方式）	L2
				25-02-04	监督客户完成运动方案	L2
		25-03	健康指标监测	25-03-01	通过可穿戴、便携式医疗设备（如动态血糖仪、血压计、心电图）远程监测客户健康指标数据	L2
				25-03-02	监督指标异常情况，及时干预（如建议用药、及时就医）	L2
				25-03-03	根据周期性统计、分析客户健康指标	L2
		25-04	心理干预	25-04-01	提供日常心理疏导	L2
				25-04-02	提供心理改善建议（如听歌、运动等解压方式）	L2
		25-05	健康教育	25-05-01	具备良好的说服能力，能够通过一对一沟通，将健康管理相关知识教会客户，让客户进行自我健康管理	L2
				25-05-02	能够通过健康讲座、义诊向公众群体教授健康知识	L2
				25-05-03	具备会议组织、主持等举办活动能力	L2

工作项目		工作任务		岗位能力		学习水平
项目编号	项目名称	任务编号	任务名称	能力编号	能力名称	高职
				25-05-04	熟练使用办公软件、具备PPT制作、图表制作、演讲能力	L2
				25 05 05	熟悉公共卫生知识、相关法律法规、国家政策及规定	L2
		25-06	健康销售	25-06-01	具备沟通说服能力、主动学习能力	L2
				25-06-02	具备职业礼仪、形象管理知识	L2
				25-06-03	具备营销能力	L2
26	健康管理效果评价	26-01	管理评估	26-01-01	具备健康和疾病评估能力	L2
				26-01-02	具备统计学相关知识和分析能力	L2
		26-02	修订健康管理方案	26-02-01	根据分析情况修订健康管理方案	L2
27	社工项目筹备	27-01	问题与需求分析	27-01-01	撰写调研计划（撰写调研计划提纲、调研进度安排、调研人员分工）	L1
				27-01-02	根据客户服务的需求协助设计调研问卷，协助开展调查，并配合社工开展服务	L1
				27-01-03	及时与实施地沟通，协助联系受调研人员	L1
				27-01-04	协助整理调研数据，并协助完成需求调研	L1
				27-01-05	能够建立自身资源清单，并列出有效实施路径，为机构和服务对象提供帮助	L1
		27-02	资源筹备	27-02-01	能够与实施地对接，协助挖掘项目实施地骨干居民或工作人员成为志愿者	L1
				27-02-02	协调场地、安排物资、统筹人员、处理协调多方关系	L1
				27-02-03	运用电话、QQ、微信、面谈、海报等各种方式积极联络，积极筹措资源并提供支持	L1
				27-02-04	做好协调沟通、做好资源调配运用，做好服务现场风险管理	L1
				27-02-05	挖掘资源（借助媒体等平台），建立资源库，发展组建志愿者队伍，对接服务需求与服务资源，定期维护合作关系	L1
		27-03	需求调研与分析	27-03-01	根据购买方对项目的要求设计需求调研问卷，确定调查时间、方法、工具、调查人员配备	L2
				27-03-02	通过与项目落地单位沟通，联系潜在服务对象参与项目调研	L2
				27-03-03	调研潜在服务对象开展需求，了解服务需求	L2
				27-03-04	具备整理问卷信息，录入问卷信息，导出数据的能力	L2

工作项目		工作任务		岗位能力		学习水平
项目编号	项目名称	任务编号	任务名称	能力编号	能力名称	高职
				27-03-05	能够对数据进行详细分析，分析潜在服务对象现状及存在的问题与需求	L2
				27-03-06	能够形成专业有逻辑性的需求调研报告	L2
		27-04	项目方案设计	27-04-01	掌握服务领域的最新政策、法规、管理办法	L2
				27-04-02	参加项目发布会，学习项目发布文件要求，掌握项目发包信息	L2
				27-04-03	走访项目发包资方获得项目资金支持	L2
				27-04-04	能够洽谈项目合作，了解发包要求，能掌握资方要求	L2
				27-04-05	草拟项目目标，制订项目实施方向和项目指标	L2
				27-04-06	具备沟通能力，能与项目落地单位探讨、核定项目目标、实施方向、项目指标	L2
				27-04-07	掌握项目管理全流程的能力，制订项目年度计划指标、项目一览表，确定项目将要实施形式	L2
				27-04-08	具备提炼项目亮点、特色的能力	L2
				27-04-09	熟练掌握 WPS、Office 等电脑办公软件的能力	L2
				27-04-10	制订项目预算，规划项目财务	L2
		27-05	项目确认与立项	27-05-01	提交项目方案书电子版至指定邮箱，邮寄或提交纸质版至指定单位	L2
				27-05-02	制作符合要求的答辩PPT	L2
				27-05-03	具备撰写项目路演答辩稿件的能力，开展路演训练	L2
				27-05-04	能够开展流利、富有感染力的项目路演答辩	L2
				27-05-05	参与项目优化会，接受项目优化督导，具有能按要求优化项目指标的能力	L2
				27-05-06	掌握项目财务管理的能力，优化项目财务预算	L2
				27-05-07	具备基本的法律知识以审核项目协议	L2
				27-05-08	具备协调多方关系的能力，完成项目协议盖章	L2
28	社工项目执行	28-01	项目建档	28-01-01	协助联系服务对象，并根据服务内容协助社工开展服务活动	L1
				28-01-02	协助筛选确定建档名单	L1
				28-01-03	认同社工专业理念，具有同理心、尊重、接纳、倾听能力，能协助开展服务对象走访，了解服务对象基本情况	L1
				28-01-04	具有资源链接能力，结合自身工作，为项目提供协助，帮助社工顺利开展服务	L1

续表

工作项目		工作任务		岗位能力		学习水平
项目编号	项目名称	任务编号	任务名称	能力编号	能力名称	高职
		28-02	志愿者管理	28-02-01	参与志愿者管理服务	L1
				28-02-02	志愿者报名表填写，对象筛选	L1
				28-02-03	志愿者对象档案管理	L1
				28-02-04	链接培训资源，对志愿者开展针对项目服务对象需求的培训及问题咨询	L1
		28-03	专业服务建设	28-03-01	能够定期与社工及志愿者开展走访服务，并提供时间安排表	L1
				28-03-02	能够对服务对象的问题进行评估，了解不同服务对象的需求，能够根据已有经验评估出服务对象存在的问题并帮助解决或者提供转介	L1
				28-03-03	具备突发事情应变能力，能够解决在工作和服务中遇到的突发问题	L1
				28-03-04	能够与项目实施所在单位进行良好的沟通，有较好的组织能力，协助项目活动顺利开展	L1
				28-03-05	了解专业角色扮演能力，能够扮演好社工的助手、服务对象的知心人、资源链接者、倡导者、社工宣传者等角色	L1
				28-03-06	根据工作角色与项目需要，提供项目实施建议	L1
				28-03-07	能够听取社工项目开展实施意见，并提供协助	L1
				28-03-08	面对压力，能够做好自我心理的调适和服务对象心理的调适	L1
		28-04	项目宣传	28-04-01	根据工作角色定位向项目相关人员宣传项目服务信息，提升项目及社会工作知晓度	L1
				28-04-02	建设信息发布系统（网站、微信公众号）、收集相关服务的宣传信息	L1
				28-04-03	宣传拍照方案、宣传渠道建设、宣传信息发布	L1
				28-04-04	整理相关宣传信息、发布信息	L1
				28-04-05	策划机构大型宣传活动，机构年报、季刊资料收集	L1
29	社工项目结项	29-01	项目评估	29-01-01	按期就工作服务内容向服务机构进行汇报	L1
				29-01-02	协助整理项目资料并打印装档	L1
				29-01-03	根据安排参加项目评估，向评估方汇报项目内容	L1
				29-01-04	能够每月接受项目实施机构督导至少1次，提升服务水平	L1
				29-01-05	团队成员的自我评价	L1
				29-01-06	能定期接受行业内培训，并撰写培训体会	L1

工作项目		工作任务		岗位能力		学习水平
项目编号	项目名称	任务编号	任务名称	能力编号	能力名称	高职
		29-02	项目资料整理	29-02-01	对项目进行梳理、分类、编码	L2
				29-02-02	做好项目查阅、调阅、借阅、等级管理等工作	L2
				29-02-03	熟练掌握项目文书归档的能力，提供符合要求的项目文书	L2
		29-03	撰写自评报告	29-03-01	撰写具体的项目计划书	L2
				29-03-02	具备经费预算和工作进度表把控、评估方法的正确使用等能力	L2
				29-03-03	能按要求优化、修改项目中期评估或结项评估报告	L2
		29-04	项目汇报	29-04-01	展示项目服务指标完成情况	L2
				29-04-02	制作项目成果宣传品（折页、视频、PPT）	L2
				29-04-03	优化项目中期评估或结项评估PPT	L2
				29-04-04	具备优秀的项目汇报能力	L2
30	康复治疗沟通与交流	30-01	需求分析与确认	30-01-01	根据不同患者和家属能够运用恰当的沟通技巧与之交流	L1
				30-01-02	准确识别病患及其家属的情感反应并及时给予回应	L1
				30-01-03	运用通俗易懂的语言解释康复专业术语	L1
				30-01-04	明确个人及其家庭对康复的期望并进行归纳总结	L1
		30-02	信息记录	30-02-01	熟悉记录信息的标准化格式，并正确录入	L1
				30-02-02	准确采集病患资料并整理完整（包含姓名、性别、年龄、工作、学历、爱好、家庭环境等）	L1
				30-02-03	熟练操作医疗办公系统，提取病患信息	L1
31	康复评估	31-01	物理治疗评估	31-01-01	熟练掌握物理治疗评估方法的知识（常用评估方法：Brunnstrom分期、肌力评定、肌张力评定、步态分析、平衡功能评定等）	L2
				31-01-02	掌握正常人体结构与功能水平的知识	L2
				31-01-03	掌握正常人体结构、功能水平，在评估的过程中正确地使用评估设备、工具等	L1
				31-01-04	熟悉评定操作体位、程序及所需的环境要求	L2
				31-01-05	熟悉评定操作体位、程序及所需的环境要求，能够运用康复评估方法进行评估	L1
				31-01-06	选用适宜的评估工具，运用正确的评估方法评估	L2
				31-01-07	进行良好的沟通，提取相关信息	L2
				31-01-08	记录评估结果	L1

续表

工作项目		工作任务		岗位能力		学习水平
项目编号	项目名称	任务编号	任务名称	能力编号	能力名称	高职
		31-02	作业治疗评估	31-02-01	掌握作业治疗评估的方法及运用（常用评估方法：手功能评定、任务分析和活动分析、作业活动行为评估、职业评定等）	L2
				31-02-02	掌握正常人体结构、功能水平，在评估的过程中正确地使用评估设备、工具等	L2
				31-02-03	熟悉评定操作体位、程序及所需的环境要求，能够运用康复评估方法进行评估	L2
				31-02-04	在评估过程中能够有效地沟通	L2
		31-03	言语治疗评估	31-03-01	掌握言语治疗评估的方法及运用（常用评估方法：失语症、构音障碍、吞咽障碍、儿童语言发育迟缓、嗓音障碍、口吃等）	L2
				31-03-02	掌握正常人体结构、功能水平，在评估的过程中正确地使用评估设备、工具等	L2
				31-03-03	熟悉评定操作体位、程序及所需的环境要求，能够运用康复评估方法进行评估	L2
				31-03-04	在评估过程中能够有效地沟通	L2
		31-04	智力评估	31-04-01	正确选用与使用评估量表（韦克斯勒智力量表）	L1
				31-04-02	准确分析及解读评估结果	L1
				31-04-03	根据评估结果制订个性化智力提升计划	L1
		31-05	能力评估	31-05-01	正确选用与使用评估量表（香港协康会自闭症儿童第三版心理教育评核量表 PEP-3、林丽英教授早期疗愈评估表、VB 语言评估量表、发育量表等）	L1
				31-05-02	准确分析及解读评估结果	L1
				31-05-03	根据评估结果制订个性化康复训练计划	L1
		31-06	行为评估	31-06-01	正确选用与使用评估量表（行为分析量表 ABC、心智评估量表、社交技巧评估表、非正式观察表）	L1
				31-06-02	准确分析及解读评估结果	L1
				31-06-03	根据评估结果制订干预计划	L1
		31-07	IEP（个别化计划）会议	31-07-01	能够做好会议准备工作（协调人员、会务安排）	L1
				31-07-02	能够按流程组织会议	L1
				31-07-03	可以进行会议主持工作	L1
				31-07-04	确认康复计划及工作分工	L1
				31-07-05	形成详细的康复计划	L1
32	康复计划	32-01	确定康复目标	32-01-01	根据评估结果分析患者存在的问题	L2
				32-01-02	确定个人及其家庭的康复需求和期望值	L2
				32-01-03	准确制订康复治疗长期目标、短期目标	L2

工作项目		工作任务		岗位能力		学习水平
项目编号	项目名称	任务编号	任务名称	能力编号	能力名称	高职
		32-02	拟订治疗计划	32-02-01	根据康复目标，确定治疗项目、治疗时间、治疗强度、治疗频率、注意事项	L1
				32-02-02	参与专业团队会议，提出康复建议（确定康复计划）	L2
				32-02-03	掌握病情及承受能力确认的规定及流程	L1
				32-02-04	明确治疗过程中注意事项	L1
				32-02-05	参与制订和协调团队会议，确定康复计划	L1
		32-03	拟订治疗方案	32-03-01	协调康复治疗计划书四方签字（医、技、护、患）	L2
				32-03-02	实施个人康复计划，并进行必要调整	L2
				32-03-03	确定并实施个人康复计划，进行必要调整	L1
33	康复治疗	33-01	康复干预	33-01-01	根据不同病情对患者及其家属进行健康宣教	L2
				33-01-02	能够根据不同病情对患者及其家属进行健康培训	L1
				33-01-03	熟练掌握各项治疗计划的具体实施方法和技术	L2
				33-01-04	拟订治疗技划、掌握各项治疗计划的具体实施方法和技术并加以执行	L1
				33-01-05	熟悉物理治疗、作业治疗、言语治疗处方的要素和流程，掌握训练的方法和操作要领	L2
				33-01-06	能根据病情帮助患者选择正确体位、工具和方法，预防各种并发症，提高疗效	L2
				33-01-07	能针对不同疾病患者正确进行物理治疗、作业治疗、言语治疗并熟悉注意事项	L2
		33-02	效果跟进	33-02-01	实施康复效果评价与自查	L2
				33-02-02	规范检查与监督，确保治疗的有效性	L2
				33-02-03	判断并发症的发生、防止二次残疾、做好三级预防	L2
		33-03	方案调整	33-03-01	及时发现病人病情变化、出现异常情况、意外等应急情况的及时正确调整治疗计划	L2
				33-03-02	熟练掌握终止无效康复治疗的标准和能力	L2
		33-04	效果评价	33-04-01	掌握对患者及其家属展开效果评价的方法	L2
				33-04-02	运用评价方法对康复疗效进行判断，发现问题及时整改	L2
				33-04-03	记录疗效差、无效终止的病患并进行讨论分析	L2
34	康复常规工作要求	34-01	出院指导	34-01-01	确定出院准备所需的信息和方法，根据患者出院时功能进行健康宣教、功能指导	L1
				34-01-02	准确及时撰写出院报告	L1

工作项目		工作任务		岗位能力		学习水平
项目编号	项目名称	任务编号	任务名称	能力编号	能力名称	高职
				34-01-03	确定个人及其家庭可能需要的持续支持和跟进的需要和程度的方法	L1
				34-01-04	指导出院后自我管理的方法	L1
				34-01-05	出院或转诊病人跟踪随访，以确保个人及其家庭所需服务或干预	L1
		34-02	文书书写	34-02-01	正确使用 SOAP/ICF 书写康复治疗记录文书，进行病历归档	L1
		34-03	宣传展示	34-03-01	组织康复效果显著的患者进行影像资料收集整理	L1
				34-03-02	组织义诊、体检、健康讲座、残联项目申报	L1
				34-03-03	管理公众号、短视频剪辑、简报、医院广告策划等宣传	L1
		34-04	实习带教	34-04-01	掌握扎实的专业基础知识和实践能力	L1
				34-04-02	参与教学设计、课程讲解	L1
				34-04-03	熟练指导实习生、规培生、进修生参与康复治疗全过程	L1
35	康复能力提升	35-01	业务学习	35-01-01	掌握解剖学、运动学、人体发育学、物理学基础等知识	L1
				35-01-02	掌握生理、生化、神经生理学、心理学基础等知识	L1
				35-01-03	掌握影像、临床检验、药理基础、内外科疾病等相关专业知识	L1
				35-01-04	掌握各种常用物理因子的生物生理学作用、适应证和禁忌证	L1
				35-01-05	掌握各种常用理疗仪器的操作技术和注意事项	L1
				35-01-06	阅读国内外运动治疗、作业治疗、言语治疗的发展趋势及最新技术和方法	L1
				35-01-07	能根据不同患者的临床表现，正确运用各种运动治疗、作业治疗、言语治疗等技术	L1
				35-01-08	掌握康复功能评定、神经电生理技术、运动治疗、作业治疗、言语治疗、康复辅助技术的基本原理、基本理论、常用技术、治疗原则	L1
		35-02	继续教育	35-02-01	提升自我管理和专业技术，如进修、培训班、讲座等	L1
		35-03	应急处理	35-03-01	熟练掌握休克、晕厥、呼吸困难、肌肉拉伤、骨折、跌倒、二次损伤、癫痫、误吸呛咳、出血晕针等常见康复意外的处置措施，及时上报	L1
				35-03-02	能够规避治疗风险、制订应急预案，组织参与应急培训	L1

工作项目		工作任务		岗位能力		学习水平
项目编号	项目名称	任务编号	任务名称	能力编号	能力名称	高职
		35-04	加大科研创新	35-04-01	归纳总结康复治疗技术，优化治疗手段，提高工作效率	L1
				35-04-02	使用各种信息资源和数字技术进行研发	L1
				35-04-03	参与总结康复治疗经验、问题，能够查阅文献、总结归纳，发表科研文章	L1
		35-05	学习法律法规	35-05-01	掌握法律法规、医学伦理，依法从事康复职业活动	L1
36	沟通与交流	36-01	需求分析与确认	36-01-01	运用恰当的沟通技巧与不同患者和家属交流	L2
				36-01-02	准确识别病患及其家属的情感反应并及时给予回应	L2
				36-01-03	运用通俗易懂的语言解释康复专业术语	L2
				36-01-04	明确个人及其家庭对康复的期望并进行归纳总结	L2
		36-02	信息记录	36-02-01	熟悉记录信息的标准化格式，并正确录入	L2
				36-02-02	准确采集病患资料并整理完整（包含姓名、性别、年龄、工作、学历、爱好、家庭环境等）	L2
				36-02-03	熟练操作医疗办公系统，提取病患信息	L2
37	能力提升	37-01	业务学习	37-01-01	熟练掌握康复功能评定、神经电生理技术、运动治疗、作业治疗、言语治疗、康复辅助技术的基本原理、基本理论、常用技术、治疗原则	L2
				37-01-02	能根据不同患者的临床表现，正确运用各种运动治疗、作业治疗、言语治疗等技术	L2
				37-01-03	阅读国内外运动治疗、作业治疗、言语治疗的发展趋势及最新技术和方法	L2
				37-01-04	熟练掌握各种常用物理因子的生物生理学作用、适应证和禁忌证	L2
				37-01-05	熟练掌握各种常用理疗仪器的操作技术和注意事项	L2
		37-02	继续教育	37-02-01	提升自我管理和专业技术，如进修、培训班、讲座等	L2
		37-03	应急处理	37-03-01	熟练掌握休克、晕厥、呼吸困难、肌肉拉伤、骨折、跌倒、二次损伤、癫痫、误吸呛咳、出血晕针等常见康复意外的处置措施，及时上报	L2
				37-03-02	能够规避治疗风险、制订应急预案，组织参与应急培训	L2
		37-04	科研创新	37-04-01	归纳总结康复治疗技术，优化治疗手段，提高工作效率	L2
				37-04-02	参与总结康复治疗经验、问题，能够查阅文献、总结归纳，发表科研文章	L2
				37-04-03	使用各种信息资源和数字技术进行研发	L2

工作项目		工作任务		岗位能力		学习水平
项目编号	项目名称	任务编号	任务名称	能力编号	能力名称	高职
38	护士行政管理	38-01	内务管理	38-01-01	发挥助手和参谋作用，做好协调管理工作，负责制订工作计划和总结，承办日常事务	L1
				38-01-02	深入科室督促检查各项护理工作的落实，参与护理查房工作，发现问题及时向护理部主任汇报，提出改进意见	L1
				38-01-03	及时了解护理学科发展动态，向主任提供信息资料和管理建议	L1
				38-01-04	组织对护理部所属人员的学习培训和考核	L1
				38-01-05	负责护理部有关会议、事宜的通知和各种会议记录、整理、归档工作	L1
				38-01-06	负责护理部有关文件的打印、复印、分发等工作，协助主任完成一些文字书写工作	L1
				38-01-07	负责各病房、科室上交的护理统计数字，如护士长月报表、全院护士注册及护士继续教育学分等，进行统计、汇总、录入、存档	L1
				38-01-08	负责接待参观、来访及来电、来信的处理工作	L1
				38-01-09	负责护理部日常用品的请领、保管和管理工作	L1
				38-01-10	完成领导交办的其他工作	L1
		38-02	日常工作安排	38-02-01	负责发通知、接电话、处理临时性的问题，回答各类咨询	L1
				38-02-02	保持办公区域整洁	L1
				38-02-03	参加科务会，参加科室政治学习	L1
				38-02-04	协助安排、组织并参加继续教育培训学习	L1
39	护士人力管理	39-01	数据报送	39-01-01	定期梳理全员护理人员名册，登记进修、外出学习、支援、转科、辞职、新进等，调配科室及护理人员准入管理	L1
				39-01-02	定期向财务科及人事科报送全院护理人员变动表	L1
				39-01-03	负责护理人员技术档案资料的收集、整理和各种登记、统计工作	L1
				39-01-04	定期对全员护理人员资质进行审核，组织协调护理人员资质报送工作	L1
		39-02	三基培训	39-02-01	参与三基理论考试、技能训练考核的各项准备工作，参与监考，参与阅卷等后续工作	L1
				39-02-02	协助完成对护士长考核的准备工作；配合完成护士长考核工作	L1
				39-02-03	协助主任安排外出进修人员，并了解进修情况，收集汇报材料，安排汇报	L1

工作项目		工作任务		岗位能力		学习水平
项目编号	项目名称	任务编号	任务名称	能力编号	能力名称	高职
40	护士教学工作安排	40-01	制订教学计划	40-01-01	根据医院规模及带教能力，核定每年带教实习护士人数，做好轮转实习安排，制订理论及操作培训计划	L1
		40-02	准备相关资料	40-02-01	制定实习协议、安全承诺书、管理制度规定、实习生职责等（每人1册）	L1
		40-03	教学工作开展	40-03-01	组织领导实习护士的临床带教工作，按要求完成护士临床实习的教学计划、教学目标，并对教学质量效果进行评价	L1
				40-03-02	组织小讲课、业务知识讲座、理论及操作考核等	L1
				40-03-03	组织实习护士组长和部分带教老师参加每个病区教学查房评定	L1
				40-03-04	定期召开带教老师教学工作会议，对兼职带教老师、临床带教老师进行教学理论培训，以提高带教能力	L1
				40-03-05	定期召开实习护士座谈会，及时了解实习护士在实习过程中的工作、学习、思想等情况	L1
				40-03-06	完成实习鉴定及实习证明	L1
		40-04	教学监督	40-04-01	负责监督落实专人分管教学，学生一对一跟班带教；督促学生不独立操作，严格落实查对制度，规范着装和服务礼仪	L1
		40-05	安全检查	40-05-01	定期对实习护士宿舍进行安全检查	L1
41	护理质量管理	41-01	质量控制	41-01-01	明确科室护理质量与安全管理小组职责	L2
				41-01-02	实施护理目标管理，定期督导和总结	L2
				41-01-03	制订专科护理工作制度、岗位职责、疾病护理常规、护理质量评价标准，体现专科特色，定期修订、补充、完善，有修订标识，护士知晓具体内容，并有效落实	L2
				41-01-04	制订并实施科室质量与安全管理工作年计划、月重点、周安排	L2
				41-01-05	检查科室质量与安全，召开科室质控会议，提出改进措施，原始记录与整理记录规范	L2
				41-01-06	记录科室质量与安全管理工作	L2
				41-01-07	能够运用质量与安全管理工具进行持续改进	L2
				41-01-08	参与并指导危重病人、大手术、抢救及重点病人等的护理，检查、指导各级人员岗位职责完成情况	L2
				41-01-09	要求护理人员熟练掌握护理核心制度，各项护理质量符合医院要求	L2
				41-01-10	按照要求组织质量分析会、疑难病例、死亡病例讨论会	L2

续表

工作项目		工作任务		岗位能力		学习水平
项目编号	项目名称	任务编号	任务名称	能力编号	能力名称	高职
		41-02	安全管理	41-02-01	加强科室安全管理，及时上报不良事件，进行追踪回复掌握、反馈护理安全不良事件结果，进行原因分析，提出改进措施并实施评价	L2
				41-02-02	参与科室及护理部不良事件案例分析汇报会	L2
				41-02-03	完成节假日前安全专项自查	L2
				41-02-04	分析汇总科室半年、年度不良事件报告	L2
42	护理教学科研管理	42-01	教学管理	42-01-01	负责指导和管理实习、进修人员，并指定有经验、有教学能力的护理人员负责带教工作	L2
				42-01-02	制订科室年度教学计划，职责明确，有专人负责带教工作	L2
				42-01-03	带教老师知晓科室带教计划及教学目标	L2
				42-01-04	组织实习生的培训、学习，有记录	L2
				42-01-05	要求护士长参与教学工作，对教学工作有检查记录及年总结	L2
				42-01-06	检查和听取护士对临床带教工作的建议和意见，有记录	L2
		42-02	培训安排	42-02-01	根据护理部安排，组织好科室的基础及专科护理知识培训学习，每月完成护士护理技能操作考核	L2
				42-02-02	根据要求完成科室护士分层培训及考核，护理部组织的三基考核全部达标	L2
				42-02-03	组织护理进修人员和护士的临床实习，负责讲课和评定成绩	L2
				42-02-04	组织内科护士进行业务学习，认真落实各级护理人员规范化培训与继续教育计划	L2
				42-02-05	组织技术操作考核、业务考试，提高护理人员理论水平和技能	L2
		42-03	科研进展	42-03-01	了解科内护理新进展，积极开展护理科研及组织技术革新工作，总结经验，撰写学术论文	L2
				42-03-02	开展年度内新技术、新业务且不少于1项	L2
				42-03-03	要求年度内护理人员论文发表不少于1篇	L2
43	护理技能提升	43-01	能力提升	43-01-01	掌握本专业护理学专业理论	L2
				43-01-02	掌握本专业常见疾病的临床表现，主要护理诊断和相关护理措施	L2
				43-01-03	掌握整体护理和护理程序理论，熟悉内科常见疾病的护理程序	L2
				43-01-04	掌握本专业相关的基础护理学、解剖学、病理生理学以及临床药学的相关知识	L2

续表

工作项目		工作任务		岗位能力		学习水平
项目编号	项目名称	任务编号	任务名称	能力编号	能力名称	高职
				43-01-05	熟悉与本专业护理学密切相关学科的理论	L2
				43-01-06	熟悉诊断学相关理论知识、本专业常用诊疗技术原理及临床应用	L2
				43-01-07	维护与执行医院的重大决策，并动员和带领病区护理人员共同遵守	L2
				43-01-08	掌握医院管理、护理管理知识及相关技能	L2
				43-01-09	具有良好的沟通能力，掌握相关的法律法规及规章制度，熟悉医疗纠纷处理流程及处理技巧	L2
				43-01-10	兼顾职业发展与个人生活，鼓励健康的生活习惯、良好的家庭关系，并承担社会责任，为病区护理人员树立榜样	L2
		43-02	知识培训	43-02-01	负责本专业护理知识与操作技能培训	L2
				43-02-02	负责医院和护理管理与相关法律法规知识培训	L2
				43-02-03	针对护理服务技能及沟通技能与心理学知识培训	L2
44	客户信息收集	44-01	客户数据统计	44-01-01	熟练使用统计工具	L1
				44-01-02	能够按要求收集客户信息（如企业规模、关键决策人、联系方式等）	L1
		44-02	客户拜访	44-02-01	掌握商务礼仪，掌握仪容仪表及基本形象管理的技能	L1
				44-02-02	能够执行客户跟踪计划，与客户保持接触，争取达成交易	L1
				44-02-03	能够进行客户价值判断及购买力评定	L1
				44-02-04	能够与客户交流挖掘客户需求	L1
45	产品销售	45-01	熟悉产品及销售话术	45-01-01	熟知销售话术及销售技巧	L1
				45-01-02	熟知产品功能、卖点及文化寓意	L1
		45-02	产品介绍	45-02-01	能够准确介绍产品的核心卖点	L1
				45-02-02	能够给客户介绍产品细节	L1
		45-03	异议处理	45-03-01	能够处理价格、服务、产品方面的异议	L1
				45-03-02	熟知公司处理异议的方法	L1
				45-03-03	面对不能处理的异议，上报上级领导处理	L1
		45-04	销售成交	45-04-01	掌握优惠成交法、时间成交法、从众成交法、假设成交法	L1
				45-04-02	能够完成产品销售	L1

续表

工作项目		工作任务		岗位能力		学习水平
项目编号	项目名称	任务编号	任务名称	能力编号	能力名称	高职
46	客户客情维护	46-01	客户跟踪	46-01-01	能够了解客户产品试用情况，并对客户信息进行反馈	L1
				46-01-02	能够掌握客户产品使用情况，针对客户需求进行二次开发	L1
				46-01-03	能够掌握客户复购意向，推荐合适的产品搭配	L1
				46-01-04	能够梳理总结客户复购的主要因素	L1
		46-02	客户信息收集	46-02-01	能够为客户建立档案，进行信息交接	L1
				46-02-02	能够对客户需求进行归类	L1
				46-02-03	能够与客户保持联系，不定期对客户进行回访，准备二次开发	L1
47	客户市场调研	47-01	竞品调研	47-01-01	了解竞品所属行业、定位，了解竞品优势、劣势	L1
				47-01-02	体验竞品，了解竞品特点	L1
		47-02	编写调研报告	47-02-01	熟练使用办公软件（PPT、Excel、Word）、思维导图等工具	L1
				47-02-02	充分了解市场情况、经济形势、价格等	L1
				47-02-03	能够分析产品的亮点、痛点	L1
				47-02-04	能够制作竞品调研报告，通过大数据分析等方法了解受众人群喜好	L1
48	销售推广计划设计	48-01	品牌推广	48-01-01	熟知品牌推广途径、渠道	L2
				48-01-02	能够根据公司需求、投入，制订合理的品牌推广方案	L2
				48-01-03	能够收集推广效果数据（客户调查、客户来源）	L2
				48-01-04	能够根据品牌推广效果，优化品牌推广方案	L2
		48-02	产品推广	48-02-01	能够根据产品类型、服务对象，进行精准推广	L2
				48-02-02	能够根据产品推广效果，优化推广方案	L2
49	销售推广活动组织	49-01	推广活动计划安排	49-01-01	根据经营目标，制订推广活动内容与计划	L2
				49-01-02	掌握地推、线上推广、电话推广、新媒体推广、合作推广等推广方式，根据经营目标，落实推广媒介组合	L2
				49-01-03	根据推广活动内容，较准确地预估推广成本和效果	L2
		49-02	推广活动实施	49-02-01	根据推广计划，合理安排人员完成推广活动	L2
				49-02-02	根据推广实施方案，完成物资采购、人员安排、资源准备等工作	L2

工作项目		工作任务		岗位能力		学习水平
项目编号	项目名称	任务编号	任务名称	能力编号	能力名称	高职
50	销售员工培养与维护	50-01	员工发展方向及计划制订	50-01-01	熟知公司岗位发展路径，能够根据公司的发展情况制定、调配员工工作内容	L2
				50-01-02	能够根据员工自身发展情况及发展方向、公司岗位设定情况制订员工成长计划	L2
				50-01-03	能够根据员工绩效完成情况进行晋升调整	L2
		50-02	员工培训组织	50-02-01	能够根据客户意见、员工不足、服务质量等情况制订员工培训课程	L2
				50-02-02	能够按公司要求对新员工进行岗前培训	L2
				50-02-03	熟练使用PPT制作培训课件	L2
		50-03	员工心理辅导	50-03-01	能够对员工进行正能量引导、鼓励，树立爱岗敬业精神	L2
				50-03-02	能够培养员工的情绪管理能力，时刻保持良好的工作状态	L2
				50-03-03	给予员工方法指导，增强适应能力	L2
				50-03-04	帮助员工做好工作安排，平衡家庭与工作关系	L2
51	销售业务洽谈	51-01	与第三方公司洽谈业务	51-01-01	熟知获取资源的渠道	L2
				51-01-02	熟知业务洽谈技巧，具备商务谈判能力，熟知商务礼仪	L2
				51-01-03	能够根据订单需求寻求第三方公司合作	L2
				51-01-04	能够根据公司需求、第三方公司需求，制订合作方案（方案、标书）	L2
				51-01-05	熟练使用PPT制作合作方案	L2
52	销售工作目标制定	52-01	目标分解	52-01-01	能够按产品品类分解销售目标	L2
				52-01-02	能够按市场分解销售目标	L2
				52-01-03	能够按时间分解销售目标（月、周、日）	L2
		52-02	执行计划	52-02-01	能够根据各类目标制订执行计划	L2
				52-02-02	能够针对网络收集、第三方收集、市场走访及转介绍的客户进行开发	L2
				52-02-03	具备组织会员促销，引导客户续费的技巧	L2
		52-03	预期目标设定	52-03-01	根据目标完成率分析，设定合理的预期目标	L2
				52-03-02	掌握预期目标分解的原则	L2
		52-04	总结分析	52-04-01	能够对目标完成率、满意度统计分析	L2
				52-04-02	熟悉公司或常用的统计软件，进行成单率、续单率的统计	L2
				52-04-03	能够进行工作问题总结及制订解决方案	L2

工作项目		工作任务		岗位能力		学习水平
项目编号	项目名称	任务编号	任务名称	能力编号	能力名称	高职
53	业务文件管理	53-01	日常数据统计	53-01-01	熟悉公司或常用的统计软件，进行员工流失率统计	L2
				53-01-02	熟悉公司或常用的统计软件，进行客户满意度统计	L2
				53-01-03	熟悉公司或常用的统计软件，进行目标实现率统计	L2
		53-02	业务总结	53-02-01	按照公司要求，提交日、周、月、季度、年度工作总结	L2
				53-02-02	掌握工作复盘的方法和步骤	L2
54	业务员培训	54-01	培训行业知识	54-01-01	掌握培训行业前景、市场需求、同行情况	L2
				54-01-02	根据培训内容确定考核内容	L2
		54-02	培训销售技巧	54-02-01	具备沟通技巧、谈判技巧	L2
				54-02-02	具备职场案例的培训技巧	L2
				54-02-03	根据模拟情景进行实操演练	L2
		54-03	培训业务员工作内容	54-03-01	熟悉客户服务内容（直接或间接）	L2
				54-03-02	具备处理客户投诉的技巧	L2
				54-03-03	能够进行跟岗培训	L2
55	客户信息管理	55-01	客户信息维护	55-01-01	能够制订客户信息表（基本信息、客户爱好、个性化信息等）	L2
				55-01-02	能够及时跟进客户信息变化并修改客户信息	L2
		55-02	费用管控	55-02-01	熟知公司费用申请流程并进行申请	L2
				55-02-02	监控费用使用情况	L2
				55-02-03	熟知公司报销结案流程并进行报销	L2
		55-03	销售目标跟进	55-03-01	能够定期更新销售数据	L2
				55-03-02	根据销售数据，分析销售目标实现率	L2
				55-03-03	了解客户对接最新目标实现情况	L2
56	产品运营	56-01	数据监控与分析	56-01-01	熟练掌握产品的名称、价格、功能参数、服务保障等基本信息	L1
				56-01-02	熟练使用 Excel 工具进行每日经营数据统计	L1
				56-01-03	熟练使用 PPT 工具制作经营数据汇报材料	L1
				56-01-04	熟练使用产品管理相关系统进行产品上下架操作	L1
				56-01-05	能够阅读数据报表并监控关键经营指标数据是否有数据突增、突降等异常情况	L1
		56-02	营销文案撰写	56-02-01	编写有吸引力的短信文案	L1
				56-02-02	编写有吸引力的微信消息文案	L1
				56-02-03	编写有吸引力的电话营销话术	L1

工作项目		工作任务		岗位能力		学习水平
项目编号	项目名称	任务编号	任务名称	能力编号	能力名称	高职
		56-03	开展营销工作	56-03-01	使用短信营销工具对客户开展短信营销	L1
				56-03-02	使用微信公众平台对客户开展微信消息营销	L1
				56-03-03	使用智能语音外呼工具对客户开展外呼营销	L1
		56-04	卖点总结与产品优化	56-04-01	挖掘产品在价格、质量、配套服务、业界评价等方面的优势并归纳宣传卖点	L1
				56-04-02	记录客户反馈意见并将高频次的反馈意见反馈给产品设计人员	L1
57	用户运营	57-01	掌握用户运营相关知识	57-01-01	掌握企业制订的服务范围和服务内容相关说明文件	L1
				57-01-02	能够判断照护人员是否按照企业规定的服务规范提供服务	L1
		57-02	用户日常运营	57-02-01	能够根据客户的年龄、性别、职业、个人偏好等将客户分成不同的类型	L1
				57-02-02	能够对有流失倾向的老客户进行识别并开展挽留工作	L1
				57-02-03	受理客户投诉并尝试处理，以及将无法处理的客户投诉向上级反馈	L1
				57-02-04	通过电话、短信、线下拜访等方式对重要客户进行关怀维系	L1
				57-02-05	通过电话、短信、线下拜访等方式对有意向购买产品和服务的客户进行持续跟踪，促成交易	L1
58	商户运营	58-01	商户管理	58-01-01	掌握供应商管理系统的基本功能和操作方法	L1
				58-01-02	根据采购人员提供的信息进行供应商信息的管理与维护	L1
				58-01-03	能够根据企业标准对采购人员提供的供应商资料的完整性与准确性进行审核	L1
		58-02	商户日常运营	58-02-01	能够使用快递服务对商业往来相关资料进行邮寄和收取	L1
59	市场运营	59-01	推广计划制订	59-01-01	能够收集竞争对手的线上广告和线下广告投放内容、投放渠道等信息	L1
				59-01-02	根据企业的市场推广预算制订具体的推广计划	L1
				59-01-03	能够结合不同投放渠道面向的不同客户类型打造具体的宣传卖点	L1
		59-02	推广效果跟踪	59-02-01	能够对传播方案的实施进行监督，检验是否在约定的方式内完成投放	L1
				59-02-02	能够比较分析各种投放资源带来的实际效果，对投放方式是否有效作出评价	L1

工作项目		工作任务		岗位能力		学习水平
项目编号	项目名称	任务编号	任务名称	能力编号	能力名称	高职
60	业务管理运营	60-01	数据监控与分析	60-01-01	制订每日、每周经营数据追踪的数据分析指标项	L2
				60-01-02	制订月度、季度经营效果汇报的数据分析指标项	L2
				60-01-03	组织团队成员对专项开展的市场推广、客户经营重点项目撰写汇报材料并实施汇报	L2
				60-01-04	针对监控到的经营数据异常作出判断并形成处理方案	L2
		60-02	营销文案审核	60-02-01	能够对营销文案和营销话术的合规性、针对性和吸引力等方面进行审核	L2
		60-03	客户运营方案制订	60-03-01	针对竞争对手市场推广策略，制订本企业市场推广的预算使用计划	L2
				60-03-02	能够根据对客户类型的划分方法进行决策并制订针对性的线上、线下宣传策略	L2
				60-03-03	申请或协调客户挽留资源并制订客户挽留工作规范	L2
				60-03-04	申请或协调客户关怀维系资源并制订客户维系工作规范	L2
				60-03-05	统筹管理客户关系相关工作所需的成本使用，形成清晰的台账和维系效果分析	L2
61	组织管理运营	61-01	团队工作安排	61-01-01	组织团队成员有效落实公司自上而下分配的各项工作安排	L2
		61-02	运营工作考核	61-02-01	能够对运营人员的产品运营工作制订评价标准并进行评价考核	L2
				61-02-02	能够对运营人员的服务监督工作制订评价标准并进行评价考核	L2
				61-02-03	能够对运营人员的市场推广工作制订评价标准并进行评价考核	L2
				61-02-04	制订客户投诉的受理规范并对运营人员的受理结果进行评价考核	L2
		61-03	供应商管理工作考核	61-03-01	制订供应商信息管理与维护的工作规范并进行评价考核	L2
62	系统与权限管理运营	62-01	管理运营各项系统及权限	62-01-01	能够进行产品管理相关系统的权限管理	L2
				62-01-02	收集运营人员在短信营销工具、智能外呼营销工具使用中的问题并向系统开发人员提出优化需求	L2
				62-01-03	能够对微信公众平台的权限、功能、消息发送策略进行统筹管理	L2
				62-01-04	能够进行供应商管理相关系统的权限管理	L2

工作项目		工作任务		岗位能力		学习水平
项目编号	项目名称	任务编号	任务名称	能力编号	能力名称	高职
63	采购前准备	63-01	供应商开发与维护	63-01-01	了解找寻供应商资源的渠道	L1
				63-01-02	了解企业供应商审核标准和规范，完成供应商审核	L1
				63-01-03	能够正确填写供应商评估表	L1
		63-02	采购需求确定	63-02-01	了解老年群体基本的生理心理、生活习性	L1
				63-02-02	了解市面上成熟的涉老产品，根据各部门需求给予合适的产品推荐	L1
				63-02-03	能够与各部门沟通确定采购需求（产品型号、数量等）	L1
		63-03	询价/比价/议价	63-03-01	具备价格谈判技巧	L1
				63-03-02	能够按产品需求确定供应商进行询价	L1
				63-03-03	能够根据订单成本情况进行比价	L1
				63-03-04	能够与供应商进行价格谈判，节约采购成本	L1
64	采购过程	64-01	采购计划制订	64-01-01	能够汇总本批次采购需求，完成系统数据更新	L1
				64-01-02	能够准确将采购需求转化为订单并发送给供应商	L1
				64-01-03	能够按规范制作交货安排及进度日程给供应商	L1
		64-02	采购入库	64-02-01	能够协调安排供应商货物入库	L1
				64-02-02	能够协助完成数量及品质检查，妥善处理异常情况（调货、换货等）	L1
		64-03	监督检查	64-03-01	熟练掌握各类物资的名称、型号、规格、单价、用途和产地，保证购进物资符合质量要求	L1
65	采购后续工作	65-01	沟通交流	65-01-01	具有与各部门沟通的意识，及时了解产品使用情况	L1
				65-01-02	能够合理安排各部门采购需求，科学安排控制采购成本	L1
				65-01-03	根据产品采购情况，与供应商就产品及服务效果进行沟通	L1
		65-02	采购结算	65-02-01	了解付款手续和流程	L1
				65-02-02	能够协助财务结算及相关发票收取	L1
		65-03	采购效果评估	65-03-01	能够完成单次采购效果评价（预期目标完成情况、产品及服务满意度、采购成本等）	L1
				65-03-02	能够根据评价结果提出采购方案优化建议	L1
		65-04	资料维护	65-04-01	熟悉企业采购资料维护规范及要求	L1
				65-04-02	能够按时、准确更新供应商档案	L1
				65-04-03	能够按时、准确更新产品档案	L1
				65-04-04	能够按时、准确更新采购档案	L1

工作项目		工作任务		岗位能力		学习水平
项目编号	项目名称	任务编号	任务名称	能力编号	能力名称	高职
66	采购供应商管理	66-01	产品引进	66-01-01	根据市场信息（系统信息：品牌、热度、销售数据等）的变化，对新品是否引进作出判断（事前引进、业务中引进）	L2
		66-02	业务跟进	66-02-01	根据外界环境的变化，对产品销售价格进行指导（销售单元）	L2
				66-02-02	通过回顾供应商数据（销售、毛利、盈利创收），对亮点、不足进行分析	L2
				66-02-03	能够准确接收客服、供应商投诉反馈的问题	L2
				66-02-04	能够对投诉问题进行分析，及时和供应商、运营部门沟通解决问题	L2
				66-02-05	定期回顾采购方案执行效果，提出优化策略	L2
67	采购利润管理	67-01	利润争取	67-01-01	掌握公司可对外进行利润争取的项目（广告、运营支持、增量业务）和方式（电汇支付、票折支付、赠品）	L2
				67-01-02	能够完成对供应商的宣导，并确定可争取的利润项目	L2
		67-02	利润收取	67-02-01	了解公司相关利润收取的制度要求	L2
				67-02-02	能够根据公司相关制度要求，对前期进行的供应商额外利润协议进行系统的估算管理，准确预测公司可收取的利润金额	L2
				67-02-03	能够根据前期对供应商利润的估算，完成预定时限内的利润收取	L2
				67-02-04	能够根据前期估算和实收数据，进行利润的清算，查漏补缺	L2
				67-02-05	能够填写利润延伸调整单，交给财务相关人员进行申请和审批（多估情况）	L2
				67-02-06	能够在采购系统中进行少估利润的补估处理（少估情况）	L2
68	采购检查工作	68-01	抽查与监督	68-01-01	了解日常工作执行情况（考勤、服务质量、工作态度、学习情况），通过客户、其他部门的业务关系抽查员工工作情况	L2
		68-02	检查盘点	68-02-01	检查数据的有效性、规范性与合规性	L2
				68-02-02	能够核对实物与数据是否一致	L2
69	产品需求调研	69-01	具备调研基本知识	69-01-01	了解市面上成熟的涉老产品及其优缺点	L1
				69-01-02	熟练掌握市场调研的基本工具和分析方法（如线上问卷、面对面访谈、用户观察等）	L1

工作项目		工作任务		岗位能力		学习水平
项目编号	项目名称	任务编号	任务名称	能力编号	能力名称	高职
		69-02	组织产品需求调研	69-02-01	清楚了解调研目的，如目标用户基本特征、同类产品使用情况及真实感受、购买意愿等	L1
				69-02-02	能够根据调研对象和调研预算选择合适的调研方式、获取调研数据	L1
		69-03	调研结果分析	69-03-01	能够通过调研了解目标群体对产品色彩、造型、材质、功能的偏好，了解使用场景	L1
				69-03-02	能够通过调研了解市面已有产品优缺点	L1
				69-03-03	能够使用 PPT、Word 撰写调研分析报告	L1
70	产品设计与研发	70-01	优质产品对标	70-01-01	熟悉了解日本、丹麦、加拿大等国家的成熟稳定的产品	L1
				70-01-02	能够分析优质产品的参数、用材等优点，帮助优化自身产品	L1
		70-02	产品设计	70-02-01	具备用户体验、交互等知识，能够以用户为中心设计产品	L1
				70-02-02	熟悉老年群体的各类特征及状况，如生理、心理、认知能力、行为习惯等	L1
				70-02-03	能够保证产品功能符合安全、舒适、易用等设计原则	L1
				70-02-04	能够根据老年群体特征选择合适的色彩搭配、造型、材质	L1
				70-02-05	能够确定产品定位（用户定位、产品设计定位等）	L1
		70-03	代码编程	70-03-01	能够根据选定方案效果图，用手绘、CAD 等方式绘制三视图、大样图、局部图等，保证尺寸标注清楚无误	L1
				70-03-02	能够清晰、准确标注产品材质要求、配色要求	L1
				70-03-03	熟练掌握产品材料、工艺原理等相关信息	L1
				70-03-04	能够准确列出材料清单（如规格、种类、配件等），计算所需材料价格、人工费用，并反馈给上级及财务部门	L1
		70-04	产品生产	70-04-01	能够根据产品方案和预算选择合适的代工厂	L1
				70-04-02	能够正确填写产品打样时间的进度，正确向上级汇报跟进情况	L1
				70-04-03	能够及时发现并修正样品偏差	L1
71	产品推广	71-01	市场建议	71-01-01	能够提炼产品核心卖点	L1
				71-01-02	能够根据前期调研情况、成本情况为销售部门提供合理的价格建议	L1
		71-02	产品维护	71-02-01	能够根据生产、销售数据、意见反馈及时改进产品	L1
				71-02-02	定期跟进产品实际使用情况，能够及时发现产品问题，并提出改进意见或现场修正	L1

续表

工作项目		工作任务		岗位能力		学习水平
项目编号	项目名称	任务编号	任务名称	能力编号	能力名称	高职
72	产品管理	72-01	产品体系管理	72-01-01	能够定期、有效开展消费者、市场、行业等调查	L2
				72-01-02	能够正确分析产品需求动态	L2
				72-01-03	能够根据企业产品定位（如功能定位、受众定位、价格定位等）及当前已有产品来完善产品体系	L2
				72-01-04	能够适时提出新产品研发、旧产品退出的计划	L2
		72-02	设计管理	72-02-01	能够根据市场调研和公司定位进行产品的调研、分析、构思、表达	L2
				72-02-02	能够指导产品专员的工作方案	L2
				72-02-03	能够正确把握公司研发产品的总体效果	L2
				72-02-04	正确组织审查方案图纸并提出解决技术问题的方案	L2
		72-03	试制管理	72-03-01	能够有序地管理设计产品的打样、检测、市场验证过程	L2
73	产品部门管理	73-01	团队管理	73-01-01	能够正确安排、监督部门内的工作	L2
				73-01-02	能够正确分析与评估产品专员的业务能力水平	L2
				73-01-03	能够开发和培养产品专员业务能力	L2
				73-01-04	能够结合产品专员的能力现状及企业发展要求制订科学的培训计划	L2
		73-02	费用管理	73-02-01	能够正确制订产品研发预算	L2
				73-02-02	能够有效控制产品研发费用支出	L2
		73-03	部门协调	73-03-01	能够有效地对销售部、运营部等提供技术支持（如提炼卖点）	L2
74	学员培训信息整理	74-01	学员信息整理	74-01-01	熟悉运用 Word、Excel、PPT 办公软件	L1
				74-01-02	具备信息整理与归纳的能力	L1
		74-02	信息归档	74-02-01	熟悉公司对信息归档的管理要求和规范	L1
				74-02-02	能够按照公司纸质化管理标准将纸质信息材料装订成册	L1
				74-02-03	电子信息整理并储存至公司培训系统（报名表、信息汇总表、身份证、电子照片）	L1
75	学员培训组织	75-01	考勤管理	75-01-01	打印每日纸质签到表（每日签到签退）	L1
				75-01-02	能够使用电子身份证、指纹识别、人脸识别等多种打卡方式，记录下载并整理打卡记录	L1
				75-01-03	能够按照公司请销假制度负责培训学员的请销假管理	L1
		75-02	制订开班计划	75-02-01	能够按照讲师课程制作培训计划表（包含时间、地点、用餐时间、休息时间以及培训时长）	L1

工作项目		工作任务		岗位能力		学习水平
项目编号	项目名称	任务编号	任务名称	能力编号	能力名称	高职
				75-02-02	能够按照培训等级进行场地布置、教具准备	L1
				75-02-03	具备组织开班仪式的能力（开班宣讲、介绍培训讲师、介绍公司产品）	L1
				75-02-04	具备组织安排学员进行等级认定的能力	L1
				75-02-05	能够协助讲师进行课程安排	L1
76	培训客户对接	76-01	用人单位对接	76-01-01	能够与用人单位沟通培训需求	L1
				76-01-02	能够与用人单位沟通人员需求（确定标准、筛选学员）	L1
				76-01-03	熟知课程简章	L1
				76-01-04	掌握招生沟通技巧（给企业、学员分析课程的背景、前景、就业方向、薪酬、课程内容等情况）	L1
		76-02	学员对接	76-02-01	能够根据培训收集学员相关资料（报名表、身份证、电子照片）	L1
				76-02-02	搭建学员沟通平台，能够及时回应学员关于培训安排的相关疑问	L1
77	公务培训对接	77-01	政府采购项目对接	77-01-01	熟悉政府采购项目的流程及要求	L1
				77-01-02	熟悉政府政策文件，能按要求编写培训工种资料并打印、盖章、上交	L1
				77-01-03	建立与对应部门的沟通（如就业局、人社局、民政局等）	L1
		77-02	企业项目对接	77-02-01	具备商务沟通的技巧	L1
				77-02-02	能够与企业对接人沟通培训需求，了解其个性化培训需求	L1
				77-02-03	能够根据企业培训需求，协助讲师制订培训计划（培训内容、培训方式、培训对象等）	L1
				77-02-04	维护好与培训企业之间的良好关系	L1
78	讲师岗前培训与考核	78-01	职业资格考核	78-01-01	掌握初级养老护理员理论和实操技巧	L2
				78-01-02	掌握中级养老护理员理论和实操技巧	L2
				78-01-03	掌握高级养老护理员理论和实操技巧	L2
				78-01-04	具有高级养老护理员职业资格证/职业技能等级证书	L2
				78-01-05	具有教师上岗证	L2

工作项目		工作任务		岗位能力		学习水平
项目编号	项目名称	任务编号	任务名称	能力编号	能力名称	高职
		78-02	培训技能掌握	78-02-01	熟悉课程设计的理论基础，了解课程设计的操作流程	L2
				78-02-02	了解游戏、故事、案例在课程设计中的运用技巧	L2
				78-02-03	能够根据企业实际情况制订个性化培训方案、制作培训课程（例如员工风险防范意识建立、员工心理疏导、老人跌倒处置方案等）	L2
				78-02-04	熟悉企业工作流程及服务标准	L2
				78-02-05	具有胜任岗位工作任务和相应的专项能力	L2
79	培训需求调查与评估	79-01	需求调查	79-01-01	了解培训需求的调查方法（如面谈法、观察法、小组讨论法、问卷调查法等）	L2
				79-01-02	了解培训需求的分析方法	L2
				79-01-03	能够从个人、岗位职责、企业组织机构等层面分析培训需求的具体内容	L2
				79-01-04	了解需求分析报告的撰写技巧	L2
		79-02	需求评估	79-02-01	了解评估与需求调查的关系	L2
				79-02-02	了解评估的流程、方法	L2
				79-02-03	了解评估报告的撰写技巧	L2
				79-02-04	能够与培训需求方确认培训内容及培训形式	L2
80	专业培训	80-01	理论课件制作	80-01-01	熟练掌握 PPT 制作	L2
				80-01-02	熟练使用图片编辑、音乐剪辑、视频剪辑等软件	L2
				80-01-03	能够根据《养老护理员国家职业技能标准》（2019年版）的要求进行基础课程搭建	L2
				80-01-04	具备书写案例分析的能力	L2
		80-02	线上视频录制	80-02-01	能够根据培训课程录制理论＋实操结合的视频文件	L2
		80-03	实操技能培训	80-03-01	能够根据《养老护理员国家职业技能标准》（2019年版）的要求开展初级、中级实操技能培训	L2
				80-03-02	能够根据案例分析进行实操技能演练	L2
				80-03-03	能够及时发现并指出学员在实操过程中的问题，并给予正确操作示范和细节讲解	L2
		80-04	制订教学规范	80-04-01	了解教案撰写技巧	L2
				80-04-02	掌握教学授课技巧	L2
				80-04-03	掌握教学语言规范（普通话标准、表达清晰）	L2
				80-04-04	掌握讲师规范态势语言（着装、肢体动作）	L2

工作项目		工作任务		岗位能力		学习水平
项目编号	项目名称	任务编号	任务名称	能力编号	能力名称	高职
81	培训管理	81-01	学员管理	81-01-01	掌握培训期学员的心理状态	L2
				81-01-02	能够识别心理状态不佳的学员，及时进行心理疏导	L2
				81-01-03	能够根据学员年龄和个人特质，引导学员的学习及就业方向	L2
82	培训技能认定	82-01	操作考核	82-01-01	具有人社部门颁发的考评员证	L2
				82-01-02	具有高级养老护理员职业资格证/职业技能等级证书	L2
				82-01-03	能够根据课程内容确定考核方式、考核项	L2
				82-01-04	能够根据考核项标准配置实操场地，配备对应的教具	L2
				82-01-05	能够准确判断考生实操水平，根据考生现场实际操作进行打分、签字	L2
				82-01-06	能够对考生操作进行提问，并判断考生回答正确与否	L2
				82-01-07	熟悉国家职业技能等级认定规范，做好考场纪律维护工作	L2
				82-01-08	能够撰写考核总结报告，分析优缺点，提出改进办法	L2
		82-02	资格认定	82-02-01	熟悉养老护理员理论考核制度，能够对考生的理论试卷阅卷并打分、签字	L2
				82-02-02	熟悉养老护理员理论考核制度，能够对考生的实际操作考核成绩进行复评	L2
83	提升培训岗位技能	83-01	职业资格晋升	83-01-01	积极参加各类理论交流与技能学习	L2
				83-01-02	积极参加职业技能等级提升认定	L2
				83-01-03	积极参加国家、省市级组织的养老服务技能大赛	L2
		83-02	工作绩效完成	83-02-01	学员对讲师的授课质评结果为良及以上	L2
				83-02-02	能够保持良好、积极的日常工作状态	L2
				83-02-03	能够每月完成2场及以上培训	L2
84	辖区民政事务管理	84-01	特殊群体人才建设	84-01-01	执行各类优抚对象优待、抚恤、补助标准	L1
				84-01-02	组织全区拥军优属、烈士申报、拥政爱民活动	L1
				84-01-03	承担老年人、孤儿、五保户等特殊困难群体权益保护和行政管理工作	L1
		84-02	退役安置	84-02-01	接收安置军队离退休干部和军队无军籍退休职工	L1
				84-02-02	妥善解决军人退役其他相关事宜，推进军地两用人才建设	L1

续表

工作项目		工作任务		岗位能力		学习水平
项目编号	项目名称	任务编号	任务名称	能力编号	能力名称	高职
		84-03	登记管理	84-03-01	辖区民办非企业单位的登记和年度检查	L1
				84-03-02	指导监督地方民办非企业单位的登记管理、年度检查及婚姻登记与收养工作	L1
				84-03-03	负责辖区社团登记、彩票登记管理	L1
		84-04	组织实施	84-04-01	组织实施区域民政事业发展规划、编制民政事业中长期发展规划、年度工作计划	L1
				84-04-02	组织发动群众参与民政事业,协调各级部门、民政供给者与受益者之间关系	L1
				84-04-03	监督未经登记的非法组织及其违法行为	L1
		84-05	生活保障	84-05-01	组织救灾工作,核实、掌握和上报灾情,负责接受救灾物资捐赠,统一管理、分配救灾款物并监督使用	L1
				84-05-02	监督检查救灾款物的使用情况,指导灾区生产自救	L1
				84-05-03	保障农村、城市居民最低生活需求,确保农村、城市居民生活正常运行	L1
		84-06	社区建设	84-06-01	开展指导村民委员会民主选举、民主决策、民主监督工作	L1
				84-06-02	开展婚姻登记工作,指导推进婚姻习俗改革	L1
				84-06-03	推动村务公开和基层民主政治建设	L1
				84-06-04	指导城市居民委员会建设	L1
				84-06-05	制订社区工作及社区服务管理发展的政策措施,推动社区建设	L1
		84-07	区域规划	84-07-01	拟订行政区划总体规划	L1
				84-07-02	承办本区域行政区划名称、重要的自然地理实体、天体地理实体和边境地名审核报批,规范全区地名标志的设置和管理	L1
				84-07-03	组织本区域行政区域界线的勘定和管理,负责边界争议的调查和调处	L1
				84-07-04	负责村级行政区域的建立、撤销、调整、更名报批	L1
				84-07-05	负责镇(街)排列顺序及简称的审核报批,承办本行政区域边界线争议的调处事务	L1
85	民政政策法规实施	85-01	政策法规贯彻落实	85-01-01	制订本地民政工作方案和管理办法	L1
				85-01-02	贯彻实施国家、省、市、县有关低保生活保障制度的方针、政策和法律法规	L1
				85-01-03	贯彻落实党和国家关于民政工作的基本方针、政策、规章和法律、法规	L1

工作项目		工作任务		岗位能力		学习水平
项目编号	项目名称	任务编号	任务名称	能力编号	能力名称	高职
				85-01-04	拟订殡葬工作方针政策，推行殡葬改革	L1
				85-01-05	指导督促农村、城市居民最低生活保障制度	L1
86	社工项目实施	86-01	志愿者建设	86-01-01	走访项目落地区域，掌握识别资源产出，建立资源信息台账的能力	L2
				86-01-02	扮演倡导者角色，与落地区域关键人物（社区、商家、学校、媒体、医院等）建立联系，获得项目支持，自主开发新的资源，构建项目支持网络	L2
				86-01-03	具备协调多方的能力，获得或者完善项目服务对象信息台账	L2
				86-01-04	具备走访项目直接服务对象，宣传项目信息，号召参与项目服务的能力	L2
				86-01-05	具备走访项目间接服务对象，宣传项目信息，号召成为项目志愿者的能力	L2
				86-01-06	走访掌握当地已有的志愿者队伍，与队伍中关键人物建立联系，宣传项目，转化为本项目志愿者团队的能力	L2
				86-01-07	具备走访工作中自我保护意识和基本工作礼仪	L2
		86-02	统筹个案社会工作服务	86-02-01	扮演教育者的角色，具备培训志愿者的授课能力，包括走访技能、宣传技巧、沟通技巧、突发情况应变技巧等	L2
				86-02-02	提升志愿者工作能力，提升培训工作的能力	L2
				86-02-03	组织策划项目活动，为志愿者提供志愿服务参与平台	L2
				86-02-04	具备激励志愿者持续参与的能力	L2
				86-02-05	掌握激励志愿者持续参与的方式和途径	L2
				86-02-06	具备个案访谈工作技巧的能力	L2
				86-02-07	制订符合服务对象需求的服务计划的能力	L2
		86-03	统筹小组社会工作服务	86-03-01	熟练运用小组工作相关理论、模式	L2
				86-03-02	具备面对不同需求服务对象接案的能力	L2
				86-03-03	具备转介服务的能力	L2
				86-03-04	具备遵循服务对象利益优先、个别化、接纳、非评判、服务对象自决、保密等社工实务原则	L2
				86-03-05	具备梳理、整合共性问题的能力	L2
				86-03-06	熟练掌握小组工作相关理论、模式	L2
				86-03-07	熟练掌握海报制作的能力	L2

续表

工作项目		工作任务		岗位能力		学习水平
项目编号	项目名称	任务编号	任务名称	能力编号	能力名称	高职
				86-03-08	掌握多种招募小组成员的途径	L2
				86-03-09	策划小组活动内容与环节	L2
				86-03-10	统筹小组活动道具	L2
				86-03-11	遵循互助、增能、个别化、差别化等原则	L2
				86-03-12	具备处理小组工作中应急事件的能力	L2
				86-03-13	熟练筹备期、形成期、转折期、成熟期和结束期的工作技巧、评估、简报宣传等文字撰写内容和图片，完善并定稿存档	L2
				86-03-14	掌握专业的小组社会工作文书撰写的能力，具备高效定稿小组社会工作文书的能力	L2
				86-03-15	宣传简报配图后发送给媒体或机构公众号投稿推送给社会大众，提升项目服务知晓度	L2
				86-03-16	熟练掌握公众号推文的制作	L2
		86-04	统筹社区社会工作服务	86-04-01	熟练掌握社区工作实务方法和理论知识	L2
				86-04-02	具备对社区问题、热点事件敏锐的洞察能力及将其转化为社区需求的能力，具备利用社区工作方法、运用社区资源回应社区需求的能力	L2
				86-04-03	根据居民需求、社区需求，结合项目要求优化社区活动方案，打造特色活动	L2
				86-04-04	熟练掌握社区资源信息，及时链接社区资源和社会资源，丰富社区活动内容	L2
				86-04-05	善于运用机构的资源网络，为服务对象提供多样化的问题解决方式	L2
				86-04-06	具备优秀的社区活动组织协调能力，包括人员分工、进度把控、场地沟通、广告设计等	L2
				86-04-07	掌握专业的社区社会工作文书撰写的能力，具备高效定稿社区社会工作文书的能力	L2
				86-04-08	掌握不同层级、不同业务部门的媒体资源，定向发送新闻稿件的能力	L2
				86-04-09	每日撰写项目日工作计划	L2
				86-04-10	每月撰写项目月计划、月总结、月报表	L2
				86-04-11	每月向项目购买方及机构管理层汇报项目工作	L2
				86-04-12	每月接受督导至少1次，并撰写督导记录	L2
				86-04-13	每月参与机构团建或培训1次，并分享心得	L2

工作项目		工作任务		岗位能力		学习水平
项目编号	项目名称	任务编号	任务名称	能力编号	能力名称	高职
87	社工项目宣传	87-01	素材收集	87-01-01	收集社区基本资料、整理资料	L2
				87-01-02	分析社区问题及需求	L2
				87-01-03	对数据与资料进行分析，形成简单的素材资料上报部门主管	L2
				87-01-04	居民建议意见整理	L2
				87-01-05	掌握新闻照片拍摄的技巧	L2
				87-01-06	掌握宣传视频拍摄的技巧	L2
		87-02	素材整理	87-02-01	具备提炼项目案例，撰写项目故事、重要人物事迹的能力	L2
				87-02-02	了解基本的项目宣传的要求，具备基本的排版审美能力，排版符合项目逻辑的项目图片、草拟宣传手册	L2
				87-02-03	具备良好的沟通协调能力，准确、高效地表达项目宣传需求	L2
				87-02-04	撰写项目宣传视频脚本	L2
				87-02-05	剪辑项目宣传视频	L2
		87-03	宣传发布	87-03-01	具备了解政府宣传需求的能力，扮演好倡导者的角色	L2
				87-03-02	具备了解媒体宣意向的能力，扮演好倡导者的角色	L2
				87-03-03	收集相关的宣传信息、发布信息	L2
				87-03-04	策划大型宣传活动	L2
				87-03-05	具备提炼项目经验，完成项目包装，实现项目产品化、可推广、可复制的能力	L2
88	民政行政事务管理	88-01	数据统计	88-01-01	上报民政对象统计数据，统计发放款物的基础台账、低保户和困难户的申报及调查资料	L2
				88-01-02	具备调查各类民政资源及需求的能力，能够从事各类数据的统计管理及预测	L2
				88-01-03	配合民政相关部门工作，完成绩效目标	L2
		88-02	服务反馈	88-02-01	及时反馈上报群众来信来访反映的问题及调查结果	L2
				88-02-02	协助民政办管理公益性公墓的日常事务，办理死亡登记手续	L2
				88-02-03	访村入户、宣传政策，指导或协助群众办理事务，服务困难群众	L2
		88-03	业务支持	88-03-01	负责后勤保障事务	L2
				88-03-02	具备民政业务实用英语听说、阅读翻译、写作和自主学习能力，能够使用常用应用文体从事公文写作及其他文书报告工作	L2

工作项目		工作任务		岗位能力		学习水平
项目编号	项目名称	任务编号	任务名称	能力编号	能力名称	高职
89	救助业务受理	89-01	质量评估	89-01-01	评估养老机构的人员、设施、服务、管理、安全等方面的服务质量	L2
				89-01-02	优化评估体系与运营模式	L2
				89-01-03	针对重点问题和风险隐患进行督导整改，补齐短板，提升整体质量	L2
		89-02	物资发放	89-02-01	调查核实街道民政办交办的城镇低保对象、优抚对象、残疾人及其他民政对象的工作	L2
				89-02-02	解决困难群众子女就学救助、大病救助的审查工作，并将调查、复核、审查的结果及时上报	L2
				89-02-03	负责民政对象的慰问金、补助金等款物的发放，并将发放手续及时上报	L2
		89-03	接待来信来访	89-03-01	认真接受群众的来信来访，做好接待登记、政策解释工作	L2
				89-03-02	针对群众反映的问题24小时内上门走访调查，作出客观公正的评价并及时反馈处理	L2
90	民政基层建设	90-01	业务指导	90-01-01	对社区的城镇低保、救灾救济、优抚优待、基层组织建设、残疾人等各项民政工作进行业务指导	L2
				90-01-02	对居民自治工作进行指导、监督	L2
		90-02	城乡整治建设	90-02-01	提出加强和改进城乡基层政权建设的建议	L2
				90-02-02	推动基层民主政治建设	L2
				90-02-03	指导村（居）民委员会建设及村（居）民自治工作	L2
				90-02-04	指导监督村务公开工作	L2
				90-02-05	拟定城乡社区建设的政策并指导实施	L2
		90-03	组织管理	90-03-01	负责社团的审批登记管理和执法管理工作	L2
				90-03-02	推进社会工作人才队伍建设和相关志愿者队伍建设	L2
				90-03-03	安排组织殡葬管理事务	L2
				90-03-04	制订民政事业发展规划和民政基础设施建设标准	L2
				90-03-05	承担社团及其分支机构的管理、监督、年审工作	L2
91	民政组织管理	91-01	登记管理	91-01-01	负责异地商会登记、管理工作	L2
				91-01-02	负责民办非企业单位的登记、执法管理等各项工作	L2
				91-01-03	指导、监督各县（市、区）民间组织登记管理工作和民间组织执法管理工作的查处	L2
		91-02	绩效评价	91-02-01	承担本级及全市民政事业经费专业项目绩效评价管理工作	L2
				91-02-02	监督民政事业经费的管理和使用	L2
				91-02-03	承办机关及直属单位民政事业经费的预决算、固定资产和日常财务管理工作	L2

工作项目		工作任务		岗位能力		学习水平
项目编号	项目名称	任务编号	任务名称	能力编号	能力名称	高职
92	社工日常事务管理	92-01	会务布置	92-01-01	能够按要求进行会场布置、投影仪调试，按要求通知并安排好人员参与及发言顺序等相关事宜，准备会议所需的物资	L1
				92-01-02	负责签到、组织服务对象、维持现场秩序、现场资料收集（含相片资料、问卷资料等）、整理资料入库	L1
				92-01-03	筹备公司日常会议，并做好会议记录	L1
		92-02	考勤管理	92-02-01	参与机构绩效考核制度的制订、做好日常考核记录	L1
				92-02-02	制订绩效考核标准（知识、态度、技能、指标完成度、专业素养、其他贡献等）	L1
				92-02-03	绩效面谈与评分，绩效结果处理与跟踪	L1
				92-02-04	处理员工的考勤，于次月第一个工作日提供考勤表并存档	L1
				92-02-05	反思绩效考核制度与修订	L1
		92-03	接待统计	92-03-01	掌握网络后台管理技术	L1
				92-03-02	制作接待来访交流表格	L1
				92-03-03	定期汇总统计	L1
				92-03-04	掌握接听和转接电话的要求，能够使用文明用语，语言应亲切、简练、礼貌、和气	L1
				92-03-05	掌握接待来访者的相关礼仪和流程，做好相应的记录并跟进落实	L1
		92-04	后勤保障	92-04-01	具备办公场地资产登记、维修维护及日常管理能力	L1
				92-04-02	能够及时结算公司电话、水、电费用，确保正常使用	L1
				92-04-03	具备监督办公场地环境（安全、清洁等）的能力	L1
				92-04-04	按照要求管理部门会议室、统一协调使用	L1
				92-04-05	制订节假日的放假通知以及值班人员的安排	L1
				92-04-06	能够及时完成领导临时交代的各类事项	L1
		92-05	会务安排	92-05-01	会议流程的撰写以及会议对接	L2
		92-06	物资采购与管理	92-06-01	做好办公用品的计划、采购、保管和发放；做好行政费用的预算编制及成本管控工作	L2
				92-06-02	能够采购发放各种福利物资（在规定时间内完成）	L2
		92-07	接待记录	92-07-01	掌握接听和转接电话的要求，能够使用文明用语，语言应亲切、简练、礼貌、和气	L2
				92-07-02	掌握接待来访者的相关礼仪和流程，做好相应的记录并跟进落实	L2

工作项目		工作任务		岗位能力		学习水平
项目编号	项目名称	任务编号	任务名称	能力编号	能力名称	高职
		92-08	资料归档	92-08-01	根据部门档案管理制度，对部门内部档案进行收集整理，按月度进行归类、登记，并完成立卷工作、电子档案上传档案系统	L2
		92-09	宣传资料整理	92-09-01	收集各个部门宣传内容，整理成册	L2
93	社工行政管理	93-01	资料归档	93-01-01	收发公司各类文件、档案工作（包括合同、协议）	L1
				93-01-02	按时完成部门签批文件的传递、备档工作	L1
				93-01-03	维护人员信息，保证公司及人员信息的完整、及时、准确	L1
94	社工工作沟通	94-01	内部沟通	94-01-01	了解近期的工作重点、业务要点及管理方面的思想，准确理解公司领导意图、做好上情下达的工作	L1
				94-01-02	培养与其他部门和同事的协作能力，协调与各部门之间的关系，树立服务意识	L1
		94-02	会议沟通	94-02-01	具备部门沟通与人员协调的能力	L2
				94-02-02	明确会议层架（督促助理会议、一线社工会议、行政助理会议、督促团队全员会议）	L2
				94-02-03	确定会议频率、会议主题，拟定参会人员，准备会议进程	L2
				94-02-04	跟进会议决议，要求会议准时、高效、聚集、明确主题、有决议	L2
		94-03	外部沟通	94-03-01	具备与政府职能部门沟通能力：作为公司与政府部门沟通的窗口，以热忱态度与政府部门建立起真诚信任的关系，端正自己的位置，灵活处理	L2
				94-03-02	具备与合作伙伴沟通能力：要注意多方了解与业务相关的事务，以做到准确理解对方的意图、帮助进行有效的沟通与传达，在处理事务时注意以公司利益为重	L2
95	社工人事管理	95-01	政策法规运用	95-01-01	学习了解劳动法，并熟练运用劳动法及相关条例（社保、劳动合同等）	L1
		95-02	招聘信息发布、配置、培训	95-02-01	核定岗位需求、拟订招聘计划	L1
				95-02-02	熟练运用招聘信息发布平台，按照公司要求，在相关招聘平台发布招聘信息	L1
				95-02-03	参加社工面试、安排社工上岗	L1
				95-02-04	组织社工岗前培训	L1
96	社工能力提升	96-01	业务学习	96-01-01	加强行政礼仪、会务组织与管理、信息文档管理与运用的培训和学习	L1
				96-01-02	优秀成果展示，加强团队建设，制订服务制度	L1

工作项目		工作任务		岗位能力		学习水平
项目编号	项目名称	任务编号	任务名称	能力编号	能力名称	高职
97	社工人事管理	97-01	参与机构事务	97-01-01	参与行政制度建设、机构会议	L2
				97-01-02	参与撰写发展项目的计划书与标书	L2
				97-01-03	参与重大活动（团建、运动会、员工大会、周年庆等）	L2
				97-01-04	组织社工参与各种评优评先	L2
				97-01-05	认同机构的价值理念，有归属感	L2
				97-01-06	提供机构发展的建议	L2
		97-02	办理入职	97-02-01	审核新入职员工的相关人事资料并设立员工档案	L2
				97-02-02	熟悉劳动合同的关键内容并签订劳动合同	L2
				97-02-03	能根据相关规定办理保险、各项福利	L2
				97-02-04	指导新入职员工完成岗前培训	L2
		97-03	组织协调	97-03-01	机构与组员之间的上传下达	L2
				97-03-02	协调项目服务开展时间、地点、人员安排、配套资源等事务	L2
				97-03-03	协调利益相关方的相关诉求	L2
98	出入院护理	98-01	出入院评估	98-01-01	能够运用计算机办公软件办理出入院	L1
				98-01-02	能够按出入院流程指引病人办理出入院手续	L1
				98-01-03	能够运用沟通技巧收集入院阶段患者信息（含心理评估）	L1
				98-01-04	能够正确使用评估器具（血压计、体温计等）	L1
				98-01-05	能够正确使用评估量表（ADL、褥疮、疼痛跌倒等）	L1
				98-01-06	能够准确判断评估结果	L1
				98-01-07	掌握分级护理制度	L1
				98-01-08	熟知出院阶段患者病情，评估患者及家属对疾病知晓程度（包括药物、复诊时间、家居环境等）	L1
				98-01-09	掌握各种常见疾病的评估	L1
		98-02	护理计划拟订	98-02-01	掌握各科常见疾病相关知识	L1
				98-02-02	根据评估结果、判断护理需求	L1
				98-02-03	熟练掌握各专科护理及常用护理技术	L1
				98-02-04	能够独立准确评估、判断和处理本专业护理问题	L1
				98-02-05	能够根据患者情况制订个性化护理计划	L1
				98-02-06	指导患者及家属参与护理计划	L1

续表

工作项目		工作任务		岗位能力		学习水平
项目编号	项目名称	任务编号	任务名称	能力编号	能力名称	高职
		98-03	出入院宣教	98-03-01	熟悉病区环境、物品处置及规则制度	L1
				98-03-02	正确执行护嘱（如病床使用、呼叫铃、防跌倒宣教等）	L1
				98-03-03	按照出院医嘱指导患者办理出院（告知复诊时间、药物使用等）	L1
				98-03-04	熟悉转介流程，能根据病情需要转介社区	L1
		98-04	入院处置	98-04-01	能够根据患者病情合理安排床位	L1
				98-04-02	能够运用计算机软件独立处理医嘱	L1
				98-04-03	正确执行医院规章制度（如查对制度等）	L1
99	护士交接班及查房	99-01	核实交接班信息	99-01-01	知晓患者信息（十知道）	L1
				99-01-02	清点科室物品（数量，无菌物品有效期等）	L1
		99-02	查房评估	99-02-01	掌握各科常见疾病的基础知识及专科护理内容	L1
				99-02-02	能够独立准确评估、判断和处理本专业护理问题	L1
				99-02-03	能够完成查房准备（病房、病历资料、检查单等）	L1
				99-02-04	了解患者病情、饮食、精神、活动情况	L1
				99-02-05	准确记录医生查房内容、护理查房内容	L1
				99-02-06	具备识别安全隐患的能力，并能提出建设性的意见	L1
				99-02-07	具备较强的责任心、细致严谨的工作作风	L1
100	护理患者管理	100-01	病情观察	100-01-01	掌握疾病相关知识（病因、发病机制、临床表现）	L1
				100-01-02	掌握体格检查的基本方法	L1
				100-01-03	掌握生命体征测量技术	L1
				100-01-04	正确使用常用评估工具（ADL、褥疮、跌倒、疼痛等）	L1
				100-01-05	正确使用仪器设备（吸氧、吸痰、心电监护、除颤仪、简易呼吸囊等）	L1
				100-01-06	准确识别药物不良反应	L1
				100-01-07	具备良好的临床思维能力	L1
				100-01-08	识别患者危急值	L1
				100-01-09	正确记录病情	L1
				100-01-10	准确评判辅助检查结果	L1
				100-01-11	能对各科管道进行观察	L1

工作项目		工作任务		岗位能力		学习水平
项目编号	项目名称	任务编号	任务名称	能力编号	能力名称	高职
		100-02	护理治疗	100-02-01	掌握临床基础护理、专科护理操作及常用急救技术，能独立处理护理问题	L1
				100-02-02	掌握常用药物作用、使用方法、不良反应及配伍禁忌	L1
				100-02-03	具备突发问题处理能力	L1
				100-02-04	能够合理利用时间有序安排工作，高质量完成班内工作	L1
		100-03	健康教育	100-03-01	掌握各科疾病专科知识（包括药物使用、饮食禁忌、运动等）	L1
				100-03-02	具有较好的沟通能力	L1
		100-04	安全护理	100-04-01	能正确运用量表评估患者存在的安全隐患	L1
				100-04-02	有一定的识别能力，发现异常情况及时上报（如自杀、走失、发生冲突等）	L1
				100-04-03	落实相应的安全护理措施	L1
		100-05	心理护理	100-05-01	能运用沟通技巧及时发现患者心理需求	L1
				100-05-02	根据患者心理需求及时干预	L1
		100-06	护理文书	100-06-01	正确掌握护理文书书写规范	L1
				100-06-02	根据要求正确书写护理文书	L1
		100-07	护理评价	100-07-01	根据护理措施及时评价护理效果	L1
				100-07-02	了解病人及家属对宣教内容的掌握情况，必要时能给予补充强化	L1
		100-08	晨晚间护理	100-08-01	主动关注患者夜间睡眠等情况	L1
				100-08-02	按科室要求执行床单位管理	L1
				100-08-03	根据患者病情巡视病房，做好生活护理（如清洁、排泄、饮食、床单位等）	L1
				100-08-04	根据需要完成标本采集（如血、尿、便、痰等）	L1
				100-08-05	根据需要完成治疗护理（如用药、管道等）	L1
				100-08-06	具备主动参与病房管理的意识，保持病房环境清洁	L1
101	护理病房管理	101-01	5S管理	101-01-01	具备整理、整顿、清扫、清洁、素养、安全意识	L1
		101-02	仪器设备使用与管理	101-02-01	熟悉仪器设备的原理、配件	L1
				101-02-02	掌握仪器故障应急处理办法	L1
				101-02-03	明确仪器的使用目的、禁忌证、副作用	L1
				101-02-04	掌握仪器使用不良反应处理办法	L1
				101-02-05	掌握仪器的终末消毒方法	L1
				101-02-06	掌握仪器的维护方法，定期检测、维护仪器设备	L1

续表

工作项目		工作任务		岗位能力		学习水平
项目编号	项目名称	任务编号	任务名称	能力编号	能力名称	高职
		101-03	消毒隔离	101-03-01	掌握诊疗用物清洁消毒管理要求	L1
				101-03-02	掌握无菌物品管理要求	L1
				101 03 03	掌握室间的消毒隔离管理要求	L1
				101-03-04	掌握物品表面消毒隔离管理要求	L1
				101-03-05	掌握各类消毒液配制和使用	L1
				101-03-06	掌握消毒隔离相关仪器设备使用与管理	L1
		101-04	职业暴露	101-04-01	掌握职业暴露的分类	L1
				101-04-02	掌握职业暴露发生后的应急处理方法	L1
				101-04-03	掌握职业暴露发生后上报要求	L1
		101-05	医疗废弃物管理	101-05-01	掌握医疗废弃物的分类方法	L1
				101-05-02	掌握医疗废弃物的暂存处置办法	L1
				101-05-03	掌握医疗废弃物院内外运输交接的要求	L1
				101-05-04	掌握医疗废弃物交接记录的填写要求	L1
102	术前护理	102-01	完善辅助检查	102-01-01	掌握辅助检查的正常值	L1
				102-01-02	掌握各项辅助检查的准备方法（标本采集法）	L1
				102-01-03	熟悉各类手术的辅助检查项目	L1
				102-01-04	熟悉检查前患者的准备	L1
				102-01-05	掌握检查后患者的护理	L1
		102-02	术前用药	102-02-01	明确用药目的	L1
				102-02-02	观察用药效果	L1
				102-02-03	熟悉用药种类	L1
				102-02-04	正确掌握用药方法、时间	L1
				102-02-05	准确告知患者用药后的反应	L1
		102-03	术前告知	102-03-01	准确告知患者术前饮食、着装要求	L1
				102-03-02	准确告知患者手术基本过程	L1
				102-03-03	准确告知患者术中配合事项	L1
				102-03-04	熟悉手术室规章制度	L1
				102-03-05	明确患者入室要求（指甲、口红、饰品等）	L1
		102-04	术前锻炼	102-04-01	准确掌握功能位的摆放	L1
				102-04-02	能够训练患者床上大小便	L1
				102-04-03	能够训练患者深呼吸、咳嗽	L1

工作项目		工作任务		岗位能力		学习水平
项目编号	项目名称	任务编号	任务名称	能力编号	能力名称	高职
				102-04-04	能够准确指导手术体位的训练	L1
				102-04-05	熟悉术后锻炼的重要性	L1
				102-04-06	能够准确讲解、示范术后康复锻炼方法	L1
		102-05	术前患者交接	102-05-01	按照规范备齐资料、物品、药物	L1
				102-05-02	告知患者并做好准备	L1
				102-05-03	准确填写交接单并签名	L1
				102-05-04	核实患者术前准备完善情况（床边双人核对确认）	L1
		102-06	熟悉备血处理方法	102-06-01	核对交叉配血、血型（床边双人核对确认）	L1
				102-06-02	掌握溶血反应的正确处理方法	L1
				102-06-03	熟悉输血反应的相关知识	L1
103	术后护理	103-01	术后患者交接	103-01-01	熟悉手术和麻醉方式	L1
				103-01-02	能够准确交接术中情况（出入量观察）、术中用药	L1
				103-01-03	能够准确交接管道、伤口、生命体征等情况	L1
		103-02	术后用药	103-02-01	准确掌握术后用药的目的、途径、方法及不良反应	L1
		103-03	术后伤口护理	103-03-01	准确评估伤口的大小、深度	L1
				103-03-02	准确评估并记录渗出物的性质、量	L1
				103-03-03	掌握伤口换药的方法	L1
				103-03-04	掌握正确的引流方法	L1
				103-03-05	掌握伤口相关的专业知识（识别伤口是否正常）	L1
		103-04	术后注意事项告知	103-04-01	掌握术后饮食、体位要求	L1
				103-04-02	告知记录出入量的目的、方法	L1
		103-05	术后康复锻炼	103-05-01	准确告知早期锻炼的目的和重要性	L1
				103-05-02	正确教会患者康复锻炼方法	L1
				103-05-03	准确评估并记录康复锻炼效果	L1
		103-06	观察出入量	103-06-01	观察引流液性质、量、颜色	L1
				103-06-02	准确辨别出入量正常与异常	L1
				103-06-03	明确记录出入量的观察内容	L1
		103-07	管道护理	103-07-01	明确管道位置并正确标识	L1
				103-07-02	掌握正确更换引流瓶、引流袋的方法	L1
				103-07-03	明确引流管的作用、目的及重要性	L1
				103-07-04	能够排除引流故障（挤管）	L1

工作项目		工作任务		岗位能力		学习水平
项目编号	项目名称	任务编号	任务名称	能力编号	能力名称	高职
				103-07-05	掌握预防和处理管道并发症的方法	L1
				103-07-06	掌握引流瓶、引流管的固定方法	L1
				103-07-07	能够预防非计划性拔管	L1
				103-07-08	掌握脱管的处理方法	L1
				103-07-09	及时准确地评估尿管、气管插管、深静脉管情况	L1
				103-07-10	掌握各种管道的常规护理方法	L1
		103-08	观察生命体征	103-08-01	正确使用和维护监护仪	L1
				103-08-02	掌握疼痛评估方法及处理措施	L1
				103-08-03	掌握生命体征的基本知识（测量方法、正常与异常情况）	L1
		103-09	安置体位	103-09-01	掌握各种手术术后体位的要求及作用	L1
				103-09-02	根据患者病情正确摆放体位	L1
104	ICU——转科护理	104-01	安全转运	104-01-01	了解病人安全评估，准确完成转运前、转运期间、转运后病情评估	L1
				104-01-02	掌握转运仪器、抢救药物正确使用	L1
				104-01-03	掌握转运前用物、人力准备	L1
				104-01-04	掌握保护病人的安全措施以及了解各种保护具的功能作用	L1
		104-02	患者交接	104-02-01	正确使用转运交接单	L1
				104-02-02	正确完成病人交接（皮肤、病情、社会背景、诊疗经过）及药物使用情况	L1
		104-03	知情同意书签署	104-03-01	确保完成ICU入室知情同意书签署	L1
				104-03-02	确保完成侵入性操作知情同意书（胃管、尿管、PICC、约束等）签署	L1
				104-03-03	确保完成其他知情同意书（跌倒知情书）签署	L1
105	ICU——患者管理	105-01	病情观察与记录	105-01-01	学会监测生命体征	L1
				105-01-02	评估患者配合度	L1
				105-01-03	具备ICU常见疾病相关知识	L1
				105-01-04	学会体格检查的基本方法	L1
				105-01-05	准确使用常见评估工具	L1
				105-01-06	药物不良反应的准确评判	L1
				105-01-07	学会识别临床危急值（瞳孔、神志、咯血）	L1
				105-01-08	检验科危急值（了解临床表现及其正常范围）	L1

续表

工作项目		工作任务		岗位能力		学习水平
项目编号	项目名称	任务编号	任务名称	能力编号	能力名称	高职
				105-01-09	预判患者病情发展	L1
				105-01-10	准确完成抢救记录的书写（准确、清晰、用词专业）	L1
				105-01-11	正确收集病史资料，并完成首次护理记录、危重症护理记录单、专科护理单	L1
				105-01-12	观察患者配合度	L1
				105-01-13	护理风险的预判	L1
		105-02	生活照护	105-02-01	掌握床上擦浴	L1
				105-02-02	掌握口腔护理（包括人工气道）	L1
				105-02-03	掌握皮肤护理（观察二便情况）	L1
				105-02-04	掌握饮食护理（喂食、营养评估与计划）、肠内营养、肠外营养	L1
		105-03	心理护理	105-03-01	具备环境介绍能力	L1
				105-03-02	掌握疾病相关知识（患者、家属）	L1
				105-03-03	能够为病人提供舒适的环境，安置舒适的体位，营造良好的心理环境	L1
				105-03-04	掌握心理评估的方法和技巧	L1
				105-03-05	能够根据评估的结果判断病人的心理状态并及时处理	L1
				105-03-06	掌握心理干预评价的内容	L1
		105-04	管道护理	105-04-01	掌握常见管路维护及固定方法	L1
				105-04-02	掌握观察引流液的方法	L1
				105-04-03	预防非计划性拔管措施	L1
				105-04-04	掌握非计划性拔管应急预案	L1
		105-05	治疗措施掌握	105-05-01	掌握专科技能操作（包含动脉血气采集、CVP、吸痰等）	L1
				105-05-02	镇痛镇静药物使用	L1
				105-05-03	掌握ICU常见标本采集方法，安全存放、及时送检	L1
				105-05-04	熟悉ICU局麻药物的使用及效果观察	L1
				105-05-05	学会执行紧急医嘱	L1
				105-05-06	学会查对制度	L1
				105-05-07	掌握ICU常见护理操作	L1
				105-05-08	能够根据药物的特性选择合适的输液工具	L1
				105-05-09	掌握药品浓度及剂量计算能力	L1

续表

工作项目		工作任务		岗位能力		学习水平
项目编号	项目名称	任务编号	任务名称	能力编号	能力名称	高职
				105-05-10	根据病情需要和医嘱，选用正确注射器和注射正确部位	L1
				105-05-11	掌握特殊检查项目的目的及注意事项，做好检查前准备	L1
106	ICU——应急管理	106-01	抢救配合	106-01-01	能够实现抢救患者的团队配合	L1
				106-01-02	掌握常见抢救药物的使用与效果观察（NE/CAD/DA）	L1
				106-01-03	掌握常见抢救仪器的使用（除颤仪、呼吸机、呼吸球囊等）	L1
				106-01-04	执行口头医嘱	L1
				106-01-05	能够在规定时间内完善抢救记录（准确、客观、清晰）	L1
				106-01-06	掌握现场心肺复苏操作及配合能力	L1
				106-01-07	具有配合医生进行进一步及高级生命支持的能力	L1
		106-02	应急预案与处理	106-02-01	掌握停电处理原则	L1
				106-02-02	掌握停氧处理原则	L1
				106-02-03	掌握火灾处理原则	L1
				106-02-04	掌握输血、输液不良反应应急预案	L1
107	ICU——仪器设备使用与管理	107-01	仪器使用	107-01-01	掌握仪器的使用及报警值的设置（呼吸机、除颤仪、简易呼吸球囊、心电监护、微泵、输液泵、营养泵）	L1
				107-01-02	掌握仪器故障应急处理办法	L1
				107-01-03	明确仪器的使用目的、禁忌证、副作用	L1
				107-01-04	掌握仪器使用不良反应处理办法	L1
		107-02	仪器管理与保养	107-02-01	熟悉仪器设备的原理、配件	L1
				107-02-02	掌握仪器的终末消毒方法	L1
				107-02-03	掌握仪器的维护方法，定期检测、维护仪器设备	L1
				107-02-04	具有仪器检查的能力	L1
108	手术室环境管理	108-01	熟悉手术室布局/分区/配置	108-01-01	熟悉洁净手术室原理	L1
				108-01-02	熟悉手术室建筑技术规范	L1
		108-02	人流、物流管理	108-02-01	熟悉人员出入的管理制度（着装）	L1
				108-02-02	熟悉物品出入的管理制度	L1
		108-03	清洁消毒与维护	108-03-01	掌握清洁消毒的原则与方法	L1

工作项目		工作任务		岗位能力		学习水平
项目编号	项目名称	任务编号	任务名称	能力编号	能力名称	高职
				108-03-02	掌握手术室物体表面清洁消毒规范	L1
				108-03-03	消毒洁净设备的维护与记录	L1
		108-04	环境卫生学的监测	108-04-01	掌握消毒技术规范（物体表面、空气、手卫生、消毒液的监测方法与注意事项）	L1
				108-04-02	严格执行消毒技术	L1
109	手术期病情观察	109-01	手术前/中/后观察	109-01-01	掌握监测指标（生命体征、出入量、呼吸、循环）	L1
				109-01-02	观察输液部位情况	L1
				109-01-03	观察管道情况（有无脱出、引流液性状/量）	L1
				109-01-04	观察体位情况（重要器官是否受压）	L1
				109-01-05	观察仪器设备的参数是否正常	L1
				109-01-06	观察皮肤情况（褥疮指征的观察/皮下气肿的观察/颜色）	L1
				109-01-07	观察伤口愈合情况	L1
				109-01-08	了解病人心理状况	L1
110	手术期评估与宣教	110-01	手术患者宣教	110-01-01	介绍手术人员、手术流程及环境	L1
				110-01-02	讲解手术期的注意事项（防坠床、体位配合、麻醉配合、防脱管）	L1
		110-02	手术前评估与宣教	110-02-01	掌握手术期评估的内容、方法、技巧及注意事项	L1
				110-02-02	评估病史病情	L1
				110-02-03	正确应用风险（坠床、褥疮、深静脉血栓、神经损伤等）评估工具，评估手术患者的手术风险	L1
				110-02-04	评估手术仪器设备性能	L1
				110-02-05	掌握常用仪器设备正确的操作流程、故障排除方法、使用注意事项	L1
				110-02-06	熟悉手术方式、方法、部位的评估，根据评估内容准备用物	L1
				110-02-07	评估手术用物的灭菌状态及完好性	L1
				110-02-08	掌握病情监测指标（生命体征、出入量、呼吸、循环）	L1
		110-03	手术中评估	110-03-01	熟悉常见手术的流程、步骤及护理配合要点	L1
				110-03-02	严密监测病情（生命体征、出入量、呼吸、循环、皮肤等）	L1
				110-03-03	严格执行无菌操作技术	L1

工作项目		工作任务		岗位能力		学习水平
项目编号	项目名称	任务编号	任务名称	能力编号	能力名称	高职
		110-04	手术后评估与宣教	110-04-01	评估病情（意识、生命体征、伤口、出入量、皮肤、管道等）	L1
				110-04-02	掌握安全过床方法	L1
				110-04-03	掌握妥善固定（患者、管道）技术	L1
				110-04-04	记录患者术后情况	L1
				110-04-05	讲解术后注意事项	L1
111	基本手术技能	111-01	检查无菌物品	111-01-01	明确检查内容	L1
				111-01-02	具备严格的无菌观念	L1
		111-02	无菌操作	111-02-01	掌握开台流程、注意事项	L1
				111-02-02	严格遵守无菌操作	L1
		111-03	外科手消毒	111-03-01	掌握手卫生操作规范	L1
				111-03-02	具备严格的无菌观念	L1
		111-04	穿无菌手术衣，戴无菌手套	111-04-01	掌握穿戴无菌手术衣、无菌手套的方法及注意事项	L1
				111-04-02	具备严格的无菌观念	L1
		111-05	整理无菌器械台	111-05-01	掌握器械台的管理方法及注意事项	L1
				111-05-02	具备严格的无菌观念	L1
		111-06	协助消毒铺巾	111-06-01	明确消毒液的选择、消毒的范围、注意事项及铺巾的方法	L1
				111-06-02	掌握铺巾方法	L1
				111-06-03	严格遵守无菌操作原则	L1
		111-07	穿针引线，传递无菌器械	111-07-01	掌握常用的缝针、缝线的种类、选择、使用方法及注意事项	L1
				111-07-02	掌握常用器械的名称、种类、作用、传递方法及注意事项（锐器无接触传递）	L1
				111-07-03	严格遵守无菌操作原则	L1
112	手术室安全护理	112-01	预防手术患者、手术部位、手术方式错误	112-01-01	熟悉手术安全核查制度	L1
				112-01-02	具有强烈的安全意识	L1
		112-02	安全交接、转运	112-02-01	掌握交接的内容、注意事项	L1
				112-02-02	掌握转运工具的正确使用、转运的方法及注意事项	L1
				112-02-03	熟悉特殊病人的转运方法及注意事项	L1
				112-02-04	熟悉转运过程中病情观察要点及突发情况的处理	L1

工作项目		工作任务		岗位能力		学习水平
项目编号	项目名称	任务编号	任务名称	能力编号	能力名称	高职
		112-03	预防意外伤	112-03-01	掌握常见意外伤的预防措施	L1
				112-03-02	掌握意外伤的处理措施（如脱管、坠床、电灼伤等）	L1
		112-04	正确安置体位	112-04-01	掌握生理解剖知识	L1
				112-04-02	掌握常见体位的安置方法及注意事项、并发症的预防	L1
				112-04-03	掌握常见手术体位的种类、用物准备、适用范围	L1
				112-04-04	熟悉安置体位用具的使用与管理	L1
		112-05	预防手术异物遗留	112-05-01	熟悉异物遗留的概念、危害	L1
				112-05-02	掌握手术器械的清点方法、时机、注意事项	L1
		112-06	预防低体温	112-06-01	熟悉低体温的相关知识（概念、发生原因、对机体的影响及临床表现）	L1
				112-06-02	掌握低体温设备的使用及注意事项	L1
				112-06-03	熟悉低体温的预防及处理方法	L1
		112-07	正确安全使用仪器设备	112-07-01	熟悉仪器设备的原理、配件	L1
				112-07-02	掌握正确操作流程、故障排除、注意事项	L1
				112-07-03	熟悉仪器设备的日常管理	L1
		112-08	正确安全用药	112-08-01	掌握用药前评估、病情观察	L1
				112-08-02	熟悉高危药、易混淆药概念、管理等	L1
				112-08-03	掌握用药查对制度	L1
				112-08-04	掌握输液、输血的技术规范	L1
				112-08-05	熟悉常用药物的原理、副作用、适应证及禁忌证	L1
				112-08-06	掌握常用药物的使用方法	L1
				112-08-07	预防及处理药物外渗	L1
		112-09	正确留置标本	112-09-01	熟悉病理标本的留置方法、注意事项	L1
				112-09-02	熟悉固定液的原理、注意事项	L1
113	手术室感染控制	113-01	预防手术部位感染	113-01-01	熟悉手术部位感染的相关知识	L1
				113-01-02	掌握预防方法	L1
				113-01-03	具备严格的无菌观念	L1
		113-02	感染手术的处理	113-02-01	熟悉感染手术的概念及特殊感染的类型	L1
				113-02-02	掌握规范处理的方法	L1
		113-03	正确执行手卫生	113-03-01	掌握手卫生规范	L1
				113-03-02	做好手卫生	L1

续表

| 工作项目 | | 工作任务 | | 岗位能力 | | 学习水平 |
项目编号	项目名称	任务编号	任务名称	能力编号	能力名称	高职
		113-04	医疗废物规范处理	113-04-01	明确医疗废物分类	L1
				113-04-02	规范处理医疗废物	L1
				113-04-03	掌握职业防护措施	L1
		113-05	手术植入物的管理	113-05-01	熟悉植入物的种类及管理规范	L1
				113-05-02	做好病人及家属的健康教育	L1
		113-06	手术物品清洁消毒灭菌	113-06-01	熟悉供应室消毒灭菌规范	L1
				113-06-02	具备严格的无菌观念	L1
114	手术麻醉复苏病人护理	114-01	病情观察、记录	114-01-01	熟悉复苏病人的观察要点、方法、注意事项	L1
				114-01-02	记录病人复苏过程	L1
		114-02	疼痛评估	114-02-01	熟练使用疼痛评估工具	L1
				114-02-02	能够评估疼痛程度	L1
				114-02-03	记录评估结果	L1
		114-03	掌握复苏指征	114-03-01	应用评估复苏工具	L1
				114-03-02	明确复苏指征	L1
		114-04	防止意外伤害（如脱管、坠床）	114-04-01	熟悉意外伤害的常见类型	L1
				114-04-02	掌握预防措施	L1
		114-05	做好气道护理	114-05-01	评估气道情况	L1
				114-05-02	掌握气道护理技术（吸痰方法）	L1
		114-06	正确使用监护仪器设备	114-06-01	熟悉监护仪工作原理、注意事项	L1
				114-06-02	管理维护监护仪器	L1
				114-06-03	掌握常见故障的处理方法	L1
		114-07	掌握手术约束事项	114-07-01	明确约束的指征	L1
				114-07-02	掌握约束的方法及注意事项	L1
				114-07-03	尊重病人	L1
		114-08	安全转运全麻患者	114-08-01	掌握全麻患者交接的内容、注意事项	L1
				114-08-02	正确使用转运工具	L1
				114-08-03	熟悉特殊病人的转运方法及注意事项	L1
				114-08-04	密切观察转运过程中病情变化及处理突发情况	L1

续表

工作项目		工作任务		岗位能力		学习水平
项目编号	项目名称	任务编号	任务名称	能力编号	能力名称	高职
115	手术室护理文书记录	115-01	手术护理记录	115-01-01	熟悉手术护理记录内容，规范记录	L1
				115-01-02	明确记录的重要意义	L1
		115-02	手术安全核查记录	115-02-01	具备较强的安全意识	L1
				115-02-02	明确手术安全核查的重要意义	L1
				115-02-03	规范记录手术安全核查结果	L1
		115-03	安全交接记录	115-03-01	明确安全交接的内容	L1
				115-03-02	熟悉交接的方法及注意事项	L1
		115-04	手术物品器械清点记录	115-04-01	明确记录时机及记录规范	L1
				115-04-02	及时准确记录清点结果	L1
116	手术室应急事件处理	116-01	处理大出血、过敏性休克、心脏骤停，开通绿色通道	116-01-01	评估、判断大出血、过敏性休克、心脏骤停	L1
				116-01-02	紧急处理大出血、过敏性休克、心脏骤停等情况	L1
				116-01-03	调配人员	L1
				116-01-04	开通绿色通道	L1
		116-02	批量病人的手术抢救	116-02-01	快速评估、判断病情	L1
				116-02-02	调配资源	L1
				116-02-03	紧急处理病人	L1
		116-03	标本遗失的应急处理	116-03-01	查找原因	L1
				116-03-02	采取补救措施	L1
		116-04	手术物品数目不符的应急处理	116-04-01	查找原因	L1
				116-04-02	采取补救措施	L1
		116-05	火灾、停电、停氧的应急处理	116-05-01	评估、判断情况	L1
				116-05-02	启动应急预案	L1
				116-05-03	具备较强的协调能力	L1
		116-06	急救技术的掌握	116-06-01	熟悉急救相关知识	L1
				116-06-02	掌握常用急救技术与配合（吸氧、吸痰、气管切开、心脏按压、除颤仪检测与使用、呼吸囊使用、使用呼吸机等）	L1
				116-06-03	具有团队协作精神	L1
		116-07	脱管的应急处理	116-07-01	评估脱管原因	L1
				116-07-02	妥善处理意外脱管	L1

工作项目		工作任务		岗位能力		学习水平
项目编号	项目名称	任务编号	任务名称	能力编号	能力名称	高职
117	微创手术护理	117-01	管理精密器械	117-01-01	熟悉清洗、消毒内镜方法	L1
				117-01-02	内镜的日常养护、保管	L1
		117-02	体位的管理	117-02-01	掌握常见手术体位的摆放	L1
				117-02-02	预防手术体位并发症	L1
				117-02-03	使用特殊体位设备	L1
		117-03	气腹的安全管理	117-03-01	明确气腹的重要意义	L1
				117-03-02	掌握气腹机的工作原理、操作方法及注意事项	L1
				117-03-03	观察病情	L1
		117-04	微创伤口管理	117-04-01	明确伤口位置	L1
				117-04-02	观察伤口愈合情况	L1
				117-04-03	伤口换药	L1
118	手术医护合作	118-01	医护查房	118-01-01	熟悉病人病情及治疗护理情况	L1
				118-01-02	熟悉查房方法及查房内容	L1
				118-01-03	具备医护有效沟通能力	L1
				118-01-04	能够医护协作	L1
		118-02	特殊病例讨论	118-02-01	熟悉特殊病例	L1
				118-02-02	明确讨论内容	L1
				118-02-03	记录讨论结果	L1
119	无瘤手术技术	119-01	无瘤技术的实施	119-01-01	具备无瘤、无菌观念	L1
				119-01-02	准备无瘤手术器械、物品	L1
				119-01-03	能够术中配合	L1
				119-01-04	冲洗腹腔	L1
		119-02	处理手术器械	119-02-01	明确器械处理程序	L1
				119-02-02	正确处理器械	L1

工作项目		工作任务		岗位能力		学习水平
项目编号	项目名称	任务编号	任务名称	能力编号	能力名称	高职
120	各类损伤控制	120-01	明确损伤类型（物理损伤：静脉曲张，颈椎、腰椎损伤；化学损伤：消毒液损伤，烟雾、麻醉气体、固定液、化疗药损伤；辐射损伤：X线、激光损伤，放疗损伤；生物损伤：血液、体液、呼吸道传染病的损伤）与相关因素	120-01-01	明确损伤的相关因素	L1
				120-01-02	熟悉损伤的预防方法	L1
				120-01-03	掌握损伤的处理措施	L1
121	预检分诊	121-01	接待患者	121-01-01	主动迎接患者	L1
				121-01-02	使用文明用语，提供微笑服务	L1
		121-02	护理评估	121-02-01	具备丰富的临床经验及知识	L1
				121-02-02	掌握快速评估方法	L1
				121-02-03	正确应用合适的评估工具，完成护理评估	L1
				121-02-04	掌握各科常见疾病的评估	L1
		121-03	分诊指导	121-03-01	熟悉分诊制度与流程	L1
				121-03-02	按要求正确分诊	L1
				121-03-03	正确指引就诊区域	L1
122	门诊突发公共卫生事件处理	122-01	应急预案演练	122-01-01	熟知应急预案相关内容	L1
				122-01-02	实施应急预案演练	L1
		122-02	应急处理	122-02-01	熟知应急处理流程	L1
				122-02-02	掌握应急处理相关知识及技能	L1
				122-02-03	有效开展应急处理	L1

续表

工作项目		工作任务		岗位能力		学习水平
项目编号	项目名称	任务编号	任务名称	能力编号	能力名称	高职
123	门诊教育	123-01	健康咨询与宣教	123-01-01	掌握常见疾病的相关知识	L1
				123-01-02	运用适合教具进行教育	L1
				123-01-03	具备良好的沟通技巧（能运用通俗易懂言语进行沟通）	L1
				123-01-04	有效实施健康宣教	L1
124	门诊治疗护理	124-01	护理评估	124-01-01	掌握相关疾病知识	L1
				124-01-02	掌握治疗前的物品准备、患者病情及配合度	L1
		124-02	护理治疗	124-02-01	掌握门诊常见护理操作技能（注射、吸氧等）	L1
				124-02-02	能正确安全执行患者基础护理、药物和一般专科技术	L1
				124-02-03	熟悉各类治疗的并发症处理方法	L1
		124-03	病情观察	124-03-01	熟知疾病发病机制、临床症状等相关知识	L1
				124-03-02	熟知观察内容（生命体征监测、异常反应处置等）	L1
				124-03-03	实时关注全体就诊人员，及时发现病情突变的患者	L1
125	门诊就医服务	125-01	预约服务	125-01-01	掌握预约流程	L1
				125-01-02	能够正确帮助患者完成预约	L1
		125-02	答疑咨询	125-02-01	掌握沟通技巧	L1
				125-02-02	正确答疑（包括线上、线下、电话）	L1
		125-03	资源管理	125-03-01	掌握全院床位配置	L1
				125-03-02	有效安排床位登记	L1
		125-04	投诉处理	125-04-01	熟知常见投诉处理制度与流程	L1
				125-04-02	具备常用投诉处理能力	L1
				125-04-03	及时妥善处理各种投诉	L1
				125-04-04	做好投诉记录	L1
				125-04-05	做好投诉调查取证并记录	L1
				125-04-06	按照要求及时回复投诉	L1
126	院前急救	126-01	病情评估	126-01-01	具备疾病基础理论知识	L1
				126-01-02	正确使用各类评估工具（疼痛、JS 评分、褥疮、创伤评估、休克指数等）	L1
				126-01-03	使用正确的方法进行体格检查	L1
				126-01-04	具有组织能力，能够正确地检伤分类	L1
		126-02	环境评估	126-02-01	正确判断现场环境是否安全	L1

续表

工作项目		工作任务		岗位能力		学习水平
项目编号	项目名称	任务编号	任务名称	能力编号	能力名称	高职
		126-03	紧急处置	126-03-01	掌握院前急救物品的配置、放置及使用要求	L1
				126-03-02	具备熟练的现场急救技术与物品的使用	L1
				126-03-03	学会院前急救中的有效沟通及协助配合方法	L1
				126-03-04	掌握搬运与转运技术	L1
		126-04	安全转运、交接	126-04-01	准确完成转运前风险评估,能够判断患者是否适合转运	L1
				126-04-02	正确签署安全转运单	L1
				126-04-03	具备在转运途中出现病情变化的应急处理能力(心肺复苏、气管插管等急救技能)	L1
				126-04-04	能够完成院内交接病情、贵重物品等内容	L1
127	院内急救	127-01	病人评估	127-01-01	具备疾病基础理论知识	L1
				127-01-02	正确使用各类评估工具(疼痛、JS 评分、褥疮、创伤评估、休克指数、中心静脉压数值等)	L1
				127-01-03	掌握生命体征的异常参考指标	L1
				127-01-04	使用正确的方法进行体格检查	L1
				127-01-05	掌握常用分诊公式(SOAP 公式等)与技巧(望闻问切法)	L1
				127-01-06	掌握急诊病人的病情分级标准(三区四级)	L1
		127-02	急救处理	127-02-01	具备广博的医学知识(神经系统、循环系统、呼吸系统、泌尿系统、消化系统等)	L1
				127-02-02	具备敏锐的病情观察能力,掌握观察的要点,正确评估病人的急危程度	L1
				127-02-03	掌握常见病种的抢救流程(休克、急性中毒、消化道大出血、心跳呼吸骤停)	L1
				127-02-04	能正确使用仪器设备(呼吸机、除颤仪、心电监护仪、呼吸球囊、吸痰器、洗胃机)及报警处理	L1
				127-02-05	掌握心肺复苏、伤口包扎、电除颤、静脉输液、深静脉置管、留置胃管、吸痰术等急救技能	L1
				127-02-06	掌握医护、护士与护士的抢救配合与分工	L1
				127-02-07	正确判断一般 CT 影像学、X 线检查的异常报告	L1
				127-02-08	掌握急救药品的数量、品种规格及作用、副作用	L1
				127-02-09	正确判断危急值及处理	L1
				127-02-10	正确使用抢救药物及观察不良反应	L1
				127-02-11	正确执行口头医嘱	L1
				127-02-12	树立时间就是生命的观念	L1

工作项目		工作任务		岗位能力		学习水平
项目编号	项目名称	任务编号	任务名称	能力编号	能力名称	高职
				127-02-13	具备良好的心理素质应对抢救	L1
				127-02-14	具备良好的自我保护能力，避免在工作中受伤	L1
				127-02-15	具备良好的沟通能力、组织协调能力、团队协助能力	L1
				127-02-16	具备评判思维、前瞻性的准备及应急能力	L1
		127-03	抢救记录	127-03-01	具备在抢救结束后，如实、正确、客观、及时补写抢救记录的能力	L1
		127-04	仪器设备使用与管理	127-04-01	正确使用各种仪器（心电监护仪、呼吸机、除颤仪、心电图机等）及图像的分析	L1
				127-04-02	能够判断仪器的报警及处理	L1
				127-04-03	仪器使用后消毒与保养	L1
		127-05	院内转运、交接	127-05-01	准确完成转运前风险评估，能够判断患者是否适合转运	L1
				127-05-02	正确签署安全转运单	L1
				127-05-03	能够根据病情准备转运物品及人员配备、仪器	L1
				127-05-04	能够在转运中观察病情变化的能力及处理仪器报警的处理	L1
				127-05-05	掌握转运人员的站位和患者转运的体位	L1
				127-05-06	具备在转运途中出现病情变化的应急处理能力（心肺复苏、气管插管等急救技能）	L1
				127-05-07	准确记录床边交接病情、管道、检查结果、贵重物品等内容	L1
128	急诊事件处理	128-01	应急预案	128-01-01	掌握突发公共卫生事件的分类及分级方法	L1
				128-01-02	掌握应急处理流程（甲类传染病、禽流感、食物中毒、急性职业中毒等）	L1
		128-02	应急处理	128-02-01	具备一定的沟通、协调、管理能力	L1
				128-02-02	具备专科护理及急救技术	L1
				128-02-03	掌握扎实的医学基础知识	L1
				128-02-04	掌握突发事件的监测、报告与预警方法	L1
				128-02-05	具备突发事件的应急反应能力	L1
129	急诊绿色通道病人处理	129-01	护理评估	129-01-01	掌握评估工具使用（疼痛、GS评分、肌力评分、创伤评分等）	L1
				129-01-02	掌握生命体征的监测方法及异常数值	L1
				129-01-03	掌握绿色通道开通的范围（急性脑卒中、急性颅脑损伤、急性冠脉综合征、休克、昏迷、循环呼吸衰竭、严重创伤、气管异物、宫外孕大出血等）	L1

工作项目		工作任务		岗位能力		学习水平
项目编号	项目名称	任务编号	任务名称	能力编号	能力名称	高职
		129-02	启动绿色通道	129-02-01	掌握急诊绿色通道的操作流程（先救治后检查、先抢救后分科、先诊疗后付费，优先检查等）	L1
				129-02-02	具备扎实的理论知识（特别是跨科知识）	L1
				129-02-03	掌握仪器设备的使用（有创/无创呼吸机、心肺复苏仪、洗胃机、除颤仪、吸痰器等）	L1
				129-02-04	具备娴熟的基础及急救技能（静脉输液、动静脉血标本采集、导尿术、心肺复苏、气管插管术、电除颤术、伤口包扎止血、胸腔闭式引流术等）	L1
				129-02-05	掌握使用"五常法"对急救药品和物品的管理	L1
130	社区公共卫生护理	130-01	卫生监督	130-01-01	熟悉卫生监督相关知识	L1
				130-01-02	能够对"四小"场所（美容、美发、餐饮店、学校）进行卫生监管	L1
				130-01-03	能够对个体诊所进行指导和卫生监管	L1
		130-02	健康教育/健康素养	130-02-01	具备一定的知识储备（健康促进、疾病预防、防止意外伤害等）	L1
				130-02-02	具备社区宣传能力、组织群众能力	L1
				130-02-03	能够合理制订社区护理方案	L1
				130-02-04	掌握PPT制作技巧，具备良好的授课能力	L1
				130-02-05	根据宣教人群选择合适的宣传方式（健康讲座、入户宣传等）	L1
				130-02-06	能够运用社区护理程序对社区人群开展健康教育	L1
				130-02-07	能够按照要求建立健康档案并做好档案的管理和使用	L1
		130-03	传染病疫情突发公共卫生事件管理	130-03-01	学习掌握应急预案	L1
				130-03-02	具备良好的心理素质，具备应急问题处理能力	L1
				130-03-03	掌握安抚患者情绪技巧，正确合理地使用约束用具	L1
				130-03-04	总结事件经验教训，落实安全事件上报制度	L1
				130-03-05	掌握传染病的分类和消毒隔离要求	L1
131	社区延续护理	131-01	孕产妇管理	131-01-01	熟悉孕产妇的相关知识	L1
				131-01-02	掌握新生儿随访知识	L1
				131-01-03	能够正确完成产后随访与新生儿随访表格的填写	L1
				131-01-04	能做好婚前咨询和计划生育指导	L1
				131-01-05	能指导孕妇建册并协助进行各期各项检查和健康指导	L1
				131-01-06	能够在产后42天协助医生做好相关体格检查并进行健康指导	L1

工作项目		工作任务		岗位能力		学习水平
项目编号	项目名称	任务编号	任务名称	能力编号	能力名称	高职
		131-02	老年人管理	131-02-01	掌握老年人多发疾病的常规护理	L1
				131-02-02	熟悉老年人的健康情况	L1
				131-02-03	掌握上门管道护理操作并通过考核	L1
				131-02-04	知晓上门操作流程，操作前签署知情同意书	L1
		131-03	慢性病管理	131-03-01	熟悉糖尿病、高血压等慢性病相关知识	L1
				131-03-02	能够正确完成糖尿病、高血压等慢性病随访表的填写	L1
				131-03-03	能够对患者慢性病指标变化给予指导	L1
				131-03-04	准确告知用药的不良反应，观察用药反应	L1
				131-03-05	对高危人群开展干预措施和健康指导，预防并发症的发生	L1
				131-03-06	熟悉社区慢性病的筛查及随访的流程	L1
		131-04	精神病人管理	131-04-01	熟悉精神病的相关知识	L1
				131-04-02	掌握精神病随访表的填写	L1
				131-04-03	掌握精神病的分级管理制度	L1
				131-04-04	掌握相关文件中精神病的管理方法	L1
		131-05	结核病人管理	131-05-01	熟悉结核病的相关知识	L1
				131-05-02	掌握结核病随访表的填写规范	L1
				131-05-03	能够正确完成结核病人归档填写	L1
		131-06	延续护理综合素质	131-06-01	具备良好的沟通能力	L1
				131-06-02	具备健康宣教的能力	L1
				131-06-03	具备异常情况的观察及处理能力，做好风险防控	L1
				131-06-04	熟知相关法律法规	L1
132	儿童公共卫生预防保健	132-01	预防接种	132-01-01	检查是否拥有预防接种证	L1
				132-01-02	具备计算机操作能力	L1
				132-01-03	熟知预防接种知识	L1
				132-01-04	掌握接种后并发症的处理	L1
				132-01-05	具备抢救配合的能力	L1
				132-01-06	能够完成疫苗相关知识的宣讲	L1
		132-02	儿童保健	132-02-01	掌握0~6岁儿童健康管理的知识	L1
				132-02-02	掌握儿童生长发育评估的项目及操作	L1
				132-02-03	掌握儿童生长发育评估工具表的使用	L1

工作项目		工作任务		岗位能力		学习水平
项目编号	项目名称	任务编号	任务名称	能力编号	能力名称	高职
				132-02-04	具备儿童中医药健康管理相关知识	L1
				132-02-05	能够开展健康宣讲，普及儿童生长发育相关知识	L1
				132-02-06	能进行预防儿童意外伤害的指导	L1
133	社区临床护理	133-01	护理评估	133-01-01	掌握相关疾病知识	L1
				133-01-02	掌握治疗前的物品准备、患者病情及配合度	L1
				133-01-03	掌握治疗前环境准备	L1
				133-01-04	建立并准确完成居民健康档案的信息录入	L1
		133-02	护理诊断	133-02-01	掌握护理诊断的陈述、排序方法	L1
		133-03	护理计划	133-03-01	能够正确制订科学的护理计划	L1
		133-04	护理治疗	133-04-01	掌握门诊常见护理操作技能（注射、吸氧）	L1
				133-04-02	能够正确安全执行患者基础护理、药物和一般专科技术	L1
				133-04-03	能够正确执行心理护理、健康教育	L1
				133-04-04	熟悉各类治疗的并发症处理方法	L1
		133-05	病情观察	133-05-01	熟知疾病发病机制、临床症状等相关知识	L1
				133-05-02	熟知观察内容（生命体征监测、异常反应处置）	L1
				133-05-03	实时关注全体就诊人员，及时发现病情突变的患者	L1
		133-06	护理评价	133-06-01	能正确评价护理效果并及时反馈	L1
134	公共卫生中医护理	134-01	中医护理	134-01-01	掌握中医适宜技术（敷贴、艾灸、封包、拔罐）	L1
				134-01-02	熟悉各技术的适应证和禁忌证	L1
				134-01-03	能够根据患者情况正确选用并操作中医适宜技术	L1
				134-01-04	告知患者护理感觉，能根据患者的不适反馈合理调整	L1
135	院感——分级防护	135-01	标准防护	135-01-01	掌握各类防护用具的使用（口罩、帽子、手套、防护服、鞋套等）	L1
				135-01-02	掌握不同级别的防护要求	L1
				135-01-03	根据不同的环境和诊疗需要选择合适的防护级别	L1
				135-01-04	准确评价分级防护的质量	L1
136	院感——传染病管理	136-01	传染病监控	136-01-01	掌握传染病分类及隔离要求	L1
				136-01-02	掌握传染病诊断标准	L1
		136-02	传染病上报	136-02-01	掌握传染病上报要求（时间要求、上报系统）	L1
				136-02-02	按要求上报传染病情况	L1

工作项目		工作任务		岗位能力		学习水平
项目编号	项目名称	任务编号	任务名称	能力编号	能力名称	高职
		136-03	传染病处理	136-03-01	掌握传染病人的处置	L1
				136-03-02	指导临床科室正确处置传染病人	L1
				136-03-03	能评价传染病处置的质量	L1
		136-04	院内感染管理	136-04-01	掌握院内感染标准	L1
				136-04-02	掌握院内感染预防方法	L1
				136-04-03	掌握院内感染暴发处置与上报	L1
				136-04-04	能够指导临床科室正确处置院内感染病人	L1
				136-04-05	能够指导临床科室正确实施院内感染预防措施并评价实施质量	L1
137	院感——职业暴露管理	137-01	职业暴露处理	137-01-01	掌握职业暴露的分类	L1
				137-01-02	掌握职业暴露发生后的应急处理流程	L1
				137-01-03	掌握职业暴露发生后上报要求	L1
				137-01-04	能够开展职业暴露追踪	L1
				137-01-05	能够开展职业暴露培训	L1
138	院感——医疗废物处理	138-01	医疗废物分类、暂存与交接	138-01-01	掌握废物的分类	L1
				138-01-02	掌握废物暂存处置原则	L1
				138-01-03	掌握医疗废物院内外运输交接的要求	L1
				138-01-04	掌握医疗废物交接记录的要求	L1
				138-01-05	能够开展医疗废弃物处理培训	L1
139	院感——突发公共卫生事件处置	139-01	应急预案制订与培训	139-01-01	能够制订/修订突发公共卫生事件应急预案	L1
				139-01-02	能够组织应急预案的培训	L1
		139-02	应急处理	139-02-01	掌握应急预案处理流程	L1
				139-02-02	能够指导临床科室应对突发公共事件处置	L1
140	院感——消毒隔离	140-01	消毒隔离监测	140-01-01	掌握消毒隔离监测要求及方法	L1
				140-01-02	指导临床科室实施消毒隔离监测	L1
				140-01-03	研判并追踪异常监测结果	L1
				140-01-04	掌握异常监测结果处置方法	L1
				140-01-05	能够正确使用监测系统	L1
		140-02	消毒隔离管理	140-02-01	掌握诊疗用物清洁消毒管理要求	L1
				140-02-02	掌握无菌物品管理要求	L1
				140-02-03	掌握室间的消毒隔离管理要求	L1
				140-02-04	掌握物品表面消毒隔离管理要求	L1

工作项目		工作任务		岗位能力		学习水平
项目编号	项目名称	任务编号	任务名称	能力编号	能力名称	高职
				140-02-05	掌握各类消毒液配制和使用	L1
				140-02-06	掌握手卫生的时机与实施方法	L1
				140-02-07	能够评价手卫生落实质量	L1
				140-02-08	掌握无菌技术	L1
				140-02-09	能够评价消毒隔离管理实施质量	L1
				140-02-10	掌握消毒隔离相关仪器设备使用与管理	L1
141	院感——多重耐药菌感染管理	141-01	预防管理	141-01-01	掌握多重耐药菌分类及防护要求	L1
				141-01-02	掌握多重耐药菌监测方法	L1
				141-01-03	掌握多重耐药菌的危险因素	L1
				141-01-04	掌握多重耐药菌诊断标准	L1
				141-01-05	能够开展多重耐药菌防护培训	L1
		141-02	耐药病菌处置	141-02-01	掌握多重耐药菌上报流程	L1
				141-02-02	能指导临床科室正确实施多重耐药菌感染隔离措施	L1
				141-02-03	掌握多重耐药菌感染终末消毒要求	L1
				141-02-04	能评价多重耐药菌感染处置流程质量	L1
				141-02-05	掌握多重耐药菌感染患者隔离解除标准	L1
142	职业素养	142-01	沟通交流	142-01-01	具备一定的领导管理能力，组织管理能力，决断能力，良好的沟通、协调能力和人际关系	L1
				142-01-02	能够使用地方语言进行沟通交流	L1
				142-01-03	能够创造合适的沟通环境	L1
				142-01-04	能够把握有效沟通的时机	L1
				142-01-05	具有规范的仪表及举止	L1
		142-02	创新能力	142-02-01	善于思考问题、发现问题、解决问题	L1
				142-02-02	具有创新意识、探索精神	L1
				142-02-03	熟练掌握计算机办公软件、医院信息系统的使用技巧	L1
				142-02-04	具有检索文献、管理文献、撰写论文的能力	L1
				142-02-05	能够设计访谈问卷，开展问卷调查	L1
				142-02-06	具有批判性思维	L1
		142-03	自主学习	142-03-01	主动参加专业知识学习和业务培训	L1
				142-03-02	具有循证护理思维	L1
				142-03-03	能够进行工作反思	L1
				142-03-04	合理安排工作与学习	L1

工作项目		工作任务		岗位能力		学习水平
项目编号	项目名称	任务编号	任务名称	能力编号	能力名称	高职
		142-04	团队合作	142-04-01	具有团队合作精神	L1
				142-04-02	具有沟通协调能力	L1
				142-04-03	确定团队工作的统一目标	L1
				142-04-04	能够与同事、上下级和睦相处	L1
				142-04-05	具备较强的执行力	L1
				142-04-06	恰当应用沟通技巧	L1
		142-05	解决问题	142-05-01	具有发现问题的能力	L1
				142-05-02	具有分析问题的能力	L1
				142-05-03	掌握解决问题的方法	L1
				142-05-04	善于总结经验	L1
				142-05-05	具有批判性思维	L1
				142-05-06	能够正确地选择与应用工具	L1
				142-05-07	能够得出正确的评价结果	L1
				142-05-08	具备较强的计划性、条理性，能及时、保质保量完成本岗位工作	L1
				142-05-09	具有持续改进能力	L1
		142-06	信息处理	142-06-01	掌握收集临床信息的方法	L1
				142-06-02	能够及时共享、反馈信息	L1
				142-06-03	掌握分析信息的方法	L1
				142-06-04	具有良好的书写能力，具备草拟文件、通知，书写护理简报、工作总结的能力，熟练掌握计算机的应用知识并具备基本的操作技能	L1
				142-06-05	能够筛选、处理信息	L1
		142-07	责任安全意识	142-07-01	掌握应用风险评估工具	L1
				142-07-02	准确评估风险	L1
				142-07-03	具有慎独精神	L1
				142-07-04	具有前瞻性思维	L1
				142-07-05	掌握自我防护的方法	L1
				142-07-06	能够严格查对	L1
				142-07-07	掌握操作流程规范	L1
				142-07-08	严格执行规章制度	L1
				142-07-09	具有高度责任心	L1

工作项目		工作任务		岗位能力		学习水平
项目编号	项目名称	任务编号	任务名称	能力编号	能力名称	高职
		142-08	外语应用	142-08-01	能够阅读外文资料	L1
				142-08-02	能够阅读仪器设备英文操作说明书	L1
		142-09	应急处理能力	142-09-01	能够处理患者、客户投诉	L1
				142-09-02	掌握恰当待人接物的技巧，具有良好的亲和力和人际关系，很强的判断能力和应急处理能力	L1
				142-09-03	能够快速处理意外、突发事件	L1
				142-09-04	熟悉应急处理预案，及时反馈、报告突发事件	L1
				142-09-05	具有法律知识和自我保护意识	L1
				142-09-06	能够快速启动预警机制	L1
		142-10	心理素质	142-10-01	具备情绪管理能力	L1
				142-10-02	具备抗压能力	L1
				142-10-03	掌握自我调适的方法和技巧	L1
				142-10-04	具有奉献精神	L1
				142-10-05	具有服务意识	L1
				142-10-06	能够沉着冷静地处理日常工作	L1
		142-11	身体素质	142-11-01	确保身体素质能胜任工作要求	L1
				142-11-02	合理安排时间，坚持锻炼身体	L1
				142-11-03	身体健康，恪尽职守，具有良好的职业道德素质和团队合作精神	L1
				142-11-04	保持充沛精力	L1
143	护理管理教育与科研	143-01	实习生管理	143-01-01	熟知医院实习生制度与要求	L1
				143-01-02	熟知各大学校实习大纲	L1
				143-01-03	熟知各大学校实习生管理制度	L1
				143-01-04	熟知实习生教学评估	L1
				143-01-05	熟知科室带教计划	L1
				143-01-06	开展实习生小讲课	L1
				143-01-07	开展护理教学查房	L1
				143-01-08	开展病例讨论	L1
				143-01-09	能够准确完成操作示范	L1
				143-01-10	具备带教资格	L1
				143-01-11	掌握教学临床路径方法	L1

工作项目		工作任务		岗位能力		学习水平
项目编号	项目名称	任务编号	任务名称	能力编号	能力名称	高职
		143-02	在职护士培训	143-02-01	掌握在职护士培训管理要求（新入职护士规范化培训、专业护士核心能力培训、专科护士培训）	L1
				143-02-02	能根据管理要求制订计划并实施	L1
				143-02-03	具备业务授课能力（掌握 PPT 制作、教案书写、授课技巧）	L1
				143-02-04	主持护理查房、危重症及疑难病例讨论	L1
		143-03	新技术新项目/护理科研开展	143-03-01	掌握新项目新技术/护理科研申报流程	L1
				143-03-02	具备医学文献检索能力	L1
				143-03-03	具备循证思维及创造性思维能力	L1
				143-03-04	掌握统计学方法	L1
				143-03-05	具备指导项目开展的能力	L1
				143-03-06	具备总结撰写科研标书及论文的能力	L1
144	护理安全与质量管理	144-01	护理安全管理	144-01-01	掌握护理不良事件管理制度	L1
				144-01-02	掌握不良事件的分类、分级、上报、分析、整改与追踪	L1
				144-01-03	掌握患者安全目标	L1
				144-01-04	掌握患者风险（如跌倒/坠床、褥疮等）的评估观察要点及防范措施	L1
				144-01-05	掌握药物管理与用药安全规范	L1
				144-01-06	掌握各类应急风险预案	L1
				144-01-07	掌握护患纠纷预防与处理	L1
				144-01-08	掌握护理环境安全管理要求	L1
				144-01-09	掌握护理核心管理制度	L1
				144-01-10	掌握院感防控要求	L1
				144-01-11	掌握危急值管理	L1
		144-02	护理质量管理	144-02-01	掌握护理质量标准的建设	L1
				144-02-02	能够完成护理质量标准评价	L1
				144-02-03	能够完成护理质量持续改进（运用各种管理工具，例如 RCA、PDCA、品管圈）	L1
145	专科护理管理	145-01	专科护理门诊	145-01-01	掌握专科护理门诊建设标准（准入制度、资质、设备设施）	L1
				145-01-02	评价专科护理门诊开展质量	L1
		145-02	专科护理会诊	145-02-01	具备专科护理会诊资质	L1

续表

工作项目		工作任务		岗位能力		学习水平
项目编号	项目名称	任务编号	任务名称	能力编号	能力名称	高职
				145-02-02	掌握会诊制度及流程	L1
				145-02-03	具备MDT团队建设能力	L1
146	护士职业安全管理	146-01	职业安全教育	146-01-01	熟悉职业安全教育制度	L1
				146-01-02	能够开展职业安全需求调研、培训	L1
				146-01-03	掌握职业暴露预防及处理流程	L1
				146-01-04	能够开展职业安全教育评价	L1
147	护理人力资源管理	147-01	护士满意度调查	147-01-01	具备开展满意度调查、分析、总结、评价的能力	L1
		147-02	人力资源配置	147-02-01	熟知人力资源配置	L1
				147-02-02	能够制订人力资源计划（包括人力资源库、紧急情况下人力资源调配计划）、分析、总结	L1
				147-02-03	能够科学配置各科人力资源（标准普通病房、手术室、ICU等）	L1
		147-03	护士层级管理	147-03-01	熟知等级医院护士层级管理要求	L1
				147-03-02	制订护士层级管理办法	L1
				147-03-03	实施层级管理	L1
				147-03-04	完成护理人员岗位培训	L1
				147-03-05	能够对护士层级管理进行检查与监管	L1
		147-04	执业资格证注册与变更	147-04-01	掌握执业资格注册管理要求	L1
				147-04-02	熟悉注册管理系统操作	L1
				147-04-03	做好系统维护与监管	L1
148	社工项目统筹	148-01	召开会议	148-01-01	明确会议安排	L3
				148-01-02	组织召开行政类工作会议	L3
				148-01-03	组织召开服务类工作会议	L3
		148-02	新人培训及行业分享	148-02-01	具备梳理实务工作经验的能力	L3
				148-02-02	能扮演教育者的角色，对新员工或在行业中分享实务经验	L3
				148-02-03	具备公众演讲和授课的能力	L3
				148-02-04	能扮演督导者、使能者、教育者的角色	L3
		148-03	工作协调与统筹	148-03-01	机构与组织之间的上传下达	L3
				148-03-02	协调项目预服务开展的时间、地点、人员安排、配套资源等事务	L3
				148-03-03	协调利益相关方的相关诉求	L3

工作项目		工作任务		岗位能力		学习水平
项目编号	项目名称	任务编号	任务名称	能力编号	能力名称	高职
				148-03-04	具备带领一线社工、实习生、志愿者等执行项目的能力	L3
				148-03-05	具备组织沟通能力，能够进行良好的沟通，完成工作任务分解的能力	L3
				148-03-06	具备清晰传达项目要求、岗位职责的能力	L3
				148-03-07	能够激励、鼓励团队成员，具备向下管理的能力	L3
				148-03-08	掌握工作职责，具备向上管理的能力	L3
				148-03-09	具备心理调适能力，具有同理心、尊重、接纳、倾听服务对象和同事的能力，在面对压力之下能够做好自我心理的调适	L3
				148-03-10	具备突发事情应变能力，能够解决在工作和服务中遇到的突发问题、能解决团队中的问题、化解团队中的矛盾	L3
		148-04	团队建设	148-04-01	制订团队建设计划并做好预算	L3
				148-04-02	定期召开团队建设活动（生日会、聚餐、旅游、拓展、集训、退休营、历奇培训等）	L3

老年服务与管理专业群
教学标准

一、专业群名称及代码

（一）专业群名称

老年服务与管理专业群。

（二）专业群各专业名称及代码

序号	专业名称	所在院（系）	所属大类	专业类	专业代码
1	智慧健康养老服务与管理	智慧康养学院	公共管理与服务大类	公共服务类	590302
2	康复治疗技术	智慧康养学院	医药卫生大类	康复治疗类	520601
3	护理	智慧康养学院	医药卫生大类	护理类	520201
4	民政服务与管理	民政与社会治理学院	公共管理与服务大类	公共管理类	590201
5	社会工作	民政与社会治理学院	公共管理与服务大类	公共事业类	590101

（三）职业面向

所属专业大类（代码）	所属专业类（代码）	对应行业（代码）	主要职业类别（代码）	主要岗位类别（或技术领域）	职业资格证书或技能等级证书举例
公共管理与服务大类（59）	公共服务类（5903）	养老服务（9411）	生活照护人员（4-14-01-02） 机构管理人员（10-10-01） 健康咨询（4-14-02-02） 销售人员（4-01-02-01） 培训人员（10-52-14）	养老机构照护及管理、健康咨询、营销策划、产品研发、技术培训等岗位	老年照护职业技能等级证书、老年护理服务需求评估职业技能等级证书、失智老年人照护职业技能等级证书、养老护理员职业资格证书、健康管理师职业资格证书、健康照护师职业资格证书、健康财富规划职业技能等级证书

续表

所属专业大类（代码）	所属专业类（代码）	对应行业（代码）	主要职业类别（代码）	主要岗位类别（或技术领域）	职业资格证书或技能等级证书举例
医药卫生大类（52）	康复治疗类（5206）	卫生（184）老年人，残疾人养护服务（8514）	健康照护师（4-14-01-03）健康管理师（4-14-02-02）康复治疗师（4-14-03-07）听觉口语师（4-14-03-05）康复辅助技术咨询师（4-14-03-06）	医疗机构（康复科康复技师）、民政系统（儿童、老年福利机构照护工作者）、残联系统（残疾人康复中心康复技师）、教育系统（康复类专业教师）等	康复医学治疗技士、健康管理师职业资格证书、老年照护职业技能等级证书、失智老年人照护职业技能等级证书、幼儿照护职业技能等级证书、社会心理服务职业技能等级证书
医药卫生大类（52）	护理类（5202）	卫生行业（84）	内科护士（2-05-08-01）外科护士（2-05-08-04）妇产科护士（2-05-08-08）儿科护士（2-05-08-02）急诊科护士（2-05-08-03）社区护士（2-05-08-05）	临床护理、社区护理、预防保健、护理专业教学、卫生部门行政管理等岗位	护士执业资格证书、失智老年人照护职业技能等级证书、老年照护职业技能等级证书、医养个案管理职业技能等级证书、产后康复职业技能等级证书、健康财富规划职业技能等级证书、幼儿照护职业技能等级证书、母婴护理职业技能等级证书
公共管理与服务大类（59）	公共管理类（5902）	国家机构（92）基层群众自治组织（96）彩票活动（904）	行政业务办理人员（3-01-01-01）行政事务处理人员（3-01-01-02）	乡镇基层民政管理员、社会救助与社会福利管理员等	失智老年人照护职业技能等级证书、社区治理职业技能等级证书
公共管理与服务大类（59）	公共事业类（5901）	社会工作（85）群众团体、社会团体和其他成员组织（951）基层群众自治组织（96）	社会工作者（4-07-01-05）行政事务处理人员（3-01-01-02）	社会工作者、社会组织专业人员、社区工作者等岗位，以及社会工作服务和社会工作行政管理等岗位	社区治理职业技能等级证书、失智老年人照护职业技能等级证书、养老护理员职业技能等级证书、社会心理服务职业技能等级证书

二、招生对象

招收高中毕业生及同等学力者；招收退役军人、下岗职工、农民工和新型职业农民等群体。

三、基本学制

基本学制为 3 年。实行学分制，弹性学制为 2~5 年。

四、培养目标与规格

（一）目标定位

老年服务与管理专业群人才培养与我国社会主义现代化建设相适应，培养学生坚定的理想信念，德智体美劳全面发展，拥护中国共产党的领导和党的路线方针政策，具有一定的科学文化水平，良好的政治素养、人文素养和职业素养；具备较强的学习、观察、交流、实践、创新创业、社会适应、综合分析和解决实际问题等能力；遵循专业群的培养路径，掌握基础医学、智慧健康养老照护、老年康复保健、营养配餐、活动策划组织、智慧养老机构管理、智慧养老产业经营与管理、临床医学、康复医学、物理疗法、运动疗法、作业疗法、言语训练和心理康复、护理专业知识、护理操作技能、社会福利服务、婚姻登记、收养登记、殡葬管理、社会组织管理、彩票销售与管理、优抚安置、社会救助、基层民主政治建设、城乡社区建设等知识及专业技能；能够在党政机关、民政部门、企事业单位、社会组织、城乡社区、街道和乡镇、社会福利机构、康复机构、医院、基层医疗卫生机构、康养结合机构等从事老龄化社会发展、康复治疗、临床护理、社区护理、预防保健、老年照护、健康促进、老年公共事业服务与管理等工作；培养学生的志愿精神与使命感，忠于祖国，忠于人民，适应社会主义市场经济需要，立足西部、辐射全国、走向世界的高素质复合型技术技能人才。

（二）培养规格

1. 素质要求

（1）思想道德素质方面：热爱祖国，拥护中国共产党的领导，掌握马列主义和中国特色社会主义理论体系，树立正确的世界观、人生观和价值观，爱国、诚信、友善、守法；具有高度的法治精神、社会责任感和积极的人生态度。尊老敬老，爱岗敬业，吃苦耐劳，具有创新精神和团队合作精神，遵守职业道德，依法从事专业工作。

（2）文化素质方面：具备良好的文学、历史、哲学、艺术及科学素养，传承中华民族优秀文化；具备应用语言文字，清晰地进行信息、思想、感情的传递、表达和交流的能力；具有一定的国际视野和跨文化交流的能力。

（3）身体心理素质方面：身心健康，人格健全，具有完整的生理、心理状态和较强的社会适应能力；交际交往符合规范礼仪；具有体育卫生和运动保健素养；树立自觉锻炼、终身锻炼身体的意识；具备健康的体魄，体能达到国家体质测试标准。

（4）专业素质方面：具有"尊老敬老、以人为本、爱岗敬业、爱心奉献"的职业道德，热爱社会主义老年福利事业，具有为智慧健康养老事业努力奋斗的奉献精神和敬业精神；具有一定的抽象思维、形象思维和逻辑思维能力，善于独立思考，发现新问题、研究新情况、提出新观点，能用所学的专业知识解决提出的问题，学以致用；具有一定的服务意识、市场意识、法律意识和政策意识；具有终身学习的意识和能力；对自身有明确的职业规划。

2. 知识要求

学科基础类知识：掌握养老及相关服务工作中的职业形象规范要求，应急管理的基本内容，应急预案的基本结构和编制步骤，礼仪沟通知识及要求，老年心理学、社会学及心理康护知识与技术，老年常见疾病的病因和发病机制，社会服务与市场营销基础理论和专业知识，市场营销活动及市场服务的职业技能和职业道德等相关知识。

专业核心类知识：智慧健康养老服务与管理专业需掌握常用老年照护技能、老年人的心理特点及照护、老年康复保健、老年膳食营养和养老机构运营管理的相关知识。康复治疗技术专业需具有人体解剖、人体机能、人体发育、人体运动、疾病诊断、病理与药理基础、临床疾病状况等专业技术基础知识；具有康复评定技能，能对儿童、成人与老年人的心理、生理等进行评定，并制订康复方案；能够进行言语治疗、作业治疗、传统康复治疗、物理因子治疗、运动治疗、神经康复等科目教学。护理专业应掌握人体解剖、人体生理、药理、病理、微生物与免疫、基础护理等专业基础知识；具有内科、外科、妇产科、儿科、老年、康复、急救护理等综合化专业知识。民政服务与管理专业需掌握社会调研、民政调查方法、民政政策与法规、人力资源管理、养老机构管理等技能；了解民政工作、社会福利服务、婚姻与收养登记、社会救助、社会组织管理等民政业务知识。社会工作专业需掌握社会学基础、社会心理学、社会调查、人际沟通等专业基础知识；了解社会工作专业的核心价值观与伦理准则、基本理论、主要方法、主要服务领域和服务对象。

专业群拓展知识：根据养老行业的要求与发展，熟悉或掌握常见老年疾病护理与照护、老年人康复指导技术、传染病预防与护理、健康教育、中医养生保健、老年社会工作实务以及自理照护、失能照护、失智照护、介助照护、安宁照护、现代养老产品研发等多方面知识。

3. 能力要求

（1）具有英语应用、信息技术应用、语文应用、创新创业等通用技能；掌握危险分析和应急能力评估方法、预案和现场处置、培训和演练方法、护患沟通的特点及沟通技巧、根据场合的不同运用各项工作政策与法规等技能。

（2）具备以互联网、大数据及物联网为核心的创新性思维能力，了解"互联网 +"环境下各种平台的操作与运营，具备通过网络平台获取创新创业资源的能力，具有对养老行业新知识、新技术、新工艺的敏感度和探究学习的意识。

（3）智慧健康养老服务与管理专业应具备营造良好的沟通氛围，为老年人提供生活照护，为失能失智老年人提供照护，为老年人设计休闲、文娱健身等活动，能够开展养老机构行政管理工作，具备运营及管理老年服务与管理机构的能力。

（4）康复治疗技术专业需具有规范采集病史，进行常见疾病和功能障碍评估，制订康复训练计划，运用运动治疗方法对患者进行康复治疗，运用物理因子治疗技术和对相关仪器设备进行操作与维护，运用作业治疗技术帮助患者恢复独立生活和工作，为失语症、语言发育迟缓、构音障碍、吞咽障碍患者进行评估和功能训练，运用中医康复技术等能力。

（5）护理专业应具有认识人体结构、分析正常人体机能、应用常用药物、分析疾病机理、评估健康和展现护理礼仪与沟通技巧的能力，具有实施基础护理能力，具有实施内科、外科、妇产科、儿科、老年、康复、急救护理的能力。

（6）民政服务与管理专业需具有从事社会组织登记、社会组织发展规划、项目设计与管理、筹资运营与资源管理、员工招聘与培训、开展民政资源及民政服务需求调查、统计及预测的能力；具有从事各级民政事业单位管理、各级各类民政机构的管理（含老年福利院、残疾人福利院、儿童福利院、精神病人福利院）的管理能力、婚姻与收养登记（包括结婚、离婚、复婚登记，撤销无效婚姻及儿童收养登记）、社会救助（包括城乡居民最低生活保障及医疗救助、教育救助等专项救助）、彩票销售、彩票管理、彩票票面和品种设计、彩票设备维护、城乡社区建设与社区服务的能力；具有较强的组织、发动及协调能力，能组织社会各方资源开展民政服务，协调民政资源供给者与受益者之间的关系；具有较强的养老机构运营、管理、服务等能力，能为不同群体设计、提供相应的服务项目。

（7）社会工作专业需具备灵活运用个案工作、小组工作、社区工作等多种专业方法为服务对象提供综合性服务；具有社会服务项目开发和实施、社会服务机构运营、社会工作督导、社会政策分析、社会工作实务研究、社会政策倡导，以及沟通、组织、协调、管理和团队合作等能力。

五、课程设置及学时安排

根据老年服务与管理专业群所面向的行业，明确各专业的依赖关系，通过分析群内5个专业的共性和差异性，构建"平台＋模块"的"底层共享、中层分立、顶层互选"课程体系，凸显专业群的适应性。

（一）底层共享课程

"底层共享"是针对高职院校学生所必备的共同基础知识和基本技能而设置的"平台"课程群，由公共基础课程和专业群平台课程组成。

1.公共基础课程

根据党和国家有关文件规定，将思想道德修养与法律基础、毛泽东思想和中国特

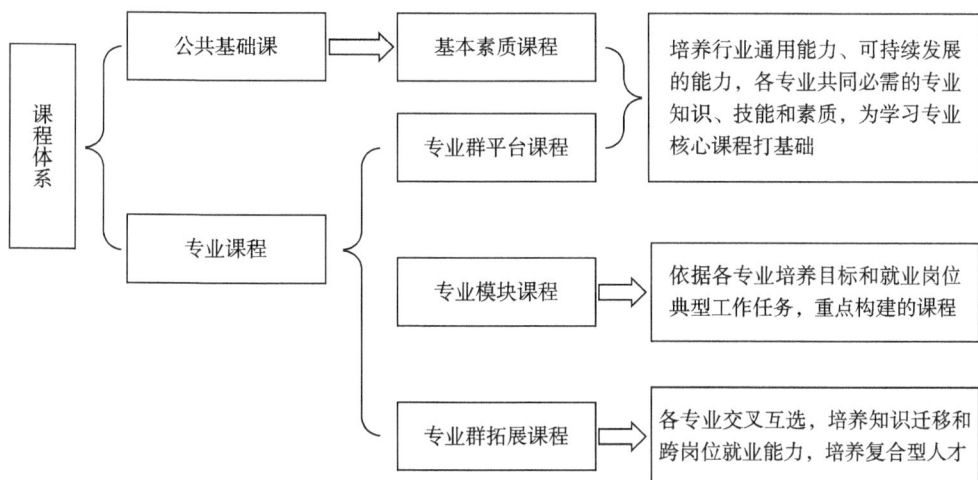

色社会主义理论体系概论、习近平新时代中国特色社会主义思想概论、形势与政策、中国近现代史纲要、体育训练、实用英语、大学生信息技术基础、大学语文（含中国文化）、中国文化概论、应用文写作、职业生涯规划、就业指导、大学生安全教育（含职场安全与健康）、大学生心理健康教育、健康与养老产业创新创业教育、老年服务与管理专业群发展指导、劳动教育、悦美教育等列入公共基础课程。

2. 专业群平台课程

根据学校及相关部门有关文件规定，将安全管理与应急处理、社会政策与法规、老年心理学、康护人文素养、老年医学基础、社会服务与市场营销等列入专业群平台课程。

（二）中层分立课程

"中层分立"是针对专业群中的 5 个专业，以岗位能力培养为目标，设置"模块化"的专业课程，分专业基础课程、专业核心课程，旨在培养学生的专业特色岗位能力。

1. 专业基础课程

专业基础课程一般一个专业设置 2 ~ 6 门。

智慧健康养老服务与管理专业：如老年人基础照护、老年医学基础、智慧健康养老概论、老年服务沟通与礼仪等。

康复治疗技术专业：如正常人体结构与功能、病理基础等。

护理专业：如正常人体结构与功能、异常人体结构与功能等。

民政服务与管理专业：如民政调查方法、人力资源管理、民政秘书事务、福利机构经济法等。

社会工作专业：如生命教育、社会工作价值观与伦理、社会组织管理、数据统计与分析、城乡社区治理与服务等。

2. 专业核心课程

专业核心课程一般一个专业设置 6 ~ 8 门。

智慧健康养老服务与管理专业：如智慧养老产业经营与管理、智慧健康养老机构管理与实务、智慧老年健康咨询与管理、智慧健康养老照护、老年营养与膳食、智慧老年康复护理、老年活动策划与设计等。

康复治疗技术专业：如康复评定技术、运动治疗技术、物理因子治疗技术、作业治疗技术、传统康复治疗技术、言语治疗技术、神经康复技术等。

护理专业：如健康评估、基础护理、用药护理、急危重症护理、临床综合护理、社区护理等。

民政服务与管理专业：如婚姻与收养实务、彩票管理实务、福利机构运营与管理、社会福利服务、社区治理、社区服务项目策划与实施、民政工作、社会救助实务等。

社会工作专业：如社会工作项目设计与评估、社会工作行政与管理、小组社会工作、个案社会工作、社区社会工作、社会调查方法、社会工作导论等。

专业核心课程主要教学内容如下表所示。

专业	课程名称	主要教学内容
智慧健康养老服务与管理	智慧养老产业经营与管理	智慧老年的基本内涵与模式；老年产业发展趋势和方向；智慧养老新兴领域；智慧老年产业信息和政策
	智慧健康养老机构管理与实务	我国养老机构的基本内涵与模式；养老机构建设、护理管理、财务管理、医疗及膳食服务管理、质量管理、经营管理、信息化管理以及意外伤害事件防范与矛盾纠纷处理
	智慧老年健康咨询与管理	老年心理健康基本知识；老年人心理护理和调适方法；健康咨询与管理
	智慧健康养老照护	老年人健康评估方法；老年人日常生活照护；老年人心理健康照护；疾病老人的健康照护
	老年营养与膳食	老年营养评估方法；老年人营养分析；老年人营养配餐方案；老年人营养膳食制作
	智慧老年康复护理	老年人康复护理评定；基本康复治疗手段；老年人神经系统疾病康复护理；老年人骨关节肌肉疾病康复护理；老年人慢性内科疾病康复护理
	老年活动策划与设计	老年活动策划与设计；老年活动评估与改进
康复治疗技术	康复评定技术	康复评定基本知识、基本原理、基本方法；运动功能、感觉功能、言语功能、认知功能、康复心理以及环境评定技术
	运动治疗技术	关节活动技术；软组织牵伸技术；肌力训练技术；步态训练技术；神经发育疗法；运动再学习疗法；有氧训练；平衡训练技术；关节松动技术及日常生活动作训练
	物理因子治疗技术	物理因子的物理特性、生物学作用、治疗方法及临床应用
	作业治疗技术	作业活动能力的评估与运用
	传统康复治疗技术	临床应用康复理论、技术和方法；常见疾病与功能障碍的传统康复治疗
	言语治疗技术	失语症、构音障碍、儿童语言发育评估和治疗
	神经康复技术	神经系统功能障碍的原因、评定与治疗的方法以及伤残预防；神经生理学治疗技术；Bobath 技术；Brunnstrom 技术；PNF 技术；运动再学习技术

专业	课程名称	主要教学内容
护理	健康评估	问诊，常见症状评估，体格检查，心理及社会评估，实验室检查，心电图检查，医学影像学检查，资料分析，护理诊断，护理病历书写
	基础护理	护理学的基本概念，护理学相关理论，护理程序，卫生服务体系，健康教育，多元文化与护理生命体征的观察及护理，饮食与营养，排泄护理，药疗技术，静脉输液与输血法，冷热疗技术，标本采集，危重患者的抢救及护理，临终护理，护理相关文件记录
	用药护理	药物的药理作用、作用机制、临床用途、不良反应、药物相互作用及药物合理应用等，药品生产、经营、管理、药品检验、指导合理用药等工作必需的药理学基本理论、知识和技能
	急危重症护理	常见急危重症的病因、发病机理、临床表现、重症监护的基本方法和救护措施，常用急救护理技术，包括洗胃、灌肠、心肺复苏术等，常用抢救药物的药理作用、药物应用及注意事项，急救知识及技能的健康教育
	临床综合护理	内科、外科、妇产科、儿科的基本理论、基本知识及常见疾病患者的护理措施，常见疾病患者护理评估、护理诊断并制订护理计划，了解内科、外科、妇产科、儿科护理的概念、范畴和发展趋势，整体护理能力，常见护理技术操作能力
	社区护理	社区护理概述与工作方法，社区家庭护理，社区特殊人群的保健与护理，慢性病和传染病的社区管理与护理等，具有分析问题、解决问题的能力和团队合作精神
民政服务与管理	婚姻与收养实务	结婚登记、离婚登记及收养登记的基本条件、程序
	彩票管理实务	我国民政行政管理法规、政策，彩票管理专业基础知识
	福利机构运营与管理	我国社会福利机构经营与管理的基本概念、基本理论、发展现状、操作规程及改革发展方向
	社会福利服务	社会福利服务的主要知识，福利服务的主体、方式及社会福利资源的构成与筹措方法
	社区治理	社区概念、社区治理体制及加强社区管治重要性，社区治理的内容与方法，社区治理发展趋势
	社区服务项目策划与实施	社区服务项目策划的基本理论和基本方法，活动策划的基本理论、文案设计、创意方法
	民政工作	民政基础知识和基本理论
	社会救助实务	城乡低保、医疗救助、教育救助、住房救助、法律援助的基本条件、程序和方法
社会工作	社会工作项目设计与评估	社会工作项目设计与评估的理论、方法与技能，实务评估
	社会工作行政与管理	社会政策实施、社会福利制度运行
	小组社会工作	小组工作的价值观和职业伦理，小组工作的基本模式和理论基础，小组动力学，小组发展过程与各阶段技巧，小组工作在中国的实践
	个案社会工作	个案工作的基础知识，个案工作的方法和技巧，个案工作的主要理论模式
	社区社会工作	社区与社区工作的概念、功能，社区工作历史沿革，社区工作的价值体系和理论基础，社区工作基本原则、方法、模式与技巧
	社会调查方法	资料收集、整理、分析、应用，社会调查研究方法和调查研究报告撰写方法
	社会工作导论	社会工作基本原理，社会工作的性质与发展历史，社会工作与社会问题及相关学科的关系，社会工作的价值观和职业道德

（三）顶层互选课程

"顶层互选"课程是在掌握扎实的专业理论及核心（方向）技能的基础上，为了进一步拓展各专业通用能力而确定的互选课程，以便让各专业学生在掌握本专业要求的通用技术和特定技术的同时，职业能力得到进一步延伸、扩展和提升，拓宽学生职业能力范围，使学生具有一定的可持续发展能力，以满足现代服务一线的岗位群综合化趋势的人才市场需求。老年服务与管理专业群可将常见老年疾病护理与照护、老年人康复指导技术、传染病预防与护理、健康教育、中医养生保健、老年社会工作实务、自理照护、失能照护、失智照护、介助照护、安宁照护、现代养老产品研发等纳入顶层互选课程。

（四）主要实践教学环节

1. 专业实践

主要包括健康与养老产业创新创业教育、专业实践活动、专业技能实践等。

2. 专业综合能力实践

主要包括老年服务、护理、康复治疗技术、运动治疗技术、民政演讲与主持、人力资源平台实践训练、民政综合事务培训、社区综合服务、个案会谈工作坊等。

3. 企业实践环节

顶岗实习是根据学生职业生涯规划确定的相关工作岗位的实习。顶岗实习可由学校组织，也可由学生提出申请，经学校同意后自由选择顶岗实习单位。

（五）相关要求

学校应统筹安排各类课程设置，注重理论与实践一体化教学；应结合实际，开设安全教育、社会责任、绿色环保、管理等方面的选修课程、拓展课程或专题讲座（活动），并将有关内容融入专业课程教学；将创新创业教育融入专业课程教学和相关实践性教学；自主开设其他特色课程；组织开展德育活动、志愿服务活动和其他实践活动。

（六）学时安排

总学时原则上控制在 2600～2800 学时，通识教育课程学时一般不少于总学时的25%，实践性教学学时原则上不少于总学时的50%。每 16～18 学时折算 1 学分，总学分 135 学分。实习累计时长一般为 24～36 周，可根据实际集中或分阶段安排实习。

六、教学基本条件

（一）师资队伍

老年服务与管理专业群应拥有一支专兼结合、结构合理的教师队伍。聘请来自行业的优秀兼职专家、能手与校内专职教师共同承担课程教学任务，并且重视对教师的"双师"素质培养。专业群带头人原则上应具有正高以上职称，能够很好地把握国内外行业、专业发展，能广泛联系行业企业，了解行业企业对专业群人才的实际需求，教学设计、专业研究能力强，组织开展教科研工作能力强，在本区域或本领域具有较高的专业影响力。专业带头人由高级职称教师担任，能够把握好国内外行业、专业发展的动态，能够把握行业企业对专业人才的实际需求，组织开展教学科研工作能力较强，在专业建设、课程建设、教学能力和信息化技术方面有一定的经验。专任教师具有高校教师资格，有理想信念、有道德情操、有扎实学识、有仁爱之心，均具有本科及以上学历，具有扎实的本专业相关理论功底和实践能力，具有较强的信息化教学能力，能够开展教学改革和科学研究，定期进行行业实践。兼职教师均从重点养老企业、医疗机构、社会机构等聘请，具有良好的思想素质、职业道德和工匠精神，具有扎实的专业知识和丰富的实际工作经验，应具有中级及以上的职称，能够承担专业课程教学、实习实训指导等教学任务。

（二）教学设施

教学设施主要包括能够满足正常的课程教学、实习实训所需的专业教室、校内实训室和校外实训基地等。

1. 专业教室基本要求

专业教室一般配备黑（白）板、多媒体计算机、投影设备、音响设备，互联网接入或 Wi-Fi 环境，并实施网络安全防护措施；安装应急照明装置并保持良好状态，符合紧急疏散要求，标识明显，保持逃生通道畅通无阻。

2. 校内实训室基本要求

（1）专业群共享实训室。

① 养老综合实训中心。养老综合实训中心应配备老年人模拟体验装置、台阶、助行器、扶手、轮椅、视听检测仪、握力器、平衡球、拉力彩带、老年护理床位及床上用品、床旁桌椅、养老护理培训模拟人（女性、男性）、口腔护理牙模型、坐便器、听诊器、血压计、温度计、医用手电筒、轮椅、拐杖、肢体康复设备、担架车、生命体征测量器材、消毒设备、护理车、助行架、雾化器、送药车、文件柜等，用于老年人睡眠照料、排泄照料、饮食照料、清洁照料等，用药护理，老年人常见疾病护理技术

等项目实训。

②心理照护实训室。心理照护实训室应配备老年心理健康自助服务系统、老年音波催眠放松系统、智能体感放松系统、心理健康服务管理平台、老年放松引导关怀系统、虚拟沙盘分析系统、心理沙盘、沙发、茶几、活动桌椅、健康宣教书籍、书架、风铃、储物柜、电脑、文化框等，用于心理档案管理、认知功能障碍的评定、心理评定、心理疏导等，用于心理档案管理、认知功能障碍的评定、心理评定、心理疏导等项目实训。

③心理咨询实训室。心理咨询实训室应配备沙箱、沙具、心理健康服务管理平台、老年放松引导关怀系统、虚拟沙盘分析系统、心理沙盘等，用于沙盘治疗与其他心理咨询技术的项目实训。

④健康评估实训室。健康评估实训室应配备血压计、血糖仪、心电仪、心电图、体脂秤、体温计、健康体检一体机等，用于身体评估技术、心电图测量技术、健康评估技术、心脏听诊、肺脏听诊等项目实训。

⑤康复评定实训室。康复评定实训室应配备电子握力器、上肢功能评价器、言语康复训练与评估系统、平衡功能诊断与训练系统、通用量角器、心率监测器等，用于运动控制障碍的评定、人体形态学测量、关节活动度测量、肌力评定、反射检查、步态分析、平衡功能的评定等项目实训。

⑥机能综合实训室。机能综合实训室应配备心电图机、快速血脂分析仪、脑电引导电极、脑电图机或前置放大器、脑电图机/脑电地形图仪，用于人体心电图、血型鉴定、血气分析、血红蛋白测量、刺激强度、频率对骨骼肌收缩的影响、神经干动作电位及其传导速度的测定、神经干不应期测定、骨骼肌兴奋时的电活动与收缩的关系、肌梭传入冲动的测定、记忆测定、脑功能评定等项目实训。

⑦医务社工实训室。该实训室应配备心电监护仪、输液泵、常备药品、成人病床、治疗车、心肺复苏模拟人、基础医务操作设备等，用于医务社会工作、残障康复训练等项目实训。

⑧社会工作综合实训室。社会工作综合实训室应配备多媒体教学系统、采录编监控系统、社工实训软件系统、心理测评软件系统、沙发、茶几、会议桌、会议椅、空调、单面镜、电脑、办公桌等，用于开展个案工作技巧训练、小组工作活动方案设计及角色扮演，进行老年社会工作的策划、组织、过程控制、活动开展、评估，社会工作培训设计，素质拓展模拟训练等项目实训。

⑨社区治理实训室。社区治理实训室应配备沙发、茶几、活动桌椅、书架、储物柜、电脑、文化框等，用于小组工作的策划、组织、过程控制、活动开展、小组评估等项目实训。

（2）智慧健康养老服务与管理实训室。

①老年照护实训室。老年照护实训室应配备"1+X"虚拟现实老年照护仿真系统

（初级单机版）、轮椅、助行器、拐杖、护理车、普通护理床、床头柜、床尾椅、床上用品、护理人、听诊器、血压计、温度计、血糖检测仪、电动吸引器、微量注射泵、烤灯、呼吸机、心肺复苏按压板、平车、标准全口模型、可卸式有根标准牙模型、洗漱用品套件、生活用物套件、设备带等，用于失能失智老年人生活照护、基础照护、康复照护、心理照护、急救等项目实训。

② 营养与膳食实训室。营养与膳食实训室应配备高清数字视频展台、营养配餐实训专用电脑、身高体重仪、电子天平、中西医结合营养治疗计算机专家系统、食物模型、膳食宝塔、食物模型展示柜、厨房组合柜、膳食分析与营养评价系统（营养师版）、智能营养配餐系统、人体成分分析仪、膳食制作常用工具等，用于老年人的膳食制备、特殊营养餐的制备、老年人的膳食烹饪等项目实训。

③ 智慧机构养老实训室。智慧机构养老实训室应配备服务前台、接待椅、老年智能健康云管理平台、IC 读卡器、POS 系统、高拍仪、身份证阅读器、睡眠床垫、老人自理床、床上用品、双人床头柜、起身器、床头灯、无障碍升降设施、衣柜、电动护理床、移位机、移动搬运器、床头柜、洗头车、治疗车、卧床大小便护理仪、离床离房感应垫、尿湿报警器、报警器、信号发射器、智能定位手表、定位鞋、轮椅、床边桌、器械柜、怀旧物品等，用于机构养老环境认知、机构养老服务流程、服务项目实施与管理、养老机构信息化管理系统运用等项目实训。

④ 智慧养老产业经营与管理实训室。智慧养老产业经营与管理实训室应配备沙发、茶几、活动桌椅、书架、储物柜、电脑、文化框、老龄产业项目书、系列养老产品、智慧养老技术应用载体等，用于老龄产业项目认知、养老产品展示与应用、智慧养老技术应用等项目实训。

⑤ 老年活动策划实训室。老年活动策划实训室应配备沙发、茶几、活动桌椅、书架、储物柜、电脑、社会工作实训软件系统、心理测评软件系统等，用于老年社会工作的策划、组织、过程控制、活动开展、评估等项目实训。

⑥ 智慧社区居家养老实训室。智慧社区居家养老实训室应配备社区居家养老管理系统、营养膳食配餐管理系统、电脑、食物模型、膳食宝塔、食物模型展示柜、厨房组合柜、陪伴机器人、马桶、马桶扶手、台盆、洗漱用具、扶手展示墙、淋浴器、沐浴椅、按摩凳、经络穴位模型、耳穴模型、按摩足模型、治疗盘、治疗车、柜子、艾灸仪等，用于社区居家养老环境认知、社区居家养老服务流程、服务项目实施与管理、社区居家养老服务系统运用等项目实训。

（3）康复治疗技术实训室。

① 正常人体结构实训室。正常人体结构实训室应配备异常人体标本、显微摄像投影系统、正常组织学切片、人体全身骨架、人体未组装骨骼标本、男性全身骨骼附半边肌肉着色韧带模型等，用于开展人体组织切片观察、运动系统观察、人体内脏器官

观察、人体心血管和淋巴系统的观察、人体神经系统观察等项目实训。

② 物理因子实训室。物理因子实训室应配备神经损伤治疗仪、中频治疗仪、紫外线治疗仪等设备，用于开展中频治疗、脑神经功能重建等项目实训。

③ 作业治疗实训室。作业治疗实训室应配备 OT 综合训练工作台、可调试作业训练治疗桌、可调试磨砂板及附件、各种大小的棍棒插板、各种图形插板、分指板、上肢推举训练器、各种模拟工具、手部训练球、常见生活用辅具及助行器具等，用于身体、精神、发育有功能障碍或残疾的全部或部分丧失生活自理和劳动能力的患者评价、治疗和训练操作等项目实训。

④ 运动治疗实训室。运动治疗实训室应配备 PT 训练床、PT 凳、上肢关节康复器 CPM、下肢关节康复器 CPM、减重步态训练系统、颈腰椎牵引床等设备，用于预防和治疗肌肉萎缩、关节僵直等疾病项目实训。

⑤ 感觉统合实训室。感觉统合实训室应配备孤独症评估工具包、韦氏工具包、引导式训练组合、悬吊训练系统、儿童认知训练组件等，用于运动迟缓、脑外伤、癫痫等疾病的肌力及本体训练项目实训。

⑥ 传统康复实训室。传统康复实训室应配备推拿手法测试仪、人体经络模型、针刺手法参数测定仪、按摩床、TDP 灯、熏蒸床、电动 PT 床等实训设备，用于针刺、灸法、按摩、拔罐等项目实训。

（4）护理实训室。

① 基础护理实训室。基础护理实训室应配备成人病床单元设施设备、治疗车、轮椅、平车、血压计、体温计、基础护理操作的各种仿真人体及器官模型等，用于患者转运技术、清洁卫生护理技术、消毒灭菌技术、生命体征测量技术、注射技术、静脉输液技术、导尿、灌肠、鼻饲、冷热应用护理技术等项目实训。

② 内科护理实训室。内科护理实训室应配备多功能气道管理模型、心肺听诊触诊模拟人、心电图机、检查锤、血糖仪、胰岛素笔等，用于三腔二囊管压迫技术、血糖监测技术、胰岛素笔注射技术、监护仪监护技术、头面颈评估、胸部评估、腹部评估、神经反射评估、心电图检查等项目实训。

③ 外科护理实训室（含模拟手术室）。外科护理实训室应配备成人病床单元设施设备、护理模拟人、备皮包、换药包、胃肠减压器、各种引流管、多媒体教学互动系统、心电监护仪、电动吸引器、静脉输液泵、急救物品车、手术床、无影灯、外科吊塔、麻醉机、手术室感应洗手池、洗手衣裤、手术衣、无菌手套、手臂缝合操作模型、多功能外科训练组合模型、气管切开手术器械包、胸外手术器械包、骨科手术器械包、普通外科手术器械包、腹腔镜手术器械包、布类包、扇形器械车、护理治疗车，自动感应门等，用于备皮技术、换药技术、胃肠减压技术、引流管护理技术、外科手消毒、穿无菌手术衣及戴无菌手套、切开、止血、缝合、拆线等护理配合程序等项目实训。

④ 妇产科护理实训室。妇产科护理实训室应配备孕妇产前检查模型、正常分娩产妇模型、妇科检查模型、高级分娩模拟人等，用于女性生殖系统解剖结构及分娩机制识别、正常妊娠期孕妇护理技术、指导母乳喂养技术、胎儿监护技术、妇科检查护理技术等项目实训。

⑤ 儿科护理实训室。儿科护理实训室应配备多媒体教学互动系统、简易儿童心肺复苏模拟人、婴儿卧式量床、婴儿衣物消毒、婴儿培养箱、新生儿黄疸治疗仪、蓝光治疗箱、婴儿辐射保暖台、婴儿托盘秤、婴儿头皮静脉注射操作模型、新生儿护理模型、新生儿洗浴池、婴儿护理抚触台、儿科护理台等，用于测量技术、更换尿布技术、臀部护理技术、小儿静脉输液技术、婴儿沐浴技术、小儿心肺复苏技术、婴儿抚触技术等项目实训。

⑥ 急救护理实训室。急救护理实训室应配备 ALS 高级生命支持模拟人、复苏安妮教学组合、高级气管插管训练仿真模型、创伤急救模型、创伤生命支持创口组合、开放式急救医学辅助教学系统、高智能数字化综合急救技能训练系统、高级半身心肺复苏训练模型、洗胃训练模型等，用于院前急救与护理、常用急救技术、重症监护、临床常见急症救护、急性中毒患者的救护、意外伤害患者的紧急救护等项目实训。

⑦ 模拟重症监护室。模拟重症监护室应配备床边监护仪、中心监护仪、多功能呼吸治疗机、心电图机、除颤仪、起搏器、输液泵、微量注射器、气管插管及气管切开所需急救器材等，用于重症病人监护、重症护理技术及抢救仪器设备的使用，如心电监护技术、人工气道护理技术、呼吸机管道护理技术、除颤技术、输液泵和注射泵使用技术等项目实训。

（5）民政服务与管理实训室。

① 民政综合实训室。民政综合实训室应配备沙发、茶几、活动桌椅、社区宣传书籍、书架、储物柜、电脑、文化框等，用于社区治理、社区服务、民间组织登记、城乡低保、灾害救助操作等项目实训。

② 民政业务实训室。民政业务实训室应配备沙发、茶几、活动桌椅、民政仿真系统、福利彩票仿真系统、书架、储物柜、电脑、文化框等，用于婚姻登记、收养登记、福利彩票经营管理、民政服务礼仪、民政演讲口才训练等项目实训。

（6）社会工作实训室。

① 家庭治疗实训室。家庭治疗实训室应配备沙发、茶几、活动桌椅、相关书籍、书架、储物柜等，用于家庭教育、家庭个案辅导、家庭亲子活动等项目实训。

② 社会调查研究实训室。社会调查研究实训室应配备会议椅、空调、单面镜、电脑、办公桌等，用于社会调查方法课程教学和社会调查项目档案资料录入、分析和评估等项目实训。

③ 虚拟仿真实训室。虚拟仿真实训室应配备 85 英寸 VR 混合教学系统套装（教师

端）、65 英寸高清 VR 教学套装（学生端）、VR 图形工作站、彩虹桥 VR 课堂教学管理平台、VR 头戴式显示器、VR 肢体动作捕捉仪、3D 全息观影眼镜等，用于社区矫正情景模拟和个案工作的接案、面谈、诊断、演示、评估以及心理咨询等项目实训。

④ 四叶草社会工作服务站。四叶草社会工作服务站应配备沙发、茶几、会议桌、会议椅、空调、单面镜、宣传画册、电脑、办公桌等，用于小区便民服务登记、管理、实施和专业课程实习等实践活动。

3. 校外实训基地基本要求

校外实训基地应与相关领域产教融合型企业等优质企业建立稳定合作关系，具有稳定的校外实训基地，能够开展老年照护、老年心理疏导、养老机构管理、社会工作、民政服务等实训活动，实训设施齐备，实训岗位、实训指导教师确定，实训管理及实施规章制度齐全。

4. 学生实习基地基本要求

应具有稳定的校外实习基地；能提供老年照护、老年心理疏导、养老机构管理、康复治疗、康复护理、基础护理、内科护理、外科护理、社会工作、民政服务等相关实习岗位，能涵盖当前相关产业发展的主流技术，可接纳一定规模的学生实习；能够配备相应数量的指导教师对学生实习进行指导和管理；有保证实习生日常工作、学习、生活的规章制度，有安全、保险保障。

5. 支持信息化教学方面的基本要求

应具有可利用的数字化教学资源库、文献资料、常见问题解答等信息化条件；鼓励教师开发并利用信息化教学资源、教学平台，创新教学方法，引导学生利用信息化教学条件自主学习，提升教学效果。

（三）教学资源

老年服务与管理专业群选用符合本专业群人才培养目标及课程教学要求，体现新技术、新工艺、新规范的高质量教材，优先选用国家级规划教材和校本教材；充分利用图书文献、网络在线资源开展课堂教学，鼓励利用智能化教学资源开展线上线下混合式教学改革。充分利用学生反馈信息、与学生课后交流、学生座谈会、学生对课程建议、课程评估问卷调查表等方法对教学方法和质量进行诊断并螺旋改进。在未来几年的建设过程中，将建成国家精品在线开放课程与省部级在线开放课程，同时，将爱国情怀、人文关怀等融入专业课程，开展有温度的课程思政，践行"青年红色筑梦之旅"。

七、质量管理

教学质量的保障与监控是专业群良性发展的重要基础，是提高教育教学质量，增强自我约束和自我发展能力的基本保障，紧跟学校的质量监控与保障举措，形成规范有效的教学质量保障与监控体系。主要内容包括：厘清专业群的办学定位与办学思路，制定符合老龄产业创新人才培养模式，确立专业群人才培养目标，加强专业群建设、课程建设、实习实训基地建设、教学团队建设、师资队伍建设，把控教学管理、课程设计、毕业设计、顶岗／跟岗实习、职业资格能力、毕业生质量等各个方面。构建"三位一体"教学质量监控保障体系，从质量标准、监控管理、评价实施三个方面开展制度建设和质量监控工作，以保证教学质量和人才培养质量的不断提升。

（一）质量管理途径

通过日常教学检查，教学过程常态监测，开学初、期中和期末定期检查，教师教学信息反馈和学生学习信息反馈等渠道，及时了解和掌握教学中存在的问题，并及时寻求对策，进行纠正和调控。

对所有教学活动、教学环节、教材选取、教研教改方案等进行随机性的检查督导。

对课堂教学、实践教学、教学常规管理、教学质量检测、专业与行业企业对接交流、顶岗／跟岗实习、毕业生就业质量等方面的工作进行专项目标监控评价。

（二）质量管理方式

通过专项检查、不定期抽查等手段，有目的、有计划地对教师的教学态度、教学水平和专业实践能力，学生专业技能的掌握和综合素质的提高进行监控与评价。

根据设计好的访谈问题或提纲，通过个别谈话、集体座谈、专题研讨等方式，有目的、有计划地了解学生学习情况、教师教学情况。

通过书面问卷调查形式、学生家长问卷调查等方法，有目的、有计划地了解学生学习情况，了解对教师教学情况等相关内容的评价反馈。

以教学班级为单位建立教学信息员制度，加强对教学工作的信息反馈，及时了解教师和学生教与学的状况，进一步完善教学质量保障体系，充分发挥学生参与教学管理和自我管理、自我教育的主体作用。

（三）质量管理目的

1. 加强人才培养方案修订

为了保证教学质量，专业群每年进行专业人才需求与改革调研，探索并分析专业岗位能力，并邀请来自行业的专家和兼职教师共同商讨人才培养方案的修订。

2. 强化专业评价和督导

专业群严格执行学校的教学督导听课制度和学生教学信息员制度，开展学院领导督导教学、老教师带中青年教师、骨干教师带新进教师的互助活动，定期开展本专业兼职教师培训，召开专兼职教师交流会。在顶岗实习阶段，严格执行双督导制度，加强实习过程和效果监督。

3. 严把专业教材质量

在专业群开设的课程教材的先进性、合理性、适应性等方面征求行业、教师、学生意见和建议，并进行整理和归纳，严把专业课程教材关。

总之，专业群质量管理应从学生入学开始，以学生为中心，以人才培养质量为主线，对人才培养方案、教学管理、课程标准、教学过程、课程考核、学籍管理、学生毕业的全过程进行把控，多方监控，同时依据相关部门的政策与文件，严格控制教学各个环节的质量标准，构建"三位一体"教学质量监控保障体系，制订科学合理的质量监控评价办法。

老年服务与管理专业群
人才培养方案

一、专业群名称及代码

（一）专业群名称

老年服务与管理专业群。

（二）专业群各专业名称及代码

序号	专业名称	所在院（系）	所属大类	专业类	专业代码
1	智慧健康养老服务与管理	智慧康养学院	公共管理与服务大类	公共服务类	590302
2	康复治疗技术	智慧康养学院	医药卫生大类	康复治疗类	520601
3	护理	智慧康养学院	医药卫生大类	护理类	520201
4	民政服务与管理	民政与社会治理学院	公共管理与服务大类	公共管理类	590201
5	社会工作	民政与社会治理学院	公共管理与服务大类	公共事业类	590101

二、入学要求

招收高中毕业生及同等学力者；招收退役军人、下岗职工、农民工和新型职业农民等群体。

三、修业年限

基本学制为 3 年。实行学分制，弹性学制为 2～5 年。

四、组群逻辑

老年服务与管理专业群以"居家养老为基础、社区养老为依托、机构养老为补充"为组群逻辑，聚焦于养老服务业的高端"医、养、康、护、保""五位一体"有效融合，构建医疗、养老、康复、护理、社会保障多业态智慧医养模式，推动养老产业的多元化和精细化发展。依托智慧健康养老服务与管理这一核心专业，充分发挥康复治疗技术专业、护理专业、民政服务与管理专业和社会工作专业 4 个专业的特色优势。其中，康复治疗技术专业以"医"为核心，为养老服务业培养老年康复、中医理疗等专业人才；智慧健康养老服务与管理、社会工作、民政服务与管理 3 个专业以"养"为核心，为养老服务业培养运营管理、生活照料、社工服务、老年教育、健康养生等专业人才；护理专业以"护"为核心，为养老服务业培养老年护理、中医保健等专业人才；智慧健康养老服务与管理专业又兼以"康"为核心，为养老服务业培养健康管理师、健康宣教等专业人才；民政服务与管理、社会工作两个专业又兼以"保"为核心，为养老服务业培养社会事务管理、社会福利与救助等社会保障支持人才；专业群的组建有利于发展专业内涵，优化专业结构，提高人才质量，助推养老服务业转型升级。

五、职业面向

（一）职业面向

所属专业大类（代码）	所属专业类（代码）	对应行业（代码）	主要职业类别（代码）	主要岗位类别（或技术领域）	职业资格证书或技能等级证书举例
公共管理与服务大类（59）	公共服务类（5903）	养老服务（9411）	生活照护人员（4-14-01-02）机构管理人员（10-10-01）健康咨询（4-14-02-02）销售人员（4-01-02-01）培训人员（10-52-14）	养老机构照护及管理、健康咨询、营销策划、产品研发、技术培训等岗位	老年照护职业技能等级证书、老年护理服务需求评估职业技能等级证书、失智老年人照护职业技能等级证书、养老护理员职业资格证书、健康管理师职业资格证书、健康照护师职业资格证书、健康财富规划职业技能等级证书
医药卫生大类（52）	康复治疗类（5206）	卫生（84）老年人，残疾人养护服务（8514）	健康照护师（4-14-01-03）健康管理师（4-14-02-02）康复治疗师（4-14-03-07）听觉口语师（4-14-03-05）康复辅助技术咨询师（4-14-03-06）	医疗机构（康复科康复技师）、民政系统（儿童、老年福利机构照护工作者）、残联系统（残疾人康复中心康复技师）、教育系统（康复类专业教师）等	康复医学治疗技士、健康管理师职业资格证书、老年照护职业技能等级证书、失智老年人照护职业技能等级证书、幼儿照护职业技能等级证书、社会心理服务职业技能等级证书

续表

所属专业大类（代码）	所属专业类（代码）	对应行业（代码）	主要职业类别（代码）	主要岗位类别（或技术领域）	职业资格证书或技能等级证书举例
医药卫生大类（52）	护理类（5202）	卫生行业（84）	内科护士（2-05-08-01）外科护士（2-05-08-04）妇产科护士（2-05-08-08）儿科护士（2-05-08-02）急诊科护士（2-05-08-03）社区护士（2-05-08-05）	临床护理、社区护理、预防保健、护理专业教学、卫生部门行政管理等岗位	护士执业资格证书、失智老年人照护职业技能等级证书、老年照护职业技能等级证书、医养个案管理职业技能等级证书、产后康复职业技能等级证书、健康财富规划职业技能等级证书、幼儿照护职业技能等级证书、母婴护理职业技能等级证书
公共管理与服务大类（59）	公共管理类（5902）	国家机构（92）基层群众自治组织（96）彩票活动（904）	行政业务办理人员（3-01-01-01）行政事务处理人员（3-01-01-02）	乡镇基层民政管理员、社会救助与社会福利管理员等	失智老年人照护职业技能等级证书、社区治理职业技能等级证书
公共管理与服务大类（59）	公共事业类（5901）	社会工作（85）群众团体、社会团体和其他成员组织（951）基层群众自治组织（96）	社会工作者（4-07-01-05）行政事务处理人员（3-01-01-02）	社会工作者、社会组织专业人员、社区工作者等岗位，以及社会工作服务和社会工作行政管理等岗位	社区治理职业技能等级证书、失智老年人照护职业技能等级证书、养老护理员职业技能等级证书、社会心理服务职业技能等级证书

（二）职业能力分析与要求

就业面向的行业：养老服务；医药卫生；国家机构、福利机构等。

主要就业单位类型：养老机构、社区养老服务单位、老年产品生产机构、老年产品销售机构；综合医院康复医学科、康复专科医院、福利／养老／养残机构、民政／残联／工伤康复机构、社区卫生服务机构、社区康复机构；各级各类综合医院、专科医院、急救中心；民政系统各级部门、共青团、妇联、工会、卫生组织、街道办事处、社会工作服务中心／机构、救助管理站、婚姻登记处（中心）、各级福利彩票销售中心、社区居委会相关工作和行政类企业。

主要就业部门：养护部、康复（治疗）部／科／中心、内科、外科、妇产科、儿科、养护中心、志愿者服务公益科、项目部、行政部、社工科／服务中心、登记处、办公室、培训部、营销部、运营部、客服部、人力资源部等。

从事的工作岗位：初始岗位为就业行业的部分二线职能部门的基层管理岗位和一线业务部门的服务岗位，发展岗位为部分二线职能部门的中层管理岗位和一线业务部门的基层督导管理岗位。

专业群岗位概况及岗位核心能力要求如下。

序号	岗位名称	岗位类别		岗位任务描述	岗位核心能力要求
		初始岗位	发展岗位		
1	照护岗	照护员	照护主管	①老年人生活照料；②解决老人生活需求；③制订护理计划、护理档案文件和物品管理	①组织老人康复训练及娱乐活动；②具备老年护理相关专业理论知识；③有责任心、服务意识强、有吃苦耐劳精神及抗压能力
2	健康咨询岗	健康管家/养老顾问	健康管家主管	①客户服务跟踪；②健康管理服务的实施；③健康管理及健康干预方案的出具；④客户服务要求及健康咨询解答；⑤管理制度的考核与健全	①完善健康管理服务模块使用功能；②建立客户健康档案；③跟踪客户健康状况；④健康评估
3	销售管理岗	销售专员、销售代表	销售主管、经理	①公司市场调研分析；②营销计划的制订；③营销组合的确定；④公司产品的销售；⑤客户拓展与维系；⑥营销管理工作	①细分市场并选定目标市场；②市场调研方法；③营销策略组合；④良好的团队协作精神；⑤客户服务意识；⑥语言表达能力；⑦市场营销学相关知识与实践能力
4	运营管理岗	运营专员	运营主管、经理	①负责公司业务日常运营，包括业务流程沟通、指引、培训；②运营数据的记录、问题的分析，提升市场占有率；③协助执行相关营销方案，配合完成运营目标	①熟练掌握线上线下商务推广方法和技巧；②良好的沟通和表达能力；③应变能力；④解决问题的能力
5	康复治疗岗	康复治疗士	康复治疗师	①提供居家康复服务；②康复常识的宣传；③掌握康复学科治疗理念、评估及治疗干预策略；④制订康复计划和健康指导	①完成康复评估、制订康复方案、实施康复计划；②康复技术经验总结；③康复效果评估
6	护理岗	护士	专科护士/护士长	①护理评估、诊断、计划、实施、评价；②健康教育；③病区管理，感染防控，护理质量控制，护理案例管理；④护理管理，护理教学与培训等	①护理实践能力；②沟通、协调能力；③管理能力；④合作共事能力等
7	社会服务岗	社工及社工助理	社工项目主管/一线社工	①需求调查与评估；②文案撰写与宣传；③服务开展与总结；④组织培育与孵化	①调查能力；②撰写能力；③表达能力；④培训能力
8	社工行政岗	社工行政及行政助理	社工行政主管/行政社工	①会议组织与安排；②资料建档与管理；③行政协调与管理；④过程管理与考核	①会务能力；②管理能力；③协调能力；④沟通能力

序号	岗位名称	岗位类别		岗位任务描述	岗位核心能力要求
		初始岗位	发展岗位		
9	民政行政岗	民政助理/政务协管员	民政专干	①民政业务受理与政策法规实施；②指导民主选举、民主决策、民主监督；③区域规划与社区基层建设；④民政事务管理	①民政工作方案和管理办法制订能力；②数据的统计管理及预测能力；③协调沟通能力
10	老年活动策划岗	活动策划专员、活动策划执行	活动策划主管、活动策划总监	①负责老年活动的创意策划及宣传推广；②负责老年活动的策划与落地实施	①对移动互联网发展和时下热点高度关注，思维活跃、有创意；②有较强的文字编辑能力；③较强的策划组织能力与执行力
11	养老产品岗	产品专员	产品主管	①养老项目产品设计；②完善客户管理体系；③养老产品宣传	①制订业务规划、销售方案；②营销策划及推广；③较强的协调与沟通能力
12	后勤岗	采购专员	采购主管	①采购入库；②采购结算；③采购效果评估；④确定采购需求	①定期回顾采购方案执行效果，提出优化策略；②采购计划制订；③销售价格指导；④科学安排控制采购成本
13	人力资源岗	招聘、培训干事	招聘、培训经理	①协助人力资源经理工作；②人力资源管理；③管理员工记录	①人力资源管理理论基础知识；②人力资源管理实务操作流程；③使用相关办公软件；④简单的计算机操作知识
14	教师岗/培训岗	助教助理讲师	讲师/培训教师、管理人员	①基础专业理论教育及培训；②业余专业技能教育及培训	①具备深厚的教育理论素养，崇高的职业理想；②具备精深的专业知识素养，精湛的操作能力与教学组织能力；③具备创新创业能力

六、培养目标与培养规格

(一)培养目标

1.定位

老年服务与管理专业群人才培养与我国社会主义现代化建设相适应，培养学生坚定的理想信念，德智体美劳全面发展，拥护中国共产党的领导和党的路线方针政策，具有一定的科学文化水平，良好的政治素养、人文素养和职业素养；具备较强的学习、观察、交流、实践、创新创业、社会适应、综合分析和解决实际问题等能力；遵循专业群的培养路径，掌握基础医学、智慧健康养老照护、老年康复保健、营养配餐、活动策划组织、智慧养老机构管理、智慧养老产业经营与管理、临床医学、康复医学、物理疗法、运动疗法、作业疗法、言语训练和心理康复、护理专业知识、护理操作技能、社会福利服务、婚姻登记、收养登记、殡葬管理、社会组织管理、彩票销售与管理、优抚安置、社会救助、基层民主政治建设、城乡社区建设等知识及专业技能；能够在党政机关、民政部门、企事业单位、社会组织、城乡社区、街道和乡镇、社会福利机构、康复机构、医院、基层医疗卫生机构、康养结合机构等从事老龄化社会发展、康复治疗、临床护理、社区护理、预防保健、老年照护、健康促进、老年公共事业服务与管理等工作；培养学生的志愿精神与使命感，忠于祖国，忠于人民，适应社会主义市场经济需要，立足西部、辐射全国、走向世界的高素质复合型技术技能人才。

2. 目标内容

通用知识目标 K1：具有思想政治理论、中国优秀传统文化、体育、英语、计算机、中文应用、职业规划与就业、创新创业、健康教育等通识教育知识；掌握养老服务工作中的职业形象规范要求，应急管理的基本内容，应急预案的基本结构和编制步骤，礼仪沟通知识及要求，我国养老与社会工作政策与法规的特点、内容及政策，老年心理学、社会学及心理康护知识与技术，老年常见疾病的病因和发病机制，社会服务与市场营销基础理论和专业知识，市场营销活动及市场服务的职业技能和职业道德等相关知识。

专业知识目标 K2：智慧健康养老服务与管理专业需掌握老年人的医学基础知识，常用老年照护基本知识，老年人的心理特点及心理照护知识，老年康复保健知识，老年膳食营养的基本知识，养老机构运营管理的相关知识。

专业知识目标 K3：康复治疗技术专业需具有人体解剖、人体机能、人体发育、人体运动、疾病诊断、病理与药理基础、临床疾病状况等专业技术基础知识；具有康复评定的知识，能对儿童、成人与老年的心理、生理等进行评定，进而制订康复方案；具有言语治疗、作业治疗、传统康复治疗、物理因子治疗、运动治疗、神经康复等综合化专业技术知识；具有康复医学学科知识，医学卫生法律法规知识。

专业知识目标 K4：护理专业应掌握人体解剖、人体生理、药理、病理、微生物与免疫、基础护理等专业基础知识；具有内科、外科、妇产科、儿科、老年、康复、急救护理等综合化专业知识。

专业知识目标 K5：民政服务与管理专业需掌握社会学基础、社会心理、民政调查方法、民政政策与法规、人力资源管理、养老机构管理等方面的知识；掌握民政工作、社会福利服务、婚姻与收养登记、社会救助、社会组织管理等民政业务知识。

专业知识目标 K6：社会工作专业需掌握社会学基础、社会心理学、社会调查、人际沟通等专业基础知识；掌握社会工作专业的核心价值观与伦理准则、基本理论、主要方法、主要服务领域和服务对象的相关知识；熟悉社会治理的专业知识，以及社区治理和社会服务的主要方针政策和法律法规。

通用技能目标 S1：具有英语应用、信息技术应用、语文应用、创新创业、与老年人进行沟通的方法及技巧、危险分析和应急能力评估方法、预案和现场处置、培训和演练方法、护患沟通的特点及心理抚慰与疏导等通用技能；根据场合的不同运用各项工作政策与法规等技能。

专业技能目标 S2：智慧健康养老服务与管理专业应能营造良好的沟通氛围；能为老年人提供生活照护，为失能失智老年人提供照护，为老年人设计休闲、文娱健身等活动，能够开展养老机构行政管理工作，能够运营及管理老年服务与管理机构。

专业技能目标 S3：康复治疗技术专业需具有识别正常人体结构，分析人体发育与运动变化的规律，常见病病理与药物分析、康复评估分析、康复治疗、识别康复人群心理需求、提供心理康复技术等技能；具有规范采集病史、进行常见疾病和功能障碍评估、制订康复训练计划、运用运动治疗方法对患者进行康复治疗的能力，运用物理因子治疗技术和对相关仪器设备进行操作与维护的能力，运用作业治疗技术帮助患者恢复独立生活和工作的能力，为失语症、语言发育迟缓、构音障碍、吞咽障碍患者进行评估和功能训练的能力，运用中医康复技术的能力。

专业技能目标 S4：护理专业应具有认识人体结构、分析正常人体机能、应用常用药物、分析疾病机理、评估健康和展现护理礼仪与沟通能力等专业基本技能；具有基础护理、内科、外科、妇产科、儿科、老年、康复、急救护理等专业综合技能。

专业技能目标 S5：民政服务与管理专业需具有从事社会组织登记、社会组织战略规划、项目设计与管理、筹资运营与资源管理、员工招聘与培训、开展民政资源及民政服务需求调查、统计及预测的能力；具有从事各级民政事业单位管理、各级各类民政机构的管理（含老年福利院、残疾人福利院、儿童福利院、精神病人福利院）的管理能力、婚姻与收养登记（包括结婚、离婚、复婚登记，撤销无效婚姻及儿童收养登记）、社会救助（包括城乡居民最低生活保障及医疗救助、教育救助等专项救助）、彩票销售、彩票管理、彩票票面和品种设计、彩票设备维护、城乡社区建设与社区服务的能力；具有较强的组织、发动及协调能力，能组织社会各方资源开展民政服务，协调民政资源供给者与受益者之间的关系；具有较强的养老机构运营、管理、服务等能力，能为不同群体设计、提供相应的服务项目。

专业技能目标 S6：社会工作专业需掌握社会调查与统计分析、个案工作、小组工作、社区工作、心理咨询与辅导等专业技术，能够灵活运用个案工作、小组工作、社区工作等多种专业方法为服务对象提供综合性服务；具有社会服务项目开发和实施、社会服务机构运营、社会工作督导、社会政策分析、社会工作实务研究、社会政策倡导，以及沟通、组织、协调、管理和团队合作等能力。

素质目标 Q1——思想道德素质：热爱社会主义祖国，坚定社会主义核心价值观，具有正确的世界观、人生观、价值观、社会责任感，以民为本、为民解困、为民服务，实现德智体美劳全面发展。

素质目标 Q2——文化素质：熟练运用普通话进行口语和书面的表达与交流；具备文学、艺术、历史、自然科学常识等人文素养；情操高尚、言谈高雅、举止端庄、作风正派、善于学习，传承与弘扬中华优秀传统文化。

素质目标 Q3——业务素质：拥有"敬业、专注、精益、创新、奉献"的职业道德；具备"尊老、助老、护老；爱心、细心、耐心、责任心、恒心"的基本职业素质；具有刻苦创新、艰苦创业、终身学习、奋发上进的职业追求；具有热爱老龄事业，为老年人服务的职业意愿；遵守行业法规和职业纪律，吃苦耐劳、工作踏实，具有较强的责任意识和安全意识。

素质目标 Q4——身心素质：具有良好的身心素质，身心健康，人格健全，社会适应能力强；具有较强的社会交往、人际沟通和团队合作意识；具备劳动素养，掌握基本劳动技能，养成劳动习惯，具有良好的认知、情感、意志与个性品质。

素质目标 Q5——创新创业素质：具备一定的创新能力、创新精神和创造意识。

（二）培养规格

1. 毕业生素质要求

素质类别	内涵要求	支撑课程或活动	对应培养目标代码
思想道德素质	掌握马克思主义的科学世界观和方法论，运用马克思主义的立场、观点、方法分析和认识现实问题，逐步树立正确的世界观、人生观、价值观、道德观和法治观	思想政治理论课、素质教育课及活动、综合教育活动、中国近现代史纲要、习近平新时代中国特色社会主义思想概论	Q1
	学习中国特色社会主义理论，了解中国的历史和国情，继承和发扬中华民族优秀文化传统和中国共产党领导下的革命斗争传统，爱祖国，爱人民，拥护党的基本路线方针政策，坚定社会主义理想信念，为实现中国特色社会主义"两个一百年"奋斗目标、实现中华民族伟大复兴的中国梦而奋斗		
	培育和践行社会主义核心价值观，学会做人、学会做事、学会思维、学会与人共处，提高思想道德修养，具备良好的职业素质和较强的职业能力，实现德智体美劳全面发展		
文化素质	应用语言文字清晰地进行信息、思想、感情的传递、表达和交流；具有敬业、专注、精益、创新、奉献等职业素养，具有丰富的技术知识，能够正确认识和分析当今时代主流文化、亚文化等面临的冲突与挑战，了解服务对象关于自身及其所在文化环境的情况，并试着从服务对象的角度对文化进行理解与解释，反思自身对服务对象及其文化的偏见，展现职业形象美，正确认识和分析当今时代社会老龄化问题	理论和实践课中融入人文知识、人文思维、人文方法和人文精神、素质教育课及活动	Q2
	大力弘扬以爱国主义为核心的民族精神和以改革创新为核心的时代精神，提高学生对中华优秀传统文化的自主学习和探究能力，培养学生的文化创新意识，增强学生传承弘扬中华优秀传统文化的责任感和使命感	大学语文（上）、大学语文（下）、中国文化概论	

续表

素质类别	内涵要求	支撑课程或活动	对应培养目标代码
业务素质	通用素质：认识职业特点、职业要求、职业发展以及职业的社会意义，制订个人职业规划；具有较强的组织活动能力、论文写作能力和口头表达能力；掌握沟通技巧与服务礼仪，规范服务行为，提高职业素质和岗位服务水平；教育引导学生深刻理解并践行救死扶伤、人道主义、严谨慎独、实事求是、团结协作、遵纪守法等职业精神和职业规范，增强职业责任感。具有较强的操作技能、观察能力、学习能力、创新能力、应急和应变能力、人际交往能力、团结协作能力、综合分析和解决问题能力等业务素质	老年服务与管理专业群发展指导、相关理论专业技术基础、专业综合技术及综合技能实训等	Q3
	专业素质：智慧健康养老服务与管理专业需了解养老机构的组织特点、经营与管理模式以及发展趋势，根据目前养老机构存在的优势和不足，设计理想的养老管理模式；掌握养老机构各项规章制度和劳动纪律，了解老年人的基本生理结构；掌握老年人常见的生活和疾病照料，学习老年人康复护理知识等		
	专业素质：康复治疗技术与护理专业需具备基础医学、临床医学、护理学、康复医学基本理论和基本技能，能熟练运用治疗、护理的基本理论知识与技能		
	专业素质：民政服务与管理专业需热爱民政事业，立志为民政事业的发展作贡献；熟悉党和国家关于发展民政事业的方针、政策；具有进行民政资源、民政事业状况调查的能力；具有组织、宣传民政事业发展方针、政策，从事一线福利服务及民政管理的能力		
身心素质	身心健康，人格健全，具有完整的生理、心理状态和较强的社会适应能力；交际交往符合规范礼仪；具有体育卫生和运动保健素养；树立自觉锻炼、终身锻炼身体的意识；体魄良好，体能达到规定标准；引导学生弘扬劳动精神，具备劳动素养，掌握基本的劳动技能，养成劳动习惯，在实践中增长智慧才干，在艰苦奋斗中锤炼意志品质	体育训练、综合教育活动、康护人文素养、劳动教育、大学美育、素质教育活动	Q4
创新创业素质	提高学生的创新能力，让学生勤于思考、敢于质疑、勇于尝试、善于创新，在亲身参与中增强创新精神、创造意识和创业能力，提高学生的就业质量和创业竞争力	健康与养老产业创新创业教育	Q5

2. 毕业生知识要求

知识类别		内涵要求	支撑课程	对应培养目标
通识教育知识	体育知识	使学生掌握体育的基本理论知识，建立正确的体育观念，掌握科学锻炼身体的方法，培养学生终身体育锻炼的意识和良好习惯。培养学生集体主义的思想品德，树立正确的体育观及勇敢顽强、团结进取、开拓创新的精神风貌	体育训练Ⅰ、体育训练Ⅱ、体育训练Ⅲ	K1
	英语知识	培养学生英语实际运用与实际交际能力，通过大量语言实践活动，掌握常用的句型、单词，使学生在听力和口语上表现出一定的语感素养，前两学期突出英语综合能力的训练，以提高学生人际沟通能力，以及应用语言工具推广中国文化、了解世界格局、科学评价的能力	实用英语Ⅰ、实用英语Ⅱ	

知识类别		内涵要求	支撑课程	对应培养目标
	计算机操作与应用知识	培养学生掌握必要的计算机应用、大数据、人工智能、物联网等信息技术，以适应现代智慧生活、智慧职业的需要	大学生信息技术基础	
	思想政治理论知识	提高学生思想道德素质、职业素质与法律素质，树立崇高的职业理想，具备良好的职业道德和较强的法纪意识，遵纪守法，品行端正，讲道德，守纪律，吃苦耐劳，乐于奉献。培养学生认识中国基本国情，了解中国革命、建设和改革开放的历史，坚持走社会主义道路，增强实现改革开放和社会主义现代化建设宏伟目标的信心和社会责任感，具备良好的思想素质和政治素质。培养学生了解中国共产党执政新理念、新思想、新战略，了解国内外大事、要事，进一步增强执政党的路线、方针、政策的自觉性，增强对社会发展趋势预测的能力，适应社会，持续发展，实现自我	思想道德修养与法律基础、毛泽东思想和中国特色社会主义理论体系概论、形势与政策Ⅰ、形势与政策Ⅱ、思想政治理论课实践1、思想政治理论课实践2、习近平新时代中国特色社会主义思想概论	
	中文知识、应用文技能	培养口语交际、阅读、表达和发布等语文应用能力，培养学生应用文写作能力	大学语文（上）、大学语文（下）、应用文写作	
	中国优秀传统文化知识	提高学生对中华优秀传统文化的自主学习和探究能力，培养学生的文化创新意识，增强学生传承弘扬中华优秀传统文化的自豪感、责任感和使命感	大学语文（上）、大学语文（下）、中国文化概论	
	职业规划与就业观知识	树立正确的就业观念，具备就业市场应变的能力	老年服务与管理专业群发展指导、职业生涯规划、就业指导	
	创新创业知识	使学生掌握开展创业活动所需要的基本知识，具备必要的创业能力，帮助学生树立科学的创业观	健康与养老产业创新创业教育	
	健康教育知识	掌握科学锻炼身体的基本技能，具有良好的身体素质和基本运动技能，并达到国家体能标准；具备良好形体、仪态协调能力，具有健康的生理素质和心理素质	大学生安全教育、体育训练Ⅰ、体育训练Ⅱ、体育训练Ⅲ	
	政策与法规知识	掌握专业群工作相关政策与法规等知识	社会政策与法规	
专业技术基础知识	老年照护知识	掌握老年人日常生活照护技能、老年健康评估方法、老年人常见健康问题的照护技能、老年人的临终关怀	老年人基础照护、智慧健康养老照护、老年常见病预防与护理、安宁照护技能、老年医学基础1	K2
	老年膳食营养知识	掌握老年人的营养状况、老年人的营养配餐、特殊群体的营养配餐	老年营养与膳食	
	老年康复保健知识	掌握常见老年疾病临床康复操作程序、中医康复保健技术（针灸、推拿等）、老年人文体康复（指导老年人正确开展体育运动，组织与策划老年文娱活动，指导开展艺术鉴赏与创作等）等	智慧老年健康咨询与管理、智慧健康养老照护、老年常见病预防与护理、老年心理学、老年医学基础2	

续表

知识类别		内涵要求	支撑课程	对应培养目标
	养老机构管理知识	养老机构岗位设置与日常管理程序、养老机构营销管理、护理管理、膳食管理、养老机构信息化管理、老年政策与法规的运用	智慧养老机构管理与实务、智慧养老产业经营与管理、智慧健康养老概论	
	老年社会工作知识	老年社会工作的理念、程序，老年活动的策划、组织以及评估等	老年社会工作实务、老年活动策划与设计、社会服务与市场营销	
	正常人体结构机能知识	掌握解剖学姿势和方位术语，细胞、组织、器官、系统的构成，掌握正常人体各系统器官的形态、结构特征、位置和毗邻关系，为康复、护理后续课程的学习打下基础；掌握人体机能和代谢的基本知识，并理解常见疾病的发生、发展机制；掌握神经系统特别是中枢神经系统在人体功能活动整合调控中的主导作用，以及内分泌调节和免疫调节的相互关系	正常人体结构与功能	K3
	药学知识	药物与机体（包括病原体）相互作用的规律及其原理、传出神经系统药、中枢抑制药、中枢兴奋药、作用于各系统的药、激素、抗菌药物、抗寄生虫药、抗癌药、抗过敏药	用药护理	
	作业治疗技术知识	掌握作业疗法的基本知识，针对康复治疗特殊服务对象，具备设计作业活动的素质	作业治疗技术	
	传统康复治疗知识	掌握利用经络、腧穴、推拿、艾灸以及刺灸等方法防治疾病的知识，推拿的基本手法，推拿治疗的禁忌证等	传统康复治疗技术	
	专业发展知识	了解老年服务与管理专业群发展史，熟悉养老护理及相关行业的发展态势，知晓老年服务与管理专业群的职业面向	老年服务与管理专业群发展指导	
	病理学知识	掌握疾病的基本病理过程；熟悉常见病的形态、功能、代谢的变化及病理临床联系；了解病因与发病机制；能够识别基本病理过程，并能理论联系实际，应用病理学知识综合分析病理学变化	异常人体结构与功能	K4
	基础护理知识	护理学的发展史、护理学的基本概念、护理学相关理论、护理学理论、护理程序、卫生服务体系、健康教育、多元文化与护理等方面的知识；医院和住院环境、患者入院和出院护理、患者卧位与安全的护理、医院感染的预防与控制、患者清洁的护理、舒适的护理、生命体征的观察及护理、饮食与营养、排泄护理、药疗技术、静脉输液与输血法、冷热疗技术、标本采集、危重患者的抢救及护理、临终护理、护理相关文件记录等知识	基础护理	
	民政调查知识	掌握样本抽样、调查方式与技巧、数据统计与分析等知识	民政调查方法	
	人力资源管理知识	掌握人力资源规划、招聘与配置、培训与开发、绩效管理、薪酬管理、劳动关系管理等知识	人力资源管理	K5
	社会学知识	掌握社会学基本理论知识，具备运用社会学理论知识分析，社会现象与社会问题的能力	社会调查方法	

续表

知识类别		内涵要求	支撑课程	对应培养目标
	社会工作知识	掌握社会工作基本知识与方法，能综合运用社会工作理念与方法为各类服务对象提供专业服务	个案社会工作、小组社会工作、社区社会工作	K6
	组织管理知识	掌握社会组织的战略管理、财务管理、人力资源管理、项目管理等知识	社会工作行政与管理、社会组织管理	
综合专业知识	社会认知知识	社会结构、社会问题分析、社会分层、人的成长、社会化	智慧健康养老机构管理与实务、社会政策与法规、适老化环境设计	K2
	疾病诊治能力	熟悉各种疾病的病因、病变及其发生发展的特殊规律的知识，掌握各种疾病的临床表现特点、病变规律以及治疗过程	老年常见病预防与护理	
	老年照护知识	掌握老年人日常生活照护技能、老年健康评估方法、老年人常见健康问题的照护技能、老年人的临终关怀	老年照护基础、智慧健康养老照护、智慧老年康复护理、安宁照护技能	
	康复治疗及保健知识	掌握PT、OT、ST的原理、方法及各种操作技巧，掌握各种治疗技术的禁忌证以及各种评定量表的评定原理、方法；经络的循行分布，经络系统的组成和分布概况，经络的基本作用，经络与阴阳、五行、脏腑的关系，推拿治疗的手法以及常见病的治疗	传统康复治疗技术、作业治疗技术、运动治疗技术、言语治疗技术、神经康复技术	K3
	康复评定知识	掌握基本生理指标测量，人体形态学测量，关节活动度测量，肌力评定、运动控制评定、心理健康状况评定、生活质量评定等知识	康复评定技术	
	康复护理知识	康复医学、康复护理学的基本概念、服务对象、工作内容及组成团队、工作方法；常见疾病的康复护理，如神经系统疾病、运动系统疾病和其他常见的慢性疾病的康复护理	智慧老年康复护理	
	临床综合护理知识	掌握呼吸系统、循环系统、消化系统、泌尿系统、血液及造血系统，内分泌代谢疾病、风湿性疾病、神经系统理化因素所致内科常见病、多发病的病因、发病机制、临床表现，内科护理常见检查项目的正常值、异常值、意义及护理措施，健康教育，内科常用护理技术操作；掌握外科学总论、手术的基本知识、外科休克患者的护理、外科营养支持患者的护理、麻醉患者的护理、疼痛患者的护理、外科手术期护理、外科感染患者的护理、损伤患者的护理以及各系统外科常见疾病患者的护理；掌握女性生殖系统解剖、生理，正常妊娠期孕妇的护理、正常分娩期妇女的护理、正常产褥期妇女的护理、异常妊娠孕妇的护理、产褥感染患者的护理、异常胎儿及新生儿的护理、妇产科护理操作技术、妇科常见疾病的护理、计划生育等；掌握小儿生长发育规律、小儿营养与喂养、儿童保健与疾病预防、住院患儿的护理、儿科常用护理技术和儿科常见疾病的多发病病因、病理和临床表现、护理和健康保健指导等	临床综合护理、社区性别关注	K4

续表

知识类别		内涵要求	支撑课程	对应培养目标
	老年护理知识	老年人生理心理特点，老年人日常护理知识，老年人呼吸系统、循环系统、消化系统、泌尿系统、血液及造血系统、内分泌代谢疾病、风湿性疾病、神经系统常见病、多发病的病因、发病机制、临床表现和护理	智慧老年康复护理	
	急救护理知识	常见急危重症的病因、发病机理、临床表现，重症监护的基本方法和救护措施；常用急救护理技术，包括洗胃、心肺复苏术等；常用抢救药物的药理作用、药物应用及注意事项；急救知识及技能的健康教育等	急危重症护理	
	民政工作知识	了解民政行政管理、民政社会保障、基层政权建设等知识	民政工作	
	社区治理服务知识	掌握社区自治知识、社区居民自治知识、社区建设社区服务等知识	社区治理	
	福利机构知识	了解老年社会福利机构经营与管理知识、残疾人社会福利机构经营与管理知识、儿童社会福利机构经营与管理等知识	福利机构经营与管理	K5
	婚姻、收养知识	掌握结婚登记、离婚登记、补办婚姻证、撤销婚姻、收养等知识	婚姻与收养实务	
	社会救助知识	掌握各类生活救助知识、灾害救助知识、扶贫工作知识、各类专项救助和特殊救助等知识	社会救助实务	
	人际交往知识	掌握公共关系礼仪、人际沟通、演讲、团队合作等基本常识和技巧	康护人文素养、老年服务沟通与礼仪、生命教育	K6
	项目管理知识	掌握项目设计、项目实施、项目评估等基本知识	社区服务项目策划与实施、社会组织管理	

3. 毕业生能力要求

能力类别		能力要素	支撑课程	考核标准	对应培养目标
通用能力	英语应用能力	具备实用英语听说能力、具备实用英语阅读翻译能力、具备实用英语写作和自主学习能力	实用英语Ⅰ、实用英语Ⅱ、专业英语	高等学校英语应用能力考试达到B级及以上	S1
	信息技术应用能力	具备熟练应用计算机操作系统的能力，要求能够熟练使用计算机进行学习和工作；具备利用计算机网络收集信息、处理信息的能力；具备大数据、物联网等应用能力	大学生信息技术基础	计算机应用能力达到高校非计算机专业应用能力等级考试一级	
	语文应用能力	具备较强的口语交际能力、阅读能力、书面语言表达能力、视像能力和发布能力，会常用应用文体的写作	大学语文、应用文写作	考试能达合格及以上标准	
	创新创业能力	具备创造性思维、创造性想象、独立性思维和捕捉灵感的能力；具备创新实践的能力，即在创新活动中完成创新任务的具体工作的能力；具备决策能力、经营管理能力、专业技术能力与组织、计划、协调、控制等能力	健康与养老产业创新创业教育	考试能达合格及以上标准	

能力类别		能力要素	支撑课程	考核标准	对应培养目标
专业基本技能	老年人照护能力	掌握老年人日常生活的照护措施及技术；智慧健康养老照护知识并对老年人健康问题进行分析及处理	智慧健康养老照护、智慧老年健康咨询与管理、老年人基础照护、老年营养与膳食	考试能达合格及以上标准	S2
	老年康复护理能力	常见老年疾病临床认知、康复操作程序等，中医康复保健技术（针灸、推拿等），老年人文体康复（指导老年人正确开展体育运动，组织与策划老年文娱活动，指导开展艺术鉴赏与创作等）	智慧老年康复护理、智慧健康养老照护、老年活动策划与设计、老年医学基础2	考试能达合格及以上标准	
	养老机构管理能力	养老机构岗位设置与日常管理程序，养老机构营销管理、护理管理、膳食管理、养老机构信息化管理；老年政策与法规的运用	智慧养老机构管理与实务	考试能达合格及以上标准	
	老龄产业开发与产品营销能力	老龄产业项目策划、老龄产业用品开发、老龄产业用品营销	智慧养老产业经营与管理、老年活动策划与设计	考试能达合格及以上标准	
	认识正常人体结构与机能分析能力	具备认识、应用人体各系统器官的形态、结构的能力，为康复治疗、护理专业人员的培养及学好其他学科知识打下坚实的基础；具备分析机体内各器官和系统的功能以及人体内外环境变化对机体影响的能力	正常人体结构与功能	考试能达合格及以上标准	S3
	康复评定能力	具备对康复临床常见的运动功能障碍评定、估计功能障碍的发展、转归、预后以及制定康复措施的能力	康复评定技术	考试能达合格及以上标准	
	疾病诊断能力	具备各种疾病的病因、病变及其发生发展的特殊规律的知识，能分析各种疾病的临床表现特点、病变规律以及治疗过程	传染病预防与护理	考试能达合格及以上标准	
	专业发展分析能力	具备分析老年服务与管理及相关行业发展态势的能力，根据自身情况分析老年服务与管理专业群职业面向的能力	老年服务与管理专业群发展指导	考试能达合格及以上标准	S4
	常用药物应用能力	具备应用常用药物药理原理，正确使用药物的能力	用药护理	考试能达合格及以上标准	
	疾病机理分析能力	具有分析细胞和组织的损伤、损伤的修复、局部血液循环及体液循环障碍、免疫病理、炎症、遗传与疾病以及肿瘤等基本病理过程、发生发展的基本规律的能力	异常人体结构与功能、病理基础	考试能达合格及以上标准	
	健康评估能力	具备健康评估能力，能进行常见临床症状评估、身体评估、心理评估和社会评估；心电图检查、影像学检查、常用实验室检查前后的护理，以及健康评估常用护理技术操作	健康评估	考试能达合格及以上标准	

能力类别		能力要素	支撑课程	考核标准	对应培养目标
	组织发动与社会协调能力	具有从事社会组织登记、社会组织战略规划、项目设计与管理、筹资运营与资源管理、员工招聘与培训的能力；具有较强的组织、发动及协调能力，会组织社会各方资源开展民政服务，会协调民政资源供给者与受益者之间的关系	社区治理	考试能达合格及以上标准	S5
	机构管理能力	具有福利机构特别是养老机构运营、管理、服务等能力；具有为老年人开展社工服务的能力	福利机构经营与管理、智慧健康养老机构管理与实务	考试能达合格及以上标准	
	社会政策分析能力	具备运用社会福利政策为服务对象提供政策咨询及政策倡导的能力	社会工作政策与法规	考试能达合格及以上标准	S6
	人际沟通能力	具备良好的人际交往与沟通、公关协调的能力	康护人文素养	考试能达合格及以上标准	
	社会工作实务能力	具备综合运用社会工作方法为服务对象提供专业服务的能力	老年社会工作实务	考试能达合格及以上标准	
	绿色技能	具备促进经济社会活动的环境可持续发展能力，将绿色技能应用于社会工作行业领域内，促使学生形成最大限度地减少资源使用、提高能源和资源利用效率、减少温室气体排放、回收利用、使用环保产品、保护自然环境等绿色意识，养成绿色行为习惯，并将其运用于社会工作服务的职业之中	人体结构与功能、护理学基础、民政工作、社会救助实务、社会调查方法、社会组织管理等	考试能达合格及以上标准	
专业综合能力	组织管理能力	能对提供服务过程中所涉及人与物进行统一管理，能进行简单的财务收支管理，能在管理与服务过程中运用恰当的语言与文字；具备组织管理社会工作服务机构的能力	智慧养老机构管理与实务、智慧养老产业经营与管理、安全管理与应急处理、社会工作行政与管理	考试能达合格及以上标准	S2
	职业行为能力	具备保证职业技能充分运用的品质和意识	老年服务与管理专业群发展指导、思想道德修养与法律基础	考试能达合格及以上标准	
	心理承受能力	能正确评价自我适应环境、承受困难和挫折	老年心理学、老年社会工作实务、智慧老年健康咨询与管理	考试能达合格及以上标准	
	社会分析能力	能正确认识事物，正确决断、分析问题和解决问题	思想道德修养与法律基础、毛泽东思想和中国特色社会主义理论体系概论、习近平新时代中国特色社会主义思想概论	考试能达合格及以上标准	
	与人合作能力	具备公关协调、集体合作的能力	老年社会工作实务、康护人文素养	考试能达合格及以上标准	

能力类别		能力要素	支撑课程	考核标准	对应培养目标
	运动治疗能力	能够了解运动治疗的基础知识和基本技能，学会常见运动疗法（被动运动、主动运动、关节松动术、神经发育促进技术等）的操作技术	运动治疗技术	考试能达合格及以上标准	S3
	作业治疗能力	具备作业活动能力的评估与运用能力，使学生能够运用有目的、经过选择的作业活动或作业项目，帮助患者最大限度地改善与提高自理、工作及休闲娱乐等方面的功能独立活动水平，提高残疾人的生活质量	作业治疗技术	考试能达合格及以上标准	
	传统康复治疗能力	能够应用传统康复方法进行康复，并能与其他康复治疗方法联合使用，预防功能障碍的发生或对已经发生的障碍进行康复治疗	传统康复治疗技术	考试能达合格及以上标准	
	物理治疗能力	具备对患者进行功能训练或借助电、光、声、磁、冷、热、水治疗技术能力	物理因子治疗技术	考试能达合格及以上标准	
	言语康复能力	具备初步认识言语障碍、吞咽障碍的原因、性质、评定与基本治疗方法	言语治疗技术	考试能达合格及以上标准	
	基础护理能力	具备帮助护理对象满足生理、心理和治疗需求的护理基本理论、基本知识及基本技能，如护理的基本概念、护理相关理论、护理程序、卫生服务体系、健康教育、多元文化与护理等方面的知识；医院和住院环境、患者入院和出院护理、患者卧位与安全的护理、医院感染的预防与控制、患者清洁的护理、舒适的护理、生命体征的观察及护理、饮食与营养、排泄护理、药疗技术、静脉输液与输血法、冷热疗技术、标本采集、危重患者的抢救及护理、临终护理、护理相关文件记录等护理技术	基础护理	考试能达合格及以上标准	S4
	专科护理能力	能够根据专科特点，对内科、外科、妇产科、儿科等常见专科疾病实施整体护理	临床综合护理	考试能达合格及以上标准	
	老年护理能力	具备识别老年人健康问题及其影响因素的能力，能运用护理手段或措施解决老年人的健康问题，能开展老年人环境、活动、睡眠、饮食、排泄、清洁等日常生活照护项目，能对高血压、糖尿病、冠心病等老年人常见疾病实施整体护理	智慧老年康复护理	考试能达合格及以上标准	
	急救护理能力	具备运用急救护理基本知识，快速判断能力，并能够运用常用急救护理技术，如外伤处理、噎食急救、心肺复苏术等对患者实施急救	急危重症护理	考试能达合格及以上标准	
	民政事业管理能力	具有从事各级民政事业单位管理的能力；具有从事各级各类民政机构（含老年福利院、残疾人福利院、儿童福利院、精神病人福利院）的管理能力	社会福利服务、民政工作	考试能达合格及以上标准	S5

能力类别		能力要素	支撑课程	考核标准	对应培养目标
	婚姻与收养登记能力	具有从事婚姻与收养登记（包括结婚、离婚、复婚登记，撤销无效婚姻及儿童收养登记）的能力	婚姻与收养实务	考试能达合格及以上标准	
	彩票管理能力	具有从事彩票销售、彩票管理、彩票票面和品种设计、彩票设备维护的能力	彩票管理实务	考试能达合格及以上标准	
	社区建设能力	具有从事城乡社区建设与社区服务的能力，能为不同群体设计、提供相应的服务项目	社区治理、社区服务项目策划与实施	考试能达合格及以上标准	
	团队合作能力	具备与人合作、互助的团队协作能力	小组工作	考试能达合格及以上标准	S6
	项目管理能力	具备项目设计、项目实施、项目评估的能力	社会工作项目设计与评估	考试能达合格及以上标准	

（三）培养模式

老年服务与管理专业群根据学校"三个结合"的人才培养模式，坚持立德树人，将党的教育方针和可持续发展理念融入人才培养全过程，探索具有本专业群特色的"德技双核，校行双驱，四平台，四阶段"人才培养模式。"德技双核"，即培养学生"敬业、专注、精益、创新、奉献"的职业道德和老年产业所需核心技能。"校行双驱"，即将学校与行业作为人才培养的主体，实现专业设置与产业需求融合、课程内容与职业标准融合、专业教师与行业专家融合、教学过程与生产过程融合、学历证书与职业资格证书融合、职业教育与社会服务融合。"四平台"，即搭建专业群人才培养平台、养老服务技术创新平台、老年产业社会服务平台、就业创业平台，"四平台"发力推动专业群人才培养模式改革。"四阶段"，即专业群人才培养过程划分为四个阶段：专业认知能力培养阶段、专业核心能力培养阶段、专业技能提升阶段、职业综合能力培养阶段。"四阶段"着力提升专业群人才培养质量。特色人才培养模式精准而高效地对接新产业、新业态、新模式下的养老服务产业链和行业企业岗位群，以实现专业群建设目标。

（四）教学模式

为满足不同类型老年人的需求，教学改革采用了"模块化螺旋式教学"方式。老年照护板块教学内容根据老年人实际需求被划分为若干模块，与行业专家、兼职教师共同完成教学过程。通过行业调研、任务分解、工作步骤、项目实施、自我评估、行业评估和项目评估的方式，形成一个螺旋式的教学改革过程。在这个过程中，任务被不断设定、反思和修正，人才培养方案也得到了相应的调整。同时，教学内容被细分为模块，技能流程得以标准化，为学习者提供了个性化的学习路径。随着教学改革的深入进行，教学方式和内容不断得到完善。

（五）实施现代学徒制

老年服务与管理专业群坚持德技并修、工学结合、知行合一，与行业紧密结合，探讨实施现代学徒制。现代学徒制试点实施过程中，明确校企双方职责与分工，建立专业招生录取和企业用工一体化的招生招工制度。通过推进招生招工一体化，改革人才培养模式，合作企业参与学徒人才培养的全过程，从合作企业技术技能人才需求出发，由校企共同确定人才培养方案和配套管理制度，实现学校与企业、专业与岗位、教学过程与生产过程、课程内容与岗位要求紧密衔接。共同开发课程体系，以人才培养对接用人需求为切入点，试点学校与合作企业共同加强学徒学校课程与企业课程的开发，开发模块化课程，构建基于工作任务的专业课程和基于典型工作过程的专业特色课程体系，促进专业课程与岗位工作的对接。健全校企合作培养机制，完善校企双导师选拔、认定和使用方式，并在师资结构上，形成校行双带头人、学校骨干教师、行业内训师、行业一线技术骨干和管理骨干等人员为基础的教学团队，着力培养学生的专业精神、职业精神和工匠精神，提升学生的职业道德、职业技能和就业创业能力。建立校企互聘共用师资，建立健全现代学徒制管理制度，以特色载体推进老年服务与管理专业群学徒制研究的探索和实践，促进校企紧密合作、协同育人。率先实施"1+X"制度试点，组织学生参加"老年照护""失智老年人照护"等职业技能等级的培训与考试等。

七、课程设置及要求

（一）专业群课程框架

根据老年服务与管理专业群所面向的行业，明确各专业的依赖关系，通过分析群内五大专业的共性和差异性，构建"平台＋模块"的"底层共享、中层分立、顶层互选"课程体系，凸显专业群的适应性。

1. 底层共享

"底层共享"是针对高职院校学生所必备的共同基础知识和基本技能而设置的"平台"课程群，由公共基础课程和专业群平台课程组成。其中，公共基础课程包含思想道德修养与法律基础、毛泽东思想和中国特色社会主义理论体系概论、形势与政策、习近平新时代中国特色社会主义思想概论、中国近代史纲要、体育训练、实用英语、大学生信息技术基础、大学语文（含中国文化）、中国文化概论、应用文写作、职业生涯规划、就业指导、大学生安全教育（含职场安全与健康）、大学生心理健康教育、健康

课程体系
- 公共基础课 → 基本素质课程
- 专业课程 → 专业群平台课程

基本素质课程、专业群平台课程 → 培养行业通用能力、可持续发展的能力，各专业共同必需的专业知识、技能和素质，为学习专业核心课程打基础

专业模块课程 → 依据各专业培养目标和就业岗位典型工作任务，重点构建的课程

专业群拓展课程 → 各专业交叉互选，培养知识迁移和跨岗位就业能力，培养复合型人才

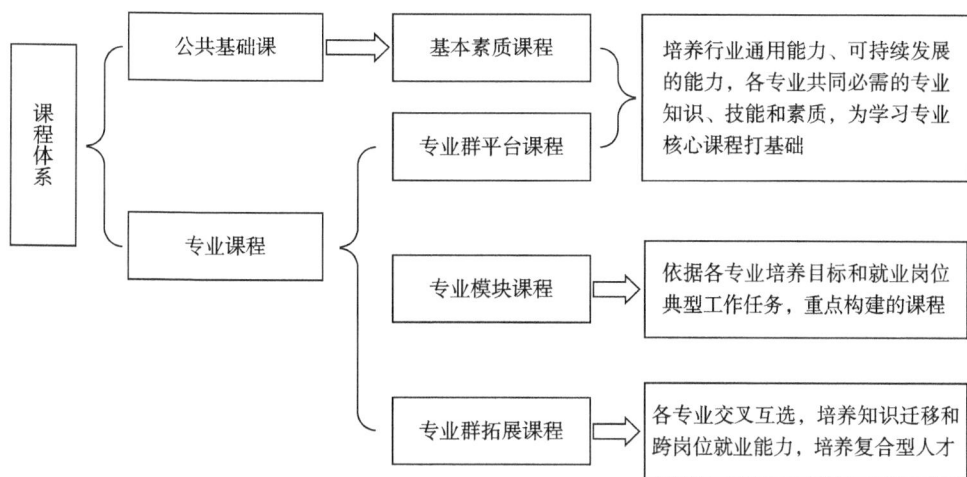

与养老产业创新创业教育、老年服务与管理专业群发展指导、劳动教育、悦美教育 19 门课程；专业群平台课程根据专业群学生所必需的共同基础知识和基本技能要求，以及群内各专业技术的共性发展要求设置，包含安全管理与应急处理、社会政策与法规、老年心理学、康护人文素养、老年医学基础、社会服务与市场营销 6 门课程。

2. 中层分立

"中层分立"是针对专业群中的 5 个专业，以岗位能力培养为目标，设置"模块化"的专业课程，分专业基础课程、专业核心课程，旨在培养学生的专业特色岗位能力。其中，智慧健康养老服务与管理专业包含老年人基础照护、老年医学基础、智慧健康养老概论、老年服务沟通与礼仪 4 门专业基础课程和智慧养老产业经营与管理、智慧健康养老机构管理与实务、智慧老年健康咨询与管理、智慧健康养老照护、老年营养与膳食、智慧老年康复护理、老年活动策划与设计 7 门专业核心课程；康复治疗技术专业包含正常人体结构与功能、病理基础 2 门专业基础课程和康复评定技术、运动治疗技术、物理因子治疗技术、作业治疗技术、传统康复治疗技术、言语治疗技术、神经康复技术 7 门专业核心课程；护理专业包含正常人体结构与功能、异常人体结构与功能 2 门专业基础课程和健康评估、基础护理、用药护理、急危重症护理、临床综合护理、社区护理 6 门专业核心类课程；民政服务与管理专业包含民政调查方法、社区性别关注、人力资源管理、民政秘书事务、福利机构经济法 5 门专业基础课程和彩票管理实务、婚姻与收养实务、福利机构运营与管理、社会福利服务、社区服务项目策划与实施、社区治理、民政工作、社会救助实务 8 门专业核心课程；社会工作专业包含生命教育、社会工作价值观与伦理、社会组织管理、数据统计与分析、城乡社区治理与服务 5 门专业基础课程和社会工作项目设计与评估、社会工作行政与管理、小组社会工作、个案社会工作、社区社会工作、社会调查方法、社会工作导论 7 门专业核心课程。

3. 顶层互选

"顶层互选"在掌握扎实的专业理论及核心（方向）技能的基础上，为了进一步拓展各专业通用能力，确定互选课程，以便让各专业学生在掌握本专业要求的通用技术和特定技术的同时，使学生的职业能力得到进一步延伸、扩展和提升，拓宽学生职业能力范围，使学生具有一定的可持续发展能力，以满足现代服务一线的岗位群综合化趋势的人才市场需求。老年服务与管理专业群拓展课程包含常见老年疾病护理与照护、老年人康复指导技术、传染病预防与护理、健康教育、中医养生保健、老年社会工作实务以及自理照护、失能照护、失智照护、介助照护、安宁照护、现代养老产品研发共 12 门。

（二）专业群课程设置

1. 底层共享课程

（1）公共基础课程

课程名称	学时	学分	教学目标
思想道德修养与法律基础	64	3.5	通过本课程的学习，使学生具有强烈的社会责任感，明确的职业理想和良好的职业道德和较强的法纪观念，品行端正，讲公德，守纪律，吃苦耐劳，乐于奉献
毛泽东思想和中国特色社会主义理论体系概论	64	3.5	通过本课程的学习，使学生具有坚定的政治方向，拥护中国共产党的领导，坚持走社会主义道路，热爱社会主义祖国，具备良好的思想政治素质
习近平新时代中国特色社会主义思想概论	48	2.5	通过本课程的学习，使学生正确认识当前形势下的国情世情党情，提高辨析能力和探究能力；学会运用马克思主义的立场、观点和思维认识问题、分析问题和解决问题；引导学生增强"四个意识"，坚定"四个自信"，做到"两个维护"，担当民族复兴大任
形势与政策	64	1	通过本课程的学习，使学生了解国内外大事、要事，增强对社会发展趋势预测的能力，更好地适应社会的发展和要求
中国近现代史纲要	16	1	通过本课程的学习，认识近现代中国社会发展和革命、建设、改革的历史进程及其内在的规律性，了解国史、国情，深刻领会历史和人民作出的"四个选择"
体育训练	102	5	通过本课程的学习，增强学生体质，增进健康，全面提高学生的体能和对环境的适应能力，促进身心的全面发展。使学生掌握体育的基本理论知识，建立正确的体育观念，掌握科学锻炼身体的技能，培养学生终身体育锻炼的意识和良好习惯。培养学生爱国主义和集体主义的思想品德，树立正确的体育观及勇敢顽强、团结进取、开拓创新的精神风貌
实用英语	128	7	通过本课程的学习，培养学生较强的听说读写的能力，使其能以英语为工具，获取专业所需信息，具备一定的翻译基础
大学生信息技术基础	80	4.5	通过本课程的学习，熟悉计算机相关基本知识，掌握系统安装与维护、办公应用、信息检索、数字媒体处理等能力，了解人工智能、大数据、云计算、物联网、程序设计、网络技术、信息安全以及电子商务与共享经济等相关信息技术方法

续表

课程名称	学时	学分	教学目标
大学语文（含中国文化）	48	3	通过本课程的学习，培养学生高尚的情操，增长文史知识，提高鉴赏能力。学习中华优秀传统文化，提高学生对中华优秀传统文化的自主学习和探究能力，培养学生的文化创新意识，增强学生传承弘扬中华优秀传统文化的责任感和使命感
应用文写作	32	1.5	通过本课程的学习，学生能写作常用的应用文体，写作格式规范、得体
职业生涯规划	16	1	通过本课程的学习，引导学生进行职业认知和自我认知，并在此基础上，结合自身实际，明确职业目标，制订生涯规划，细化执行步骤，确保目标的顺利实现
就业指导	16	1	通过本课程的学习，引导学生进一步明确自身核心职业竞争力，把握就业关键环节，指导学生做好充分就业准备，帮助学生树立科学就业观，完成由"学生人"向"职业人"身份角色转变
大学生安全教育（含职场安全与健康）	16	1	通过本课程的学习，帮助学生建立职场工作的健康和安全意识，了解国家职场工作健康和安全的政策、法规，让学生掌握职场工作的基本安全知识和技能，并能够应用于今后的工作实践。保护自己和他人的安全，防止个人和集体财产遭受损失及重大的人员伤亡
大学生心理健康教育	32	1.5	通过本课程的学习，使学生明确心理健康的标准及意义，增强自我心理保健意识和心理危机预防意识，掌握并应用心理健康知识，培养自我认知能力、人际沟通能力、自我调节能力，切实提高心理素质，促进学生全面发展
健康与养老产业创新创业教育	32	1.5	通过本课程的学习，将创新教育、创业教育及专利的设计、申请以及专利转化等专利方面的知识融入职业教育的教育活动过程中，提高学生的创新能力，培养学生的创新精神，增强毕业生自主就业及创业能力，提高学生的就业质量和创业竞争力
老年服务与管理专业群发展指导	32	1.5	通过本课程的学习，引导学生了解老年产业内涵特点、智慧老年的基本内涵与模式、行业与社会经济发展的关系、专业群涉及的主要学科知识和课程体系、专业群人才培养基本要求、不同地区的发展差异、重点发展板块、我国未来老年产业发展趋势和方向等各方面的内容，为进一步的专业实践工作打下良好基础。帮助学生掌握职场安全健康知识与技能，了解职场需求和就业前景，树立正确的就业观念，制订职业生涯规划
劳动教育	32	1.5	通过本课程的学习，教育引导学生对劳动的情感认同、理性认知、知识传递和实践自觉，突出特色技艺传授和职业体验劳动技能锻炼，充分挖掘优势教育资源，融合革命精神、工匠精神、劳模精神和通识劳动技能，着力提升学生的劳动综合素质和劳动发展能力，培养德智体美劳全面发展的社会主义建设者和接班人
悦美教育	32	1.5	通过本课程的学习，提高学生审美和人文素养，弘扬中华美育精神，以美育人、以美化人、以美培元。将艺术课程与专业课程有机结合，强化实践，开设体现职业教育特点的拓展性艺术教育和艺术实践

（2）专业群平台课程

课程名称	总学时	理论学时	实训学时	学分	教学目标
安全管理与应急处理	32	30	2	1.5	通过本课程的学习，使学生掌握智慧健康养老产业应急管理的基本内容，老年应急预案的基本结构和编制步骤、危险分析和应急能力评估方法、综合预案和现场处置方案的内容和具体编制过程与方法，老人应急预案的培训与演练以及应急指挥系统的建立与设置
社会政策与法规	32	20	12	1.5	通过本课程的学习，让学生对智慧健康养老产业及社会工作政策与法规的基本知识及其理论架构有一个基本认识，熟悉我国老年工作政策与法规的特点、内容，了解老年人权益保障法的相关知识及其他相关法律、法规
老年心理学	32	16	16	1.5	通过本课程的学习，让学生能对患者进行初步诊断，了解老年群体心理活动变化特点及规律，并能运用各种会谈技术、心理学知识、心理康复技术、社会心理学、老年心理护理等与其建立良好的咨询关系，合理运用心理学知识对老年人进行心理指导并制订出有针对性的治疗方案
康护人文素养	32	30	2	1.5	通过本课程的学习，使学生掌握工作中的职业形象规范要求、基本礼仪知识及礼仪的要求，应用康护礼仪能力、与患者及家属进行良好人际沟通的能力，了解护患沟通的基本概念和理论，并在学习、工作、生活中具备良好的解决突发情况应急处理能力、具有职业责任感和职业道德，尊老、敬老、孝老，服务意识强
老年医学基础	32	16	16	1.5	通过本课程的学习，使学生掌握老年常见疾病的病因和发病机制，老年人体各器官系统的组织形态、生理功能、生化免疫等病因、发病机制和病理生理过程；掌握老年人日常生活照护技能、老年人健康评估方法、老年人常见健康问题的照护技能、老年人的临终关怀等
社会服务与市场营销	38	18	20	2	通过本课程的学习，使学生掌握社会服务营销、老年服务与产品营销及相关市场营销的基础理论和专业知识，具备从事老年相关产品市场营销活动以及老年服务相关岗位的职业技能和职业道德，积极参与老年公益活动，能进行市场调研与分析、营销策划、产品销售、客户管理、销售队伍管理等工作

2. 中层分立课程

（1）专业基础课程

专业	课程名称	总学时	理论学时	实训学时	学分	教学目标
智慧健康养老服务与管理	老年人基础照护	64	30	34	3.5	通过本课程的学习，使学生掌握老年人日常生活照护技能、老年健康评估方法、老年人常见健康问题的照护技能、老年人的临终关怀等
	老年医学基础	54	24	30	3	通过本课程的学习，使学生掌握老年人各系统、器官所发生的病理生理变化特点和功能衰退的认识；掌握合理用药、营养干预、老年综合征、老年病康复等方面的基本理论、基本知识与基本技能，认识老年医学学科特点

专业	课程名称	总学时	理论学时	实训学时	学分	教学目标
	智慧健康养老概论	30	30	0	1.5	通过本课程的学习，使学生掌握智慧健康养老的产生、经过、发展及现状等基本知识，能够运用养老知识判断老年人的身体健康，完成老年人日常生活照护工作
	老年服务沟通与礼仪	30	0	30	1.5	通过本课程的学习，使学生掌握老年服务沟通技巧与礼仪，规范服务行为，提高职业素质和岗位服务水平；掌握公共关系礼仪、沟通技巧、演讲技巧，具备评估健康和展现护理礼仪与沟通能力、得体应用护理礼仪能力、与患者及家属进行良好人际沟通的能力
康复治疗技术	正常人体结构与功能	88	32	56	4.5	通过本课程的学习，培养学生掌握解剖学姿势和方位术语，细胞、组织、器官、系统的构成，正常人体各系统器官的形态、结构特征、位置、毗邻关系及所表现的各种生命活动规律。具备认识人体各种生命现象的产生机制，以及机体内、外环境变化对生命活动的影响；掌握测量血压、正确识别正常心电图、血型鉴定等技能，为康复治疗专业人员的培养及学好其他学科知识打下坚实的基础
	病理基础	64	32	32	3.5	通过本课程的学习，使学生了解疾病发生的原因、规律、本质和发病机制，以及疾病过程中患病机体的形态结构、功能代谢；学习解剖学基础相关知识及重点，形成系统的知识体系
护理	正常人体结构与功能	88	32	56	4.5	通过本课程的学习，培养学生掌握解剖学姿势和方位术语，细胞、组织、器官、系统的构成，掌握正常人体各系统器官的形态、结构特征、位置和毗邻关系，为护理后续课程的学习打下基础。掌握人体机能和代谢的基本知识，并理解常见疾病的发生、发展机制；掌握神经系统特别是中枢神经系统在人体功能活动整合调控中的主导作用，以及内分泌调节和免疫调节的相互关系
	异常人体结构与功能	40	32	8	2	通过本课程的学习，使学生掌握人体功能、结构、细胞、组织的异常变化与修复，人体血液循环的异常变化，炎症与发热等
民政服务与管理	民政调查方法	64	34	30	3.5	通过本课程的学习，培养学生掌握样本抽样、调查方式与技巧、数据统计与分析等知识
	社区性别关注	60	30	30	3.5	通过本课程的学习，培养学生的性别平等意识，能从性别视角提出社区工作与生活中的性别差异问题、原因及解决对策，尤其掌握其在社区工作中的应用；了解社区服务的组织者、参与者与受益者以女性为主，妇女自身固有的特点使其成为社区工作和建设管理中的重要参与者，使学生用性别分析的方法，对有关社会现象进行性别分析，从而对社区工作和性别问题保持一种敏感而深刻的观察与体悟
	人力资源管理	64	32	32	3.5	通过本课程的学习，培养学生掌握人力资源规划、招聘与配置、培训与开发、绩效管理、薪酬管理、劳动关系管理等知识
	民政秘书事务	32	16	16	1.5	通过本课程的学习，使学生系统了解民政秘书人员及其机构的基本要素，掌握秘书事务性工作的基本类型和特点，从而提高学生从事秘书实务工作的基本能力

续表

专业	课程名称	总学时	理论学时	实训学时	学分	教学目标
	福利机构经济法	76	38	38	4	通过本课程的学习，使学生对我国福利机构经济法体系有一定的认识与概括性了解，对在市场经济体制下如何正确运用法律维护自身合法权益、正确处理福利机构经济交往与经济协作过程中所发生的经济关系提供具体帮助
社会工作	生命教育	32	16	16	2	通过本课程的学习，使学生掌握生命健康的标准及意义，增强自我保护意识和生命危机防范意识，提升生命安全意识；引导学生学会热爱与尊重生命，让学生体验真正的生命价值
	社会工作价值观与伦理	38	20	18	2	通过本课程的学习，让学生在掌握系统的社会工作价值与伦理知识的前提下，学会面对各种社会工作价值与伦理议题，灵活运用处理社会工作价值与伦理两难的各项原则，以及综合运用社会工作价值与伦理知识，正确处理社会工作实务中的各种伦理议题
	社会组织管理	54	28	26	3	通过本课程的学习，使学生掌握社会组织管理的基础知识与基本技能，具备组织管理社会工作服务机构的能力，特别是充分信息化管理手段，提高社会组织管理效率
	数据统计与分析	36	18	18	2	通过本课程的学习，使学生掌握数据统计与分析的基础知识与基本技能，提高数字化数据收集与处理能力
	城乡社区治理与服务	38	20	18	2	通过本课程的学习，使学生掌握社区治理与服务的基本理论、概念变化、基本区别及技能，具备过硬的城乡社区治理与服务的方法和技巧；能够从事社区、社保、物业等社会工作机构的协调治理和服务等工作

（2）专业核心课程

专业	课程名称	总学时	理论学时	实训学时	学分	教学目标
智慧健康养老服务与管理	智慧养老产业经营与管理	64	30	34	3.5	通过本课程的学习，让学生掌握智慧养老的基本内涵与模式，所涉及的产业门类，国内外的现状，国内的发展瓶颈，不同地区的发展差异，重点发展板块，我国未来老年产业发展趋势和方向，智慧养老的新兴领域，了解最前沿的智慧老年产业信息和政策等各方面的内容，为进一步的专业实践工作打下良好基础
	智慧健康养老机构管理与实务	64	30	34	3.5	通过本课程的学习，要求学生掌握我国养老机构的服务对象、性质、特点、类型、服务内容、护理等级和出入院程序，养老机构建设、护理管理、财务管理、医疗及膳食服务管理、质量管理、经营管理、信息化管理以及意外伤害事件防范与矛盾纠纷处理等技能
	智慧老年健康咨询与管理	54	24	30	3	通过本课程的学习，使学生了解有关老年心理健康的基本知识，掌握老年人心理护理和调适的方法，掌握健康咨询与管理的主要方法，通过实践教学，使学生具备指导老年人做好自我健康管理的能力

专业	课程名称	总学时	理论学时	实训学时	学分	教学目标
	智慧健康养老照护	72	32	40	4	通过本课程的学习，能够让学生掌握老年人的健康评估方法，老年人日常生活照护，老年人心理健康照护，各种疾病老人的健康照护等。让学生能够通过智慧助老及其产品的采纳及使用、智慧健康养老服务与管理安排，完成对老年人日常生活照护工作
	老年营养与膳食	64	30	34	3.5	通过本课程的学习，能够让学生掌握老年人的营养评估方法、老年人营养分析、老年人营养配餐方案、老年人营养膳食制作等方法
	智慧老年康复护理	64	30	34	3.5	通过本课程的学习，学生能够掌握老年康复护理评定，基本康复治疗手段，老年人神经系统疾病康复护理，骨关节肌肉疾病的康复护理和慢性内科疾病的康复护理等内容，让学生通过适宜的康复护理帮助老年人及老年慢性病患者维持和改善肢体功能，延缓衰退，尽可能地维持老年人自理生活的能力，提高老年人的生存质量
	老年活动策划与设计	60	30	30	3	通过本课程的学习，学生能掌握活动策划的定义、类型、功能和原则，掌握专业性老年活动策划与设计的原则，老年活动类型和技巧。掌握群众性老年活动与组织的原则、类型，能够撰写老年活动策划方案，具有积极为老年人策划丰富多彩的老年活动的能力；同时能对老年活动进行评估与改进，提高老年人沟通能力，能对老年生活方面进行健康指导
康复治疗技术	康复评定技术	57	30	27	3.5	通过本课程的学习，使学生掌握康复评定的基本知识、基本原理、基本方法等教学与训练，理解运动功能、感觉功能、言语功能、认知功能、康复心理以及环境等方面的评定技术，为学生将来从事康复治疗的社会实践工作，奠定良好的专业基础
	运动治疗技术	76	40	36	4	通过本课程的学习，使学生掌握全身或局部的运动以达到治疗目的的方法，运动治疗技术在恢复、重建功能中起着极其重要的作用，逐渐成为物理治疗的主体，是康复治疗的重要措施之一。运动治疗技术着重进行躯干、四肢的运动、感觉、平衡等功能的训练，涵盖：关节活动技术、软组织牵伸技术、肌力训练技术、步态训练技术、神经发育疗法、运动再学习疗法、有氧训练、平衡训练技术、关节松动技术及日常生活动作训练等，让学生掌握基本运动治疗技术的同时及时了解运动治疗技术新进展
	物理因子治疗技术	48	24	24	2.5	通过本课程的学习，使学生对物理因子治疗技术进行一定的研究，包括研究物理因子的物理特性、生物学作用、治疗方法及临床应用等内容。从宏观方面研究物理因子对机体整体水平的影响，以了解其作用的动态变化和效果；从微观方面研究物理因子对超微结构功能形态的改变，以探讨物理因子作用的本质。通过宏观和微观的研究，最终达到全面认识物理因子在康复临床应用的技术、适应证及注意事项的目的
	作业治疗技术	57	30	27	3.5	通过本课程的学习，学生应掌握作业疗法的基本知识，针对康复治疗特殊服务对象，具备作业活动能力的评估与运用能力，使学生能够运用有目的的、经过选择的作业活动或作业项目，帮助患者最大限度地改善与提高自理、工作及休闲娱乐等方面的功能独立活动水平，提高残疾人的生活质量

专业	课程名称	总学时	理论学时	实训学时	学分	教学目标
	传统康复治疗技术	57	30	27	3.5	通过本课程的学习，使学生了解中国传统康复技术是传统康复医学体系中所应用的具体的康复手段和方法。中国传统康复技术历史悠久，内容丰富，许多传统疗法对康复治疗有着良好的效果。通过本课程的学习，使学生掌握临床应用的康复理论、技术和方法，掌握常见疾病与功能障碍的传统康复治疗
	言语治疗技术	76	40	36	4	通过本课程的学习，学生能够解释各种言语障碍发生的原因，并且能够在临床实际工作中熟练对各种言语障碍（失语症、构音障碍、儿童语言发育等）进行评估和治疗，胜任言语治疗师的工作
	神经康复技术	32	16	16	1.5	通过本课程的学习，使学生掌握神经系统功能障碍的原因、评定与治疗的方法以及伤残预防等问题，能较熟练地操作并应用神经生理学治疗技术、Bobath 技术、Brunnstrom 技术、PNF 技术及运动再学习技术，并能区分几种治疗技术并能在治疗中进行适当的选择
护理	健康评估	48	24	24	2.5	通过本课程的学习，培养学生掌握医学基础课程、护理学基础课程过渡到临床各专科护理课程之间的桥梁课程。包括问诊、常见症状评估、体格检查、心理及社会评估、实验室检查、心电图检查、医学影像学检查的基本方法，以及资料分析与护理诊断和护理病历书写
	基础护理	128	30	98	7	通过本课程的学习，学生应掌握护理学的基本概念、护理学相关理论、护理学理论、护理程序、卫生服务体系、健康教育、多元文化与护理等方面的知识；能够掌握医院和住院环境、患者入院和出院护理、患者卧位与安全的护理、医院感染的预防与控制、患者清洁的护理、舒适的护理、生命体征的观察及护理、饮食与营养、排泄护理、药疗技术、静脉输液与输血法、冷热疗技术、标本采集、危重患者的抢救及护理、临终护理、护理相关文件记录等相关技能
	用药护理	72	40	32	4	通过本课程的学习，使学生了解药物与机体相互作用的规律及机制，掌握内容主要包括药物的药理作用、作用机制、临床用途、不良反应、药物相互作用及药物合理应用等，为指导临床安全用药提供理论依据。通过学习，具备从事药品生产、经营、管理、药品检验、指导合理用药等工作必需的药理学基本理论、知识和技能
	急危重症护理	48	30	18	2.5	通过本课程的学习，学生应掌握常见急危重症的病因、发病机理、临床表现、重症监护的基本方法和救护措施；常用急救护理技术，包括洗胃、心肺复苏术等；常用抢救药物的药理作用、药物应用及注意事项；急救知识及技能的健康教育等
	临床综合护理	370	256	114	15	通过本课程的学习，要求学生掌握内科、外科、妇产科、儿科的基本理论、基本知识及常见疾病患者的护理措施。熟悉常见疾病患者的护理评估、护理诊断并制订护理计划。了解内科、外科、妇产科、儿科护理的概念、范畴和发展趋势。具有对内科、外科、妇产科、儿科等常见疾病患者进行整体护理的能力，具有常见护理技术的操作能力
	社区护理	64	40	24	3.5	通过本课程的学习，培养学生对社区护理学理论的认识、理解与运用，更重要的是通过小组教学让学生主动去学习知识、思考问题和运用知识去设计方案以解决问题，从而培养学生团队合作、决策及解决问题的能力

续表

专业	课程名称	总学时	理论学时	实训学时	学分	教学目标
民政服务与管理	婚姻与收养实务	64	32	32	3.5	通过本课程的学习，让学生掌握结婚登记、离婚登记及收养登记的基本条件、程序，运用所学知识解决实际工作中的相关问题
	彩票管理实务	32	14	18	1.5	通过本课程的学习，让学生在熟悉我国民政行政管理法规、政策的基础上，把彩票管理专业基础知识和实践结合起来，从而实现巩固专业基础理论教学的效果，同时进一步认知专业知识在民政管理领域、彩票行业中实际应用的重要性，并极大提高对专业课程的学习兴趣
	福利机构运营与管理	76	36	40	4	通过本课程的学习，使学生了解当今我国社会福利机构经营与管理的基本概念、基本理论、发展现状、操作规程及改革发展方向；使学习者对社会福利及社会福利机构有一个基本的认知；为学习者将来从事社会福利机构经营与管理工作打下坚实的理论基础
	社会福利服务	64	32	32	3.5	通过本课程的学习，让学生掌握社会福利服务的主要知识，福利服务的主体、方式及社会福利资源的构成与筹措方法，培养学生社会福利理念及钻研社会福利理论的兴趣，成为立志献身社会福利管理事业的专业人员
	社区治理	64	32	32	3.5	通过本课程的学习，让学生了解社区的概念、社区治理的体制及加强社区治理的重要性；掌握社区治理的内容与方法；了解社区治理的发展趋势。毕业后能胜任社区的治理工作
	社区服务项目策划与实施	38	14	24	2	通过本课程的学习，使学生掌握社区服务项目策划的基本理论和基本方法，明确活动策划的基本理论、文案设计、创意方法等；培养学生进行活动策划的沟通组织、策划管理与实施能力。增强社会工作专业学生对社会活动的策划与应变能力，使其运用科学和规范的策划知识把策划变成现实并开展实施活动
	民政工作	76	38	38	4	通过本课程的学习，让学生能够系统、完整地了解与掌握民政的基础知识和基本理论，培养学生从事民政工作的基本能力，让学生初步具有热爱民政事业、钻研民政业务的兴趣，成为志愿献身民政事业的专业人员
	社会救助实务	64	32	32	3.5	通过本课程的学习，让学生掌握城乡低保、医疗救助、教育救助、住房救助、法律援助的基本条件、程序和方法。并能运用理论知识及相关政策解决实际工作中的问题
社会工作	社会工作项目设计与评估	48	24	24	2.5	通过本课程的学习，使学生掌握社会工作项目设计与评估的理论、方法与技能。并且能够熟练运用社会工作评估方法进行专业的实务评估；培养学生项目设计经验、养成用社会评估的思维进行思考的能力，理解社会生活中社会事件的逻辑
	社会工作行政与管理	64	32	32	3.5	通过本课程的学习，使学生掌握社会工作行政与管理是将社会政策变为社会服务的活动，即社会工作政策，它是社会服务系统的重要组成部分，对社会政策的实施、社会福利制度的运行和社会服务的有效提供发挥着重要作用

专业	课程名称	总学时	理论学时	实训学时	学分	教学目标
	小组社会工作	76	38	38	4	通过本课程的学习，要求学生了解小组工作的发展，小组工作的价值观和职业伦理，小组工作的基本模式和理论基础，小组动力学，小组发展过程与各阶段技巧，小组工作在中国的实践，以及由这些实践引发的有关本土化的思考等
	个案社会工作	64	32	32	3.5	通过本课程的学习，使学生掌握三部分内容：第一部分介绍个案工作的基础知识，如个案工作的含义、特点、功能、服务范围等；第二部分介绍个案工作的方法和技巧，如沟通、会谈等及其基本技巧和具体技巧；第三部分介绍个案工作的主要理论模式，重点介绍几个有影响的理论模式，如心理社会模式、行为模式、人本模式、理性情绪模式、家庭治疗模式以及现实疗法等
	社区社会工作	76	38	38	4	通过本课程的学习，让学生掌握社区与社区工作的概念、功能，了解社区工作在西方国家和我国的历史沿革，社区工作的价值体系和理论基础，掌握社区工作的基本原则、方法、模式与技巧，并能结合具体的社区政策，解决当前城市和农村社区面临的主要问题，促进社区发展，真正做到理论联系实际，学以致用
	社会调查方法	76	38	38	4	通过本课程的学习，让学生掌握资料的收集、整理、分析的各种方法及其应用。使学生掌握社会调查研究的方法和调查研究报告的撰写方法，学会认识、研究和分析社会工作
	社会工作导论	64	50	14	3.5	通过本课程的学习，使学生掌握社会工作基本原理，社会工作的性质与发展历史，分析社会工作与社会问题及相关学科的关系，探讨社会工作的价值观和职业道德；社会工作方法部分介绍个案工作、小组工作、社区工作等一系列社会工作的经典方法

3. 顶层互选课程（专业群拓展课）

课程名称	总学时	理论学时	实训学时	学分	教学目标
常见老年疾病护理与照护	54	27	27	2.5	通过本课程的学习，学生详细了解老年人各系统常见的疾病预防、护理和卫生保健知识，同时侧重解决临床护理中的实际问题，并从老年人的生理、心理及生活方面进行健康指导
老年人康复指导技术	54	27	27	2.5	通过本课程的学习，让学生掌握老年人康复训练与指导的基本知识、基本理论和基本技能，确定以服务与管理对象的老年人为中心的整体管理与康复服务观，形成良好的职业素质和人文关怀素养，能对不同的老年人实施个性化基础康复训练与指导
传染病预防与护理	54	27	27	2.5	通过本课程的学习，使学生了解常见传染病，尤其是常见老年人传染病的流行特征、临床表现、发病机制、实验室检查、诊断和治疗要点；掌握传染病的评估要点、护理诊断、健康教育及传染病护理的相关基本技能

续表

课程名称	总学时	理论学时	实训学时	学分	教学目标
健康教育	54	27	27	2.5	通过本课程的学习，使学生掌握健康问题与疾病的个体现象，健康教育传播模式，疾病和健康问题的分布表述，熟知正确的个人卫生知识、生理、心理、常见传染病及卫生救护技能等方面的知识，提高传播健康知识的意识，增强学生自我保健意识，提高学生基本健康知识的水平，提高生命质量和健康水平；养成科学、文明、健康的生活方式和行为习惯，从而达到预防疾病、增进健康、提高学生个体和群体健康水平的目的
中医养生保健	54	27	27	2.5	通过本课程的学习，使学生掌握中医养生保健的基本内容、特点和原则，掌握常用中医养生保健方法，能运用中医保健知识为养生对象实施养生保健指导，为今后的老年工作打下坚实的中医基础
老年社会工作实务	54	27	27	2.5	通过本课程的学习，使学生掌握促进人们的福利、帮助改善环境对老年人的负面影响的知识、价值和技巧，具体包括社会工作实务的价值观、理论模式、接案期、预估期、计划期、介入期、评估期、结案期等几大环节，以及家庭社会工作
自理照护	24	0	24	1	通过本课程的学习，让学生深入养老机构、老年社区等场所，在校内外老师的指导和带领下，能够分组策划不同的主体活动
失能照护	24	0	24	1	通过本课程的学习，让学生掌握失能老年人的照护技能，并通过考试获得老年照护职业技能等级证书
失智照护	24	0	24	1	通过本课程的学习，让学生掌握失智老年人的照护技能，并通过考试获得失智老年人照护职业技能等级证书
介助照护	24	0	24	1	通过本课程的学习，让学生掌握并强化对老年日常康复器具的使用，能够独立进行医院老年康复科走访，让学生对老年康复护理的相关课程内容进行实践
安宁照护	24	0	24	1	通过本课程的学习，让学生掌握舒缓疗护技术、安宁心理护理技术、哀伤辅导技术等技能
现代养老产品研发	24	0	24	1	通过本课程的实训，让学生掌握三维建模技术、机械设计与制作技术、智慧养老服务技术等现代养老产品研发技能

4. 职业技能课程（集中实践课程）

专业	课程名称	课程安排	教学目标
智慧健康养老服务与管理	健康与养老产业创新创业教育	1周	通过该实训环节，将创新教育、创业教育及专利知识融入职业教育的教育活动过程中，提高学生的创新能力，培养学生的创新精神，增强毕业生自主就业及创业能力，提高学生的就业质量和创业竞争力
	校外专业实践活动	1周	通过该实训环节，组织学生校外参观、调查等使学生熟悉智慧健康养老服务与管理的发展现状及趋势、学生能够胜任的岗位、工作环境及所需要的职业素质和能力、把握行业动态及前景
	顶岗实习	34周	顶岗实习是综合应用学到的老年服务知识与技术技能，进行实际上岗前的综合实地训练，通过该实训环节，掌握智慧健康养老服务与管理相关岗位的特点，掌握老年服务相关的基本技术和技能，并在实习的基础上，结合实习中体验到的岗位、行业中的经验和问题进行总结，完成顶岗实习报告

专业	课程名称	课程安排	教学目标
康复治疗技术	专业实习	0.5周	专业实习是组织学生到医院见习，熟悉康复工作环境，以便同学们从大一开始就对自己将来的就业环境、服务对象、工作内容有更深入的了解。通过该实训环节，帮助学生建立康复职业理想，培养康复职业精神和职业素养
	专业技能实践	7周	专业技能实践是组织学生在校内实训室或到符合教学条件的医院临床学习，完成运动治疗技术、人体运动、传统康复治疗技术、康复工程技术、儿童康复评定技术等的实践学习。通过该实训环节，将康复专业理论和实践工作相结合，提高职业素养，增强服务意识，强化专业基础技能
	顶岗实习	36周	通过该实训环节，熟悉各种常用的残疾人、慢性病病人、老年患者、儿童患者的康复方法，掌握物理治疗技术、作业治疗技术、运动治疗技术、言语治疗技术等康复常用技术。掌握仪表、仪态、举止、语言、动作等良好的礼仪行为，养成良好的职业态度与修养。在康复治疗过程中与患者能进行良好沟通，使康复评估、治疗措施得到执行。熟练掌握康复的各种操作技术，掌握生命体征的观察方法和病情的观察，认识常见疾病的表现，能将康复与医学、临床医学知识进行有机联系，熟悉常见治疗方法和技术，制订恰当的治疗方案
护理	专业基础技能实践	4周	通过该实训环节，组织学生到符合教学条件的医院临床见习，完成基础护理实践、内科护理实践、外科护理实践等课程的教学大纲规定的学习任务。通过实践，将护理专业理论和护理实践工作相结合，提高职业素养，增强服务意识，强化专业基础技能
	顶岗实习	36周	通过该实训环节，组织学生到符合教学条件的二级甲等以上综合性医院、专科医院顶岗实习，完成实习大纲规定的学习任务。通过实习，将护理专业理论和护理实践工作相结合，完成从学生向合格临床护理工作者的角色转变，全面提高职业素养，增强服务意识，提升专业技能，适应临床护理工作岗位要求
民政服务与管理	民政演讲与主持	4周	通过该实训环节，加深学生对演讲与主持重要性的认同和了解，帮助学生了解演讲与主持所需要掌握的知识与技巧，提升学生民政演讲与主持的能力，培养其自信心、表达力
	人力资源平台实践训练	4周	通过该实训环节，提高学生对于人力资源部门的软件的操作能力，进一步熟悉人力资源部门的操作流程和劳动方面的政策法规实务
	民政综合事务培训	4周	通过该实训环节，使学生通过相关训练和实际上岗操作，了解和掌握民政行业管理基础知识；熟悉民政行业基本业务，掌握民政行业工作操作技能；培养参与民政行业工作，解决民政行业工作实际问题的能力
	社区综合服务	4周	通过该实训环节，使学生提高对社区治理专业知识学习运用、提升社区治理能力以及社区治理职业素质的培养，具有高素质社区治理从业人员所必需的社区事务处理的能力
	顶岗实习	24周	通过该实训环节，让学生全面系统地掌握婚姻管理登记、收养登记、低保管理、社会救助、社会组织管理、地名区划管理的操作程序及对常见问题的处理，使学生具备民政行政管理及社会福利服务的能力
社会工作	认知实习	1周	通过该实训环节，使学生了解社会工作的行业动态和发展前景，了解对口专业的岗位设施和岗位职责，加深对本专业的了解，培养专业认同感
	个案会谈工作坊	1周	通过该实训环节，采用团队体验式、角色扮演等方式，引导学生逐渐感受进入自己与他人内心的过程，提升学员感知力、洞察力和共情的能力，帮助学生快速掌握个案会谈的操作手法及技巧。并通过学生现场练习、老师现场督导，针对学生的特殊情况进行"个案"示范、处理，并根据个案情况进行课堂交流讨论以及理论解读

专业	课程名称	课程安排	教学目标
	拓展与历奇辅导	4 周	通过该实训环节，培养学生团结一致、密切合作，克服困难的团队精神；培养计划、组织、协调能力；培养服从指挥、一丝不苟的工作态度；增强学生之间的相互信任和理解
	顶岗实习	20 周	通过该实训环节，使学生熟练掌握社会工作的服务技巧；整合运用社会工作的个案工作技巧、小组工作技巧和社区工作技巧开展服务；熟练掌握社会工作行政的基本知识开展行政工作；使学生对所观察到的社会现象加以提炼，能够形成规范的专业顶岗实习报告

5. 证书及绿色技能要求

（1）建议 3 年期间获得的职业技能等级证书、职业资格证书名称及要求

专业	职业资格证书	要求	对应专业课程
老年服务与管理专业群	老年照护职业技能等级证书	具备老年人能力评估、安全防护、日常生活照护、疾病照护、功能障碍照护、安宁照护、照护组织与管理等知识和技能，具备良好的沟通表达能力和突发情况应急处理能力、具有职业责任感和职业道德，尊老、敬老、孝老，服务意识强	常见老年疾病护理与照护、老年人基础照护、智慧健康养老照护、智慧老年康复护理、自理照护、失能照护、安宁照护
	社会心理服务职业技能等级证书	能够掌握良好的心理沟通技巧，充分应用干预技术，完成压力与应激管理、情绪康复管理、伦理认知管理工作，并对个体情绪及行为和群体心理健康需求进行综合心理评估；能够充分使用社会心理服务专业知识，独立完成社会心态调研、协助制订和实施社会心态培育方案，并进行心理危机评估与管理，进而指导个体和团体消除负面情绪，促使团体采取积极行动，建立和谐人际关系，形成积极社会心态	大学生心理健康教育、传统康复治疗技术、老年心理学
要求	建议学生可以取得以上职业证书中的 1 项		
智慧健康养老服务与管理	老年护理服务需求评估职业技能等级证书	具备老年护理服务需求评估职业技能等级证书要求的知识和技能，为有需求的老年人提供日常生活活动能力、认知能力、精神状态等健康状况测量与评估，具备一定的观察能力、分析能力、理解能力、计算能力以及信息与数据处理能力，具有较强的语言表达与沟通能力、评价判断能力	常见老年疾病护理与照护、老年人基础照护、智慧健康养老照护、智慧老年康复护理、失能照护、安宁照护
	健康照护师职业资格证书	健康照护师是运用基本医学护理知识与技能，在家庭、医院、社区等场所，为照护对象提供健康照护及生活照料的人员。具有一定的学习、理解、分析、判断和计算机能力；具有较强的语言表达与沟通能力；空间感和形体知觉能力较强；视觉、听觉正常；四肢灵活，动作协调；具有一定健康管理和生活照料知识和技能	常见老年疾病护理与照护、老年人基础照护、智慧健康养老照护、智慧老年康复护理、失能照护
要求	建议学生可以取得以上职业证书中的 1 项		
康复治疗技术	健康管理师职业资格证书	运用营养学、医学以及相关学科的专业知识，遵循健康科学原则，通过健康咨询的技术与方法，为咨询者解决健康问题	正常人体结构与功能、康复评定技术、神经康复技术

专业	职业资格证书	要求	对应专业课程
	失智老年人照护职业技能等级证书	具备失智老年人能力评估、身体综合照护、认知功能促进、功能维护与重建、健康促进照护、技术指导与创新等知识和技能，具备良好的沟通表达能力和突发情况应急处理能力、具有职业责任感和职业道德，尊老、敬老、孝老，服务意识强	正常人体结构与功能、基础护理、失智照护
	幼儿照护职业技能等级证书	能对幼儿进行日常生活照料、安全防护、日常保健、早期发展指导的行为活动	康复评定技术、传统康复治疗技术
要求	建议学生可以取得以上职业证书中的1项		
护理	护士执业资格证书	掌握护士执业活动中常见的护理工作任务。包括：护理患者，满足患者基本需求，协助治疗的相关任务，沟通协调活动，评估评价活动，保证患者安全，健康指导，伦理、法律活动等	健康评估、基础护理、临床综合护理
	失智老年人照护职业技能等级证书	具备失智老年人能力评估、身体综合照护、认知功能促进、功能维护与重建、健康促进照护、技术指导与创新等知识和技能，具备良好的沟通表达能力和突发情况应急处理能力、具有职业责任感和职业道德，尊老、敬老、孝老，服务意识强	正常人体结构与功能、基础护理、失智照护
要求	要求学生获得护士执业资格证书，建议学生获得失智老年人照护职业技能等级证书、医养个案管理职业技能等级证书等证书中的1项		
民政服务与管理	秘书执业资格证书	要求具备较强的文字与语言表达能力、综合协调与合作能力、逻辑思维与分析能力等。能从事办公室程序性工作、协助领导处理行政事务及日常事务，并为领导决策及其实施提供服务的人员，包含了接待工作、档案工作、文书拟写与处理、会议组织、信息工作、办公室日常事务以及协调工作等	民政工作、民政秘书事务
	失智老年人照护职业技能等级证书	具有良好的职业道德和职业规范，熟练掌握对失智老年人日常生活料理流程以及生理与心理护理技能，能够为失智老年人提供良好的生活和社会支持	失智照护
	社区治理职业技能等级证书	熟练掌握社区治理主体、目标、内容与运行过程等，有效促成政府、社区组织、居民及辖区单位、营利组织、非营利组织等基于市场原则、公共利益和社区认同，协调合作，有效供给社区公共物品，满足社区需求，优化社区秩序的过程与机制	社区治理
要求	建议学生可以取得以上职业证书中的1项		
社会工作	失智老人照护职业技能等级证书	具有良好的职业道德和职业规范，熟练掌握对失智老人日常生活料理流程以及生理与心理护理技能，能够为失智老人提供良好的生活和社会支持	失智照护、老年社会工作实务
	社区治理职业技能等级证书	熟练掌握社区治理主体、目标、内容与运行过程等，有效促成政府、社区组织、居民及辖区单位、营利组织、社会组织等基于市场原则、公共利益和社区认同，协调合作，有效供给社区公共物品，满足社区需求，促进社区和谐与稳定	社区社会工作、城乡社区治理与服务
要求	建议学生可以取得以上职业证书中的1项		

（2）绿色技能课程及选修课程

专业	课程名称	学时	学分	教学目标
护理	正常人体结构与功能	88	4.5	通过本课程的学习，培养学生掌握解剖学姿势和方位术语，细胞、组织、器官、系统的构成，正常人体各系统器官的形态、结构特征、位置、毗邻关系及所表现的各种生命活动规律。具备认识人体各种生命现象的产生机制，以及机体内、外环境变化对生命活动的影响；掌握测量血压、正确识别正常心电图、血型鉴定等技能，为康复、护理治疗专业人员的培养及学好其他学科知识打下坚实的基础
	健康评估	48	2.5	通过本课程的学习，培养学生掌握医学基础课程、护理学基础课程过渡到临床各专科护理课程之间的桥梁课程。包括问诊、常见症状评估、体格检查、心理及社会评估、实验室检查、心电图检查、医学影像学检查的基本方法，以及资料分析与护理诊断和护理病历书写
	临床综合护理	370	15	通过本课程的学习，要求学生掌握内科、外科、妇产科、儿科的基本理论、基本知识及常见疾病患者的护理措施。熟悉常见疾病患者的护理评估、护理诊断并制订护理计划。了解内科、外科、妇产科、儿科护理的概念、范畴和发展趋势。具有对内科、外科、妇产科、儿科等常见疾病患者进行整体护理的能力，具有常见护理技术的操作能力
	基础护理	128	7	通过本课程的学习，学生应掌握护理学的基本概念、护理学相关理论、护理学理论、护理程序、卫生服务体系、健康教育、多元文化与护理等方面的知识；能够掌握医院和住院环境、患者入院和出院护理、患者卧位与安全的护理、医院感染的预防与控制、患者清洁的护理、舒适的护理、生命体征的观察及护理、饮食与营养、排泄护理、药疗技术、静脉输液与输血法、冷热疗技术、标本采集、危重患者的抢救及护理、临终护理、护理相关文件记录等相关技能
民政服务与管理	社会救助实务	64	3.5	通过本课程的学习，让学生掌握城乡低保、医疗救助、教育救助、住房救助、法律援助的基本条件、程序和方法。并能运用理论知识及相关政策解决实际工作中的问题
	婚姻与收养实务	64	3.5	通过本课程的学习，让学生掌握结婚登记、离婚登记及收养登记的基本条件、程序，运用所学知识解决实际工作中的相关问题
	民政工作	76	4	通过本课程的学习，让学生能够系统、完整地了解与掌握民政的基础知识和基本理论，培养学生从事民政工作的基本能力，让学生初步具有热爱民政事业、钻研民政业务的兴趣，成为志愿献身民政事业的专业人员
社会工作	小组社会工作	76	4	通过本课程的学习，使学生掌握三部分内容：第一部分介绍个案工作的基础知识，第二部分介绍个案工作的方法和技巧，第三部分介绍个案工作的主要理论模式，重点介绍几个有影响的理论模式
	社区社会工作	76	4	通过本课程的学习，让学生掌握社区社会工作的概念、功能、历史沿革、价值体系和理论基础，以及社区工作的基本原则、方法、模式与技巧，服务城乡社区。其绿色技能体现在通过服务，促进绿色社区的形成与发展
	社会组织管理	54	3	通过本课程的学习，使学生掌握社会组织管理的基础知识与基本技能，特别是充分利用信息化管理手段，促进无纸化办公，提高社会组织管理效率
	数据统计与分析	36	2	通过本课程的学习，使学生掌握数据统计与分析的基础知识与基本技能，提高数字化数据收集与处理能力

八、实施保障

（一）师资队伍

老年服务与管理专业群拥有一支110余人的专兼结合、结构合理的教师队伍。聘请来自行业的优秀兼职专家、能手与校内专职教师共同承担课程教学任务，并且重视对教师的双师素质培养。专业群带头人原则上应具有正高以上职称，能够很好地把握国内外行业、专业发展，能广泛联系行业企业，了解行业企业对专业群人才的实际需求，教学设计、专业研究能力强，组织开展教科研工作能力强，在本区域或本领域具有较高的专业影响力。专业带头人由高级职称教师担任，能够把握好国内外行业、专业发展的动态，能够把握行业企业对专业人才的实际需求，组织开展教学科研工作能力较强，在专业建设、课程建设、教学能力和信息化技术方面有一定的经验。专任教师具有高校教师资格，有理想信念、有道德情操、有扎实学识、有仁爱之心，均具有本科及以上学历，具有扎实的本专业相关理论功底和实践能力，具有较强的信息化教学能力，能够开展教学改革和科学研究，定期进行行业实践。兼职教师均从重点养老企业、医疗机构、社会机构等聘请，具有良好的思想素质、职业道德和工匠精神，具有扎实的专业知识和丰富的实际工作经验，均具有中级及以上的职称，能够承担专业课程教学、实习实训指导等教学任务。

智慧健康养老服务与管理专业拥有校内专兼职教师12人，其中具有副高以上职称的教师4人，讲师5人，助教3人，中青年骨干教师5人，"双师"素质教师比例90%以上；全部教师均具有硕士及以上学历，其中博士1人；聘请来自行业的优秀专家和能手承担相应的专业核心课程的讲座、技能操作及授课任务，教学时数比例达50%左右。

康复治疗技术专业拥有专兼职教师33人，其中学校专任教师11人，兼职教师22人；专业带头人1人，中青年骨干教师8人，"双师"素质教师比例100%；正高职称1人，副高职称3人，中级职称3人，初级职称4人，博士2人，硕士7人，本科2人；承担核心课程的兼职教师5人。

护理专业拥有专兼职教师30人，其中学校专任教师15人，兼课5人，行业兼职教师10人。校内专任及兼课教师20人，"双师"素质教师比例100%；正高职称1人，副高职称8人，中级职称9人，初级职称2人，博士3人。

民政服务与管理专业拥有专兼职教师15人，其中学校专任教师9人，兼职教师6人；专业带头人1人，骨干教师4人，具有"双师"素质教师10人。

社会工作专业拥有专兼职教师20人，其中学校专任教师16人，兼职教师4人；教授2人，副教授5人，讲师8人，助教1人；重庆英才名师名家1人，校级名师（后备人选）2人，专业带头人1人，骨干教师12人，"双师"素质教师比例80%。

（二）教学设施

1. 校内实践教学场地介绍

专业	实验室、实训基地（中心）的名称	完成的实践教学内容	备注
智慧健康养老服务与管理	老年照护实训室	进行失能失智老年人生活照护、基础照护、康复照护、心理照护、急救等技能的情景仿真模拟训练	实践教学
	营养与膳食实训室	进行老年人的膳食制备、特殊营养餐的制备、老年人的膳食烹饪等技能训练	
	智慧机构养老实训室	进行机构养老环境认知、机构养老服务流程、服务项目实施与管理、养老机构信息化管理系统运用等情景仿真模拟训练	
	智慧养老产业经营与管理实训室	进行老龄产业项目认知、养老产品展示与应用、智慧养老技术应用等情景仿真模拟训练	
	老年活动策划实训室	进行老年社会工作的策划、组织、过程控制、活动开展、评估等技能的情景仿真模拟训练	
	智慧社区居家养老实训室	进行社区居家养老环境认知、社区居家养老服务流程、服务项目实施与管理、社区居家养老服务系统运用等情景仿真模拟训练	
康复治疗技术	康复评定实训室	开展运动控制障碍的评定、人体形态学测量、关节活动度测量、肌力评定、反射检查、步态分析、平衡功能的评定；运动控制障碍的评定、人体形态学测量、关节活动度测量、肌力评定、反射检查、步态分析、平衡功能的评定等实训项目	实践教学
	正常人体结构实训室	开展人体组织切片观察、运动系统观察、人体内脏器官观察、人体心血管和淋巴系统观察、人体神经系统的观察等实训项目	
	机能综合实训室	开展人体心电图、血型鉴定、血气分析、血红蛋白测量、刺激强度、频率对骨骼肌收缩的影响、神经干动作电位及其传导速度的测定、神经干不应期测定、骨骼肌兴奋时的电活动与收缩的关系、肌梭传入冲动的测定、记忆测定、脑功能评定等实训项目	
	言语治疗实训室	开展承担构音障碍，吃、瘫后的吞咽障碍等常见疾病的实训操作	
	物理因子实训室	利用物理原理，通过力与声、光、电、磁等物理因子刺激人体产生生理效应，以改善血液、淋巴循环、缓解肌肉痉挛等功能。该实训室有神经损伤治疗仪、中频治疗仪、紫外线治疗仪等设备，可开展中频治疗、脑神经功能重建等疾病的实训操作练习	
	作业治疗实训室	作业治疗实训室的实践教学内容是应用有目的的、经过选择的作业活动，帮助有身体功能障碍的患者进行评价、治疗和训练操作。这些实践旨在提高他们的生活自理能力和劳动技能	
	运动治疗实训室	让学生了解临床上如何利用相关仪器设备改善机体对运动的耐力以及如何进行机体的平衡等治疗的操作，徒手治疗以预防和治疗肌肉萎缩、关节僵直等疾病	
	健康检体实训室	进行基础病检查，通过心肺听诊、腹部触诊的实训方式进行常见病的检查练习	
	感觉统合实训室	进行运动迟缓、脑外伤、癫痫等疾病的肌力及本体觉的训练，儿童、成人智力评估等实训项目的开展	

专业	实验室、实训基地（中心）的名称	完成的实践教学内容	备注
	心理照护实训室	心理课程训练项目，团体、个人焦虑、紧张、压力的心理疏导演练	
	心理咨询实训室	对心理有问题的个体或团体进行咨询，开展沙盘治疗与其他心理咨询技术的学习实训	
	传统康复实训室（一）	开展针刺、灸法、按摩、拔罐等实训项目，学生创新创业平台——康复保健吧，为全校师生提供康复治疗	
	传统康复实训室（二）		
护理	健康评估实训室	身体评估技术、心电图测量技术、健康评估技术；心脏听诊、肺脏听诊的教学、练习与考核；腹部触诊的教学、练习与考核等	实践教学
	基础护理实训室	铺床技术、患者转运技术、清洁卫生护理技术、消毒灭菌技术、无菌技术、隔离技术、生命体征测量技术、肌内注射技术、静脉输液技术；导尿、灌肠、鼻饲、冷热应用护理技术等	
	内科护理实训室	三腔二囊管压迫技术、血糖检测技术、胰岛素笔注射技术、监护仪监护技术；头面颈评估、胸部评估、腹部评估、神经反射评估、心电图检查等	
	外科护理实训室	备皮技术，胃肠减压技术，切开、止血、缝合、拆线等护理配合程序，T管引流、胸腔闭式引流、造瘘口护理等	
	妇产科护理实训室	女性生殖系统解剖结构及分娩机制识别、正常妊娠期孕妇护理技术、指导母乳喂养技术、胎儿监护技术、妇科检查护理技术等	
	儿科护理实训室	儿科护理一般测量技术、更换尿布技术、臀部护理技术、小儿静脉输液技术、婴儿沐浴技术、小儿心肺复苏技术、婴儿抚触技术等	
	急救护理实训室	院前急救与护理、常用急救技术、重症监护、临床常见急症救护、急性中毒患者的救护、意外伤害患者的紧急救护等	
	模拟重症监护室	重症病人监护、重症护理技术及抢救仪器设备的使用，如心电监护技术、人工气道护理技术、呼吸机管道护理技术、除颤技术、输液泵和注射泵使用技术等	
	养老综合实训中心	老年人睡眠照料、排泄照料、饮食照料、清洁照料等，预防褥疮护理，用药护理，老年人常见疾病护理技术等	
	老年健康照护实训室	健康信息收集、健康数据分析、健康风险评估、健康指导技术、慢性病管理、老年人健康管理等	
	心理照护实训室	心理档案管理、认知功能障碍的评定、心理评定、心理疏导等	
	康复评定实训室	心肺功能训练、肌力训练、关节被动运动、关节主动运动、体位排痰技术、平衡功能训练、站立训练、行走训练、翻身训练等	
	形态综合实训室	人体组织切片观察、运动系统观察、人体内脏器官的观察、循环系统观察、泌尿生殖系统观察、神经系统观察等	
民政服务与管理	民政综合实训室	社区治理、社区服务、民间组织登记、城乡低保、灾害救助操作等	实践教学
	民政业务实训室	婚姻登记、收养登记、福利彩票经营管理、民政服务礼仪、民政演讲口才训练	

专业	实验室、实训基地（中心）的名称	完成的实践教学内容	备注
社会工作	长者精神照顾实训室	长者音乐、绘画、园艺治疗训练	实践教学
	社区治理实训室	社区工作方案设计、居民接待、访谈、矛盾调解等专业技能的模仿训练；小组工作的策划、组织、过程控制、活动开展、小组评估等专业能力的模仿训练	
	家庭治疗实训室	家庭教育、家庭个案辅导、家庭亲子活动策划和实施	
	医务社工实训室	医务社会工作、残障康复训练	
	社会工作综合实训室	社会工作培训设计、素质拓展模拟训练	
	创新创业孵化基地	老年服务与管理专业群发展指导、创新创业实践、社会工作服务项目设计	
	生命关怀实训室	生命教育角色体验、小组工作项目活动	
	社会调查研究实训室	社会调查方法课程教学、社会调查项目档案资料录入、分析和评估	
	虚拟仿真实训室	社区矫正情景模拟、个案工作的接案、面谈、诊断、演示、评估以及心理咨询等专业能力的模仿训练	
	四叶草社会工作服务站	小区便民服务登记、管理、实施，专业课程实习实践活动	实践教学、跟岗实习

2. 校外实践教学基地介绍

专业	校外实习基地名称（企业名称）	完成的实践教学内容	备注
智慧健康养老服务与管理	重庆医科大学附属第一医院青杠老年护养中心	老年人生活照护、基础照护、康复照护、心理照护、膳食制备、养老环境认知、服务项目实施与管理、养老机构信息化管理等	课程见习、岗位实习
	重庆宏善养老产业有限公司		
	重庆市第一社会福利院		课程见习
	重庆市海吉亚医院		
	九如养老集团有限公司		岗位实习
	重庆龙湖椿山万树养老		
	北京万科养老（幸福汇）有限公司		
	北京海航嘉盛养老服务有限公司		

续表

专业	校外实习基地名称（企业名称）	完成的实践教学内容	备注
康复治疗技术	重庆渝西医院	康复训练与评估、疾病的训练操作练习、康复治疗、学生人文素质培养	课程见习
	重庆市海吉亚医院		
	重庆市残疾人综合康复服务中心	提供临床疾病预防及治疗、康复专业技能培养	
	重庆市江北区中医院		
	重庆合展养老产业发展有限公司		
	深圳宝安社会福利中心	提供职业综合能力培养	岗位实习
	陆军军医大学附属西南医院		
	陆军军医大学附属新桥医院		
	重庆医科大学附属第二医院		
	重庆市荣昌区中医院		
	重庆医科大学附属第一医院		
	重庆市綦江区人民医院		
	重庆市第六人民医院		
	重庆市第九人民医院		
	西南大学校医院		
护理	重庆市人民医院	内科护理、外科护理、妇产科护理、儿科护理、老年护理、急救护理、康复护理等	岗位实习
	重庆市渝北区人民医院		
	重庆市九龙坡区人民医院		
	重庆市巴南区人民医院		
	重庆市两江新区人民医院		
	重庆市江津区中心医院		
	重庆市铜梁区人民医院		
	重庆市綦江区人民医院		
	重庆市大足区人民医院		
	重庆市开州区人民医院		
	重庆市第七人民医院		
	重庆市第十三人民医院		
	成都市新都区第三人民医院		
	成都双楠医院		
	重庆市海吉亚医院	内科护理、外科护理、老年护理、康复护理、急救护理	课程见习

专业	校外实习基地名称（企业名称）	完成的实践教学内容	备注
	中国人民解放军联勤保障部队第九二〇医院	内科护理、外科护理、老年护理、康复护理、急救护理等	岗位实习
	重庆市九龙坡区第二人民医院		
	重庆市荣昌区人民医院		
民政服务与管理	重庆市民政局	民政工作	课程见习 岗位实习
	重庆青松养老公寓	福利机构经营与管理	
	渝中区启音听力康复中心	民政秘书实务	
	重庆兴民社会工作服务中心	社区治理	
	重庆绿荫社会工作服务中心	社会工作项目策划	
	重庆慈众社会工作服务中心	社会组织管理	
	重庆市南岸区南坪镇康德社区居民委员会	社区综合服务	
社会工作	重庆仁爱社会工作服务中心	社区社会工作、老年社会工作	岗位实习、认知实习
	重庆兴民社会工作服务中心	社区社会工作、儿童青少年社会工作、家庭社会工作、农村社会工作	
	重庆市冬青社会工作服务中心	社区矫正社会工作、医务社会工作	岗位实习、认知实习
	重庆市民悦社会工作服务中心	社区社会工作、老年社会工作	
	重庆仁怀社会工作服务中心	儿童青少年社会工作、学校社会工作	岗位实习、认知实习
	重庆慈众社会工作服务中心	社区社会工作、儿童青少年社会工作、老年社会工作	岗位实习
	重庆市万州明爱社会工作服务中心	社区社会工作、学校社会工作、老年社会工作	
	重庆市第三社会福利院	老年社会工作	岗位实习、认知实习
	重庆绿荫社会工作服务中心	社会组织管理、家庭社会工作	
	重庆市慧灵残障人士援助中心	残疾人社会工作	

（三）教学资源及教学方法

老年服务与管理专业群选用符合本专业群人才培养目标及课程教学要求，体现新技术、新工艺、新规范的高质量教材，优先选用国家级规划教材和校本教材；充分利用图书文献、网络在线资源开展课堂教学，鼓励利用智能化教学资源开展线上线下混合式教学改革。充分利用学生反馈信息、与学生课后交流、学生座谈会、学生对课程建议、课程评估问卷调查表等方法对教学方法和质量进行诊断并螺旋式改进。在未来几年的建设过程中，将建成国家精品在线开放课程与省部级在线开放课程，同时，将爱国情怀、人文关怀等融入养老专业课程，开展有温度的课程思政，践行"青年红色筑梦之旅"。

1. 课外职业素质培养讲座的内容与时间安排

专业群	讲座内容	时间安排	备注
老年服务与管理专业群	我国老龄化的现状及其发展演变	第一学期	由校内教师或行业专家进行专题讲座
	老年服务行业的现状和发展前景	第一学期	
	"工匠精神"引领高职院校学生素质教育	第二学期	
	老年康复护理、老年保健及老年医学基础讲座	第三学期	
	老年康复护理	第三学期	
	失能照护、介助照护讲座	第六学期	
	现代养老产品研发讲座	第六学期	
	职场安全	第六学期	
	专业群职业规划	第六学期	
康复治疗技术专业	ICF 理念下的康复治疗技术发展	第二学期	
	OT 技术的新发展	第三学期	
	PT 技术的新发展	第四学期	
护理专业	护士成长之路	第四学期	
社会工作专业	社会工作与乡村振兴	第六学期	
	社会工作与基层社会治理	第六学期	

2. 三学期教学安排说明

专业	学期	教学安排	备注
老年服务与管理专业群	第三学期	开展老年服务与管理专业群发展指导、专业发展概况相关讲座；开设老年康复护理、老年医学基础讲座一次	学生空余时间可以参加学校组织的公共选修课学习及其他教学活动
	第六学期	对学生进行职场安全与健康、专业群职业规划的讲座与指导	
	第七学期	毕业教育	
智慧健康养老服务与管理	第三学期	开设健康与养老产业创新创业教育、老年服务与管理专业群发展指导等课程、组织学生前往重庆医科大学附属第一医院青杠老年护养中心参观学习	
	第六学期	开设现代养老产品研发技能、介助照护技能、安宁照护技能、自理照护技能等课程，开展"顶岗实习"，组织学生进行老龄产业的行业调研活动，本行业的企业成员共同参与	
	第七学期	根据学生的毕业实习情况，指导学生撰写顶岗实践报告	
康复治疗技术	第三学期	安排课程康复护理实践、人体运动、见习一、正常人体结构实践的实践活动	
	第六学期	安排课程传统康复治疗技术操作、康复工程实践、儿童康复评定、运动治疗技术操作的实践活动	
	第九学期	安排学生到相关单位实习	

专业	学期	教学安排	备注
护理	第三学期	安排基础护理实践和医院认知实习等临床实践活动	
	第六学期	安排内科护理实践、外科护理实践等临床实践活动	
	第九学期	学生在实习单位实习基本结束，此期完成顶岗实习报告，并准备护士执业资格考试	
民政服务与管理	第三学期	安排实践课程认知实习、民政演讲与主持	
	第六学期	安排实践课程跟岗实习、民政综合事务培训、社区综合服务、人力资源管理实践训练	
	第九学期	安排学生顶岗实习，指导学生撰写顶岗实习报告，安排毕业教育，同时进行就业辅导	可选择在实习工作中表现优异的学生与专业毕业学生进行经验交流
社会工作	第三学期	个案会谈工作坊、认知实习（含老年医学基础）	专题讲座、工作坊、实地参访
	第六学期	拓展与历奇辅导、跟岗实习	专题讲座、参与式体验、实地参访
	第九学期	顶岗实习	专题讲座、个别辅导

（四）学习评价

1. 课程评估方法

专业	课程评估方法
智慧健康养老服务与管理	1. 利用课程能力单元的学生反馈信息表；2. 经常与学生进行课后交流沟通了解课程完成情况；3. 召开学生座谈会；4. 鼓励学生经常对课程提出建议的形式；5. 制作课程评估问卷调查表；6. 学生思政素养提升评估方法
康复治疗技术	
民政服务与管理	
社会工作	
护理	1. 采取形成性评价与总结性评价相结合，理论与实践并重，多元评价主体、多元评价内容、多元评价方式对学生课程学习效果进行考核评价。2. 课程教学过程中，结合课前、课中、课后学习任务完成度、知识检测与技能考核结果，实施动态的、适时的监测与反馈，调动学生学习的主动性、积极性和创造性。3. 在期中、期末进行理论和操作考试，反映学生阶段性学习成效

2.学习者能力鉴定方法

专业	课程名称	鉴定方法与程序
智慧健康养老服务与管理	智慧养老产业经营与管理	期末考试+实践教学环节表现
	智慧健康养老机构管理与实务	
	智慧老年健康咨询与管理	
	智慧健康养老照护	
	老年营养与膳食	
	智慧老年康复护理	
	老年活动策划与设计	
康复治疗技术	康复评定技术	由学校教师与行业技术骨干共同给出场景，学生作出反应，根据反应的准确程度、流畅程度等进行评定。由教师与行业技术骨干对学生进行现场操作评定
	运动治疗技术	
	物理因子治疗技术	
	作业治疗技术	
	传统康复治疗技术	
	言语治疗技术	
	神经康复技术	
护理	健康评估	采取作业评价、操作考核、理论考试等相结合的方法进行综合鉴定
	基础护理	
	用药护理	
	急危重症护理	
	临床综合护理	
	社区护理	
民政服务与管理	彩票管理实务	采用笔试、实操、作业、报告等方法进行考核
	婚姻与收养实务	
	福利机构运营与管理	
	社会福利服务	
	社区服务项目策划与实施	
	社区治理	
	民政工作	
	社会救助实务	

专业	课程名称	鉴定方法与程序
社会工作	社会工作项目设计与评估	采用笔试、实操、作业、报告等方法进行过程式考核
	社会工作行政与管理	
	小组社会工作	
	个案社会工作	
	社区社会工作	
	社会调查方法	
	社会工作导论	

（五）质量管理

教学质量的保障与监控是专业群良性发展的重要基础，是提高教育教学质量，增强自我约束和自我发展能力的基本保障，紧跟学校的质量监控与保障举措，形成规范有效的教学质量保障与监控体系。主要内容包括：厘清专业群的办学定位与办学思路，制定符合老龄产业创新人才培养模式，确立专业群人才培养目标，加强专业群建设、课程建设、实习实训基地建设、教学团队建设、师资队伍建设，把控教学管理、课程设计、毕业设计、顶岗实习、职业资格能力、毕业生质量等各个方面。构建"三位一体"教学质量监控保障体系，从质量标准、监控管理、评价实施三个方面开展制度建设和质量监控工作，以保证教学质量和人才培养质量的不断提升。

1. 质量管理途径

（1）通过日常教学检查，教学过程常态监测，开学初、期中和期末定期检查，教师教学信息反馈和学生学习信息反馈等渠道，及时了解和掌握教学中存在的问题，并及时寻求对策，进行纠正和调控。

（2）对所有教学活动、教学环节、教材选取、教研教改方案等进行随机性的检查督导。

（3）对课堂教学、实践教学、教学常规管理、教学质量监测、专业与行业企业对接交流、顶岗实习、毕业生就业质量等方面的工作进行专项目标监控评价。

2. 质量管理方式

（1）通过专项检查、不定期抽查等手段，有目的、有计划地对教师的教学态度、教学水平和专业实践能力，学生专业技能的掌握和综合素质的提高进行监控与评价。

（2）根据设计好的访谈问题或提纲，通过个别谈话、集体座谈、专题研讨等方式，有目的、有计划地了解学生学习情况、教师教学情况。

（3）通过书面问卷调查形式、学生家长问卷调查等方法，有目的、有计划地了解学生学习情况，了解对教师教学情况等相关内容的评价反馈。

（4）以教学班级为单位建立教学信息员制度，加强对教学工作的信息反馈，及时了解教师和学生教与学的状况，进一步完善教学质量保障体系，充分发挥学生参与教学管理和自我管理、自我教育的主体作用。

3.质量管理目的

（1）加强人才培养方案修订。为了保证教学质量，专业群每年进行专业人才需求与改革调研，探索并分析专业岗位能力，并邀请来自行业的专家和兼职教师共同商讨人才培养方案的修订。

（2）强化专业评价和督导。专业群严格执行学校的教学督导听课制度和学生教学信息员制度，开展学院领导督导教学、老教师带中青年教师、骨干教师带新进教师的互助活动，定期开展本专业兼职教师培训，召开专兼职教师交流会。在顶岗实习阶段，严格执行双督导制度，加强实习过程和效果监督。

（3）严把专业教材质量。在专业群开设课程教材的先进性、合理性、适应性等方面征求行业、教师、学生的意见和建议，并进行整理和归纳，严把专业课程教材关。

总之，应从学生入学开始，以学生为中心，以人才培养质量为主线，对人才培养方案、教学管理、课程标准、教学过程、课程考核、学籍管理、学生毕业的全过程进行把控，多方监控，同时依据相关部门的政策与文件，严格控制教学各个环节的质量标准，构建"三位一体"教学质量监控保障体系，制订科学合理的质量监控评价办法。

九、毕业要求

（一）通用要求

思想政治素质——拥护中国共产党的领导，拥护社会主义制度，坚定中国特色社会主义理想信念；树立正确的世界观、人生观、价值观、道德观和法治观；实现德智体美劳全面发展，成为中国特色社会主义的合格建设者和可靠接班人。

学业成绩——修完专业人才培养方案规定的各门课程达到合格标准，取得规定的最低毕业总学分135学分（包括公选课8学分）。

创新创业意识——参与各类创新创业活动，获得健康与养老产业创新创业教育必修课1.5学分。

素质拓展——获得重庆城市管理职业学院大学生素质拓展证书，并修满6学分；获得社会实践活动学分至少6学分。

职业素养——在工作和学习过程中能够诚信合作，爱岗敬业。

人文身心素养——具备一定的人文知识和审美能力，具有健康的体魄，完整的人格，良好的社会适应能力。

终身学习——具有自主学习和终身学习的意识，有不断学习和适应发展的能力，能及时了解专业群最新理论、技术及国际前沿动态；能认识不断探索和学习的必要性，具备终身学习的知识基础，掌握自主学习的方法，了解拓展知识和能力的途径；能针对个人自身特点或职业发展需求，采用合适的方法，自主学习，适应发展。

其他证书——获得全国高等学校非计算机专业计算机等级考试一级及以上证书，国家高等学校英语应用能力考试 B 级及以上证书。

（二）专业要求

专业	职业素养要求	第二课堂成绩单
老年服务与管理专业群	鼓励学生获得老年照护职业技能等级证书、社会心理服务职业技能等级证书	在完成第一课堂学习要求的基础上，至少修满 6 个"第二课堂成绩单"学分（其中："德育"不低于1.5学分，"智育"不低于1学分，其他模块均不低于0.5学分）
智慧健康养老服务与管理	鼓励学生获得老年护理服务需求评估职业技能等级证书、健康照护师职业资格证书	
康复治疗技术	鼓励学生获得健康管理师职业技能等级证书、失智老年人照护职业技能等级证书、幼儿照护职业技能等级证书	
护理	要求学生获得护士执业资格证书，鼓励学生获得失智老年人照护职业技能等级证书等	
民政服务与管理	鼓励学生获得孤残儿童护理员执业资格证书、人力资源管理师执业资格证书、社区治理职业技能等级证书	
社会工作	鼓励学生获得社区治理职业技能等级证书、失智老年人照护职业技能等级证书	

十、附录

附表一：教育教学活动按周时间分配表。
附表二：公共基础课程、专业课程模块教学进程表。
附表三：集中实践教学进程表。
附表四：专业课时、学分统计表。
附表五：专业育人元素集。
附表六：部分课程绿色理念（技能）与课程设置的联系。

附表一：教育教学活动按周时间分配表

学年	学期	课堂教学	集中实践教学			入学教育	毕业教育	机动	合计
			军训及国防教育	顶岗实习	其他集中实践				
一	一	16	2			1		1	20
	二	16							16
	三				4				4
二	四	19						1	20
	五	16							16
	六				4				4
三	七			19				1	20
	八			15			1		16
	九			4					4
合计		67	2	38	8	1	1	3	120

备注：生源类型为普高、三校生1。

附表二：公共基础课程、专业课程模块教学进程表

平台	模块	课程代码	课程名称	考核方式	学分	教学时数			按学期分配的周数及周学时								
						总计学时	讲授学时	实践学时	第一学年			第二学年			第三学年		
									一	二	三	四	五	六	七	八	九
									16	16	0	19	16	0	19	0	0
底层共享模块	公共基础领域	06030024	体育训练Ⅰ		1.5	32		32	2								
		06030025	体育训练Ⅱ		1.5	32		32		2							
		06030027	体育训练Ⅲ		2	38		38					2				
	人文通识类	06040041	实用英语Ⅰ	考试	3.5	64	32	32	4								
		06040042	实用英语Ⅱ	考试	3.5	64	32	32		4							
		0401010001	大学生信息技术基础		4.5	80	16	64	5								
		0601010003	大学语文（上）	考试	1.5	24	24		2		开课12周						
		0601010004	大学语文（下）	考试	1.5	24	24			2	开课12周						
		06020004	应用文写作		1.5	32	32		2								
			小计1		21	390	160	230	8	15	0	2	0	0	0	0	0

平台	模块	课程代码	课程名称	考核方式	学分	教学时数			按学期分配的周数及周学时								
						总计学时	讲授学时	实践学时	第一学年			第二学年			第三学年		
									一	二	三	四	五	六	七	八	九
									16	16	0	19	16	0	19	0	0
底层共享模块	公共基础领域	思想政治理论类	06010026	毛泽东思想和中国特色社会主义理论体系概论		3.5	64	64		4								
			06010016	思想道德修养与法律基础		3.5	64	64			4							
			1006010013	中国近现代史纲要		1	16	16					1					
			1006010016	习近平新时代中国特色社会主义思想概论		2.5	48	48		3								
			06010004	形势与政策Ⅰ		0.5	32			第1~2学期开设（第2学期录入成绩），16学时/学期								
			10020001	形势与政策Ⅱ		0.5	32			第4~5学期开设（第5学期录入成绩），第7~8学期自学，16学时/学期								
			1004010002	思想政治理论课实践		0.5				第1学期开设，18学时/学期								
			1004010003	思想政治理论课实践教学2		0.5				第2学期开设，18学时/学期								
			08010001	军事理论	考试	1	16	16		1	第1学期开设，另20学时在线教学							
				小计2		13.5	272	208	0	8	4	0	1	0	0	0	0	0
		职业类	0101010001	大学生心理健康教育		1.5	32	16	16	1			1					
			W0001	大学生安全教育		1	16	16		1								
			09010001	职业生涯规划		1	16	16		1								
			01100013A	老年服务与管理专业群发展指导		1.5	32	32		第3学期或第6学期开设								

平台	模块	课程代码	课程名称	考核方式	学分	教学时数			按学期分配的周数及周学时								
						总计学时	讲授学时	实践学时	第一学年			第二学年			第三学年		
									一	二	三	四	五	六	七	八	九
									16	16	0	19	16	0	19	0	0
底层共享模块	公共基础领域	职业类	1601010001	悦美教育		1.5	32	16	16	第5学期开设，在线学习16学时，实践16学时								
			09010002	就业指导		1	16	16										
			102020001	健康与养老产业创新创业教育		1.5	32	16	16									
			3207010001	劳动教育		1.5	32	16	16			1	另16学时为劳动实践					
		小计3			10.5	208	144	64	3	1	0	1	0	0	0	0	0
		合计1			45	870	512	294									
	专业群平台课			安全管理与应急处理	考试	1.5	32	30	2									
			01010062	社会政策与法规	考试	1.5	32	20	12						2			
			01030113	老年心理学	考试	1.5	32	16	16						4			
			06070004	康护人文素养	考试	1.5	32	30	2									
			01080086	老年医学基础	考试	1.5	32	16	16									
			01060068	社会服务与市场营销	考试	2	38	18	20									
		小计4			9.5	198	130	68									
		合计2			54.5	1068	642	362									
中层分立模块	智慧健康养老服务与管理	专业基础课程		老年人基础照护	考试	3.5	64	30	34		4							
			01030108	老年医学基础	考试	3	48	24	30		3							
			0105020002	智慧健康养老概论	考试	1.5	32	32	0	2								
			0105020003	老年服务沟通与礼仪	考试	1.5	32	10	22	2								
		小计5			9.5	176	96	80									
		专业核心课程	0108020012	智慧养老产业经营与管理	考试	3.5	64	30	34					4				

续表

平台	模块	课程代码	课程名称	考核方式	学分	教学时数			按学期分配的周数及周学时								
						总计学时	讲授学时	实践学时	第一学年			第二学年			第三学年		
									一	二	三	四	五	六	七	八	九
									16	16	0	19	16	0	19	0	0
中层分立模块	智慧健康养老服务与管理	0108020011	智慧健康养老机构管理与实务	考试	3.5	64	30	34				4					
		0105020004	智慧老年健康咨询与管理	考试	3	54	24	30				3 (1~18)					
		0108020013	智慧健康养老照护	考试	4	72	32	40				4 (1~1)					
		01080019	老年营养与膳食	考试	3.5	64	30	34				4					
		0108020013	智慧老年康复护理	考试	3.5	64	30	34				4					
		01080024	老年活动策划与设计	考试	3	60	30	30				4 (1~15)					
			小计6		24	442	206	236									
			合计3		33.5	620	290	330									
	康复治疗技术	专业基础课程 1030083	正常人体结构与功能	考试	4.5	88	32	56									
		104020013	病理基础	考试	3.5	64	32	32	2								
			小计7		8	152	64	88									
		1031028	康复评定技术	考试	3.5	57	30	27				4					
		1030150	运动治疗技术	考试	4	76	40	36				4					
		1031027	物理因子治疗技术	考试	2.5	48	24	24					3				
		1030159	作业治疗技术	考试	3.5	57	30	27				3					
		1031037	传统康复治疗技术	考试	3.5	57	30	27				3					
		1030117	言语治疗技术	考试	4	76	40	36		3							
		1030115	神经康复技术	考试	1.5	32	16	16					3				
			小计8		22.5	403	210	193									
			合计4		30.5	555	274	281									

续表

平台	模块	课程代码	课程名称	考核方式	学分	总计学时	讲授学时	实践学时	一(16)	二(16)	三(0)	四(19)	五(16)	六(0)	七(19)	八(0)	九(0)
中层分立模块	护理 — 专业基础课程	06070005	正常人体结构与功能	考试	4.5	88	32	56									
		06070003	异常人体结构与功能	考试	2	40	32	8									
		小计9			6.5	128	64	64									
	护理 — 专业核心课程	06070007	健康评估	考试	2.5	48	24	24		3							
		06070011	基础护理（一）	考试	3.5	64	16	48		4							
		0104020042	基础护理（二）	考试	3.5	64	14	50				4					
		01030100	用药护理	考试	4	72	40	32		2							
		06070015	急危重症护理	考试	2.5	48	30	18					3				
			临床综合护理	考试	15	370	256	114					14				
		06070022	社区护理	考试	3.5	64	40	24					2（2~13）				
		小计10			34.5	730	420	310									
	合计5				41	858	484	374									
	民政服务与管理 — 专业基础课程	01060075	民政调查方法	考试	3.5	64	34	30				4					
		01020054	社区性别关注	考试	3.5	60	30	30				4					
		01040027	人力资源管理	考试	3.5	64	32	32	4								
		01060066	民政秘书事务	考试	1.5	32	16	16				2					
		01060061	福利机构经济法	考试	4	76	38	38					4				
		小计11			16	296	150	146									
	民政服务与管理 — 专业核心课程	01060036	彩票管理实务		1.5	32	14	18					2				

平台	模块	课程代码	课程名称	考核方式	学分	教学时数			按学期分配的周数及周学时								
						总计学时	讲授学时	实践学时	第一学年			第二学年			第三学年		
									一	二	三	四	五	六	七	八	九
									16	16	0	19	16	0	19	0	0
中层分立模块	民政服务与管理	01060029	婚姻与收养实务	考试	3.5	64	32	32					4				
		01060003	福利机构运营与管理	考试	4	76	36	40				4					
		01060062	社会福利服务	考试	3.5	64	32	32					4				
		01010070	社区服务项目策划与实施	考试	2	38	14	24					4				
	专业核心课程	01060040	社区治理	考试	3.5	64	32	32		4							
		01060004	民政工作	考试	4	76	38	38				4					
		01060032	社会救助实务	考试	3.5	64	32	32				4					
			小计 12		25.5	478	230	248									
			合计 6		41.5	774	380	394									
	社会工作	01010063	生命教育		2	32	16	16		2							
		01010074	社会工作价值观与伦理	考试	2	38	20	18				2					
	专业基础课程	01064011	社会组织管理		3	54	28	26							3		
		0105020006	数据统计与分析		2	36	18	18							2		
		01064006	城乡社区治理与服务		2	38	20	18				2					
			小计 13		11	198	102	96									
		01010070	社会工作项目设计与评估	考试	2.5	48	24	24					3				
		01010013	社会工作行政与管理	考试	3.5	64	32	32					4				
	专业核心课程	01010010	小组社会工作	考试	4	76	38	38				4					
		01010009	个案社会工作	考试	3.5	64	32	32		4							
		01010011	社区社会工作	考试	4	76	38	38				4					
		01020003	社会调查方法	考试	4	76	38	38				4					

续表

平台	模块	课程代码	课程名称	考核方式	学分	教学时数			按学期分配的周数及周学时								
						总计学时	讲授学时	实践学时	第一学年			第二学年			第三学年		
									一	二	三	四	五	六	七	八	九
									16	16	0	19	16	0	19	0	0
中层分立模块	社会工作	专业核心课程	01010004	社会工作导论	考试	3.5	64	50	14	4								
				小计14		25	468	252	216									
		合计7				36	666	354	312									
高层互选模块	专业群拓展课（六选三）		01080070	常见老年疾病护理与照护		2.5	54	27	27				4(1-18)					
			0104020021	老年人康复指导技术		2.5	54	27	27									
			06070020	传染病预防与护理		2.5	54	27	27				2(2~13)					
			01010063	健康教育		2.5	54	27	27		2							
			01030107	中医养生保健		2.5	54	27	27					2				
			01010002	老年社会工作实务		2.5	54	27	27					4				
			小计15			15	324	162	162									
			0104040008	自理照护		1	24	0	24									
			0104040010	失能照护		1	24	0	24							第7学期开设线上课程，学生在线学习，不需排课		
			0104040009	失智照护		1	24	0	24									
			104040011	介助照护		1	24	0	24									
			0104040012	安宁照护		1	24	0	24									
			1004040003	现代养老产品研发		1	24	0	24									
			小计16			6	144	0	144									
	公选课					8	144	72	72									
	总计					29	612	234	378									

附表三：集中实践教学进程表

专业名称：智慧健康养老服务与管理　　专业代码：590302　　生源类型：普高、三校生

模块	课程代码	课程名称	考核方式	学分	总计 学时	总计 周数	讲授学时	实践学时	一	二	三	四	五	六	七	八	九
									3	0	4	0	0	4	19	16	4
基本素质训练模块	06010020	军训及国防教育		2	36	2		36	18								
	101010060	入学教育	考试	1	14	1	14		14								
	01100012	毕业教育		1	18	1									18		
	小计1			4	68	4	14	36	32	0	0	0	0	0	18	0	0
专业基础技能训练模块	0102020001	健康与养老产业创新创业教育		1.5	32	1	16	16			32						
	01080049	校外专业实践活动		1	28	1	8	20			28						
	1030155	康复护理实践（老年康复护理）		1	24	1		24			24						
	小计2			3.5	84	3	24	60	0	0	84	0	0	0	0	0	0
专业综合技能模块	01080026	老年服务顶岗实习（包含顶岗实习报告）		21	544	34	0	544							13（1~19周）	13	12
	小计3			21	544	34	0	544	0	0	0	0	0	0	0	13	12
				28.5	696	41	周数		3		4			4	20	16	4
	合计						课程门数		2	0	4	0	0	4	2	1	1

专业名称：康复治疗技术　　专业代码：520601　　生源类型：普高、三校生

模块	课程代码	课程名称	考核方式	学分	教学周数及学时数				按学期分配的周学时								
					总计		讲授学时	实践学时	第一学年			第二学年			第三学年		
									一	二	三	四	五	六	七	八	九
					学时	周数			3	0	4	0	0	4	1	16	4
基本素质训练模块	06010020	军训及国防教育		2	36	2		36	36								
	0115010004	入学教育	考试	1	14	1		14	14								
	01031010	毕业教育		1	18	1		18								18	
	小计1			4	68	4	0	68	50	0	0	0	0	0	0	18	0
专业基础技能训练模块	1030155	康复护理实践（老年康复护理）		1	24	1		24			24						
	1030143	人体运动		1	24	1		24			24						
	1030129	康复治疗技术综合实践一		1	24	1		24			24						
	1030128	正常人体结构实践		1	24	1		24			24						
	1030132	传统康复治疗技术操作		1	24	1		24						24			
	1030165	康复工程实践		1	24	1		24						24			
	104040023	儿童康复评定		1	24	1		24						24			
	1030134	运动治疗技术操作		1	24	1		24						24			
	小计2			8	192	8	0	192	0	0	96	0	0	96	0	0	0
专业综合技能模块	6010208	顶岗实习（包含顶岗实习报告）		20	576	36									16	16	16
	小计3			20	576	36	0	0	0	0	0	0	0	0	16	16	16
合计				32	836	48	周数		2		4			4			
							课程门数		2	0	5	0	0	4	1	2	1

专业名称：护理　　　专业代码：520201　　　生源类型：普高、三校生

模块	课程代码	课程名称	考核方式	学分	总计 学时	总计 周数	讲授学时	实践学时	一 3	二 0	三 4	四 0	五 0	六 4	七 1	八 16	九 4
基本素质训练模块	06010020	军训及国防教育		2	36	2		36	18								
	000002	入学教育	考试	1	14	1	14		14								
	06070027	毕业教育		1	18	1	18									18	
	小计1			4	68	4	32	36	32	0	0	0	0	0		18	0
专业基础技能训练模块	06070028	基础护理实践		2	48	2		48			24			24			
	06070034	内科护理实践		1	24	2		24			12			12			
	06070032	外科护理实践		1	24	2		24			12			12			
	小计2			4	96	6	0	96	0	0	48	0	0	48	0	0	0
专业综合技能模块	06070036	跟岗实习		13	364	36		364							16	16	
	小计3			13	364	36		364	0	0	0	0	0	0	16	16	
	合计			21	528	46	32	496	32	0	48	0	0	48	32	32	0

专业名称：民政服务与管理　　　专业代码：590201　　　生源类型：普高、三校生

模块	课程代码	课程名称	考核方式	学分	总计 学时	总计 周数	讲授学时	实践学时	一 3	二 0	三 4	四 0	五 0	六 4	七 1	八 16	九 4
基本素质训练模块	06010020	军训及国防教育		2	36	2		36	18								
	0115010007	入学教育	考试	1	14	1	14		14								
	01061006	毕业教育		1	18	1										18	
	小计1			4	68	4	14	36	32	0	0	0	0	0	18	0	0

续表

模块	课程代码	课程名称	考核方式	学分	总计		讲授学时	实践学时	第一学年			第二学年			第三学年		
					学时	周数			一	二	三	四	五	六	七	八	九
									3	0	4	0	0	4	1	16	4
专业基础技能训练模块	01060079	民政演讲与主持		1	24	4		24			6						
	01060080	社区综合服务		1	24	4		24			6						
	06010149	认知实习		1	16	4		16			4						
	01040041	人力资源平台实践训练		1	16	4		16						4			
	01060078	民政综合事务培训		1	24	4		24						6			
	06010150	跟岗实习		1.5	32	4		32						8			
	小计2			6.5	136	24		136	0	0	16	0	0	18	0	0	0
专业综合技能模块	01061010	顶岗实习		10	344	24		344								12	12
	小计3			10	344	24	0	344	0	0	0	0	0	0	0	12	12
	合计			20.5	548	65	周数		3	0	4	0	0	4	1	16	4
							课程门数		3	0	4	0	0	3	1	1	1

专业名称：社会工作　　　专业代码：590101　　　生源类型：普高、三校生

模块	课程代码	课程名称	考核方式	学分	总计		讲授学时	实践学时	第一学年			第二学年			第三学年		
					学时	周数			一	二	三	四	五	六	七	八	九
									3	0	4	0	0	4	1	16	4
基本素质训练模块	06010020	军训及国防教育		2	36	2		36	18								
	0115010002	入学教育	考试	1	14	1	14		14								
	01010054	毕业教育		1	18	1	18								18		
	小计1			4	68	4	32	36	32	0	0	0	0	0	18	0	0

续表

模块	课程代码	课程名称	考核方式	学分	总计 学时	总计 周数	讲授学时	实践学时	一 (3)	二 (0)	三 (4)	四 (0)	五 (0)	六 (4)	七 (1)	八 (16)	九 (4)
专业基础技能训练模块	01010078	个案会谈工作坊		1	16	1	0	16			16						
	01010079	拓展与历奇辅导		2	32	4	0	32						8			
	06010373	认知实习（含老年医学基础）		1	16	1	0	16			16						
	06010374	跟岗实习		2	32	2	0	32						16			
		小计2		6	96	8	0	96	0	0	32	0	0	24	0	0	0
专业综合技能模块	01064003	顶岗实习		16	436	20	0	436						16	0	16	16
		小计3		16	436	20	0	436	0	0	0	0	0	16	0	16	16
		合计		26	600	32	周数 课程门数		32	0	40	0	0	32	18	16	16

附表四：专业课时、学分统计表

专业名称：智慧健康养老服务与管理　　专业代码：590302　　生源类型：普高、三校生

项目	课程类别		学时	占总学时比例（%）	学分	占总学分比例（%）
必修课	理论课	公共课	512	19.0		
		专业理论课	420	14.5		
		其他课程或活动				
		小计1	932	33.5		
	实践课	课内实训课	692	26.8		
		专业集中实践课	84	3.1		
		其他课程或活动	68	2.5		
		顶岗实习	544	20.2		
		小计2	1388	52.6		
	必修课合计		2320	86.1		

项目		课程类别	学时分布		学分分布	
			学时	占总学时比例（%）	学分	占总学分比例（%）
选修课	理论课	公共课	144	5.3		
		专业理论课	81	3.0		
		其他课程或活动				
	小计3		225	8.3		
	实践课	课内实训课	153	5.7		
		专业集中实践课				
		其他课程或活动				
		专业任选课				
	小计4		153	5.7		
	选修课合计		378	14.0		
总计			2698	100	135	100
说明			本专业课程设置中必修课为2320课时（116.5学分），占总课时的86.0%（占总学分的86.3%）；选修课为378课时（18.5学分），占总课时的14.0%（占总学分的13.7%）。理论课1157课时，占总课时的42.9%，实践课1541课时，占总课时的57.1%			

专业名称：康复治疗技术　　专业代码：520601　　生源类型：普高、三校生

项目		课程类别	学时分布		学分分布	
			学时	占总学时比例（%）	学分	占总学分比例（%）
必修课	理论课	公共课	512	18.8		
		专业理论课	404	14.2		
		其他课程或活动				
	小计1		916	33.0		
	实践课	课内实训课	643	23.0		
		专业集中实践课	192	6.4		
		其他课程或活动	68	2.5		
		顶岗实习	576	21.1		
	小计2		1479	53		
	必修课合计		2395	86		

续表

项目		课程类别	学时分布		学分分布	
			学时	占总学时比例（%）	学分	占总学分比例（%）
选修课	理论课	公共课	144	5.3		
		专业理论课	81	3.0		
		其他课程或活动				
	小计 3		225	8.3		
	实践课	课内实训课	153	5.6		
		专业集中实践课				
		其他课程或活动				
		专业任选课				
	小计 4		153	5.6		
	选修课合计		378	13.9		
总计			2773	100	135.5	100
说明			本专业课程设置中必修课为 2395 课时（117 学分），占总课时的 86.4%（占总学分的 86.3%）；选修课为 378 课时（18.5 学分），占总课时的 13.6%（占总学分的 13.7%）。理论课 1141 课时，占总课时的 41.1%，实践课 1632 课时，占总课时的 58.9%				

专业名称：护理　　专业代码：520201　　生源类型：普高、三校生

项目		课程类别	学时分布		学分分布	
			学时	占总学时比例（%）	学分	占总学分比例（%）
必修课	理论课	公共课	512	18.5		
		专业理论课	614	22.2		
		其他课程或活动				
	小计 1		1126	40.7		
	实践课	课内实训课	736	26.6		
		专业集中实践课	96	3.5		
		其他课程或活动	68	2.5		
		顶岗实习	364	13.2		
	小计 2		1264	45.8		
	必修课合计		2390	86.5		

项目	课程类别		学时分布		学分分布	
			学时	占总学时比例（%）	学分	占总学分比例（%）
选修课	理论课	公共课	144	5.2		
		专业理论课	81	2.9		
		其他课程或活动				
	小计 3		225	8.1		
	实践课	课内实训课	153	5.5		
		专业集中实践课				
		其他课程或活动				
		专业任选课				
	小计 4		153	5.5		
	选修课合计		378	13.6		
总计			2768	100	135	100
说明			本专业课程设置中必修课为 2390 课时（116.5 学分），占总课时的 86.3%（占总学分的 86.3%）；选修课为 378 课时（18.5 学分），占总课时的 13.7%（占总学分的 13.7%）。理论课 1351 课时，占总课时的 48.8%，实践课 1417 课时，占总课时的 51.2%				

专业名称：民政服务与管理　　专业代码：590201　　生源类型：普高、三校生

项目	课程类别		学时分布		学分分布	
			学时	占总学时比例（%）	学分	占总学分比例（%）
必修课	理论课	公共课	512	18.9		
		专业理论课	510	18.9		
		其他课程或活动				
	小计 1		1022	37.8		
	实践课	课内实训课	756	28.0		
		专业集中实践课	136	5.0		
		其他课程或活动	68	2.5		
		顶岗实习	344	12.7		
	小计 2		1304	48.2		
	必修课合计		2326	86.0		

项目		课程类别	学时分布		学分分布	
			学时	占总学时比例（%）	学分	占总学分比例（%）
选修课	理论课	公共课	144	5.3		
		专业理论课	81	3.0		
		其他课程或活动				
	小计 3		225	8.3		
	实践课	课内实训课	153	5.7		
		专业集中实践课				
		其他课程或活动				
		专业任选课				
	小计 4		153	5.7		
	选修课合计		378	14.0		
总计			2704	100	135	100
说明			本专业课程设置中必修课为 2326 课时（116.5 学分），占总课时的 86.0%（占总学分的 86.3%）；选修课为 378 课时（18.5 学分），占总课时的 14.0%（占总学分的 13.7%）。理论课 1247 课时，占总课时的 46.1%，实践课 1457 课时，占总课时的 53.9%				

专业名称：社会工作　　专业代码：590101　　生源类型：普高、三校生

项目		课程类别	学时分布		学分分布	
			学时	占总学时比例（%）	学分	占总学分比例（%）
必修课	理论课	公共课	512	19.1		
		专业理论课	484	18.9		
		其他课程或活动				
	小计 1		996	38		
	实践课	课内实训课	674	26.0		
		专业集中实践课	96	4.8		
		其他课程或活动	68	2.5		
		顶岗实习	436	14.6		
	小计 2		1274	47.9		
	必修课合计		2270	85.9		

项目		课程类别	学时分布		学分分布	
			学时	占总学时比例（%）	学分	占总学分比例（%）
选修课	理论课	公共课	144	5.4		
		专业理论课	81	3.0		
		其他课程或活动				
		小计 3	225	8.4		
	实践课	课内实训课	153	5.6		
		专业集中实践课				
		其他课程或活动				
		专业任选课				
		小计 4	153	5.6		
	选修课合计		378	14.1		
总计			2648	100	135	100
说明			本专业课程设置中必修课为 2270 课时（116.5 学分），占总课时的 85.7%（占总学分的 86.3%）；选修课为 378 课时（18.5 学分），占总课时的 14.3%（占总学分的 13.7%）。理论课 1221 课时，占总课时的 46.1%，实践课 1427 课时，占总课时的 53.9%			

附表五：专业育人元素集

专业名称：智慧健康养老服务与管理

育人维度	育人内涵	育人元素	课程		
			专业基础课	专业核心课	专业实践课
道	热爱老龄事业，心系老人的仁爱精神	1. 人生观；2. 世界观；3. 价值观；4. 政治认同；5. 家国情怀；6. 社会责任感；7. 尚和合、求大同的格局；8. 为老服务的使命感；9. 自尊自爱、自信自强的民族精神；10. 和谐发展理念；11. 辩证唯物主义生死观	老年服务与管理概论、老年服务礼仪、老年医学基础、老年生活照护、老年政策法规、老年社会工作	老年常见病预防与护理、智慧养老健康照护、智慧养老机构管理与实务、老年康复护理、智慧养老产业经营与管理、老年营养与膳食	失能照护技能、失智照护技能、自理照护技能、介助照护技能、安宁照护技能、现代养老产品研发技能
德	以人为本、尊重包容、恭敬谦逊的人文精神	1. 遵章守法；2. 忠诚守信；3. 勤劳节俭；4. 正直善良；5. 仁爱互助；6. 尊老敬老；7. 恭敬谦逊；8. 以人为本；9. 理解包容；10. 助老护老；11. 人道主义；12. 自觉自律；13. 反求诸己	老年服务与管理概论、老年服务礼仪、老年医学基础、老年生活照护、老年心理护理与康复咨询、老年社会工作	老年常见病预防与护理、智慧养老健康照护、智慧养老机构管理与实务、老年康复护理、智慧养老产业经营与管理、老年营养与膳食	失能照护技能、失智照护技能、自理照护技能、介助照护技能、安宁照护技能、现代养老产品研发技能

育人维度	育人内涵	育人元素	课程		
			专业基础课	专业核心课	专业实践课
技	奋发上进、精益求精、勇于创新的工匠精神	1.严谨慎独；2.精益求精；3.求真务实；4.敢于挑战；5.勇于创新；6.终身学习；7.奋发上进；8.不怕失败；9.勤学勤思	老年生活照护、老年心理护理与康复咨询	老年常见病预防与护理、智慧养老健康照护、智慧养老机构管理与实务、老年康复护理、智慧养老产业经营与管理、老年营养与膳食	健康与养老产业创新创业教育、校外专业实践活动、失能照护技能、失智照护技能、自理照护技能、介助照护技能、安宁照护技能、现代养老产品研发技能
业	爱岗敬业、责任担当、吃苦耐劳的奉献精神	1.忠于职守；2.爱岗敬业；3.乐于奉献；4.吃苦耐劳；5.不计得失；6.甘于寂寞；7.责任担当；8.大局意识；9.团结协作；10.实事求是；11.服务第一；12.人文关怀	老年生活照护	老年常见病预防与护理、智慧养老健康照护、智慧养老机构管理与实务、老年康复护理、智慧养老产业经营与管理、老年营养与膳食	失能照护技能、失智照护技能、自理照护技能、介助照护技能、安宁照护技能、现代养老产品研发技能、老年服务顶岗实习

专业名称：康复治疗技术

育人维度	育人内涵	育人元素	课程		
			专业基础课	专业核心课	专业实践课
德	以人为本、尊重包容、大医精诚的人文精神	1.遵章守法；2.忠诚守信；3.爱岗敬业；4.正直善良；5.仁爱互助；6.恪尽职守；7.恭敬谦逊；8.以人为本；9.理解包容；10.精益求精；11.人道主义；12.自觉自律；13.榜样效应	正常人体结构、正常人体机能、人体发育、康复医学导论、疾病诊断、病理基础、康复评定、言语治疗技术、临床疾病概论、药理效能	作业治疗技术、传统康复治疗技术、物理因子治疗技术、运动治疗技术、肌肉骨骼康复技术、神经康复技术、心理康复技术、儿童康复技术、内外科疾患康复、医学人文修养与法律基础	康复护理实践、人体运动、介助照护、见习一、正常人体结构实践、传统康复治疗技术操作、康复工程实践、儿童康复评定、运动治疗技术操作、顶岗实习
技	奋发上进、精益求精、勇于创新的工匠精神	1.严谨慎独；2.精益求精；3.求真务实；4.敢于挑战；5.勇于创新；6.终身学习；7.奋发上进；8.不怕失败；9.勤学勤思	正常人体结构、正常人体机能、人体发育、康复医学导论、疾病诊断、病理基础、康复评定、言语治疗技术、临床疾病概论、药理效能	作业治疗技术、传统康复治疗技术、物理因子治疗技术、运动治疗技术、肌肉骨骼康复技术、神经康复技术、心理康复技术、儿童康复技术、内外科疾患康复、医学人文修养与法律基础	康复护理实践、人体运动、介助照护、见习一、正常人体结构实践、传统康复治疗技术操作、康复工程实践、儿童康复评定、运动治疗技术操作、顶岗实习

续表

育人维度	育人内涵	育人元素	课程		
			专业基础课	专业核心课	专业实践课
业	爱岗敬业、责任担当、吃苦耐劳的奉献精神	1.忠于职守；2.爱岗敬业；3.乐于奉献；4.吃苦耐劳；5.不计得失；6.甘于寂寞；7.责任担当；8.大局意识；9.团结协作；10.实事求是；11.注重实践；12.人文关怀	正常人体结构、正常人体机能、人体发育、康复医学导论、疾病诊断、病理基础、康复评定、言语治疗技术、临床疾病概论、药理效能	作业治疗技术、传统康复治疗技术、物理因子治疗技术、运动治疗技术、肌肉骨骼康复技术、神经康复技术、心理康复技术、儿童康复技术、内外科疾患康复、医学人文修养与法律基础	康复护理实践、人体运动、介助照护、见习、正常人体结构实践、传统康复治疗技术操作、康复工程实践、儿童康复评定、运动治疗技术操作、顶岗实习

专业名称：护理

育人维度	育人内涵	育人元素	课程		
			专业基础课	专业核心课	专业实践课
道	热爱护理事业，心系患者，救死扶伤的仁爱精神	1.人生观；2.世界观；3.价值观；4.政治认同；5.家国情怀；6.社会责任感；7.为病人服务的使命感；8.自尊自爱、自信自强的民族精神；9.和谐发展理念；10.辩证唯物主义生死观	正常人体结构、正常人体机能、护理学导论、异常人体结构与功能、医用化学与生物化学、微生物与免疫、康复护理、老年服务与沟通礼仪	基础护理、健康评估、临床综合护理、急救护理、用药护理、社区护理	专业认知实习、基础护理实践、内科护理实践、外科护理实践、急救护理技术、自理照护技能、失能照护技能、失智照护技能、介助照护技能、安宁照护技能、现代养老产品研发技能、顶岗实习
德	以人为本、尊重理解、乐于助人的人文精神	1.遵章守法；2.忠诚守信；3.勤劳节俭；4.正直善良；5.仁爱互助；6.尊老爱幼；7.恭敬谦逊；8.以人为本；9.理解包容；10.助老护老；11.人道主义；12.自觉自律	正常人体结构、正常人体机能、护理学导论、异常人体结构与功能、医用化学与生物化学、微生物与免疫、康复护理、老年服务与沟通礼仪	基础护理、健康评估、临床综合护理、用药护理、急救护理、社区护理	基础护理实践、内科护理实践、外科护理实践、急救护理技术、自理照护技能、失能照护技能、失智照护技能、介助照护技能、安宁照护技能、现代养老产品研发技能、顶岗实习

育人维度	育人内涵	育人元素	课程		
			专业基础课	专业核心课	专业实践课
技	实事求是、精益求精、勇于创新的工匠精神	1.忠于职守；2.爱岗敬业；3.乐于奉献；4.吃苦耐劳；5.不计得失；6.甘于寂寞；7.责任担当；8.大局意识；9.团结协作；10.实事求是；11.服务意识；12.人文关怀	护理学导论、康复护理、老年服务与沟通礼仪	基础护理、健康评估、临床综合护理、用药护理、急救护理、社区护理	专业认知实习、基础护理实践、内科护理实践、外科护理实践、急救护理技术、自理照护技能、失能照护技能、失智照护技能、介助照护技能、安宁照护技能、现代养老产品研发技能、顶岗实习
业	爱岗敬业、认真负责、吃苦耐劳的奉献精神	1.严谨慎独；2.精益求精；3.爱岗敬业；4.求真务实；5.认真负责；6.敢于挑战；7.勇于创新；8.吃苦耐劳；9.终身学习；10.奋发上进；11.不怕失败；12.勤学勤思	护理学导论、康复护理、老年服务与沟通礼仪	基础护理、健康评估、临床综合护理、用药护理、急救护理、社区护理	专业认知实习、基础护理实践、内科护理实践、外科护理实践、急救护理技术、自理照护技能、失能照护技能、失智照护技能、介助照护技能、安宁照护技能、顶岗实习

维度释义：道：体现人与自然的关系；德：体现人与社会、人与人的关系；技：体现人与技术技能的关系；业：体现人与职业的关系

专业名称：民政服务与管理

育人维度	育人内涵	育人元素	课程		
			专业基础课	专业核心课	专业实践课
道	热爱民政事业，关注民生的"孺子牛"精神	1.尊重规律；2.关注民生、民意、民权、民利；3.以民为本；4.民政为民、民政爱民	社会学基础、社会心理学基础、社会工作导论、福利机构经营与管理	社会福利服务	民政演讲与主持
德	以人为本、尊重包容、恭敬谦逊的人文精神	1.遵纪守法；2.诚实守信；3.仁爱互助；4.自觉自律；5.社会责任感；6.理解包容；7.恭敬谦逊；8.反求诸己；9.正直善良	民政政策与法规、民政沟通实务、老年社会工作（实务）、中国手语	婚姻与收养实务	民政礼仪训练
技	奋发上进、精益求精、勇于创新的工匠精神	1.严谨慎独；2.精益求精；3.求真务实；4.勇于挑战；5.大胆创新；6.终身学习；7.奋发上进；8.不怕失败；9.勤学勤思	人力资源管理、民政调查方法、社会工作项目策划、社区活动策划与组织实务	民政工作、社区治理	人力资源管理实践训练、民政综合事务培训、社区综合服务

育人维度	育人内涵	育人元素	课程		
			专业基础课	专业核心课	专业实践课
业	爱岗敬业、责任担当、吃苦耐劳的奉献精神	1.爱岗敬业；2.乐于奉献；3.吃苦耐劳；4.忠于职守；5.不计得失；6.责任担当；7.大局意识；8.团结协作；9.实事求是；10.服务第一；11.人文关怀	民政秘书事务、养老机构管理实务、民间组织管理	社会救助实务	认知实习、跟岗实习、民政顶岗实习
维度释义：道：体现人与自然的关系；德：体现人与社会、人与人的关系；技：体现人与技术技能的关系；业：体现人与职业的关系					

专业名称：社会工作

育人维度	育人内涵	育人元素	课程		
			专业基础课	专业核心课	专业实践课
仁	以人为本、仁者爱人的助人理念	1.人生观；2.世界观；3.价值观；4.政治认同；5.家国情怀；6.人民至上；7.人道主义；8.讲仁爱重民本	社会工作价值观与伦理、生命教育	社会工作导论	安宁照护、失智照护
德	扶弱济困、扬善抑恶的助人情怀	1.遵纪守法；2.尊重包容；3.正直善良；4.团结友爱；5.互帮互助；6.崇尚正义；7.公平公正；8.勤劳节俭；9.社会责任感	社会政策与法规	社会工作导论、老年社会工作	安宁照护、失智照护
技	精益求精、臻于至善的助人技能	1.勇于创新；2.勤学好问；3.奋发向上；4.严谨慎独；5.敢于挑战；6.勇于实践；7.追求卓越；8.求真务实	社会调查方法	个案工作、小组工作、社区工作、社会工作实务	个案会谈工作坊、拓展与历奇辅导
业	爱岗敬业、乐于奉献的助人精神	1.忠于职守；2.爱岗敬业；3.勇于担当；4.团结协作；5.吃苦耐劳；5.无私奉献；6.公道办事；7.精准施策	社会学基础、社会政策与法规	小组工作	拓展与历奇辅导
信	诚实守信、实事求是的助人操守	1.言而有信；2.表里如一；3.诚心诚意；4.知行合一；5.清正廉洁；6.量力而行；7.脚踏实地	社会工作价值观伦理、社会工作项目策划	社会工作导论、社会工作实务	个案会谈工作坊

附表六：部分课程绿色理念（技能）与课程设置的联系

护理专业绿色理念（技能）与课程设置的联系

序号	课程体系	对应课程名称（或活动名称）	绿色理念（知识）	绿色技能	实现的方式（讲授或实操或社会实践）	知识、技能和素质目标
1	专业通用技能课程	正常人体结构与功能	培养学生职业生涯的可持续绿色发展理念、敬畏生命的绿色健康理念。具备较好的基础医学知识、临床医学知识、护理专业知识和较强的护理相关操作技能		讲授、实操结合；采用人机考试，减少纸张消耗，践行绿色环保理念	培养学生综合能力，促使学生养成绿色环保理念
2	专业核心课程	基础护理				
3	专业核心课程	健康评估				
4	专业核心课程	临床综合护理				

民政服务与管理专业绿色理念（技能）与课程设置的联系

序号	课程体系	对应课程名称（或活动名称）	绿色理念（知识）	绿色技能	实现的方式（讲授或实操或社会实践）	知识、技能和素质目标
1	专业核心课程	民政工作	1. 培养学生具有"以人为本""以服务为中心""安全第一""重视质量"的现代服务理念；2. 具备从事本专业所必需的基本理论与基本知识；3. 具备社会福利机构依法管理所必备的政策法规知识；4. 具备应用现代化管理手段所必备的基本理论及基本知识；5. 具备基层管理岗位所必需的基本理论与基本知识；6. 具备应用现代化管理手段所必备的基本理论及基本知识；7. 具备为弱势群体服务的基本理论与基本知识；8. 具有一定的统计分析基本理论与知识	1. 培养学生敏锐的观察力；2. 具备较强的计划、组织、协调、领导和控制能力；3. 拥有较强的语言表达能力和交流沟通能力；4. 掌握较强的公文写作能力；5. 具备较强的综合分析、判断和决策能力；6. 具备突发事件应急处置能力；7. 有一门以上的专业技术指导能力；8. 学习、掌握和应用现代化管理新知识、新技术的能力和开拓创新能力	讲授	将绿色技能融入民政工作全过程和各方面，以课程助力绿色生产方式和生活方式的形成，并在生态文明建设中发挥民政职能作用
2	专业核心课程	社会救助实务	1. 掌握社会救助概念特点、对象、内容、原则、地位和作用；2. 掌握社会救助对象的确定、标准的测算和救助实施操作程序；3. 掌握救助的主要内容与范围、资金的筹集与管理方法及救助的操作程序；4. 掌握贫困群体医疗救助、教育救助、住房救助、失业救助的方式方法；5. 熟练掌握各项救助工作的组织、实施与管理	1. 熟悉社会救助工作相关政策法规；2. 能识读填写工作报表；3. 能正确操作各类社会救助工作信息系统；4. 能组织管理各类社会互助活动		帮助学生践行绿色共享观念，懂得针对不同困难群体和不同需求实施精准救助，促进社会公平正义

序号	课程体系	对应课程名称（或活动名称）	绿色理念（知识）	绿色技能	实现的方式（讲授或实操或社会实践）	知识、技能和素质目标
3	专业核心课程	婚姻登记与收养实务	1.掌握办理结婚登记、离婚登记、复婚登记、补办结婚登记、补领婚姻证书、撤销婚姻、建立收养关系登记和解除收养关系登记的知识；2.了解婚姻家庭咨询服务；3.了解传统婚姻家庭知识和现代恋爱婚姻家庭常识；4.了解和掌握婚姻登记和收养登记的基本理论、基本概念，掌握办理婚姻登记和收养登记的具体规定及法律依据；5.了解婚姻家庭与社会制度的关系，婚姻家庭的历史发展及我国法律关于婚姻的成立、婚姻的效力、终止及收养、有关的救助措施与法律责任等方面的规定，从而适应婚姻收养登记工作的需要	1.正确办理结婚登记的能力；2.正确办理离婚登记的能力；3.正确办理复婚登记的能力；4.正确办理补办结婚登记的能力；5.正确办理补领婚姻证书的能力；6.正确办理撤销婚姻的能力；7.正确管理婚姻、收养登记档案的能力；8.正确办理建立收养关系登记的能力；9.正确办理解除收养关系登记的能力		倡导绿色婚俗，引导学生认同与推行绿色婚俗

社会工作专业绿色理念（技能）与课程设置的联系

序号	课程体系	对应课程名称（或活动名称）	绿色理念（知识）	绿色技能	实现的方式（讲授或实操或社会实践）	知识、技能和素质目标
1	专业通用技能课程	人类行为与社会环境、社会调查方法	把握人类行为与社会环境的关系	采用信息化手段进行社会调查	社会调查实践	培养学生关注社会生态和绿色节能意识，养成绿色行为习惯
2	专业核心课程	社区工作	构建绿色社区、环境友好社区	社区工作技巧	社区服务	培养学生的综合能力，促使学生掌握绿色生产知识，提高绿色服务技能
3	专业方向课程	社会组织管理	社会组织管理信息化	信息化管理技巧	社会组织无纸化办公	培养通过社会工作实务将绿色意识引入各专业服务领域的能力
4	专业选修课程	数据统计与分析	强化数字信息理念	数字信息获取与处理能力	数据统计与分析实务	培养良好的数字信息处理能力

老年服务与管理专业群
毕业生标准

一、专业群名称及代码

（一）专业群名称

老年服务与管理专业群。

（二）专业群各专业名称及代码

序号	专业名称	所在院（系）	所属大类	专业类	专业代码
1	智慧健康养老服务与管理	智慧康养学院	公共管理与服务大类	公共服务类	590302
2	康复治疗技术	智慧康养学院	医药卫生大类	康复治疗类	520601
3	护理	智慧康养学院	医药卫生大类	护理类	520201
4	民政服务与管理	民政与社会治理学院	公共管理与服务大类	公共管理类	590201
5	社会工作	民政与社会治理学院	公共管理与服务大类	公共事业类	590101

二、毕业年限

基本学制为 3 年。实行学分制，弹性学制为 2～5 年。

三、毕业要求

（一）毕业生基本要求

1. 通用要求

思想政治素质——拥护中国共产党的领导，拥护社会主义制度，坚定中国特色社会主义理想信念；树立正确的世界观、人生观、价值观、道德观和法治观；实现德智体美劳全面发展，成为中国特色社会主义的合格建设者和可靠接班人。

学业成绩——修完专业人才培养方案规定的各门课程达到合格标准，取得规定的最低毕业总学分 135 学分（包括公选课 8 学分）。

创新创业意识——参与各类创新创业活动，获得健康与养老产业创新创业教育必修课 1.5 学分。

素质拓展——获得重庆城市管理职业学院大学生素质拓展证书，并修满 6 学分；获得社会实践活动学分至少 6 学分。

职业素养——在工作和学习过程中能够诚信合作，爱岗敬业。

人文身心素养——具备一定的人文知识和审美能力，具有健康的体魄，完整的人格，良好的社会适应能力。

终身学习——具有自主学习和终身学习的意识，有不断学习和适应发展的能力，能及时了解专业群最新理论、技术及国际前沿动态；能认识不断探索和学习的必要性，具备终身学习的知识基础，掌握自主学习的方法，了解拓展知识和能力的途径；能针对个人自身特点或职业发展需求，采用合适的方法，自主学习，适应发展。

其他证书——获得全国高等学校非计算机专业计算机等级考试一级及以上证书，国家高等学校英语应用能力考试 B 级及以上证书。

2. 专业要求

专业	职业素养要求	第二课堂成绩单
老年服务与管理专业群	鼓励学生获得老年照护职业技能等级证书、社会心理服务职业技能等级证书	在完成第一课堂学习要求的基础上，至少修满 6 个"第二课堂成绩单"学分（其中："德育"不低于 1.5 学分，"智育"不低于 1 学分，其他模块均不低于 0.5 学分）
智慧健康养老服务与管理	鼓励学生获得老年护理服务需求评估职业技能等级证书、健康照护师职业资格证书	
康复治疗技术	鼓励学生获得健康管理师职业资格证书、失智老年人照护职业技能等级证书、幼儿照护职业技能等级证书	
护理	要求学生获得护士执业资格证书，鼓励学生获得失智老年人照护职业技能等级证书等	
民政服务与管理	鼓励学生获得孤残儿童护理员执业资格证书、人力资源管理师执业资格证书、社区治理职业技能等级证书	
社会工作	鼓励学生获得社区治理职业技能等级证书、失智老年人照护职业技能等级证书	

（二）毕业生素质要求

素质类别	内涵要求	支撑课程或活动	对应培养目标代码
思想道德素质	掌握马克思主义的科学世界观和方法论，运用马克思主义的立场、观点、方法分析和认识现实问题，逐步树立正确的世界观、人生观、价值观、道德观和法治观	思想政治理论课、素质教育课及活动、综合教育活动、中国近现代史纲要、习近平新时代中国特色社会主义思想概论	Q1
	学习中国特色社会主义理论，了解中国的历史和国情，继承和发扬中华民族优秀文化传统和中国共产党领导下的革命斗争传统，爱祖国，爱人民，拥护党的基本路线方针政策，坚定社会主义理想信念，为实现中国特色社会主义"两个一百年"奋斗目标、实现中华民族伟大复兴的中国梦而奋斗		
	培育和践行社会主义核心价值观，学会做人、学会做事、学会思维、学会与人共处，提高思想道德修养，具备良好的职业素质和较强的职业能力，实现德智体美劳全面发展		
文化素质	应用语言文字清晰地进行信息、思想、感情的传递、表达和交流；具有敬业、专注、精益、创新、奉献等职业素养，具有丰富的技术知识，能够正确认识和分析当今时代主流文化、亚文化等面临的冲突与挑战，了解服务对象关于自身及其所在文化环境的情况，并试着从服务对象的角度对文化进行理解与解释，反思自身对服务对象及其文化的偏见，展现职业形象美，正确认识和分析当今时代社会老龄化问题	理论和实践课中融入人文知识、人文思维、人文方法和人文精神、素质教育课及活动	Q2
	大力弘扬以爱国主义为核心的民族精神和以改革创新为核心的时代精神，提高学生对中华优秀传统文化的自主学习和探究能力，培养学生的文化创新意识，增强学生传承弘扬中华优秀传统文化的责任感和使命感	大学语文（上）、大学语文（下）、中国文化概论	
职业素质	通用素质：认识职业特点、职业要求、职业发展以及职业的社会意义，制订个人职业规划；具有较强的组织活动能力、论文写作能力和口头表达能力；掌握沟通技巧与服务礼仪，规范服务行为，提高职业素质和岗位服务水平；教育引导学生深刻理解并践行救死扶伤、人道主义、严谨慎独、实事求是、团结协作、遵纪守法等职业精神和职业规范，增强职业责任感。具有较强的操作技能、观察能力、学习能力、创新能力、应急和应变能力、人际交往能力、团结协作能力、综合分析和解决问题能力等业务素质	老年服务与管理专业群发展指导、相关理论专业技术基础、专业综合技术及综合技能实训等	Q3
	专业素质：智慧健康养老服务与管理专业需了解养老机构的组织特点、经营与管理模式以及发展趋势，根据目前养老机构存在的优势和不足，设计理想的养老管理模式；掌握养老机构各项规章制度和劳动纪律，了解老年人的基本生理结构；掌握老年人常见的生活和疾病照料，学习老年人康复护理知识等		
	专业素质：康复治疗技术与护理专业需具备基础医学、临床医学、护理学、康复医学基本理论和基本技能，能熟练地运用治疗、护理的基本理论知识与技能		
	专业素质：民政服务与管理专业需热爱民政事业，立志为民政事业的发展作贡献；熟悉党和国家关于发展民政事业的方针、政策；具有进行民政资源、民政事业状况调查的能力；具有组织、宣传民政事业发展方针、政策，从事一线福利服务及民政管理的能力		

素质类别	内涵要求	支撑课程或活动	对应培养目标代码
身心素质	身心健康，人格健全，具有完整的生理、心理状态和较强的社会适应能力；交际交往符合规范礼仪；具有体育卫生和运动保健素养；树立自觉锻炼、终身锻炼身体的意识；体魄良好，体能达到规定标准；引导学生弘扬劳动精神，具备劳动素养，掌握基本的劳动技能，养成劳动习惯，在实践中增长智慧才干，在艰苦奋斗中锤炼意志品质	体育训练、综合教育活动、康护人文素养、劳动教育、大学美育、素质教育活动	Q4
创新创业素质	提高学生的创新能力，让学生勤于思考、敢于质疑、勇于尝试、善于创新，在亲身参与中增强创新精神、创造意识和创业能力，提高学生的就业质量和创业竞争力	健康与养老产业创新创业教育	Q5

（三）毕业生知识要求

知识类别		内涵要求	支撑课程	对应培养目标
通识教育知识	体育知识	使学生掌握体育的基本理论知识，建立正确的体育观念，掌握科学锻炼身体的方法，培养学生终身体育锻炼的意识和良好习惯。培养学生集体主义的思想品德，树立正确的体育观及勇敢顽强、团结进取、开拓创新的精神风貌	体育训练Ⅰ、体育训练Ⅱ、体育训练Ⅲ	K1
	英语知识	培养学生英语实际运用与实际交际能力，通过大量语言实践活动，掌握常用的句型、单词，使学生在听力和口语上表现出一定的语感素养，前两学期突出英语综合能力的训练，以提高学生人际沟通能力，以及应用语言工具推广中国文化、了解世界格局、科学评价的能力	实用英语Ⅰ、实用英语Ⅱ	
	计算机操作与应用知识	培养学生掌握必要的计算机应用、大数据、人工智能、物联网等信息技术，以适应现代智慧生活、智慧职业的需要	大学生信息技术基础	
	思想政治理论知识	提高学生思想道德素质、职业素质与法律素质，树立崇高的职业理想，具备良好的职业道德和较强的法纪意识，遵纪守法，品行端正，讲道德，守纪律，吃苦耐劳，乐于奉献。培养学生认识中国基本国情，了解中国革命、建设和改革开放的历史，坚持走社会主义道路，增强实现改革开放和社会主义现代化建设宏伟目标的信心和社会责任感，具备良好的思想素质和政治素质。培养学生了解中国共产党执政新理念、新思想、新战略，了解国内外大事、要事，进一步增强执政党的路线、方针、政策的自觉性，增强对社会发展趋势预测的能力，适应社会，持续发展，实现自我	思想道德修养与法律基础、毛泽东思想和中国特色社会主义理论体系概论、形势与政策Ⅰ、形势与政策Ⅱ、思想政治理论课实践1、思想政治理论课实践2、习近平新时代中国特色社会主义思想概论	
	中文知识、应用文技能	培养口语交际、阅读、表达和发布等语文应用能力，培养学生应用文写作能力	大学语文（上）、大学语文（下）、应用文写作	
	中国优秀传统文化知识	提高学生对中华优秀传统文化的自主学习和探究能力，培养学生的文化创新意识，增强学生传承弘扬中华优秀传统文化的自豪感、责任感和使命感	大学语文（上）、大学语文（下）、中国文化概论	

	知识类别	内涵要求	支撑课程	对应培养目标
	职业规划与就业观知识	树立正确的就业观念，具备就业市场应变的能力	老年服务与管理专业群发展指导、职业生涯规划、就业指导	
	创新创业知识	使学生掌握开展创业活动所需要的基本知识，具备必要的创业能力，帮助学生树立科学的创业观	健康与养老产业创新创业教育	
	健康教育知识	掌握科学锻炼身体的基本技能，具有良好的身体素质和基本运动技能，并达到国家体能标准；具备良好形体、仪态协调能力，具有健康的生理素质和心理素质	大学生安全教育、体育训练Ⅰ、体育训练Ⅱ、体育训练Ⅲ	
	政策与法规知识	掌握专业群工作相关政策与法规等知识	社会政策与法规	
专业技术基础知识	老年照护知识	掌握老年人日常生活照护技能、老年健康评估方法、老年人常见健康问题的照护技能、老年人的临终关怀	老年人基础照护、智慧健康养老照护、老年常见病预防与护理、安宁照护技能、老年医学基础	
	老年膳食营养知识	掌握老年人的营养状况、老年人的营养配餐、特殊群体的营养配餐	老年营养与膳食	
	老年康复保健知识	掌握常见老年疾病临床康复操作程序、中医康复保健技术（针灸、推拿等）、老年人文体康复（指导老年人正确开展体育运动，组织与策划老年文娱活动，指导开展艺术鉴赏与创作等）等	智慧老年健康咨询与管理、智慧健康养老照护、老年常见病预防与护理、老年心理学、老年推拿按摩	K2
	养老机构管理知识	养老机构岗位设置与日常管理程序、养老机构营销管理、护理管理、膳食管理、养老机构信息化管理、老年政策与法规的运用	智慧养老机构管理与实务、智慧养老产业经营与管理	
	老年社会工作知识	老年社会工作的理念、程序，老年活动策划、组织以及评估等	老年社会工作实务、老年活动策划与设计、社会服务与市场营销	
	正常人体结构机能知识	掌握解剖学姿势和方位术语，细胞、组织、器官、系统的构成，掌握正常人体各系统器官的形态、结构特征、位置和毗邻关系，为康复、护理后续课程的学习打下基础掌握人体机能和代谢的基本知识，并理解常见疾病的发生、发展机制；掌握神经系统特别是中枢神经系统在人体功能活动整合调控中的主导作用，以及内分泌调节和免疫调节的相互关系	正常人体结构与功能	
	药学知识	药物与机体（包括病原体）相互作用的规律及其原理、传出神经系统药、中枢抑制药、中枢兴奋药、作用于各系统的药、激素、抗菌药物、抗寄生虫药、抗癌药、抗过敏药	用药护理	K3
	作业治疗技术知识	掌握作业疗法的基本知识，针对康复治疗特殊服务对象，具备设计作业活动的素质	作业治疗技术	
	传统康复治疗知识	掌握利用经络、腧穴、推拿、艾灸以及刺灸等方法防治疾病的知识，推拿的基本手法，推拿治疗的禁忌证等	传统康复治疗技术	

知识类别		内涵要求	支撑课程	对应培养目标
	专业发展知识	了解老年服务与管理专业群发展史，熟悉养老护理及相关行业的发展态势，知晓老年服务与管理专业群的职业面向	老年服务与管理专业群发展指导	K4
	病理学知识	掌握疾病的基本病理过程。熟悉常见病的形态、功能、代谢的变化及病理临床联系。了解病因与发病机制。能够识别基本病理过程，并能理论联系实际，应用病理学知识综合分析病理学变化	异常人体结构与功能	
	基础护理知识	护理学的发展史、护理学的基本概念、护理学相关理论、护理学理论、护理程序、卫生服务体系、健康教育、多元文化与护理等方面的知识；医院和住院环境、患者入院和出院护理、患者卧位与安全的护理、医院感染的预防与控制、患者清洁的护理、舒适的护理、生命体征的观察及护理、饮食与营养、排泄护理、药疗技术、静脉输液与输血法、冷热疗技术、标本采集、危重患者的抢救及护理、临终护理、护理相关文件记录等知识	基础护理	
	民政调查知识	掌握样本抽样、调查方式与技巧、数据统计与分析等知识	民政调查方法	K5
	人力资源管理知识	掌握人力资源规划、招聘与配置、培训与开发、绩效管理、薪酬管理、劳动关系管理等知识	人力资源管理	
	社会学知识	掌握社会学基本理论知识，具备运用社会学理论知识分析社会现象与社会问题的能力	社会调查方法	
	社会工作知识	掌握社会工作基本知识与方法，能综合运用社会工作理念与方法为各类服务对象提供专业服务	个案社会工作、小组社会工作、社区社会工作	K6
	组织管理知识	掌握社会组织的战略管理、财务管理、人力资源管理、项目管理等知识	社会工作行政与管理、社会组织管理	
综合专业知识	社会认知知识	社会结构、社会问题分析、社会分层、人的成长、社会化	智慧健康养老机构管理与实务、社会政策与法规、适老化环境设计	K2
	疾病诊治能力	熟悉各种疾病的病因、病变及其发生发展的特殊规律的知识，掌握各种疾病的临床表现特点、病变规律以及治疗过程	老年常见病预防与护理	K3
	老年照护知识	掌握老年人日常生活照护技能、老年健康评估方法、老年人常见健康问题的照护技能、老年人的临终关怀	老年照护基础、智慧健康养老照护、智慧老年康复护理、安宁照护技能	
	康复治疗及保健知识	掌握PT、OT、ST的原理、方法及各种操作技巧，掌握各种治疗技术的禁忌证以及各种评定量表的评定原理、方法；经络的循行分布，经络系统的组成分布概况和经络的基本作用，经络与阴阳、五行、脏腑的关系，推拿治疗的手法以及常见病的治疗	传统康复治疗技术、作业治疗技术、运动治疗技术、言语治疗技术、神经康复技术	
	康复评定知识	掌握基本生理指标测量，人体形态学测量，关节活动度测量，肌力评定、运动控制评定、心理健康状况评定、生活质量评定等知识	康复评定技术	

续表

知识类别		内涵要求	支撑课程	对应培养目标
	康复护理知识	康复医学、康复护理学的基本概念、服务对象、工作内容及组成团队、工作方法；常见疾病的康复护理，如神经系统疾病、运动系统疾病和其他常见的慢性疾病的康复护理	智慧老年康复护理	K4
	临床综合护理知识	掌握呼吸系统、循环系统、消化系统、泌尿系统、血液及造血系统，内分泌代谢病、风湿性疾病、神经系统理化因素所致内科常见病、多发病的病因、发病机制、临床表现，内科护理常见检查项目的正常值、异常值、意义及护理措施、健康教育、内科常用护理技术操作；掌握外科学总论、手术的基本知识、外科休克患者的护理、外科营养支持患者的护理、麻醉患者的护理、疼痛患者的护理、外科手术期护理、外科感染患者的护理、损伤患者的护理以及各系统外科常见疾病患者的护理；掌握女性生殖系统解剖、生理，正常妊娠期孕妇的护理，正常分娩期妇女的护理、正常产褥期妇女的护理，异常妊娠孕妇的护理，产褥感染患者的护理，异常胎儿及新生儿的护理，妇产科护理操作技术，妇科常见疾病的护理，计划生育等；掌握小儿生长发育规律、小儿营养与喂养、儿童保健与疾病预防、住院患儿的护理、儿科常用护理技术和儿科常见疾病的多发病病因、病理和临床表现、护理和健康保健指导等	临床综合护理	
	老年护理知识	老年人生理心理特点、老年人日常护理知识、老年人呼吸系统、循环系统、消化系统、泌尿系统、血液及造血系统、内分泌代谢疾病、风湿性疾病、神经系统常见病、多发病的病因、发病机制、临床表现和护理	智慧老年康复护理	
	急救护理知识	常见急危重症的病因、发病机理、临床表现、重症监护的基本方法和救护措施；常用急救护理技术，包括洗胃、心肺复苏术等；常用抢救药物的药理作用、药物应用及注意事项；急救知识及技能的健康教育等	急危重症护理	
	民政工作知识	了解民政行政管理、民政社会保障、基层政权建设等知识	民政工作	K5
	社区治理服务知识	掌握社区自治知识、社区居民自治知识、社区建设社区服务等知识	社区治理	
	福利机构知识	了解老年社会福利机构经营与管理知识、残疾人社会福利机构经营与管理知识、儿童社会福利机构经营与管理等知识	福利机构经营与管理	
	婚姻、收养知识	掌握结婚登记、离婚登记、补办婚姻证、撤销婚姻、收养等知识	婚姻与收养实务	
	社会救助知识	掌握各类生活救助知识、灾害救助知识、扶贫工作知识、各类专项救助和特殊救助等知识	社会救助实务	
	人际交往知识	掌握公共关系礼仪、人际沟通、演讲、团队合作等基本常识和技巧	康护人文素养	K6
	项目管理知识	掌握项目设计、项目实施、项目评估等基本知识	社区服务项目策划与实施、社会组织管理	

（四）毕业生能力要求

能力类别		能力要素	支撑课程	考核标准	对应培养目标
通用能力	英语应用能力	具备实用英语听说能力、具备实用英语阅读翻译能力、具备实用英语写作和自主学习能力	实用英语Ⅰ、实用英语Ⅱ、专业英语	高等学校英语应用能力考试达到B级及以上	S1
	信息技术应用能力	具备熟练应用计算机操作系统的能力，要求能够熟练使用计算机进行学习和工作；具备利用计算机网络收集信息、处理信息的能力；具备大数据、物联网等应用能力	大学生信息技术基础	计算机应用能力达到高校非计算机专业应用能力等级考试一级	
	语文应用能力	具备较强的口语交际能力、阅读能力、书面语言表达能力、视像能力和发布能力，会常用应用文体的写作	大学语文、应用文写作	考试能达合格及以上标准	
	创新创业能力	具备创造性思维、创造性想象、独立性思维和捕捉灵感的能力；具备创新实践的能力，即在创新活动中完成创新任务的具体工作的能力；具备决策能力、经营管理能力、专业技术能力与组织、计划、协调、控制等能力	健康与养老产业创新创业教育	考试能达合格及以上标准	
专业基本技能	老年人照护能力	掌握老年人日常生活的照护措施及技术；智慧健康养老照护知识并对老年人健康问题进行分析及处理	智慧健康养老照护、智慧老年健康咨询与管理、老年人基础照护、老年营养与膳食	考试能达合格及以上标准	S2
	老年康复护理能力	常见老年疾病临床认知、康复操作程序等，中医康复保健技术（针灸、推拿等），老年人文体康复（指导老年人正确开展体育运动，组织与策划老年文娱活动，指导开展艺术鉴赏与创作等）	智慧老年康复护理、智慧健康养老照护、老年活动策划与设计、老年推拿按摩	考试能达合格及以上标准	
	养老机构管理能力	养老机构岗位设置与日常管理程序、养老机构营销管理、护理管理、膳食管理、养老机构信息化管理、老年政策与法规的运用	智慧养老机构管理与实务	考试能达合格及以上标准	
	老龄产业开发与产品营销能力	老龄产业项目策划、老龄产业用品开发、老龄产业用品营销	智慧养老产业经营与管理、老年活动策划与设计	考试能达合格及以上标准	
	认识正常人体结构与机能分析能力	具备认识、应用人体各系统器官的形态、结构的能力，为康复治疗、护理专业人员的培养及学好其他学科知识打下坚实的基础。具备分析机体内各器官和系统的功能以及人体内外环境变化对机体影响的能力	正常人体结构与功能	考试能达合格及以上标准	S3
	康复评定能力	具备对康复临床常见的运动功能障碍评定、估计功能障碍的发展、转归、预后以及制定康复措施的能力	康复评定技术	考试能达合格及以上标准	
	疾病诊断能力	具备各种疾病的病因、病变及其发生发展的特殊规律的知识，能分析各种疾病的临床表现特点、病变规律以及治疗过程	传染病预防与护理	考试能达合格及以上标准	

能力类别		能力要素	支撑课程	考核标准	对应培养目标
	专业发展分析能力	具备分析老年服务与管理及相关行业发展态势的能力,根据自身情况分析老年服务与管理专业群职业面向的能力	老年服务与管理专业群发展指导	考试能达合格及以上标准	S4
	常用药物应用能力	具备应用常用药物药理原理,正确使用药物的能力	用药护理	考试能达合格及以上标准	
	疾病机理分析能力	具有分析细胞和组织的损伤、损伤的修复、局部血液循环及体液循环障碍、免疫病理、炎症、遗传与疾病以及肿瘤等基本病理过程、发生发展的基本规律的能力	异常人体结构与功能、病理基础	考试能达合格及以上标准	
	健康评估能力	具备健康评估能力,能进行常见临床症状评估、身体评估、心理评估和社会评估;心电图检查、影像学检查、常用实验室检查前后的护理,以及健康评估常用护理技术操作	健康评估	考试能达合格及以上标准	
	组织发动与社会协调能力	具有从事社会组织登记、社会组织战略规划、项目设计与管理、筹资运营与资源管理、员工招聘与培训的能力;具有较强的组织、发动及协调能力,会组织社会各方资源开展民政服务,会协调民政资源供给者与受益者之间的关系	社区治理	考试能达合格及以上标准	S5
	机构管理能力	具有福利机构特别是养老机构运营、管理、服务等能力;具有为老年人开展社工服务的能力	福利机构经营与管理、智慧健康养老机构管理与实务	考试能达合格及以上标准	
	社会政策分析能力	具备运用社会福利政策为服务对象提供政策咨询及政策倡导的能力	社会工作政策与法规	考试能达合格及以上标准	S6
	人际沟通能力	具备良好的人际交往与沟通、公关协调的能力	康护人文素养、生命教育	考试能达合格及以上标准	
	社会工作实务能力	具备综合运用社会工作方法为服务对象提供专业服务的能力	老年社会工作实务	考试能达合格及以上标准	
	绿色技能	具备促进经济社会活动的环境可持续性发展能力,将绿色技能应用于社会工作行业领域内,促使学生形成最大限度地减少资源使用、提高能源和资源利用效率、减少温室气体排放、回收利用、使用环保产品、保护自然环境等绿色意识,养成绿色行为习惯,并将其运用于社会工作服务的职业之中	人体结构与功能、护理学基础、民政工作、社会救助实务、社会工作调查与研究、社会组织管理等	考试能达合格及以上标准	
专业综合能力	组织管理能力	能对提供服务过程中所涉及人与物进行统一管理,能进行简单的财务收支管理,能在管理与服务过程中运用恰当的语言与文字;具备组织管理社会工作服务机构的能力	智慧养老机构管理与实务、智慧养老产业经营与管理、安全管理与应急处理、社会工作行政与管理	考试能达合格及以上标准	S2

能力类别		能力要素	支撑课程	考核标准	对应培养目标
	职业行为能力	具备保证职业技能充分运用的品质和意识	老年服务与管理专业群发展指导、思想道德修养与法律基础	考试能达合格及以上标准	
	心理承受能力	能正确评价自我适应环境、承受困难和挫折	老年心理学、老年社会工作实务、智慧老年健康咨询与管理	考试能达合格及以上标准	
	社会分析能力	能正确认识事物，正确决断、分析问题和解决问题	思想道德修养与法律基础、毛泽东思想和中国特色社会主义理论体系概论、习近平新时代中国特色社会主义思想概论	考试能达合格及以上标准	
	与人合作能力	具备公关协调、集体合作的能力	老年社会工作实务、康护人文素养	考试能达合格及以上标准	
	运动治疗能力	能够了解运动治疗的基础知识和基本技能，学会常见运动疗法（被动运动、主动运动、关节松动术、神经发育促进技术等）的操作技术	运动治疗技术	考试能达合格及以上标准	
	作业治疗能力	具备作业活动能力的评估与运用能力，使学生能够运用有目的的、经过选择的作业活动或作业项目，帮助患者最大限度地改善与提高自理、工作及休闲娱乐等方面的功能独立活动水平，提高残疾人的生活质量	作业治疗技术	考试能达合格及以上标准	S3
	传统康复治疗能力	能够应用传统康复方法进行康复，并能与其他康复治疗方法联合使用，预防功能障碍的发生或对已经发生的障碍进行康复治疗	传统康复治疗技术	考试能达合格及以上标准	
	物理治疗能力	具备对患者进行功能训练或借助电、光、声、磁、冷、热、水治疗技术能力	物理因子治疗技术	考试能达合格及以上标准	
	言语康复能力	具备初步认识言语障碍、吞咽障碍的原因、性质、评定与基本治疗方法	言语治疗技术	考试能达合格及以上标准	
	基础护理能力	具备帮助护理对象满足生理、心理和治疗需求的护理基本理论、基本知识及基本技能，如护理的基本概念、护理相关理论、护理理论、护理程序、卫生服务体系、健康教育、多元文化与护理等方面的知识；医院和住院环境、患者入院和出院护理、患者卧位与安全的护理、医院感染的预防与控制、患者清洁的护理、舒适的护理、生命体征的观察及护理、饮食与营养、排泄护理、药疗技术、静脉输液与输血法、冷热疗技术、标本采集、危重患者的抢救及护理、临终护理、护理相关文件记录等护理技术	基础护理	考试能达合格及以上标准	S4

续表

能力类别		能力要素	支撑课程	考核标准	对应培养目标
	专科护理能力	能够根据专科特点,对内科、外科、妇产科、儿科等常见专科疾病实施整体护理	临床综合护理	考试能达合格及以上标准	
	老年护理能力	具备识别老年人健康问题及其影响因素的能力,能运用护理手段或措施解决老年人的健康问题,能开展老年人环境、活动、睡眠、饮食、排泄、清洁等日常生活照护项目,能对高血压、糖尿病、冠心病等老年人常见疾病实施整体护理	智慧老年康复护理	考试能达合格及以上标准	
	急救护理能力	具备运用急救护理基本知识,快速判断能力,并能够运用常用急救护理技术,如外伤处理、噎食急救、心肺复苏术等对患者实施急救	急危重症护理	考试能达合格及以上标准	
	民政事业管理能力	具有从事各级民政事业单位管理的能力;具有从事各级各类民政机构(含老年福利院、残疾人福利院、儿童福利院、精神病人福利院)的管理能力	社会福利服务、民政工作	考试能达合格及以上标准	S5
	婚姻与收养登记能力	具有从事婚姻与收养登记(包括结婚、离婚、复婚登记,撤销无效婚姻及儿童收养登记)的能力	婚姻与收养实务	考试能达合格及以上标准	
	彩票管理能力	具有从事彩票销售、彩票管理、彩票票面和品种设计、彩票设备维护的能力	彩票管理实务	考试能达合格及以上标准	
	社区建设能力	具有从事城乡社区建设与社区服务的能力,能为不同群体设计、提供相应的服务项目	社区治理、社区服务项目策划与实施、适老化环境设计	考试能达合格及以上标准	
	团队合作能力	具备与人合作、互助的团队协作能力	小组社会工作	考试能达合格及以上标准	S6
	项目管理能力	具备项目设计、项目实施、项目评估的能力	社会工作项目设计与评估	考试能达合格及以上标准	

(五)建议 3 年期间获得证书名称及要求

专业	职业资格证书	要求	对应专业课程
老年服务与管理专业群	老年照护职业技能等级证书	具备老年人能力评估、安全防护、日常生活照护、疾病照护、功能障碍照护、安宁照护、照护组织与管理等知识和技能,具备良好的沟通表达能力和突发情况应急处理能力、具有职业责任感和职业道德,尊老、敬老、孝老,服务意识强	常见老年疾病护理与照护、老年人基础照护、智慧健康养老照护、智慧老年康复护理、自理照护、失能照护、安宁照护
	社会心理服务职业技能等级证书	能够独立完成科普宣教材料收集、充分掌握宣教模式、进行效果评估,并探索新方式;能够掌握良好的沟通技巧,充分应用干预技术,完成压力与应激管理、情绪康复管理、伦理认知管理工作,并对个体情绪及行为和群体心理健康需求进行综合心理评估;能够充分使用社会心理服务专业知识,独立完成社会心态调研、协助制订和实施社会心态培育方案,并进行心理危机评估与管理,进而指导个体和团体消除负面情绪,促使团体采取积极行动,建立和谐人际关系,形成积极社会心态	大学生心理健康教育、传统康复治疗技术、老年心理学

专业	职业资格证书	要求	对应专业课程
要求	建议学生可以取得以上职业证书中的1项		
智慧健康养老服务与管理	老年护理服务需求评估职业技能等级证书	具备老年护理服务需求评估职业技能等级证书要求的知识和技能，为有需求的老年人提供日常生活活动能力、认知能力、精神状态等健康状况测量与评估，具备一定的观察能力、分析能力、理解能力、计算能力以及信息与数据处理能力，具有较强的语言表达与沟通能力、评价判断能力	常见老年疾病护理与照护、老年人基础照护、智慧健康养老照护、智慧老年康复护理、失能照护、安宁照护
	健康照护师职业资格证书	健康照护师是运用基本医学护理知识与技能，在家庭、医院、社区等场所，为照护对象提供健康照护及生活照料的人员。具有一定的学习、理解、分析、判断和计算机能力；具有较强的语言表达与沟通能力；空间感和形体知觉能力较强；视觉、听觉正常；四肢灵活，动作协调；具有一定健康管理和生活照料知识和技能	常见老年疾病护理与照护、老年人基础照护、智慧健康养老照护、智慧老年康复护理、失能照护
要求	建议学生可以取得以上职业证书中的1项		
康复治疗技术	健康管理师职业资格证书	运用营养学、医学以及相关学科的专业知识，遵循健康科学原则，通过健康咨询的技术与方法，为咨询者解决健康问题	正常人体结构与功能、康复评定技术、神经康复技术
	失智老年人照护职业技能等级证书	具备失智老年人能力评估、身体综合照护、认知功能促进、功能维护与重建、健康促进照护、技术指导与创新等知识和技能，具备良好的沟通表达能力和突发情况应急处理能力、具有职业责任感和职业道德，尊老、敬老、孝老，服务意识强	正常人体结构与功能、基础护理、失智照护
	幼儿照护职业技能等级证书	能对幼儿进行日常生活照料、安全防护、日常保健、早期发展指导的行为活动	康复评定技术、传统康复治疗技术
要求	建议学生可以取得以上职业证书中的1项		
护理	护士执业资格证书	掌握护士执业活动中常见的护理工作任务。包括：照护患者，满足患者基本需求，协助治疗的相关任务，沟通协调活动，评估评价活动，保证患者安全，健康指导，伦理、法律活动等	健康评估、基础护理、临床综合护理
	失智老年人照护职业技能等级证书	具备失智老年人能力评估、身体综合照护、认知功能促进、功能维护与重建、健康促进照护、技术指导与创新等知识和技能，具备良好的沟通表达能力和突发情况应急处理能力、具有职业责任感和职业道德，尊老、敬老、孝老，服务意识强	基础护理、失智照护、正常人体结构与功能
要求	要求学生获得护士执业资格证书，建议学生获得失智老年人照护职业技能等级证书		
民政服务与管理	秘书执业资格证书	要求具备较强的文字与语言表达能力、综合协调与合作能力、逻辑思维与分析能力等。能从事办公室程序性工作、协助领导处理行政事务及日常事务，并为领导决策及其实施提供服务的人员，包含了接待工作、档案工作、文书拟写与处理、会议组织、信息工作、办公室日常事务以及协调工作等	民政工作、民政秘书事务

专业	职业资格证书	要求	对应专业课程
	失智老年人照护职业技能等级证书	具有良好的职业道德和职业规范，熟练掌握对失智老年人日常生活料理流程以及生理与心理护理技能，能够为失智老年人提供良好的生活和社会支持	失智照护
	社区治理职业技能等级证书	熟练掌握社区治理主体、目标、内容与运行过程等，有效促成政府、社区组织、居民及辖区单位、营利组织、非营利组织等基于市场原则、公共利益和社区认同，协调合作，有效供给社区公共物品，满足社区需求，优化社区秩序的过程与机制	社区治理
要求	建议学生可以取得以上职业证书中的 1 项		
社会工作	失智老年人照护职业技能等级证书	具有良好的职业道德和职业规范，熟练掌握对失智老年人日常生活料理流程以及生理与心理护理技能，能够为失智老年人提供良好的生活和社会支持	失智照护、老年社会工作实务
	社区治理职业技能等级证书	熟练掌握社区治理主体、目标、内容与运行过程等，有效促成政府、社区组织、居民及辖区单位、营利组织、社会组织等基于市场原则、公共利益和社区认同，协调合作，有效供给社区公共物品，满足社区需求，促进社区和谐与稳定	社区社会工作、城乡社区治理与服务、
要求	建议学生可以取得以上职业证书中的 1 项		

四、专业实习与考评

（一）实习目标

学生需要通过老年服务与管理专业群顶岗／跟岗实习，了解老年服务机构、社会福利机构、医疗与康复机构、社会组织、城乡社区的运作、组织架构、职业环境、规章制度和企业文化；掌握岗位的典型工作流程、工作内容及核心技能；具备对常见疾病的功能障碍进行照护、治疗、护理和评定能力，端正职业态度，提升职业认同感。

学生需要通过老年人生活照护、医学基础、老年服务、老年基础护理、康复护理、心理护理、老年产品、老年社会工作、老年人能力评估、康复评定、运动治疗、物理因子治疗、作业治疗、言语治疗、神经康复、基础护理、危急重症护理、临床综合护理、社区护理、民政调查、福利机构、彩票管理实务、婚姻与收养、社区服务、民政工作、社会救助、社会组织管理、社会调查、生命教育、健康教育、养生保健、失智失能照护等岗位实习达到毕业生实习目标。学生在顶岗／跟岗实习结束时应提交实习单位证明材料，须至少提交顶岗／跟岗实习总结报告以作为毕业达标证明材料之一。

（二）考核评价

1. 考核内容
校企双元考核，即实习单位指导教师与校内指导教师双向评定。应依据顶岗／跟岗实习目标，紧扣学生顶岗 / 跟岗实习的具体岗位进行考核，考核综合得分达到毕业标准后方可申请毕业。分为以下内容：

（1）实习过程考核：主要考核人文精神、职业素养，含职业态度、基本工作方法、沟通协作能力、管理能力等方面。

（2）实习效果考核：主要考核实习学生专业知识和技能水平。

2.考核形式

（1）实习过程评价：主要通过检查相关医疗文书、实习周记，以及临床带教老师对学生实习过程的旁测等进行评价，重点评价学生的实习工作态度、沟通协作能力、动手操作能力等内容。

（2）实习效果考核：通过各岗位群实习结束考核（可含理论考核和操作考核）、顶岗 / 跟岗实习总结报告、实习期间形成的病例分析报告或论文、实习期间完成的各专业相关作品等进行综合评价，各实习单位和职业院校应综合实习过程评价和实习效果考核两方面成绩，综合评判学生顶岗 / 跟岗实习成绩。

老年服务与管理专业群
毕业生质量标准

一、适用范围

本标准规定了老年服务与管理专业群毕业生的刚性要求、质量评定等级划分等。本标准适用于老年服务与管理专业群三年制专科层次职业教育。

二、含义

毕业生质量标准是指能够确定是否准予学生毕业并评价学生所达到的毕业质量等级的规范性文件，应满足学生、家庭、社会、企业、学校以及政府等多方的利益诉求，体现标准的规范性、公平性和可操作性。

三、培养目标

老年服务与管理专业群人才培养与我国社会主义现代化建设相适应，培养学生坚定的理想信念，德智体美劳全面发展，拥护中国共产党的领导和党的路线方针政策，具有一定的科学文化水平，良好的政治素养、人文素养和职业素养；具备较强的学习、观察、交流、实践、创新创业、社会适应、综合分析和解决实际问题等能力；遵循专业群的培养路径，掌握基础医学、智慧健康养老照护、老年康复保健、营养配餐、活动策划组织、智慧养老机构管理、智慧养老产业经营与管理、临床医学、康复医学、物理疗法、运动疗法、作业疗法、言语训练和心理康复、护理专业知识、护理操作技能、社会福利服务、婚姻登记、收养登记、殡葬管理、社会组织管理、彩票销售与管理、优抚安置、社会救助、基层建设、城乡社区建设等知识及专业技能；能够在党政机关、民政部门、企事业单位、社会组织、城乡社区、街道和乡镇、社会福利机构、康复机构、医院、基层医疗卫生机构、康养结合机构等从事老龄化社会发展、康复治疗、临床护理、社区护理、预防保健、老年照护、健康促进、老年公共事业服务与管理等工作；培养学生的志愿精神与使命感，忠于祖国，忠于人民，适应社会主义市场经济需要，立足西部、辐射全国、走向世界的高素质复合型技术技能人才。

四、毕业生质量标准体系

毕业生质量标准作为学生在校学习期满后的评价"量尺"，是指导、规范和评价高职教育内涵建设的基础性、纲领性文件，所以毕业生质量标准体系的制订应该以人才培养方案为基准，以学生发展为中心，以学校纪律和社会法律为原则，不但让学校管理者能够在学生毕业时进行横向比较，还能让学生在校期间随时清楚地知道自己离毕业要求的差距和努力的方向。

老年服务与管理专业群质量标准的评价基础是学生的刚性指标是否达标，在满足刚性指标达标的基础上，满足本专业质量等级要求。毕业生人才培养质量标准体系评价指标如下：

质量考核指标体系	
刚性指标	质量评级指标
处分	公共基础知识
费用	专业技术知识
图书	专业综合知识
成绩	公共基础能力
技能证书	专业技术能力
毕业考核	专业综合能力

五、刚性指标

刚性指标是学生毕业的最低要求，更是评定毕业生质量的硬性条件，首先，不得有违反国家法律、法令、法规受到政法部门处罚的相关行为。其次，在毕业生质量评定中，学生在各级业务及管理部门的行为应受到一定的限制，以下行为有一项不满足，不得准予学生毕业。

（一）业务清零

1. 处分清零
在学生处没有未解除的处分。
2. 费用清零
财务处已办理所有费用手续。
3. 图书清零
图书馆图书已归还。

（二）成绩要求

1. 学分要求

（1）修满人才培养方案中规定的总学分和模块学分。

（2）修满6个"第二课堂成绩单"学分（其中："德育"不低于1.5学分，"智育"不低于1学分，其他模块均不低于0.5学分）。

2. 通识与专业课程成绩

合格：各科成绩（含补考）合格（60分）。

优秀：平均成绩75分及以上，单科成绩（不含补考）不低于60分，专业核心课平均80分及以上。

3. 体育课成绩

合格：达到大学生体质健康合格标准，成绩60~89分。

优秀：达到大学生体质健康合格标准，成绩90分及以上。

4. 素质拓展

合格：获得校级大学生素质拓展证书，6学分。

优秀：获得校级大学生素质拓展证书，7学分及以上。

5. 创新创业

合格：获得健康与养老产业创新创业教育必修课1.5学分。

优秀：积极参与各类创新创业活动，获得健康与养老产业创新创业教育必修课2.0学分及以上。

6. 毕业考核

合格：毕业设计项目完成并达到考核评价标准，毕业论文（设计）报告审核合格，答辩通过；毕业整体考核合格。

优秀：毕业设计项目完成并达到考核评价标准，毕业论文（设计）报告审核合格，答辩通过；毕业整体考核合格以上。

（三）技能证书

1. 英语等级

合格：通过"高等学校英语应用能力考试"B级。

优秀：通过"高等学校英语应用能力考试"A级。

2. 计算机等级

合格：具备通过全国计算机等级考试一级的知识与能力。

优秀：通过全国计算机等级考试一级。

3. 技能证书

（1）老年服务与管理专业群。建议学生获得"1+X"老年照护职业技能等级证书、"1+X"社会心理服务职业技能等级证书中的一项。

（2）智慧健康养老服务与管理专业。建议学生获得"1+X"老年护理服务需求评估职业技能等级证书、"1+X"失智老年人照护职业技能等级证书、"1+X"养老护理员职业技能等级证书、"1+X"健康财富规划职业技能等级证书；健康管理师职业资格证书、健康照护师职业资格证书中的一项。

（3）康复治疗技术专业。建议学生获得"1+X"失智老年人照护职业技能等级证书、"1+X"幼儿照护职业技能等级证书、"1+X"产后康复职业技能等级证书、"1+X"健康财富规划职业技能等级证书；康复医学治疗技术职业资格证书、健康管理师职业资格证书中的一项。

（4）护理专业。要求学生获得护士执业资格证书；建议学生获得"1+X"失智老年人照护职业技能等级证书、"1+X"医养个案管理职业技能等级证书、"1+X"产后康复职业技能等级证书、"1+X"健康财富规划职业技能等级证书、"1+X"幼儿照护职业技能等级技能证书。

（5）民政服务与管理专业。建议学生获得"1+X"社区治理职业技能等级证书、"1+X"失智老年人照护职业技能等级证书；秘书、孤残儿童护理员、人力资源管理师职业资格证书中的一项。

（6）社会工作专业。建议学生获得"1+X"社区治理职业技能等级证书、"1+X"失智老年人照护职业技能等级证书；家庭教育指导师中的一项。

合格：除护理专业学生获得护士执业资格证书，每个专业的学生需具备考取至少一项老年服务与管理专业群或本专业建议证书的知识与能力。

优秀：除护理专业学生获得护士执业资格证书，每个专业的学生考取专业群建议证书中的一项，且获得本专业列举的任一项证书。

（四）其他要求

达不到合格毕业生标准的学生可以申请留级或颁发肄业证书，肄业生经补考合格后，换发毕业证。

六、质量评级

在满足刚性指标的基础上，老年服务与管理专业群毕业生还应从思想品德、身体素质、人才培养规格等多方面进行分类评价。

（一）基本素质要求

毕业生应满足必需的思想道德素质及文化身心素质要求。

1. 思想道德素质

（1）政治思想

① 马克思主义理论基础修养。具备马克思主义、毛泽东思想、邓小平理论、"三个代表"重要思想、科学发展观和习近平新时代中国特色社会主义思想基本理论知识。坚持四项基本原则和党的基本路线不动摇，坚定建设有中国特色社会主义的理想信念。树立科学的世界观、人生观和价值观。具有爱国主义、集体主义精神。

② 政治表现。爱国守法，诚信知礼，团结友善，勤俭自强。拥护党的路线、方针、政策。具有创新精神，能积极参加社会实践。

③ 思想作风。实事求是，解放思想，作风正派，品行端正，诚实可靠。培养学生了解中国共产党执政新理念、新思想、新战略，了解国内外大事、要事，进一步增强执行党的路线、方针、政策的自觉性，增强对社会发展趋势预测的能力，适应社会，持续发展，实现自我。

（2）道德规范

① 敬业精神与工作态度。有较强的事业心和奉献精神，具有"尊老敬老、以人为本、爱岗敬业、爱心奉献"的职业道德，热爱社会主义老年福利事业，具有为智慧健康养老服务与管理事业努力奋斗的奉献精神和敬业精神。工作认真负责，谦虚好学，树立终身学习观念，具有实事求是的科学态度，具有批判性思维，有运用科学思维对事物进行研究的态度。

② 职业道德与责任。遵守职业道德规范，忠于职守；具备保证职业技能充分运用的品质和意识；尊重老人，文明礼貌；具有健康保健意识、预防意识。

③ 遵纪守法与执行制度。遵守国家法律和社会公德。具有高度的法治精神、社会责任感和积极的人生态度。遵守职业道德，依法从事专业工作。

2. 文化身心素质

（1）文化素质

① 文化修养。具有较好的中华民族优良文化底蕴和现代文化修养，爱好广泛、情趣高雅。有良好的语言文字、文学艺术、文化礼仪、伦理道德修养；具有敬业、专注、精益、创新、奉献等职业素养，具有丰富的技术知识，能够正确认识和分析当今时代主流文化、亚文化等面临的冲突与挑战，了解服务对象关于自身及其所在文化环境的情况，并试着从服务对象的角度对文化进行理解与解释，反思自身对服务对象及其文化的偏见。

② 审美观念。有正确的审美观，言谈举止及衣着修饰等符合自己的性别、年龄、

职业、身份。展现职业形象美，正确认识和分析当今时代社会老龄化问题。

③ 人文关怀素养。有人道主义精神，能够对老年人生命与健康、权利与需求、人格与尊严进行照顾，为老年人提供精神的、文化的、情感的服务。

④ 终身学习。具有自主学习和终身学习的意识，有不断学习和适应发展的能力，能及时了解老年服务与管理专业群最新理论、技术及国际前沿动态；能认识不断探索和学习的必要性，具备终身学习的知识基础，掌握自主学习的方法，了解拓展知识和能力的途径；能针对个人自身特点或职业发展需求，采用合适的方法，自主学习，适应发展。

（2）身体素质

① 体质状况。积极参加体育锻炼和学校组织的各类文化体育活动，有自觉锻炼身体的良好习惯，身体健康，达到大学生体质健康合格标准。

② 体育技能。掌握一定的运动技能，具有自觉锻炼、终身锻炼身体的意识。

③ 劳动技能。引导学生弘扬劳动精神，具备劳动素养，掌握基本的劳动技能，养成劳动习惯，在实践中增长智慧才干，在艰苦奋斗中锤炼意志品质。

（3）心理素质

① 意志与自制力。具有较强的意志和毅力，心理健康；有较好的自制能力。

② 心理承受能力。能正确评价自我适应环境和承受困难和挫折的能力。

③ 社会适应性。具有完整的生理、心理状态。有较强的社会适应性，能进行正常的社会交往，团结协作。有切合实际的生活目标和个人发展目标，能正确地看待现实，主动适应现实社会。

④ 人际关系。有正常的人际关系，善意接纳他人，包括与自己意见不同的人。有良好的团队合作精神，交际交往符合规范礼仪。

⑤ 勤奋进取。勤奋刻苦，进取心强，具有切实的理想和奋斗目标。

（二）知识与技能评级

1. 中级原则

质量评级中级能力表示学生具备扎实的公共基础知识、专业基础知识、基本技能，并对管理、培训及技能提升方面的知识与能力有一定的了解与掌握。学生达到质量评级中级能力，则视为合格。

（1）公共基础知识

① 外语基础。具备实用英语听说能力、阅读翻译能力、写作和自主学习能力；可借助字典阅读英文专业资料及技术说明；能在学习、工作和社会交往中用英语有效地进行交际；通过全国英语应用能力等级考试 B 级。

② 计算机基础。能熟练使用一种操作系统（如 Windows）；能熟练使用一种办公软

件（如 Office）进行信息处理，能熟练地在互联网上检索信息、浏览信息、下载文件、收发电子邮件；掌握数据库的基本操作，计算机应用能力达到计算机等级考试一级水平。

③ 中文知识、应用文技能。培养口语交际、阅读、表达和发布等语文应用能力，培养学生应用文写作能力。

④ 创新创业知识。使学生掌握开展创业活动所需要的基本知识，具备必要的创业能力，帮助学生树立科学的创业观。

⑤ 健康教育知识。掌握科学锻炼身体的基本技能，具有良好的身体素质和基本运动技能，并达到国家体能标准；具备良好形体、仪态协调能力，具有健康的生理素质和心理素质。

⑥ 政策与法规知识。掌握专业工作相关政策与法规等知识。

⑦ 基本礼仪知识。使学生掌握工作中的职业形象规范要求、基本礼仪知识及礼仪的要求。

⑧ 人际交往知识。掌握公共关系礼仪、人际沟通、演讲、团队合作等基本常识和技巧。

⑨ 体育知识。使学生掌握体育的基本理论知识，建立正确的体育观念，掌握科学锻炼身体的方法，培养学生终身体育锻炼的意识和良好习惯。培养学生集体主义的思想品德，树立正确的体育观及勇敢顽强、团结进取、开拓创新的精神风貌。

⑩ 中华优秀传统文化知识。提高学生对中华优秀传统文化的自主学习和探究能力，培养学生的文化创新意识，增强学生传承弘扬中华优秀传统文化的自豪感、责任感和使命感。

（2）专业技术基础知识

① 养老照护知识。掌握老年人日常生活照护技能、老年健康评估方法、老年人常见健康问题的照护技能、老年人的临终关怀。

② 老年膳食营养知识。掌握老年人的营养状况、老年人的营养配餐、特殊群体的营养配餐。

③ 康复护理知识。康复医学、康复护理学的基本概念、服务对象、工作内容及组成团队、工作方法；常见疾病的康复护理，如神经系统疾病、运动系统疾病和其他常见的慢性疾病的康复护理。

④ 老年康复保健知识。常见老年疾病临床康复操作程序等、中医康复保健技术（针灸、推拿等）、老年人文体康复（指导老年人正确开展体育运动，组织与策划老年文娱活动，指导开展艺术鉴赏与创作等）。

⑤ 老年社会工作知识。老年社会工作的理念、程序、老年活动的策划和组织以及评估等。

⑥ 正常人体结构机能知识。掌握解剖学姿势和方位术语，细胞、组织、器官、系统的构成，掌握正常人体各系统器官的形态、结构特征、位置和毗邻关系，为康复后续课程的学习打下基础。掌握人体机能和代谢的基本知识，并理解常见疾病的发生、发展机制；掌握神经系统特别是中枢神经系统在人体功能活动整合调控中的主导作用，以及内分泌调节和免疫调节的相互关系。

⑦ 药学知识。药物与机体（包括病原体）相互作用的规律及其原理、传出神经系统药、中枢抑制药、中枢兴奋药、作用于各系统的药、激素、抗菌药物、抗寄生虫药、抗癌药、抗过敏药。

⑧ 作业治疗技术知识。掌握作业疗法的基本知识，针对康复治疗特殊服务对象，具备设计作业活动的素质。

⑨ 传统康复治疗知识。掌握经络、腧穴、推拿、艾灸以及刺灸等方法防治疾病的知识，推拿的基本手法，推拿治疗的禁忌证等。

⑩ 病理学知识。掌握疾病的基本病理过程。熟悉常见病的形态、功能、代谢的变化及病理临床联系。了解病因与发病机制。能够识别基本病理过程，并能理论联系实际，应用病理学知识综合分析病理学变化。

⑪基础护理知识。护理学的发展史、护理学的基本概念、护理学相关理论、护理学理论、护理程序、卫生服务体系、健康教育、多元文化与护理等方面的知识；医院和住院环境、患者入院和出院护理、患者卧位与安全的护理、医院感染的预防与控制、患者清洁的护理、舒适的护理、生命体征的观察及护理、饮食与营养、排泄护理、药疗技术、静脉输液与输血法、冷热疗技术、标本采集、危重患者的抢救及护理、临终护理、护理相关文件记录等知识。

⑫民政调查知识。掌握样本抽样、调查方式与技巧、数据统计与分析等知识。

⑬人力资源管理知识。掌握人力资源规划、招聘与配置、培训与开发、绩效管理、薪酬管理、劳动关系管理等知识。

⑭社会学知识。掌握社会学基本理论知识、具备运用社会学理论知识分析社会现象与社会问题的能力。

⑮康复治疗知识。掌握 PT、OT、ST 的原理、方法及各种操作技巧、掌握各种治疗技术的禁忌证以及各种评定量表的评定原理、方法。

（3）公共基础能力

① 英语应用能力。具备实用英语听说能力、阅读翻译能力、写作和自主学习能力。

② 信息技术应用能力。具备熟练应用计算机操作系统的能力，要求能够熟练使用计算机进行学习和工作；具有利用计算机网络收集信息、处理信息的能力；具备大数据、物联网等技能应用能力。

③ 语文应用能力。具备较强的口语交际能力、阅读能力、书面语言表达能力、视

像能力和发布能力，会常用应用文体的写作。

④ 创新创业能力。具备创造性思维、创造性想象、独立性思维和捕捉灵感的能力；具备创新实践的能力，即在创新活动中完成创新任务的具体工作的能力；具备决策能力、经营管理能力、专业技术能力与组织、计划、协调、控制等能力。

⑤ 阅读能力。掌握正确的阅读方法，具有快速阅读能力，能将所获得的新知识组合成为自己综合知识系统中的部分。具有自主学习和终身学习的能力。

⑥ 宣教能力。教育引导学生深刻理解并践行救死扶伤、人道主义、医者仁心、严谨慎独、实事求是、团结协作、遵纪守法等职业精神和职业规范，增强职业责任感。

⑦ 文字表达能力。能有效运用信息撰写比较规范的常见应用文。如调查报告、工作计划、研究论文以及工作总结等，且格式规范。培养学生应用文写作能力。

⑧ 专业群发展分析能力。具备分析护理及相关行业发展态势的能力，根据自身情况分析老年服务与管理专业群职业面向的能力。

⑨ 社会政策分析能力。具备运用社会福利政策为服务对象提供政策咨询及政策倡导的能力。

⑩ 人际沟通能力。具备良好的人际交往与沟通、公关协调的能力。

（4）专业技术能力

① 老年人护理能力。掌握老年人日常生活的照护措施及技术；老年健康照护知识并对老年人健康问题进行分析及处理。

② 老年康复护理能力。常见老年疾病临床认知、康复操作程序等、中医康复保健技术（针灸、推拿等）、老年人文体康复（指导老年人正确开展体育运动，组织与策划老年文娱活动，指导开展艺术鉴赏与创作等）。

③ 养老机构管理能力。养老机构岗位设置与日常管理程序、养老机构营销管理、护理管理、膳食管理、养老机构信息化管理、老年政策与法规的运用。

④ 老龄产业开发与产品营销能力。具备老龄产业项目策划、老龄产业用品开发、老龄产业用品营销能力。

⑤ 老年人照护能力。掌握老年人日常生活的照护措施及技术；智慧健康养老照护知识并对老年人健康问题进行分析及处理。

⑥ 康复认知能力。能够根据康复目标，运用有效的方法，对社区的康复资源、卫生资源进行协调。

⑦ 认识正常人体结构与机能分析能力。具备认识、应用人体各系统器官的形态、结构的能力，为康复治疗、护理专业人员的培养及学好其他学科知识打下坚实的基础。具备分析机体内各器官和系统的功能以及人体内外环境变化对机体影响的能力。

⑧ 康复评定能力。具备对康复临床常见的运动功能障碍进行评定的能力，估计功能障碍的发展、转归和预后以及制订康复措施的能力。

⑨ 疾病诊断能力。具备各种疾病的病因、病变及其发生发展的特殊规律的知识，能分析各种疾病的临床表现特点、病变规律以及治疗过程。

⑩ 常用药物应用能力。具备应用常用药物药理原理，正确使用药物的能力。

⑪疾病机理分析能力。具有分析细胞和组织的损伤、损伤的修复、局部血液循环及体液循环障碍、免疫病理、炎症、遗传与疾病以及肿瘤等基本病理过程、发生发展的基本规律的能力。

⑫健康评估能力。具备健康评估能力，能进行常见临床症状评估、身体评估、心理评估和社会评估；心电图检查、影像学检查、常用实验室检查等前后的护理、护理病例书写，以及健康评估常用护理技术操作。

⑬运动治疗能力。能够了解运动治疗的基础知识和基本技能，学会常见运动疗法（被动运动、主动运动、关节松动术、神经发育促进技术等）的操作技术。

⑭作业治疗能力。具备作业活动能力的评估与运用能力，使学生能够运用有目的的、经过选择的作业活动或作业项目，帮助患者最大限度地改善与提高自理、工作及休闲娱乐等方面的功能独立活动水平，提高残疾人的生活质量。

⑮传统康复治疗能力。能够应用传统康复方法进行康复，并能与其他康复治疗方法联合使用，预防功能障碍的发生或对已经发生的障碍进行康复治疗。

⑯物理治疗能力。具备对患者进行功能训练或借助电、光、声、磁、冷、热、水治疗技术能力。

⑰言语康复能力。具备初步认识言语障碍、吞咽障碍的原因、性质、评定与基本治疗方法。

⑱基础护理能力。具备帮助护理对象满足生理、心理和治疗需求的护理基本理论、基本知识及基本技能，如护理的基本概念、护理相关理论、护理理论、护理程序、卫生服务体系、健康教育、多元文化与护理等方面的知识；医院和住院环境、患者入院和出院护理、患者卧位与安全的护理、医院感染的预防与控制、患者清洁的护理、舒适的护理、生命体征的观察及护理、饮食与营养、排泄护理、药疗技术、静脉输液与输血法、冷热疗技术、标本采集、危重患者的抢救及护理、临终护理、护理相关文件记录等护理技术。

⑲社会工作实务能力。具备综合运用社会工作方法为服务对象提供专业服务的能力。

2. 高级原则

质量评级高级能力表示学生在达到中级能力等级的基础上还具备良好的综合管理、培训及技能提升等知识和能力。学生达到质量评级高级能力，视为优秀。

（1）专业综合知识

① 社会认知知识。掌握社会结构、社会问题分析、社会分层、人的成长、社会化等知识。

② 养老机构管理知识。养老机构岗位设置与日常管理程序、养老机构营销管理、护理管理、膳食管理、养老机构信息化管理、老年政策与法规的运用。

③ 老年护理知识。老年人生理心理特点、老年人日常护理知识、老年人呼吸系统、循环系统、消化系统、泌尿系统、血液及造血系统、内分泌代谢疾病、风湿性疾病、神经系统常见病、多发病的病因、发病机制、临床表现和护理。

④ 社区治理服务知识。掌握社区自治知识、社区居民自治知识、社区建设社区服务等知识。

⑤ 老年照护知识。掌握老年人日常生活照护技能、老年人健康评估方法、老年人常见健康问题的照护技能、老年人的临终关怀。

⑥ 康复治疗及保健知识。掌握 PT、OT、ST 的原理、方法及各种操作技巧、掌握各种治疗技术的禁忌证以及各种评定量表的评定原理、方法。经络的循行分布、经络系统的组成和分布概况、经络的基本作用、经络与阴阳、五行、脏腑的关系、推拿治疗的手法以及常见病的治疗。

⑦ 康复评定知识。掌握基本生理指标测量、人体形态学测量、关节活动度测量、肌力评定、运动控制评定、心理健康状况评定、生活质量评定等知识。

⑧ 临床综合护理知识。掌握呼吸系统、循环系统、消化系统、泌尿系统、血液及造血系统、内分泌代谢疾病、风湿性疾病、神经系统理化因素所致内科常见病、多发病的病因、发病机制、临床表现，内科护理常见检查项目的正常值、异常值、意义及护理措施、健康教育、内科常用护理技术操作；掌握外科学总论、手术的基本知识、外科休克患者的护理、外科营养支持患者的护理、麻醉患者的护理、疼痛患者的护理、外科手术期护理、外科感染患者的护理、损伤患者的护理以及各系统外科常见疾病患者的护理；掌握女性生殖系统解剖、生理，正常妊娠期孕妇的护理，正常分娩期妇女的护理，正常产褥期妇女的护理，异常妊娠孕妇的护理，产褥感染患者的护理，异常胎儿及新生儿的护理，妇产科护理操作技术，妇科常见疾病的护理，计划生育等；掌握小儿生长发育规律，小儿营养与喂养，儿童保健与疾病预防，住院患儿的护理，儿科常用护理技术和儿科常见疾病的多发病病因、病理和临床表现、护理和健康保健指导等。

⑨ 急救护理知识。常见急危重症的病因、发病机理、临床表现，重症监护的基本方法和救护措施；常用急救护理技术，包括洗胃、心肺复苏术等；常用抢救药物的药理作用、药物应用及注意事项；急救知识及技能的健康教育等。

⑩ 民政工作知识。了解民政行政管理、民政社会保障、基层政权建设等知识。

⑪ 福利机构知识。了解老年社会福利机构经营与管理知识、残疾人社会福利机构经营与管理知识、儿童社会福利机构经营与管理等知识。

⑫ 婚姻、收养知识。掌握结婚登记、离婚登记、补办婚姻证、撤销婚姻、收养等

知识。

⑬社会救助知识。掌握各类生活救助知识、灾害救助知识、扶贫工作知识、各类专项救助和特殊救助等知识。

⑭社会组织管理知识。掌握社会组织管理、财务管理、人力资源管理、项目管理等知识。

⑮项目管理知识。掌握项目设计、项目实施、项目评估等基本知识。

（2）专业综合能力

① 急救护理能力。具备运用急救护理基本知识，快速判断能力，并能够运用常用急救护理技术，如外伤处理、噎食急救、心肺复苏术等对患者实施急救。

② 老年护理能力。具备识别老年人健康问题及其影响因素的能力，能运用护理手段或措施解决老年人的健康问题，能开展老年人环境、活动、睡眠、饮食、排泄、清洁等日常生活照护项目，能对高血压、糖尿病、冠心病等老人常见疾病实施整体护理。

③ 组织管理能力。能对提供服务过程中所涉及人与物进行统一管理；能进行简单的财务收支管理；能在管理与服务过程中运用恰当的语言与文字。

④ 彩票管理能力。具有从事彩票销售、彩票管理、彩票票面和品种设计、彩票设备维护的能力。

⑤ 团队合作能力。具备公关协调、集体合作的能力。

⑥ 组织发动与社会协调能力。具有从事社会组织登记、社会组织战略规划、项目设计与管理、筹资运营与资源管理、员工招聘与培训的能力；具有较强的组织、发动及协调能力，会组织社会各方资源开展民政服务，会协调民政资源供给者与受益者之间的关系。

⑦ 专科护理能力。能够根据专科特点，对内科、外科、妇产科、儿科等常见专科疾病实施整体护理。

⑧ 民政事业管理能力。具有从事各级民政事业单位管理的能力；具有从事各级各类民政机构（含老年福利院、残疾人福利院、儿童福利院、精神病人福利院）的管理能力。

⑨ 社会调查统计能力。具有调查各类民政资源及需求的能力；具有从事民政各类数据统计及预测的能力。

⑩ 养老机构管理能力。养老机构岗位设置与日常管理程序、养老机构营销管理、护理管理、膳食管理、养老机构信息化管理、老年政策与法规的运用。

⑪社会分析能力。具备正确认识事物，正确决断、分析问题和解决问题的能力。

⑫社会政策分析能力。具备运用社会福利政策为服务对象提供政策咨询及政策倡导的能力。

⑬社区建设能力。具有从事城乡社区建设与社区服务的能力，能为不同群体设计、

提供相应的服务项目。

⑭婚姻与收养登记能力。具有从事婚姻与收养登记（包括结婚、离婚、复婚登记，撤销无效婚姻及儿童收养登记）的能力。

⑮绿色技能。具备促进经济社会活动的环境可持续发展能力，将绿色技能应用于社会工作行业领域内，促使学生形成最大限度地减少资源使用、提高能源和资源利用效率、减少温室气体排放、回收利用、使用环保产品、保护自然环境等绿色意识，养成绿色行为习惯，并将其运用于社会工作服务的职业之中。

七、质量评价与改进

（一）建立毕业生学习效果评价机制

建立学生反馈信息表、评估问卷调查表，召开学生座谈会，通过多元评价方式对学生课程学习效果进行考核评价，对存在的问题及时进行沟通解决。

（二）完善教育教学工作

提升学校教育教学质量水平，结合督导听课、教学检查（学生座谈会、任课教师座谈会、试卷抽查等）、网上评教、课程考核总结等途径的课堂教学质量考核结果，及时调整专业设置和课程体系，有针对性地改进教育教学工作，形成教学质量评价反馈的闭环循环机制。

（三）重视调研及反馈

重视就业质量调研过程，重视毕业生就业状况，跟踪调查用人单位需求、满意度、用人单位对毕业生综合素质（包括思想道德品质、职业道德素质、专业素质及技能等）的评价等，对毕业生的质量实施有效"追踪"。

八、标准运用及说明

本标准在经重庆城市管理职业学院老年服务与管理专业群教学指导委员会审议通过后，由重庆城市管理职业学院颁布实施。重庆城市管理职业学院教务处对标准的实施过程进行监督。

后 记

本书系教育部高等学校科学研究发展中心中国高校产学研创新基金——北创助教项目"智慧康养专业群双新融合实践教学平台（2021BCH01004）"、重庆市职业教育教学改革研究项目"以岗位胜任力为导向的高职老年服务与管理专业群教学标准体系构建研究与实践（Z231008）"、重庆市教育科学"十四五"规划课题"成渝双城经济圈内高职院校养老服务高技能人才培养路径研究（2021-GX-047）"、重庆市社科规划重点项目"社会组织参与社会重大突发事件治理研究"的阶段性研究成果，由重庆城市管理职业学院田奇恒、苏红等著，适用于从事养老服务人才培养工作和科研工作人员阅读。

书稿完成的一瞬，项目组成员获得片刻的轻松，终于可将这 3 年来标准研制的过程呈现出来、可将这 3 年来标准研制的结果呈现出来，它们也许并不完美，却是我们大胆开创的尝试，它们也许不够闪亮，却是我们努力为之的结果。

本书在成书过程中得到了许多人的帮助，在此一并感谢。首先感谢学校领导的大力支持，有这样的支持，项目组才能有信心、有决心去挑战这份工作、完成标准的研制；感谢本专业群的各位老师，感谢他们在问卷设计、问卷发放、问卷回收工作中所作出的贡献；感谢重庆三峡医药高等专科学校、江苏经贸职业技术学院等相关院校的各位老师，九如城养老产业集团、重庆市第一社会福利院等单位的行业专家，还有我们的毕业生，在调研过程中不厌其烦，接受我们的访谈与问卷调查；感谢深圳市智邻科技有限公司在调研数据的采集、整理与各种会务安排工作中所付出的努力。

最后，感谢中国社会出版社编辑为本书的出版付出的辛勤劳动。

2023 年 11 月